Barth / Wiehl

Wahrnehmungsvignetten. Phänomenologisch-reflexives Denken und professionelle Haltung

Ulrike Barth
Angelika Wiehl

Wahrnehmungsvignetten. Phänomenologisch-reflexives Denken und professionelle Haltung

Studien- und Arbeitsbuch

Verlag Julius Klinkhardt
Bad Heilbrunn • 2023

k

Diese Publikation wurde von Emil-Molt-Stiftung, Mannheim gefördert.

Zu dieser Publikation gibt es ein begleitendes Übungsmanual, das unter diesem Link kostenlos verfügbar ist: https://elibrary.utb.de/doi/suppl/10.36198/9783781560314

Dieser Titel wurde in das Programm des Verlages mittels eines Peer-Review-Verfahrens aufgenommen. Für weitere Informationen siehe www.klinkhardt.de.

Bibliografische Information der Deutschen Nationalbibliothek
Die Deutsche Nationalbibliothek verzeichnet diese Publikation in der Deutschen Nationalbibliografie; detaillierte bibliografische Daten sind im Internet abrufbar über http://dnb.d-nb.de.

2023.lg. Verlag Julius Klinkhardt.
Satz: Kay Fretwurst, Spreeau.
Titelbild: „Staunendes Kind“ von Christiane Lesch, 2023; Bildrechte: Angelika Wiehl.

Druck und Bindung: AZ Druck und Datentechnik, Kempten.
Printed in Germany 2023. Gedruckt auf chlorfrei gebleichtem alterungsbeständigem Papier.

ISBN 978-3-7815-6031-4 digital doi.org/10.35468/6031
ISBN 978-3-7815-2587-0 print

Inhaltsverzeichnis

1 Wahrnehmungsvignetten in der pädagogischen Ausbildung. Einleitung

Jeder Mensch drückt in jedem Augenblick des Zusammenseins mit anderen Menschen eine Stimmung und eine Haltung aus unabhängig davon, ob sie bewusst vollzogen werden. Allein Anwesenheit, Handeln und persönliche Äußerungen beeinflussen in vielfältiger Weise die Atmosphäre des sozialen Miteinanders im Allgemeinen und insbesondere in pädagogischen Handlungsfeldern. Daraus ergeben sich für den Umgang mit Kindern, Jugendlichen und Erwachsenen in pädagogischen Handlungsfeldern einerseits Möglichkeiten der Beeinflussung und Gestaltung, andererseits die Notwendigkeit eines Bewusstseins und einer Verantwortung für das Vorhandene. In Ausbildung und Beruf von Pädagog*innen, Erzieher*innen und Lehrer*innen spielen die Sensibilisierung für die zwischenmenschlichen Belange und die Entwicklung einer professionellen pädagogischen Haltung eine große Rolle. Durch aufmerksames Hinwenden und teilhabendes Interesse an den Bedürfnissen und den Lebenslagen Anderer kann pädagogisches Handeln personenbezogen und situationsgemäß entfaltet und entwickelt werden. Professionelle Haltung und pädagogisches Handeln gründen im Verbund mit dem individuellen Fähigkeitenpotenzial, der Lebens- und Berufserfahrung, der Selbstreflexion und der professionellen Aus- und Weiterbildung. Dafür sind unterschiedliche Theorien und Konzepte einer reflexiven Auseinandersetzung mit der eigenen Rolle als angehende*r oder berufstätige*r Pädagogin oder Pädagoge vorhanden. Sie schließen – zumeist nicht explizit formuliert – ein, dass im Mittelpunkt der pädagogischen Professionalität das Erkennen und Verstehen der Kinder, Jugendlichen oder Erwachsenen steht, für die eine jeweils angemessene, sie fördernde Entwicklungs- und Lernsituation zu schaffen ist. Jeder einzelnen Person die wahrnehmende Aufmerksamkeit zu schenken und die daraus gewonnenen Erfahrungen zu reflektieren, ist die Intention der Wahrnehmungsvignetten-Methodologie.

Eine Wahrnehmungsvignette ist ein beschreibender Text, der wahrgenommene Phänomene einer Begebenheit mit einem Kind, Jugendlichen oder Erwachsenen festhält. Dieses Textformat verorten wir in der pädagogischen Phänomenologie, die für die Erarbeitung dieser Methodologie sowohl den theoretischen Rahmen als auch Gesichtspunkte für die Anwendung in der pädagogischen Praxis gibt. Angehende oder beruflich tätige Pädagog*innen schulen sich im phänomenologischen Wahrnehmen und Beobachten besonderer Momente mit einer einzelnen Person oder einer Gruppe und halten diese in kurzen beschreibenden Texten, den Wahrnehmungsvignetten, fest. Sie verdichten und vergrößern die beobachteten Momente, an denen sich eine Folge von Reflexionsphasen anschließt. Im praktischen Umgang mit den Wahrnehmungsvignetten zeigen sich drei Dimensionen des Reflektierens: Zunächst macht die spontane, unmittelbare Reflexion Handlungsweisen, Gefühle und Gedanken bewusst, die sich in der Wahrnehmungsvignette zeigen. In der zweiten Reflexionsphase geht es darum, Kenntnisse aus Anthropologie, Entwicklungspsychologie, Soziologie und anderen Disziplinen einzubeziehen und auf eine Begriffsbildung hinsichtlich pädagogischen Verstehens besonderer Momente hinzuarbeiten. Auf diese am Inhalt der Wahrnehmungsvignette orientierte und kriteriengeleitete Reflexion folgt eine perspektivische Reflexion, die den Blick auf die Selbstentwicklung, auf die mögliche Veränderung der Haltung und der Handlungsweisen sowie auf diagnostische Erkenntnisse lenkt. Mit den drei Arbeitsweisen – dem phänomenologischen *Wahrnehmen* und *Beobachten* einer Person im Handlungsgeschehen, der *Verschriftlichung* der beobachteten Phänomene im Format der Wahrnehmungsvignetten und den *Reflexionsphasen* wird eine Methode vorgestellt, die in der Ausbildung und im Studium, aber auch im beruflichen Kontext von Pädagog*innen angewandt werden kann.

Die Autorinnen, die diese phänomenologische Methodologie über vier Jahre hinweg mit Studierenden und Lehrenden am Institut für Waldorfpädagogik, Inklusion und Interkulturalität der Alanus Hochschule in Mannheim sowie im Austausch mit Forscher*innen des Netzwerks VignA entwickelt haben, stellen in ihrer Monografie die Arbeitsergebnisse erstmals zusammenhängend vor. Impulsgebend war ursprünglich ein Kolloquium zur Pädagogischen Phänomenologie, das Malte Brinkmann im Jahr 2019 an der Humboldt Universität Berlin veranstaltete und an dem Michael Schratz teilnahm. Nach einer intensiven Auseinandersetzung mit der für uns neuen Methodologie der Vignetten (u. a. Schratz 2009; Schratz et al. 2012; Agostini et al. 2018; Agostini 2019b) führten wir am Institut für Waldorfpädagogik, Inklusion und Interkulturalität der Alanus Hochschule in Mannheim die Arbeit mit (Wahrnehmungs-)Vignetten im Bachelor-Studium ein. Studierende des Studiengangs Waldorfpädagogik betreuen im Rahmen eines dreijährigen Praktikums wöchentlich für ein bis drei Stunden jeweils ein Kind, eine*n Jugendliche*n oder eine erwachsene Person mit Assistenzbedarf. Dieses Praktikum wird durch Seminare begleitet, in denen die sich in der Praxis ergebenden pädagogischen und anthropologischen Fragen erörtert, eine phänomenologische Beschreibung des Kindes, Jugendlichen oder Erwachsenen erarbeitet, ab dem zweiten Studienjahr wöchentliche Beobachtungen affizierender Momente in Wahrnehmungsvignetten festgehalten und besprochen werden.

Die Studierenden erhielten anfänglich die Aufgabe, an Stelle von Dokumentationen oder leitfadengestützten Beobachtungsprotokollen ihnen auffallende Momente in der pädagogischen Praxis zu beschreiben. Tatsächlich regten wir zunächst an,

Vignetten zu schreiben, wie sie im Netzwerk VignA u. a. zur Unterrichtsforschung verwendet werden. Die Studierenden brachten jedoch in die Begleitseminare unterschiedliche Texte mit, poetische oder anekdotische Beschreibungen aus erster oder dritter Person-Perspektive, meist aus Sicht der in der pädagogischen Praxis Handelnden, oft diese thematisch einbeziehend und manchmal auch ihre persönlichen Gefühle benennend. Selten war eine Vignette dabei, die dem Ideal der VignA-Vignetten nahekam. Viele beschreibende Texte enthielten berührende, überraschende oder irritierende Momente, die auf persönlich erlebten Begebenheiten in der pädagogischen Praxis beruhten. Daraus entstand für die Autor*innen die Notwendigkeit, das zu erforschen, was die Studierenden in die Begleitseminare mitbrachten, ohne dass sie diese Texte verändern mussten. Für uns begann eine Reise durch die Phänomenologie, um einzuordnen und auszuformulieren, was wir genau erwarteten und die Studierenden tun sollten.
Obwohl zunächst nicht vorgesehen, wendeten die Studierenden das Schreiben von Wahrnehmungsvignetten auch für ihre Reflexionsberichte über die Blockpraktika in Schulen, in Kitas und anderen Institutionen an. Im weiterführenden Master-Studium ließen wir themenbezogen Wahrnehmungsvignetten reflektieren und entwickelten aus den Sammlungen der Reflexionen ein strukturiertes Vorgehen, die Reflexionsspirale mit drei Phasen, dem spontanen, dem kriteriengeleiteten und dem haltungs- und handlungssensiblen Reflektieren. Schließlich entstanden Bachelor- und Master-Arbeiten zu (heil-)pädagogischen und entwicklungspsychologischen Fragestellungen, in denen jeweils eine Serie von Wahrnehmungsvignetten auf unterschiedliche Kontexte bezogen ausgewertet und reflektiert wurde.
Durch diese Arbeit der letzten vier Jahre konnten wir nicht nur eine Fülle an Wahrnehmungsvignetten, Reflexionen und positiven Rückmeldungen der Studierenden zu unserer Vorgehensweise sammeln, sondern wir bekamen im Rahmen von wissenschaftlichen Tagungen und Kolloquien, bei denen wir immer wieder einzelne Aspekte unserer Methodologie vorstellten, viele interessierte und kritische Rückmeldungen – allen voran bei den Veranstaltungen des Netzwerks VignA, den Forschungskolloquien zur Kunstdidaktik von Birgit Engel, den Tagungen der Inklusionsforscher*innen und wissenschaftlichen Kolloquien zur pädagogischen Reflexion, Haltungsentwicklung und Professionalisierung. Die Kolleginnen und Kollegen haben unseren Blick für die methodischen Möglichkeiten und Anwendungsbereiche geschärft, uns Wege zu einigen Publikationen bereitet und uns bereits in den Anfängen unserer Wahrnehmungsvignetten-Arbeit deutlich die Unterschiede zu Vignetten, Anekdoten, Erinnerungsbildern und anderen phänomenologischen Beschreibungen bedenken lassen. Die Schreibweisen und die erfolgreichen Arbeiten unserer Studierenden waren an die bewährten Formate nicht anzupassen; sie zeigten uns vielmehr durch ihre Eigenwilligkeit und ein sich darin aussprechendes sensibles Wahrnehmungsvermögen für besondere Momente in der pädagogischen Praxis, dass sie einer eigenen Textsorte bzw. eines den

vorliegenden Texten gemäßen Begriffes bedürfen. Aus diesen Erfahrungen wurde der Begriff *Wahrnehmungsvignette* für eine Methode geboren, die wir in den Richtlinien für wissenschaftliches Arbeiten an unserem Institut verankert haben und zu der wir mit dieser Publikation erstmals eine umfassende Darstellung und Arbeitsgrundlage geben.

Diese Monografie ist als Studien- und Arbeitsbuch konzipiert, das sowohl die theoretischen Grundlagen und die praktischen Anwendungen der Arbeit mit Wahrnehmungsvignetten einschließlich themenspezifischer Übungen zum Wahrnehmen, Schreiben und Reflektieren umfasst. Die Inhalte werden an beispielhaften Wahrnehmungsvignetten expliziert, um die Vielschichtigkeit dieser Methodologie zu verdeutlichen. Der erste Teil ist der Entstehung und Produktion der Wahrnehmungsvignetten gewidmet. Wir verorten sie methodologisch in der pädagogischen Phänomenologie, indem wir bestimmte Kernelemente der Phänomenologie als struktur- und orientierungsgebende Kriterien aufzeigen (Kap. 2), um daran anschließend den für den gesamten Prozess wichtigen und ersten Gegenstand einer Wahrnehmung, nämlich die Atmosphäre, und den Verlauf vom offenen Wahrnehmen hin zum aufmerksamen und fokussierenden Beobachten detailliert und an Beispielen zu erörtern (Kap. 3). Gleichsam als Einstieg in den Wahrnehmungsprozess erkunden wir die Fähigkeit des Staunens, die – wie sich immer wieder in den mündlichen Beschreibungen und in den Wahrnehmungsvignetten der Studierenden gezeigt hat – überhaupt den Zugang zu einem affizierenden und sinnhaften Phänomen ermöglicht (Kap. 4). Um ein beobachtetes Ereignis in eine adäquate Sprache und Verschriftlichung zu bringen, folgen wir den vier Phasen kreativen Schreibens nach Graham Wallas (1926/2014) und zeigen, wie diese jedem kreativen Vorgang zugrunde liegende Methode sich einerseits auf natürliche Weise ergibt, andererseits im Sinne einer Übung angewendet werden kann (Kap. 5).

Der zweite Teil umfasst die Anwendung der Wahrnehmungsvignetten. Die professionelle Ausbildung einer pädagogischen Haltung bedarf außer der Selbstreflexion einer sich immer wieder zu überprüfenden Wahrnehmungs- und Beobachtungsfähigkeit. Professionalisierung in pädagogischen Berufen ist ein nie abgeschlossener Vorgang der Selbstentwicklung und Innovation (Kap. 6). Hierfür ist ein intensiver Reflexionsvorgang wichtig. Vor allem in Seminaren des Masterstudiums sammelten wir Erfahrungen und konnten diese zunehmend in eine strukturierte Methode überführen. Es ergab sich die dreiphasige Reflexion als spontane, kriteriengeleitete und haltungs- und handlungssensible Auseinandersetzung mit den Inhalten einer Wahrnehmungsvignette (Kap. 7). Diese Methode stellt eine wesentliche Erweiterung der phänomenologischen Arbeit dar, die zunächst das Wahrnehmen und Erschließen des Phänomens für die Schriftform umfasst, aber erst durch die reflexive Arbeit zur Entfaltung des pädagogischen Fähigkeitenpotenzials führt, das der zunehmenden Individualisierung aller Entwicklungs- und

Lernbereiche gerecht werden kann. Sie zeigt sich auch an den feinen Beobachtungen der Kinder, Jugendlichen und Erwachsenen, die in Wahrnehmungsvignetten exemplarisch festgehalten sind und im Rückgriff auf anthropologische und entwicklungspsychologische Fachkenntnisse verständlich werden. Nicht im Sinne einer diagnostischen Leitlinie, vielmehr als elementare Übung im offenen und werteorientierten Wahrnehmen des Besonderen, Auffälligen oder Unauffälligen ermöglichen die Reflexionen der Wahrnehmungsvignetten eine Hinführung zur Ausbildung einer diagnostischen Kompetenz (Kap. 8).

Da wir mit diesem Arbeitsbuch Lernprozesse auf den Gebieten der Selbstentwicklung und der pädagogischen Praxis anstoßen möchten, enthält jedes Kapitel Übungen und Beispiele für das *Journaling* – eine Methode geführten Schreibens, die wir Otto Scharmer (Scharmer & Käufer 2014; Schneider 2017) verdanken, der sie zur Aktivierung der Lern- und Übungsprozesse im Rahmen der Theorie U entwickelte. Uns ist es wichtig, dass dieses Arbeitsbuch nicht nur gelesen, sondern sein Inhalt experimentierend und forschend erarbeitet wird; dafür geben die *Journaling*-Übungen lediglich Anregungen. Schreiben Sie Wahrnehmungsvignetten in der Familie, unter Freunden, auf Reisen, um sich, die Anderen und die Welt sehen und aus immer wieder neuen Perspektiven verstehen zu lernen.

Davon abgesehen haben wir in zwei Kapiteln (Kap. 3.4 und 6.6) ausgewiesene Übungen von Rudolf Steiner adaptiert und für unsere Arbeit als bereichernde Methode der Selbstbildung und Selbstentwicklung in unserem Themenfeld kontextualisiert. Sie beleuchten die fundamentalen Übungswege der pädagogischen Professionalisierung in einem neuen, zukunftsträchtigen Licht.

Dank

Zunächst möchten wir uns bei all den Studierenden bedanken, die Wahrnehmungsvignetten schreiben und sie vertrauensvoll in unsere Hände geben:

> *Ihnen* gilt an erster Stelle unser Dank, denn ohne *Ihre* Begeisterung an der Arbeit, ohne die Nachvollziehbarkeit *Ihrer* Entwicklung, die für uns maßgeblich ist und so deutlich werden konnte in der Reflexionsarbeit und den vielen Stunden wertvoller Gespräche, hätten wir nicht die Freude gefunden, dieses Buch für *Sie* und für *uns* zu schreiben.

Wir danken auch allen „kritischen Freund*innen", allen Kolleg*innen des Netzwerks VignA, vor allem Evi Agostini, Gabriele Rathgeb, Michael Schratz und Birgit Engel, Käte Meyer-Drawe, Malte Brinkmann sowie den interessierten Teilnehmer*innen unserer Workshops und Vorträge auf Tagungen, unseren Kolleg*innen am Institut für Waldorfpädagogik, Inklusion und Interkulturalität in Mannheim. Insbesondere gilt unser Dank Sophie Pannitschka, die seit unserer Entdeckung der Wahrnehmungsvignetten im Jahr 2019 die Studierenden fortlaufend in Seminaren phänomenologische Beschreibungen zu pädagogischen Beobachtungen erarbeiten lässt und aus ihren Erfahrungen schöpfend unsere Arbeit durch aufmerksames Lesen der Kapitel und viele Gespräche wesentlich bereichert hat. Unser Dank gilt auch der Masterstudentin Shalin Ripa, die durch genaues Lesen unserer Arbeit sie vor vielen Schreibfehlern bewahrte. Für die Realisation dieser Monografie als Open Access-Publikation gilt unser Dank Andreas Klinkhardt und Thomas Tilsner vom Verlag Klinkhardt sowie Michael Schröder, unserem Geschäftsführer und Ermöglicher dieses Forschungs- und Publikationsprojekts.

Ulrike Barth & Angelika Wiehl, Juni 2023

Teil 1
Wahrnehmungsvignetten als phänomenologisch-pädagogische Methode

2 Phänomenologisch-methodische Grundlagen der Arbeit mit Wahrnehmungsvignetten

Phänomenologie und phänomenologische Methoden etablieren sich zunehmend als pädagogische Phänomenologie in Forschungsbereichen der Pädagogik und Erziehungswissenschaft. Unsere Entscheidung, die Methodologie der Wahrnehmungsvignetten auf *phänomenologische Methoden* zu stützen und diese unter ausgewählten Aspekten zu explizieren, hängt vorrangig mit ihren Möglichkeiten vorreflexiven und urteilssensiblen Arbeitens und Forschens zusammen. Denn zur Phänomenologie gehört die „bewusste Zurückhaltung mit Blick auf metaphysische und sonstige Vorannahmen, um zunächst der genauen deskriptiven Erfassung der Phänomene und ihrer erfahrungsmäßigen Zusammenhänge den Vorrang einzuräumen" (Alloa et al. 2023, S. 4) – ein Grund für ihre vielfältige Anwendung in unterschiedlichen Wissenschaftsgebieten (ebd.). Phänomenologie „ist dadurch bestimmt, dass sie jedes Phänomen in seiner Wechselbeziehung mit subjektiven Erfahrungsakten erforscht, die das jeweilige Phänomen originär zur Anschauung bringen" (ebd.); daher wird sie auch als eine „Philosophie der Erfahrung" bezeichnet (ebd.). Der Kern phänomenologischer Arbeit besteht in der Sichtung von Phänomenen und ihrem Zusammenhang aus der Ersten-Person-Perspektive sowie der genauen Beschreibung des Wahrgenommenen bzw. des zur Anschauung Gewordenen.

Die pädagogische Phänomenologie geht aus der von Edmund Husserl und Martin Heidegger begründeten sowie von Aron Gurwitsch, Maurice Merleau-Ponty, Emmanuel Lévinas, Jean-Luc Marion, Paul Ricœur, László Tengely, Bernhard Waldenfels und anderen weitergedachten philosophischen Phänomenologie hervor und versteht sich als eine Methodologie, die zwar Grundprinzipien ihrer Begründer und deren Nachfolger*innen bewahrt, diese aber im jeweiligen Anwendungskontext spezialisiert hat. Dementsprechend erfahren phänomenologische Theorien und Methoden je nach Blickrichtung, Inhalt der Betrachtung und Forschungskontext unterschiedliche Ausprägungen. In zahlreichen Publikationen werden Einzelthemen, grundlegende Methoden und Prinzipien der pädagogischen Phänomenologie sowie ihre Anwendungsgebiete in der pädagogischen Forschung und Praxis bearbeitet (u. a. Brinkmann et al. 2015; Brinkmann 2017). Eine von Malte Brinkmann (2019b) herausgegebene Anthologie enthält Beiträge aus dem Zeitraum von 1914 bis 2013, in denen die 100-jährige Auseinandersetzung mit phänomenologischen Ansätzen in der Pädagogik und Erziehungswissenschaft nachzuvollziehen ist. Neben grundsätzlichen Überlegungen zur phänomenologischen Pädagogik wird in den unterschiedlichen Anwendungsbereichen immer spezifischeren Fragestellungen nachgegangen und – wie an Folgepublikationen von Brinkmann und anderen zu sehen ist – ergeben sich durch die phänomenologische Methodik in einzelnen Forschungsfeldern neue, differenzierende Betrachtungs- und Deutungsweisen. Das spiegeln auch die aktuellen Forschungsarbeiten des Netzwerks VignA wider, dem die Autorinnen als Kooperationspartnerinnen angehören (u. a. Agostini 2020; Peterlini et al. 2020; Rathgeb 2019; Symeonides & Schwarz 2020).

Zu den für die Methodologie der Wahrnehmungsvignetten relevanten Themen gehören Atmosphäre, Wahrnehmung, Beobachtung, Staunen, Spüren, Aufmerksamkeit, Übung, Leib, Fremd- und Anderssein, Mitsein und Mitgefühl sowie die phänomenologischen Prinzipien wie Reduktion, Gegebensein und Deskription, und als übergeordnete Methode die „teilnehmende Erfahrung“ bzw. „beobachtende Teilhabe“ (Brinkmann 2015b, S. 531). Durch sie unterscheiden sich die Forschungsansätze der pädagogischen Phänomenologie grundsätzlich von jenen der empirischen und rekonstruktiven Sozialforschung, die durch „teilnehmende Beobachtung“, Befragung und Experimente Daten erhebt, analysiert und auswertet. Hingegen umfasst die phänomenologische Arbeitsweise – hier mit dem besonderen Fokus auf den Wahrnehmungsvignetten – keine Datenerhebung zu einer vorher formulierten Fragestellung, sondern die Erkundungen lebensweltlicher und insbesondere (heil-)pädagogischer Handlungsfelder durch „beobachtende Teilhabe“. Diese ist immer subjektbezogen (ebd.). Das forschende Subjekt, seine Anwesenheit im Raum, sein Spüren der Atmosphäre, sein Zeitbewusstsein, sein Wahrnehmungs- und Beobachtungsvermögen, sein Resonanzerleben und seine Aufmerksamkeit bedingen die Erfahrungen in einem phänomenologischen Feld. „Subjektive Erfahrungen sind damit Ausgangspunkt und Gegenstand der phänomenologischen Methodologie“ (ebd.).

Die phänomenologischen Forschungen der Erziehungs- und Bildungswissenschaft untersuchen „pädagogische Erfahrungen im Vollzug in ihren leiblichen, räumlichen und zeitlichen Dimensionen sowohl theoretisch als auch empirisch“ (Brinkmann 2020a, S. 1). In Anknüpfung an die philosophische Phänomenologie und für die phänomenologische Arbeit in pädagogischen und sozialen Kontexten entwickelten sich Methodologien als Erkundungs-, Zugangs- und Verarbeitungsweisen von (pädagogischen) Phänomenen, die auf Wahrnehmung, leiblicher Erfahrung, Responsivität, sprach- oder videobasierter Deskription beruhen. Bei diesen Vorgehensweisen spielen Subjektbezug und Leiblichkeit eine zentrale Rolle, denn nur in leiblicher Anwesenheit einer Person, die sich ihrer Lage bewusst ist und der Phänomene gewahr wird, realisiert sich phänomenologisches Wahrnehmen und Beobachten – zwei unterschiedliche Herangehensweisen (Kap. 3) – bzw. die Phänomene treten in *ihren* Horizont der Aufmerksamkeit.

Vielfach werden in einschlägigen Publikationen die leibliche Erfahrungsdimension und die Subjektgebundenheit der (pädagogischen) Phänomenologie betont, die den Rahmen des Forschungsfeldes und die Wahl des Forschungsgegenstands bestimmen. Daher wird der *Leib als Zentrum subjektiver und phänomenologischer Erfahrung* in einigen Abschnitten thematisiert (Kap. 2 und 3). Schließlich obliegt die mündliche, schriftliche oder videobasierte Deskription des Phänomens einem Subjekt, auch wenn sie in den phänomenologischen Methodologien unterschiedlich gehandhabt, zum Teil – wie im Netzwerk VignA (u. a. Agostini et al. 2023) – weiteren Bearbeitungen, Lektüren und Reflexionen im Team unterzogen wird. Für die inhaltliche Ausrichtung des Forschungsanliegens spielt es eine Rolle, ob der Wahrnehmungs- und Erfahrungsrahmen im Alltäglichen, Privaten oder pädagogisch Institutionellen, z. B. in der Kita oder Schule, liegt und welche besonderen Ereignisse fokussiert werden. Den Begriff *Ereignis* verwenden wir kontextbezogen für etwas, das geschieht oder widerfährt, *und* der phänomenologischen Konnotation folgend als „Begegnung mit dem Anderen“, die „das Selbst, das Subjekt“ trifft (Pirktina 2019, S. 29). In allen Praxisbereichen, in der Zusammenarbeit und Begegnung mit Menschen bilden eine unvoreingenommene Haltung anderem und Anderen gegenüber, eine offene Wahrnehmung und vor allem eine nachvollziehende Beschreibung die Voraussetzungen, damit sich Ereignisse als „Gegebensein“ (Marion 2016) und erforschbare Rekreationen – z. B. in der Sprache – zeigen.

Die phänomenologische Arbeit mit Wahrnehmungsvignetten orientiert sich an diesen Grundlagen, die aus der philosophischen Phänomenologie entlehnt und weiterentwickelt werden und versteht sich insofern als eine *Methode der pädagogischen Phänomenologie*. Aus dem weitläufigen Gebiet phänomenologischer Theorien und Methoden gilt es jene *Kernelemente* herauszukristallisieren, die sich für eine Theorie der Wahrnehmungsvignetten-Arbeit eignen. Die Auswahl orientiert sich an den Vorgehensweisen, die in der pädagogischen Praxis mit Wahrnehmungsvignetten angewandt werden und zu einer Formulierung von methodischen Kriterien geführt haben. Die Vorgehensweisen umfassen das selbsttätige pädagogische Handeln oder/und das Beobachten einer Person oder Gruppe, die Phasen des Wahrnehmens und Beobachtens (Kap. 3) sowie des Staunens (Kap. 4), „ausgelöst durch Momente, die die Grenzen des Gewöhnlichen in Richtung des Unerwarteten […] überschreiten“ (Gess 2019, S. 15), den dokumentarischen und zugleich kreativen Schreibprozess (Kap. 5), die verschiedenen Reflexionsphasen, die spontan, thematisch fokussiert oder gezielt Fachkenntnisse einbeziehend erfolgen, sowie die professionelle Ausrichtung der pädagogischen Haltung, Handlung und Diagnostik (Kap. 6, 7 und 8). Für die theoretische Fundierung einer entsprechenden phänomenologischen Methodologie zeichnet sich daher die Notwendigkeit ab, an Stelle einer allgemeinen, in vielen Publikationen zur pädagogischen Phänomenologie geleisteten Aufarbeitung phänomenologischer Grundlagen den

Fokus auf die, von den genannten Vorgehensweisen abzuleitenden und mit der pädagogischen Praxis zu verbindenden *Kernelemente* zu richten. Es geht also darum, bestimmte phänomenologische Aspekte für die theoretische Rahmung der Wahrnehmungsvignetten-Methode aufzuarbeiten. Die Sondierung der Literatur zur angewandten Phänomenologie zeigt, dass die Erörterung einiger Grundbegriffe an ausgewählten Primärwerken der philosophischen Phänomenologie zu leisten ist, die Blickrichtungen ihrer Verarbeitung jedoch den pädagogischen bzw. erziehungswissenschaftlichen Kontexten und Anwendungsgebieten geschuldet sind.

Die den genannten Vorgehensweisen zu entlehnenden methodischen Ansätze beziehen sich im Wesentlichen auf vier Aktivitäten: die *Annäherung* an den Gegenstand, die im Einzelnen in den Kapiteln über Wahrnehmen, Beobachten und Staunen vertieft wird (Kap. 3 und 4), die detailreiche *Vergegenwärtigung* des Phänomens, die auf der Grundlage aufmerksamen Beobachtens im Kapitel über den Schreibprozess behandelt wird (Kap. 5), schließlich die *Reflexionsarbeit*, die das pädagogische Handeln und die professionelle Haltungsentwicklung unterstützt (Kap. 6 und 7), sowie die *Vertiefung* im Rahmen einer pädagogischen Diagnostik (Kap. 8). Als grundlegend für die Wahrnehmungsvignetten werden folgende *Kernelemente* der Phänomenologie erachtet: 1. phänomenologische Reduktion und Gegebenheit, 2. Gegebensein in der Anschauung, 3. „Mitsein" und leibliche Existenz, 4. Horizont und Aufmerksamkeit, 5. Verstehen und Anerkennen des Fremden und Anderen, 6. die Fähigkeit der Empathie als Einfühlungsvermögen im phänomenologischen Arbeitsprozess, 7. der Übungsweg goetheanistischer Phänomenologie.

Durch phänomenologische *Reduktion* gelangt ein Phänomen aus der Vielfalt der Erscheinungen in die Aufmerksamkeit, um in Wahrnehmungsvignetten sprachlich verdichtet zu werden; in der *Anschauung* und als *Gegebenheit* bzw. *Gebegensein* artikuliert sich das der Wahrnehmung unmittelbar Zugängliche; das *Mitsein* schließt die leibliche Anwesenheit des ein Phänomen wahrnehmenden Subjekts ein; im *aufmerksamen Beobachten* hebt sich ein Phänomen von allem anderen und somit von einem bestimmten oder unbestimmten *Horizont* ab; schließlich bedeuten Wahrnehmung und Beobachten, sich auf ein Gegenüber, ein *Anderes* oder *Fremdes* einzulassen und ihm in *Empathie* und Offenheit nachzuspüren. *Empathisches Einfühlen* umgreift diese Blickrichtungen, die *derzeit* orientierend sind für unsere phänomenologische Arbeit und Forschung, für die Anwendung der Wahrnehmungsvignetten in Ausbildungs- und Forschungsprojekten sowie in pädagogischen Praxisphasen mit Kindern, Jugendlichen und Erwachsenen; sie bieten für die pädagogische Professionalisierung eine strukturierende methodische Grundlage.

Als methodische Ergänzung wird in einem Exkurs die goetheanistische Phänomenologie eingeführt. Am Institut für Waldorfpädagogik, Inklusion und Interkulturalität in Mannheim steht sie in den Grundlagenseminaren zur Naturwissen-

schaft an zentraler Stelle, wird weitgehend unabhängig von der philosophischen Phänomenologie in der goetheanistischen Forschung (Holdrege 2005, 2014) und im naturwissenschaftlichen Unterricht der Waldorfschulen (u. a. Knöbel 2022; Rohde 2022) angewendet. Sie basiert auf dem Prinzip der „anschauenden Urteilskraft“ Goethes (1989a, S. 30), durch die sich ein unmittelbar am Phänomen aussprechender Sinngehalt als Erkenntnis offenbaren kann. Als Übungsweg „anschauenden Denkens“ (Hennigfeld 2021), wie Goethe es pflegte, kann sie die beschreibende Phänomenologie ergänzen.
Angesichts der Vielfalt an Forschungsarbeiten zur pädagogischen Phänomenologie kann es hier nur das Anliegen sein, grundsätzliche Aspekte für den eigenen Arbeits- und Forschungskontext zu sondieren und ganz im Sinne Husserls „auf die Sachen selbst zurückzugehen“ (Vetter 2020, S. 468), sich exemplarisch auf bestimmte *Kernelemente* zu konzentrieren, ohne eine umfassende Aufarbeitung phänomenologischer Grundlagen und ihrer weitreichenden Rezeption zu beanspruchen. Beispielhafte *Journaling*-Übungen konkretisieren das jeweilige methodische Prinzip in den folgenden Abschnitten.

2.1 Zu den „Sachen selbst“: phänomenologische Reduktion und Gegebenheit (Husserl, Marion)

In den fünf Vorlesungen „Zur Idee der Phänomenologie“ – die hier zugrunde liegen – und in weiterführenden Schriften geht Edmund Husserl der grundlegenden Erkenntnisfrage nach, ob das Gegebensein eines Wahrnehmungsobjekts sicher ist. Durch die von ihm eingeführte „Reduktion“ soll zunächst untersucht werden, wie ein Gegenstand im subjektiven Bewusstsein erscheinen kann, ohne dass ihm etwas aus einer anderen Sphäre beigegeben wird. Husserl genügt es nicht, sich einem phänomenalen Wahrnehmungszusammenhang auszusetzen, sondern er strebt zu den „Sachen selbst“, quasi zu dem *Urquell* des Phänomens. Dieses Grundthema weiterführend untersucht Heidegger in „Sein und Zeit“ (2006) das Phänomen als eine Erscheinungsweise im Allgemeinen (Zahavi 2018, S. 13). Aber unter den je verschiedenen Erscheinungsweisen eines Gegenstands, der sich als „wahrgenommener, phantasierter oder erinnerter, als festgestellter, bezweifelter oder mitgeteilter“ (ebd., S. 13f.) zeigt, erkennt Husserl nur jene Erscheinungsweise an, durch die sich ein Gegenstand direkt, also ohne jede gedankliche oder andere Einkleidung, darbietet (ebd., S. 14). Einen weiteren Schritt geht in jüngerer Zeit Jean-Luc Marion (2015), der das *ursprünglich* Gegebene aufsucht, um „alle Eigenschaften des Phänomens als solches aus seiner Bestimmung als Gegebenes abzuleiten und von ihr her zu artikulieren“ (ebd., S. 19). Für eine Verortung der phänomenologischen Gegebenheit und deren Reflexion in der Arbeit mit Wahrnehmungsvignetten und für das Erkunden und Erschließen pädagogischer Phänomene werden einige Modi der phänomenologischen Studien Husserls und Marions herangezogen.

Jeder Erkenntnisvorgang schließt an eine Gegebenheit an, sei sie im Wahrnehmen, Vorstellen oder Erinnern präsent; das heißt, im Erkenntnisakt treffen das Erkenntnisobjekt und die Erkenntnis auf einander. „Wie kann“ – so fragt Husserl am Ausgang seiner phänomenologischen Studien – „nun aber die Erkenntnis ihrer Übereinstimmung mit den erkannten Objekten gewiß werden, wie kann sie über sich hinaus und ihre Objekte zuverlässig treffen?“ (Husserl 2016, S. 20) Damit formuliert er eine „dem natürlichen Denken“ zunächst „selbstverständliche Gegebenheit“ bzw. eine „Möglichkeit der Erkenntnis“ als Rätselfrage, die durch „Erkenntniskritik“ aufgeklärt werden muss (ebd., S. 20f.). Diese „Erkenntniskritik“, die das „Wesen der Erkenntnis und der Erkenntnisgegenständlichkeit“ erforscht, bezeichnet er als *die* „Methode und Denkhaltung“ der Phänomenologie (ebd., S. 23). Sie gehört zur phänomenologischen Beobachtung und Beschreibung, da in der Praxis immer wieder die Frage sowohl nach den Erkenntnisgegenständen als auch nach ihren Quellen zu stellen ist. Wir nutzen diese „Methode und Denkhaltung“ als Okular, um für die Arbeit mit Wahrnehmungsvignetten Aufschluss über die phänomenologische „Gegebenheit“ zu gewinnen. Wahrnehmungsvignetten verweisen zwar auf die zuvor wahrgenommenen Phänomene, aber durch die Versprachlichung, durch das In-Worte-Fassen, sind sie dem ursprünglichen, primären Gegebensein enthoben und erscheinen in einer neuen, sie beschreibenden Gegebenheit. Es muss daher geprüft werden, ob dieser Vorgang ein der Phänomenologie immanenter ist und ob sich die in Wahrnehmungsvignetten aufscheinenden Phänomene, die aus dem Zusammenfließen und Überlagern von wahrgenommenen, dann erinnerten, schließlich aufgeschriebenen Beobachtungen herrühren, ebenfalls als „Gegebensein“ einer „Sache selbst“ erweisen. Husserls zentrale Forderung bedeutet, zu den „Sachen selbst“ zurückzugehen, bei ihnen zu bleiben und sie in ihrer „Selbstgegebenheit“ zu befragen (Vetter 2020, S. 468), ohne „die *hier* liegenden Probleme […] mit ganz anderen zu vermengen“ (Husserl 2016, S. 6). Dafür sei zu klären, wie „die absolute Selbstgegebenheit der Erkenntnis eine Nicht-Selbstgegebenheit treffen“ (ebd., S. 7) kann.

Im alltäglichen Erfahrungszusammenhang steht uns „ein Ding vor Augen“ (ebd., S. 20), auf das wir unsere Urteile und Aussagen beziehen. Wir drücken aus, was uns widerfährt, und sind uns der Tatsachen, der Wahrnehmungen und Urteile gewiss. Wir wissen aber nicht sicher, ob unsere Urteile auf die wahrgenommenen Gegenstände zutreffen. Die Wahrnehmung wendet sich zunächst nur dem gegebenen Gegenstand zu: „In der Wahrnehmung soll das wahrgenommene Ding unmittelbar gegeben sein. Da steht das Ding vor meinem wahrnehmenden Auge, ich sehe und greife es. Aber die Wahrnehmung ist bloß Erlebnis meines, des wahrnehmenden Subjektes.“ (ebd.) Gleiches trifft für „Erlebnisse und „Denkakte“ (ebd.) zu; sie erscheinen als dem Subjekt zugehörig, weil sie aus dessen *Perspektiv*e wahr-

genommen und in dessen *Bewusstsein* vergegenwärtigt werden. „Es ist ja gerade das Subjekt, genauer das leibliche Subjekt, das die Perspektive anlegt, in der der Gegenstand erscheint“ (Zahavi 2018, S. 19).
Dies gilt für jede phänomenologische Methode, denn das wahrnehmende Subjekt erlebt sich im Zentrum des Wahrnehmungs- und Erkenntnisvorgangs und bezieht damit alles auf sich selbst. Im Wahrnehmen und Beobachten stellen sich Empfindungen, Gefühle, Urteile und Gedanken ein und wir schließen von früher gemachten Erfahrungen auf das aktuell Erfahrene (Husserl 2016, S. 18). Allein diese Tatsache anzuerkennen, ermöglicht die Unterscheidung von Gegebenheiten und subjektiv hinzugefügten Deutungen, Aussagen und Urteilen. Sich dieser bewusst zu enthalten, sich jeden Urteils zu verschließen, nennt Husserl „Epoché“ (ebd., S. 29). Sie „dient zur Kennzeichnung der Methode der ‚Einklammerung‘, ‚Ausschaltung‘ oder ‚Urteilsenthaltung‘ als Vorstufe für die auf ihr aufbauende phänomenologische Reduktion“ (Vetter 2020, S. 145). Phänomenologische Reduktion bedeutet

> „die Beschränkung auf die Sphäre der *reinen Selbstgegebenheiten*, auf die Sphäre dessen, über das nicht nur geredet und das nicht nur gemeint wird, auch nicht auf die Sphäre dessen, was wahrgenommen wird, sondern dessen, was genau in dem Sinn, in dem es gemeint ist, auch gegeben ist und selbstgegeben im strengsten Sinn, derart daß nichts von dem Gemeinten nicht gegeben ist“ (Husserl 2016, S. 60f.).

Phänomene als *Gegebenheit* bzw. *Selbstgegebenheit* oder *Gegebensein* werden der schauenden Erkenntnis zuteil, die sich des Urteils enthält und den Verstand „nicht dazwischen treten lässt“ (ebd., S. 62). Die Kunst besteht also darin, „rein dem schauenden Auge das Wort zu lassen“ (ebd.).
Durch phänomenologische Reduktion hebt sich ein Erkenntnisgegenstand von einem unbestimmten Erscheinungsgrund ab, wird seinem Wesen nach erkennbar, allerdings – nach Husserl – als reines Phänomen nur „unter Ausschluss aller transzendenten Setzungen“ (Husserl 2016, S. 5). Um eine zweifelslose Erkenntnisgrundlage zu gewinnen, komme es auf „das schauende und direkte Erfassen und Haben der cogitatio“, also des Gedachten oder Gedankens, an (ebd., S. 4); die „schauende Erkenntnis“ der cogitatio sei – im Unterschied zur Transzendenz der objektiven Wissenschaften – „immanent“ (ebd., S. 5); dieses „reell Immanente“ bezeichnet Husserl als fraglos und „adäquat Selbstgegebenes“ (ebd.). Deshalb sei die „phänomenologische Reduktion“ unter „Ausschluß aller transzendenten Setzungen [zu] vollziehen“ (ebd.); außerdem sei auf „Systeme“ der Wissenschaft zu verzichten (ebd., S. 6), denn sie selbst sind wiederum *nur* Phänomene.
Phänomenologische Reduktion sichert gewissermaßen die Gegebenheit der Phänomene, da sie das immanent Gegebene vom Transzendenten trennt, das alles über das reine Phänomen Hinausgehende und nicht unmittelbar der Anschauung Evidente umfasst. Immanenz (dem Phänomen eigen) und Transzendenz (über das Phänomen hinausgehend) sowie Evidenz (offensichtlich) und Existenz (an sich seiend) sind

grundlegende Kriterien für die Einschätzung der Gegebenheit oder des Gegebenseins bei Husserl. Idealerweise sucht die phänomenologische Reduktion die reinen Phänomene „als eine hinzunehmende Existenz" (Husserl 2016, S. 9) auf, unter Ausschluss „alles dessen, was nicht evidente Gegebenheit ist im echten Sinn, [sondern was als] absolute Gegebenheit des reinen Schauens" (ebd.) erscheint. Daher fordert Husserl, die Forschung habe sich „im reinen Schauen zu halten"; sie sei „Forschung in der Sphäre reiner Evidenz und zwar als Wesensforschung" (ebd.). Das „*schauende Bewusstsein*" erfasst „*geformte Denkakte*"; und „die Sachen, die nicht die Denkakte sind, sind doch in ihnen konstituiert, kommen in ihnen zur Gegebenheit […]; nur so konstituiert zeigen sie sich als das, was sie sind" (ebd., S. 72). Alle Sachverhalte sind im Denkakt erfassbar; als cogitationes sind sie existent; als Sachverhalte evident. „Das Fundament von allem aber ist *das Erfassen des Sinnes der absoluten Gegebenheit, der absoluten Klarheit des Gegebenseins*, das jeden sinnvollen Zweifel ausschließt, mit einem Wort der *absolut schauenden, selbst erfassenden Evidenz*" (ebd., S. 9f.). Mit den Begriffen „absolute Gegebenheit" und „absolute Klarheit" lenkt Husserl den Blick auf die Qualitäten der „Sache selbst" und ihrer „Selbstgegebenheit" im Sinne eines Fokus, den es bei aller das Thema einkreisenden Gedankenarbeit einzunehmen gilt. Deutlich wird – und das spielt für die Arbeit mit Wahrnehmungsvignetten eine Rolle –, dass „der Begriff der Sache […] nicht nur für empirische Tatsachen [steht], sondern […] auf reine Wesen, kategoriale Gegenständlichkeiten usw. über[greift], d.h. auf alles, was im Sehen zu originärer Gegebenheit kommt" (Vetter 2020, S. 468), zu beziehen ist.

Marion strebt in gewisser Weise eine noch radikalere Phänomenologie der Gegebenheit an, die beansprucht, „den Erscheinungen der Sachen in ihrer aller ersten Ursprünglichkeit, sozusagen bei ihrem Geburtsmoment, wo sie sich bedingungslos als sich und von sich selbst her kundgeben, zu begegnen" (Marion 2015, S. 29). Im Kundgeben konstituieren sich die Sachen bereits sinnhaft bzw. die Phänomene geben „von selbst und als sich selbst" ihren Sinn (ebd.). Die dafür immer wieder neu zu leistende Reduktion habe den Zweck, dieses zu ermöglichen, alle Hindernisse möglicher Abdunkelungen zu beseitigen und das Kundgeben zuzulassen (ebd., S. 31). In einem eindrücklichen Vergleich beschreibt Marion die Reduktion: Sie öffne das Bühnentor für ein Schauspiel, „das das Phänomen gibt", das selbst schließlich die ganze Bühne erfüllt, bis es sich nicht mehr von ihr unterscheidet; dann trete die Wende ein und das Beweisen und Aufweisen eines Phänomens werde zum „Sich-Aufweisen-Lassen" einer Erscheinung in ihrem Schein (ebd., S. 32). Man könnte auch sagen: Die Reduktion macht sich überflüssig, indem sich die absolute Gegebenheit zeigt. „Rein Gegebenes, das sich gibt, unterliegt, wenn es denn einmal reduziert ist, nur sich selbst" (ebd., S. 42).

Die phänomenologische Reduktion bedeutet also Aufmerksamkeit und Konzentration auf die „Sachen selbst" – wie sie im Wahrnehmungs- und Beobachtungsvorgang angestrebt wird, um etwas Besonderes, in Augenschein Getretenes durch

Versprachlichung oder Verschriftlichung zum Ausdruck zu bringen. Zusammenfassend können – nach Husserl und Marion – vier Aspekte der phänomenologischen Reduktion einer Gegebenheit hervorgehoben werden:

- Es zeigt sich in der Wahrnehmung ein *Phänomen* als gegeben;
- es wird – nach dem Verfahren der Reduktion – beobachtet und beschrieben;
- es konstituiert sich im Denkakt als sinnhafte Gegebenheit, die als solche keiner Ergänzung bedarf;
- das schauende Denken (die Anschauung) sowie die Aufmerksamkeit erfassen die Sache selbst als reines, reduziertes Phänomen.

Marion exponiert die Gegebenheit außerdem als „das *verbindende Element*, das *zwischen* dem intentionalen Vermeinen und der Anschauung spielt“ (Staudig 2020, S. 19).

In der Pädagogik oder anderen Beobachtungskontexten entspricht in vielen Fällen die Praxis nicht dem Ideal der philosophisch begründeten phänomenologischen Reduktion, sondern sie kommt ihr lediglich nahe, weil sich Erfahrungen und Gesichtspunkte einschalten, die jenseits, vielleicht „transzendent“, aber nicht dem Gegebenen immanent erscheinen. Damit ist auf das alte Theorie-Praxis-Problem hingewiesen, dass beispielsweise eine erkenntnistheoretisch begründete Methode zwar Ziel und Orientierung sein kann, ihre Umsetzung aber der entsprechenden Fokussierung und Übung bedarf. Diese selbstkritische Anmerkung erfolgt, weil es zunächst schlüssig erscheint, das Ideal phänomenologischer Reduktion als Grundlage der Methode der Wahrnehmungsvignetten in Anlehnung an andere Formate phänomenologischer Beschreibung (Kap. 5) zu benennen, sich in der Praxis aber variierende Formen mit unterschiedlichen Qualitäten zeigen und somit nicht ohne ergänzende Erläuterungen von der Praxis auf die Theorie geschlossen werden kann. Folglich kann eine phänomenologische Reduktion nur vollzogen werden, wenn sie als ein Erkenntnisvorgang durchschaut und in konkreten Schritten geübt wird, um die Gegebenheiten an sich zu zeigen. In der Arbeit mit Wahrnehmungsvignetten verlangt die phänomenologische Reduktion außerdem eine Sichtung der Beispiele und der stetigen Prüfung, ob durch Wahrnehmung und Beobachtung eines, im pädagogischen oder alltäglichen Kontext gegebenen Phänomens oder Ereignisses dieses bemerkt, fokussiert und als solches beschrieben wird.

> *Journaling*
>
> Lesen Sie einige der in Kapitel 5 abgedruckten Wahrnehmungsvignetten (WV 5.1 bis 5.16); wählen Sie drei Beispiele aus, notieren Sie die Worte und Formulierungen, die entweder auf Beobachtungen oder Gefühle und Gedanken hinweisen.
>
> Entdecken Sie Beispiele für die von Husserl und Marion bezeichneten *Gegebenheiten* und beschreiben Sie diese.

2.2 Gegebensein leibhaftiger Selbstheit in der Anschauung (Husserl, Marion)

Zu den Grundprinzipien der Phänomenologie gehört, dass der „Gegenstand ‚selbst da' ist und nicht nur vergegenwärtigt" (Vetter 2020, S. 207), sondern in „voller Klarheit" als Gegebensein in der Anschauung erfasst wird. Zu klären ist, wie das Gegebensein als Anschauung sich zeigt, aber weder als Repräsentation noch als Phantasievorstellung erfahren wird.

Die Begriffe Anschauung und Gegeben, Gegebensein, Gegebenheit oder Selbstgegebenheit tauchen variabel in Publikationen zur Phänomenologie auf. Nach Husserl verstehen wir unter Gegebensein das unmittelbare sich im Aufmerksamkeitsfeld zeigende Phänomen, das dem Subjekt in der Anschauung gegenwärtig ist. Insbesondere beim Schreiben der Wahrnehmungsvignetten stellt sich die Frage, wie weit oder wie eng das Gegebensein zu fassen ist, was unmittelbar zur Gegebenheit eines zu beschreibenden Ereignisses oder einer Sache gehört und was nicht, welche Modi die Selbstgegebenheit bestimmen. In der Phänomenologie ist die „reine Selbstgebung [...] jedoch von originärer Gegebenheit zu unterscheiden, in welcher der Gegenstand leibhaftig vorhanden ist. Dies weist auf die verschiedene Art der Selbstgebung hin, die von den Arten der Gegenständlichkeit abhängig ist, somit der verschiedenen Evidenz, die z. B. für Gegenstände äußerer Wahrnehmung nicht möglich ist" (ebd.). Der aufgezeigte Unterschied der Gegebenheit durch die „verschiedene Evidenz" (ebd.) rein äußerer Erscheinungen wirft ein Licht auf die fundamentale Frage nach der Art des phänomenologischen Wahrnehmens und Beobachtens von Gegenständen und lebenden Wesen. Denn für unsere Methode ist das Gegebene zunächst ein voraussetzungslos Anzunehmendes und wird in erster Linie im Räumlich-Zeitlichen erfahren. Zugleich richten sich aber Wahrnehmung und Beobachtung auf das ganze Feld der Erscheinungen und nicht nur auf das sich leiblich-sinnlich Zeigende oder auf die von allem Transzendenten befreiten Gegenstände; es werden grundsätzlich die Gesamtheit der Erscheinungen mit Atmosphären, Stimmungen, Verhaltensweisen, Äußerungen und vor allem Menschen in Augenschein genommen.

Gegeben ist daher zunächst alles im Wahrnehmungshorizont Erscheinende und in Folge das in der „Anschauung" (ebd.) Vergegenwärtigte. „Anschauung" – ein von Kant geprägter Begriff – „heißt Erkenntnis einer Sache durch die Anwesenheit der Sache selbst" (ebd., S. 30); sie umfasst „als geistige Schau, Anblick übersinnlicher Wesenheit, als sinnliche Erfahrung z. B. Wahrnehmung sinnlicher Gegenstände" (ebd.). Für Husserl bedeutet Anschauung „unmittelbare, erfüllte Gegebenheit einer beliebigen Sache" im Unterschied zu einer „leere[n], unbestimmte[n] Vorstellung von der Sache" (ebd.). Auch wenn er einräumt, dass Phantasievorstellungen und Erinnerungen genauso *gegeben* sein können (Husserl 2016, S. 71ff.), unterscheiden sie sich doch von der eigentlichen Anschauungserfahrung, die im reinen Wahrnehmungsakt gründet, der meistens am leiblich-sinnlichen Erscheinen der Gegenstände bemessen wird. Daher betont Marion, dass im Gegensatz zur Anschauung sich nur die unmittelbar der Wahrnehmung gegebene Gegebenheit auf sich selbst reduzieren lasse (Marion 2015, S. 44). Durch diese radikale Reduktion im Vorfeld zeigt sich das reine Phänomen der Anschauung als evident und ohne Trennung zwischen der sinnlichen und der mentalen oder der objektiven und subjektiven Ebene. Seit Husserl strebt die Phänomenologie an, über die Trennung von Sinnlichem und Geistig-Ideellem bzw. „über die Subjekt/Objekt-Dichotomie hinauszudenken" (Zahavi 2018, S. 19) und „die Welt, wie sie uns erscheint – sei es in der Wahrnehmung, im praktischen Umgang oder in wissenschaftlichen Analysen –, [als] die einzige wirkliche Welt" (ebd., S. 14f.) zu untersuchen – allerdings meist ohne Bezugnahme auf Goethe, der ebenfalls die Dichotomie der Erkenntnis zu überwinden sucht (ausführlich in Kap. 2.7). Seine Forschungsergebnisse basieren auf den Ideen, die sich der „anschauenden Urteilskraft" (Goethe 1989a, S. 30) an den Phänomenen unmittelbar zeigen. Goethes Ideen erfassende, sog. „ideierende Anschauungsweise" entspricht nach Husserl einer „Wesensschau (bzw. -erschauung) und ist der Akt, wodurch das Allgemeine (die Idee) zum aktuellen Gegebensein kommt. ‚Wesenserschauung' ist also Anschauung […], das Wesen in seiner leibhaftigen Selbstheit erfassend" (Vetter 2020, S. 30). Die „leibhaftige Selbstheit" bzw. der „Leib" bildet immer den „Bezugspunkt" und das „Orientierungszentrum" für Sinneswahrnehmungen, Empfindungen, Stimmungen, Atmosphären und Resonanzen mit den Anderen und der Umwelt (Fuchs 2018, S. 88ff.; Kap. 3); dem entsprechend gilt die leibliche Erfahrung als Ausgangspunkt phänomenologischer Beschreibung und Forschung – auch im Netzwerk VignA.

Wahrnehmungsvignetten enthalten nicht nur Nachklänge der Wahrnehmungserfahrung, sondern auch Ausdrucksweisen ihrer inneren Anschauung, da sie *anschaulich* die Phänomene beschreiben. „Wichtige Anschauungsweisen in der sinnlichen Erfahrung sind Wahrnehmung, Erinnerung und alle Formen der Einbildung" (Vetter 2020, S. 30); sie fließen zusammen und vergegenwärtigen das Gegebensein in seiner Vielheit und in unmittelbarer Verschränkung körperlicher, emotionaler, mentaler Eindrücke und Resonanzen. Je nach Wahrnehmungsgegenstand tritt das räumliche, zeitliche oder subjektive Empfinden in den Vordergrund, d. h. der Blick wird mehr oder weniger aufmerksam auf die äußeren Erscheinungen, das Farb-, Ton- und Stimmungsgefüge, die sich abspielenden Ereignisse, die Atmosphären oder die Ausdrucksgestalten, Äußerungen und Handlungen eines Menschen, auf Ereignisse im allgemeinen Lebensumfeld oder in spezifisch pädagogischen Kontexten gelenkt. In der subjektiven Wahrnehmung – im zentralen und als solchen zu berücksichtigenden Bezugspunkt in der Arbeit mit Wahrnehmungsvignetten – erscheinen insofern immer *ein* subjektiver Eindruck und *ein* Ausschnitt eines Geschehens oder Sinnzusammenhangs; beides wird erinnert, dann verdichtend oder vergrößernd in einer Wahrnehmungsvignette beschrieben (Kap. 5). Denn Erinnerung vollzieht sich als „bloße Vergegenwärtigung des Gegenstandes“ und „Einbildung [als] seine Neutralisierung“ (ebd., S. 30f.). Insofern bildet jede Wahrnehmung einschließlich ihrer Retention bzw. ihres Wiedererkennens in der Erinnerung eine „originär gebende Anschauung“, die – Husserl folgend – den „Gegenstand ‚originär‘, in seiner ‚leibhaftigen‘ Selbstheit“ (ebd.) und – in diesem Sinne – in unmittelbarem Sosein zu erfassen sucht – wie wir vor allem für den pädagogischen Kontext, aber auch andere lebensweltliche Erfahrungen geltend machen möchten.

Journaling

Lassen Sie Ihren Blick in der Natur oder vor einer Menschengruppe schweifen; fokussieren Sie einen Ausschnitt für wenige Minuten; schließen Sie die Augen und prüfen Sie, was im inneren Bild von der soeben beobachteten Szene erscheint oder hängen geblieben ist.
Erinnern Sie sich ein oder zwei Tage später an diesen Moment. Was taucht in der Erinnerung auf? Was bedeutet es für Sie, eine *Anschauung* im Sinne Husserls zu haben?

2.3 „Mitsein“ und leibliche Existenz (Heidegger, Merleau-Ponty, Böhme)

Der gesamte Entstehungsprozess der Wahrnehmungsvignetten sowie die darauf aufbauende Reflexionsarbeit setzen „Mitsein“ bzw. „Mitdasein“ (Heidegger 2006, S. 101ff.) und die räumlich leibhaftige Anwesenheit eines Subjekts voraus. „Mitsein“ bedeutet allgemein das Dasein in der Welt; „Mitdasein“ betont die Anwesenheit Anderer (ebd.). Nach Husserl erscheint ein Gegenstand bzw. ein Anderes immer perspektivisch und je nach Bezug des Subjekts zum und im Raum (Zahavi 2018, S. 58). Heidegger hingegen setzt Dasein als *leiblich* gegeben (ebd., S. 56) und in räumlicher Nähe befindlich (Heidegger 2006, S. 105) voraus. Räumliche Nähe und Subjektbezug beziehen sich auf die leibliche Existenz. Seit Husserl werden Leib und Körper in der Phänomenologie mit jeweils etwas anderem Fokus unterschieden (Fuchs 2018, S. 43ff.). Thomas Fuchs folgend ist die „Leiblichkeit [...] die grundlegende Weise des menschlichen Erlebens – insofern der Leib nicht als Körperding, sondern als *Zentrum räumlichen Existierens* aufgefasst wird, von dem gerichtete Felder von Wahrnehmen, Bewegen, Verhalten und Beziehung zur Mitwelt ausgehen“ (ebd., S. 15). Hingegen der Körper als physische Grundlage „zeigt sich uns nicht nur in der Erfahrung äußeren Widerstands, sondern auch durch den ‚inneren Widerstand‘, den der Leib dem Antrieb und der Bewegung entgegensetzt, also durch seine Trägheit, Schwere, Müdigkeit oder Erschöpfung“ (ebd., S. 123). In diesem Kontext untersuchen wir die „Beziehung zur Mitwelt“ als „Mitsein“ durch *leibliche Anwesenheit* und *räumliche Nähe*, die sich einer subjektiven Perspektive zeigen und diese mitbestimmen.

Im pädagogischen Kontext vollziehen wir eine phänomenologische Arbeit wahrnehmend, staunend, beobachtend, schreibend und schließlich reflektierend in persönlicher Anwesenheit und Nähe zu anderen Beteiligten. Das Verhältnis zu den Dingen, Räumen, Stimmungen, Atmosphären und Menschen, durch das sich ein Wahrnehmungserlebnis einstellt, ist dabei immer ein besonderes und einmaliges, somit abhängig von der Art und Weise der Zuwendung und des Interesses eines seine Umgebung erkundenden Subjekts. Dieses erfährt das Dasein Anderer genauso wie sich selbst im „Mitsein". Das „Mitsein" als dem vorgängig zu erschließenden „In-der-Welt-Sein" (Vetter 2020, S. 361) bürgt gewissermaßen für „die menschliche Seinsweise" (ebd.) sowohl des erlebenden Subjekts als auch des oder der sich ihm zeigenden Anderen.

Für die Arbeit mit Wahrnehmungsvignetten spielen die Dimensionen des Mitseins und die Leibbezogenheit bzw. die leibliche Anwesenheit eine maßgebliche Rolle; wir sehen überhaupt den Sinn dieser Methode in der real leiblichen und zwischenmenschlichen Begegnung. Denn ohne konkreten Bezug zur Lebensrealität, ohne konkrete Wahrnehmung und ohne die verinnerlichende Anschauung eines in Raum, Zeit und als menschliches Sein sich zeigenden Phänomens, also ohne diese leibliche und mitseiende Erfahrung wären die phänomenologische Erfahrung und Beschreibung eines Gegebenen nicht möglich. Insofern „das inner*weltlich* Seiende gleichfalls im Raum ist" und „der Raum in einem noch zu bestimmenden Sinne die Welt konstituiert", verortet Heidegger das Sein *räumlich* als ein in der Nähe „Zuhandenes", das – als sog. „Zeug" – einen bestimmten Platz innehat und auf eine bestimmte „Gegend" hin orientiert ist (Heidegger 2006, S. 101ff.). „Der Raum ist in Plätze aufgesplittert" (ebd., S. 104); ein „Platz" wiederum existiert durch die zuhandenen Dinge und ist „durch Richtung und Entferntheit [...] auf eine Gegend und innerhalb ihrer orientiert" (ebd., S. 103). Die Bedingungen des „Zuhandenen" einer „Gegend" sind insofern für eine pädagogisch phänomenologische Methode relevant, als sich diese eine Ein- oder Abgrenzung räumlich gegebener Ereignisse vornimmt und die beobachtende Aufmerksamkeit auf das Exemplarische lenkt.

Welche räumlichen Modalitäten gehören zu einer phänomenologischen Beschreibung und wie detailreich wird Räumliches einbezogen? Bildet es den Rahmen und inwiefern ist es maßgeblich für eine Verhaltensweise oder ein Handlungsgeschehen? Der Bezug zum Räumlichen wird nicht nur an Gegenständen und Koordinaten erfahren. Aus diesem Grund unterscheidet Heidegger das Sein des dreidimensionalen physischen, also geometrisch messbaren Raums von jenem „primären" und „handlungsorientierten" Raum, in dem die Dinge für den vertrauten Umgang erreichbar sind (Zahavi 2018, S. 52ff.). Die räumlichen Bedingungen entweder des geometrischen oder des handlungsorientierten Raums gilt es bezüglich der wahrzunehmenden und beobachtbaren Personen und Gegenstände sowie der Selbstanwesenheit einzuschätzen, weil es stets um das „Zuhandene" in unmittelbarer Nähe des beobachtenden Subjekts, aber niemals um etwas ferner

Liegendes, potenziell Anwesendes oder zu Vermutendes geht. Sicherheit und Vertrautheit mit dem Gegebenen zeichnen die mitzuerfahrende reale Nähe aus und sind Ausgangsmomente phänomenologischer Arbeit und Beschreibung.

Im Fokus der phänomenologischen Forschung stehen die räumliche Anwesenheit und die leibliche Dimension des Subjekts. Das „inkarnierte Subjekt bildet einen Referenzpunkt, auf den sich alle […] Gegenstände beziehen" (ebd., S. 60) und der somit eine Perspektive vorgibt (ebd., S. 61). Wie bereits angemerkt, gilt in der Phänomenologie der Leib als „Orientierungszentrum" (Fuchs 2018, S. 88ff.), das – nach Husserl – jede Welterfahrung ermöglicht und dem – nach Merleau-Ponty – alle Gegenstände ihr Gesicht zeigen (Zahavi 2018, S. 60). Nicht nur im Innerlichen, das sich der unmittelbaren Sinneswahrnehmung verbirgt, sondern auch am äußeren Leiblichen verifizieren sich Erlebnisse; sie „finden Ausdruck am leiblichen Verhalten und Handeln" (ebd., S. 70). Nach Merleau-Ponty (1945/2021, S. 213ff.) ist der Sinn eines Dings wie jener von Gesten, Bewegungen und Verhaltensstilen nicht verborgen, sondern unmittelbar von außen lesbar. Beispielsweise impliziere die „Geste der Hand, die sich auf einen Gegenstand zu bewegt, […] einen Verweis auf den Gegenstand nicht als solchen der Vorstellung, sondern als dieses sehr bestimmte Ding, auf das hin wir uns entwerfen, bei dem wir vorgreifend schon sind und das wir gleichsam umgeistern. Bewusstsein ist Sein beim Ding durch das Mittel des Leibes" (Merleau-Ponty 1966, S. 167). Das „Ding" oder die „Gebärden des Anderen" werden also nicht durch eine intellektuelle Interpretation verstanden, sondern durch eine „Bewegung, in der ich mich einem Schauspiel hingebe und mich, es gleichsam blindlings anerkennend, ihm einfüge" (ebd., S. 220). Im empathischen „Mitsein" vollziehe ich das Intentionale der Gesten oder Gebärden mit und lese sie wie sprachliche Äußerungen. „Mit meinem Leib lasse ich mich auf die Dinge ein, sie koexistieren mit mir als inkarniertem Subjekt" (ebd.); sie bilden nicht nur meine Umwelt, sondern meine „Mitwelt" (Fuchs 2018, S. 15), deren sinnhafte Struktur sich im Wahrnehmen selbst zeigt.

Wiederum ergibt sich daraus ein zentraler Gesichtspunkt für die Methode der Wahrnehmungsvignetten: Sie beschreiben alle sinnlichen Eindrücke, auch die individuellen Ausdrucksweisen der Gesten, Handlungen oder des Erscheinungsbildes, weil sie – im subjektiven Beobachten – offensichtlich, leiblich spürbar sind, innere Erregungserlebnisse auslösen und ihre Intentionalität evident erscheint. Vorgänge im Zwischenmenschlichen, in besonderen persönlichen Lagen – seien sie durch freudige oder schwierige Vorkommnisse und Befindlichkeiten veranlasst – berühren oder machen betroffen; sie gehören zu einem resonanten „Mitsein". In der Praxis phänomenologischer Arbeit bleibt daher abzuwägen, in wieweit „innere Wirklichkeiten" (Merleau-Ponty zitiert nach Zahavi 2018, S. 70) am Leiblichen als der äußeren menschlichen „Natur" bzw. als „Lebensvollzüge" (Böhme 2019, S. 20f.) sinnlich wahrnehmbar gegeben sind oder ob doch ihre Wahrnehmbarkeit dem subjektiven Betroffensein und inneren Mitempfinden geschuldet ist.

In Anschluss an Merleau-Ponty, Waldenfels, Meyer-Abich und Schmitz widmet sich Gernot Böhme dem „Verständnis des Leibes als die Natur, die wir selber sind" (ebd., S. 21). Die „menschliche Weise, Natur zu sein" (ebd., S. 20), drückt sich in „Lebensvollzüge[n] wie Atmen, Sich-Ernähren, Gehen oder Schwimmen" (ebd., S. 21) aus. „In ihnen vollzieht sich, was es heißt, ein Mensch zu sein" (ebd.). Böhme differenziert zwischen Körper und Leib: Als Körper existieren wir „aus naturwissenschaftlich-medizinischer Perspektive" (ebd., S. 25) und sind den Gesetzen des Raums und der Mechanik unterworfen; den eigenen Leib spüren wir in räumlicher Ausdehnung (ebd., S. 27). Im Unterschied zum Sich-Befinden im Körper, der „durch seine Lage zu anderen Körpern bestimmt" ist, existiere im „leiblichen Spüren [...] ein absolutes Hier gegeben" (ebd., S. 28), in dem „die Betroffenheit der leiblichen Existenz des Menschen begründet ist: Qua Leib ist der Mensch je in einer bestimmten Zeit, an einem bestimmten Ort, und er ist von der Unausweichlichkeit seines Daseins, das er in radikaler Besonderung als diesen Leib erfährt, unausweichlich betroffen" (ebd., S. 29). Im leiblichen Spüren, im existentiellen Ich-, Hier- und Jetzt-Erleben, erfährt sich das wahrnehmende und beobachtende Subjekt; ihm zeigen sich die „Phänomene leiblichen Spürens" (ebd.) in der Gewissheit, dass es etwas Bestimmtes wahrzunehmen vermag. Denn „wenn ich Rot sehe, kann ich nicht sinnvoll daran zweifeln, Rot zu sehen" (ebd., S. 29f.). Diese Gewissheit sieht Böhme – wie Schmitz – in der Leiblichkeit begründet: „Der Leib erschließt sich, insofern man sich auf ihn einlässt, als etwas, was einem widerfährt, das heißt also in pathischen Existenzweisen. Diese erweisen sich aber als mehr denn als bloße Erkenntniswege: Es geht um das Aufsuchen von Erfahrungen der Selbstvergewisserung." (ebd., S. 30)

Die phänomenologische Arbeit im pädagogischen Kontext befasst sich mit diesen „pathischen Existenzweisen" (ebd.) des „Mitseins" und „Mitdaseins". Die Wahrnehmung schließt die leibliche „Selbstvergewisserung" des Subjekts genauso ein, wie dieses die leibliche Existenz Anderer voraussetzt. Dadurch kann „Mitsein" als miterfahrenes und mitzuvollziehendes Erleben der Lebensvollzüge, Äußerungen, Handlungen, Stimmungen und Atmosphären geschehen. Sie können in einer phänomenologischen Sprache beschrieben werden und machen vielfach den Reiz der Wahrnehmungsvignetten aus.

Journaling

Zum phänomenologischen Studium der leiblichen Existenz eignen sich Übungen des genauen, detailreichen Wahrnehmens und Beobachtens (Kap. 3) eines in der „Nähe" Seienden.

Beobachten Sie in Ihrer unmittelbaren Umgebung, wie Sie Menschen und Dinge wahrnehmen. Notieren Sie, was Ihnen zuerst ins Auge springt.

Lassen Sie den Blick ein zweites Mal schweifen und notieren Sie, was Sie leiblich spüren.

Beschreiben Sie die Qualität des „Mitseins" des Sie unmittelbar Umgebenden.

2.4 Aufmerksamkeit erzeugt einen Horizont (Husserl, Merleau-Ponty, Waldenfels)

Wird eine Reduktion vollzogen, indem aus der Vielfalt der Gegenstände ein einzelner ins Licht der Aufmerksamkeit und damit ins Bewusstsein tritt, hebt sich dieser von allen anderen ab. Sobald sich die Aufmerksamkeit auf ein Geschehen, eine Szene, einen Gegenstand oder eine Person wendet, wird die Umgebung oder der Hintergrund als eine Art Kulisse mitwahrgenommen (Vetter 2020, S. 264). Für dieses Mitwahrgenommene steht der „phänomenologische Begriff des *Horizonts*" (Waldenfels 2018a, S. 68); er bezeichnet „all das, was miterfahren wird, wenn etwas als solches erfahren wird" (ebd.). In der Phänomenologie Husserls „steht der ‚lebendige Horizont' […] für die offene Unendlichkeit der unthematischen Mitgegebenheiten, Abschattungen und Appräsentationen, deren Implikationen er als Geltungsanspruch des Gegebenen mit seiner ‚Erwartungs- und Erfüllungsstruktur' […] integriert" (Vetter 2020, S. 264). Was als ein Bestimmbares zunächst in Augenschein tritt, bildet den gegebenen „Kernbestand", der „Horizont" hingegen die ausgestaltbare und variable „Grenze der Gegebenheit" (ebd.). Es stellt sich die Aufgabe, *Aufmerksamkeit* als bewusste Hin- oder Zuwendung zu einem Geschehen und die sich damit einstellende Erfahrung des *Horizonts* zu erläutern. Das Aufmerksamwerden im Moment des Übergangs von der Wahrnehmung zur fokussierenden Beobachtung wird außerdem in dem Kapitel zu „zwei phänomenologischen Herangehensweisen" behandelt (Kap. 3.3).

In der Phänomenologie gilt Aufmerksamkeit (Attentionalität) als „intentionale Zuwendung" (Vetter 2020, S. 51), die im Spektrum von sensualistischer, emotionaler und kognitiver Disposition auftritt (ebd., S. 51ff.). Husserl bezeichnet Aufmerksamkeit als *„eine auszeichnende Funktion* […], die zu Akten […] von *‚intentionalen' Erlebnissen* gehört" (Husserl 2009, S. 423). Intentionalität und intentionales Erlebnis bedeuten, dass das Bewusstsein sich über die Selbstwahrnehmung hinaus direkt „auf Gegenstände oder Sachverhalte" beziehen kann, die sich wiederum in der Empfindung als „subjektive Gegebenheitsweisen" realisieren (Vetter 2020, S. 292). Daher seien es „nur intentionale Gegenstände, worauf wir jeweils aufmerksam sind und aufmerksam sein können (Husserl 2009, S. 424). Aufmerksamkeit bestehe dann, wenn wir etwas, „worauf wir aufmerksam sind, im Bewusstsein haben" (ebd.).

An Husserl anschließend versteht Merleau-Ponty Aufmerksamkeit als einen im Bewusstsein verwurzelten „Akt", den das Denken selbst vollzieht (Merleau-Ponty 1966, S. 52); Waldenfels hingegen sieht „ihren Ort in dem Spannungsbogen, der von dem, was uns widerfährt und anspricht, hinüberführt zu dem, was wir zur Antwort geben (Waldenfels 2019, S. 9). Also wird Aufmerksamkeit zwar als eine mehr oder weniger aktive Denkleistung gesehen, sie zeigt sich aber vor allem im „Doppelspiel von Auffallen und Aufmerken" (Breyer 2011, S. 138): Wer „aufmerkt, der antwortet auf etwas, das als Anziehungspunkt, als Frage oder als *actio*, die eine *reactio* verlangt […], in den Horizont des Gegebenen eintritt und zeitlich wie relational dem Antworten je schon vorausspringt“ (ebd., S. 138f.). Im „Auffallen“ zeigt sich einfach etwas, während das subjektive „Aufmerken“ insbesondere bei merkwürdigen oder faszinierenden Begebenheiten „von Trieben, Bestrebungen, Vorlieben und Interessen gesteuert“ (Waldenfels 2019, S. 14), also offensichtlich von den „Dispositionen“ des Subjekts bestimmt wird (Breyer 2011, S. 139). In diesem „Doppelspiel“ enthüllt die Aufmerksamkeit lediglich etwas, „wie ein Scheinwerfer im Dunkel bereits vorhandene Gegenstände beleuchtet“ (Merleau-Ponty 1966, S. 46). Und weil sich die Aufmerksamkeit „in jedem Augenblick […] auf beliebige Bewusstseinsinhalte richten kann, ist [sie] in diesem Sinne ein unbedingtes, allgemeines Vermögen“ (ebd.). Sobald ein Gegenstand ins Bewusstsein kommt, wandelt sich das offene oder suchende Wahrnehmen zum aufmerksamen und fokussierenden Hinwenden (Kap. 3.2, 3.3); der Gegenstand hebt sich dadurch von anderen Erscheinungen ab und wird von einem „Unbestimmten“ zu einem „Bestimmten“ (ebd., S. 52). Dieser alltägliche Vorgang kann sich in jedem Moment erneut ereignen; aus der Vielfalt der Wahrnehmungen taucht etwas auf und verflüchtigt sich unbemerkt wieder oder schreibt sich dem Bewusstsein für einen Augenblick oder auch nachhaltig ein. So *bemerke* ich etwas und erlebe es als sinnstiftend und ausdrücklich. Diese „ausdrückliche Wahrnehmung von etwas-als-etwas“ bezeichnet Merleau-Ponty als „Aufmerksamkeit“ (ebd., S. 134).

Im Zustand der Aufmerksamkeit „geht es [zunächst] darum, *daß* überhaupt etwas in der Erfahrung auftritt, daß *gerade dieses und solches* auftritt und *nicht vielmehr anderes* und daß es *in einem bestimmten Zusammenhang* auftritt“ (Waldenfels 2019, S. 16). Aufmerksam auf etwas werden können wir durch *uns* affizierende Ereignisse, durch Suchen, Forschen und Interesse oder durch Einlassen und indem wir „ganz ‚bei der Sache‘ sind“ (ebd., S. 14). Das im Bewusstsein Auftretende bzw. in Erscheinung Kommende löst möglicherweise Neugier und Fragen aus. Aber „Aufmerksamkeit trägt von sich aus weder zur Beantwortung der Frage bei, was etwas ist, noch zu der Frage, wie dies zu erkennen sei“ (ebd., S. 16), denn sie ist nicht „produktiv“ (Merleau-Ponty 1966, S. 47). Sie zeigt sich als eine Qualität des Bewusstseins, die sowohl in der selektiv fokussierenden oder dynamisch andauernden Hinwendung, als auch in der Abwendung von sinnlichen und mentalen Wahrnehmungen wirkt (Wehrle & Breyer 2015, S. 371ff.). Der Gegenstand der Aufmerksamkeit geht mich an, gibt mir bei seinem Erscheinen eine erste Orientierung, die ich verfolgen oder vernachlässigen kann, lenkt also meinen Blick; das Erlebnis der Präsenz eines Objekts wird von meinem aufmerksamen Wahrnehmen und von meiner Perspektive bestimmt. Im Moment des Aufmerksam-Seins gibt es noch keinerlei Erklärungen oder Hinweise über den Gegenstand hinaus; es besteht aber die Möglichkeit des inneren Anhaltens, des Konzentrierens, Besinnens bis hin zur meditativen Versenkung. Folgendes Beispiel soll mit Blick auf die Wahrnehmungsvignetten-Arbeit

(Kap. 3.5) zeigen, wie durch Aufmerksamkeit und Innehalten im Gewahrwerden ein Phänomen und sein Horizont zur Geltung kommen.
Wir gehen an gelb blühenden Rapsfeldern entlang spazieren und gewahren in der Ferne die Silhouette eines Waldes, vor dem sich etwas bewegt. Wir verfolgen flüchtig dieses bewegte Etwas, verlieren es zeitweilig aus den Augen, nehmen seine Spur wieder auf und versuchen es im Blick zu behalten, zu fokussieren und zu erkennen, um ihm einen Namen zu geben bzw. es mit einem Begriff zu verbinden. Während die *reine Wahrnehmung* zunächst als Suchen und Tasten abläuft, hält die *aufmerksame Beobachtung* inne, lenkt den Blick, eventuell die Neugier und das Interesse auf das sich am Waldrand bewegende Element, bis wir es schließlich als eine*n Fahrradfahrer*in mit angeleintem Hund erkennen und damit von allem anderen, sich in unserem Wahrnehmungsfeld Ereignenden unterscheiden. In aufmerksamer Hinwendung trennen wir überhaupt erst den einen Gegenstand von seiner Umgebung, den Bäumen, Sträuchern und Ästen am Waldrand; wir erfassen diesen Hintergrund des immer genauer in Augenschein genommenen Phänomens, der als „Horizont […] miterfahren wird" (Waldenfels 2018a, S. 68) und den Wahrnehmungszusammenhang als solchen bestimmt. Wir erkennen einerseits die Einzelheiten und die Unterschiede zwischen den fokussierten Phänomenen und ihrem Hintergrund, aus dem sie hervortreten; andererseits bilden der Waldrand, der*die Fahrradfahrer*in mit Hund und das gelbe Rapsfeld im Vordergrund einen zusammenhängenden Bereich. Das sich vor dem Wald bewegende Element wird nicht mehr aus den Augen gelassen; es ist Gegenstand aufmerksamer Wahrnehmung in seinem „miterfahrenen" Umfeld.
Für den Begriff „Horizont", der in diesem Beispiel für einen das Phänomen mitbestimmenden Zusammenhang steht, existieren im phänomenologischen Kontext weitere Bedeutungsaspekte (Vetter 2020, S. 264ff.). Wenn die Aufmerksamkeit einem bestimmten Objekt nachspürt und gleichzeitig „Verweisungen auf das […] nicht Gegebene" (Gurwitsch 1974, S. 193) im Bewusstsein erscheinen, differenzieren Husserl, Gurwitsch und Merleau-Ponty zwischen „einem *Innen-* und einem *Außenhorizont* der Wahrnehmung" (Breyer 2011, S. 136). Der Innenhorizont, der alle „Erscheinungsweisen eines Wahrnehmungsobjekts" in Relation zum Standpunkt des beobachtenden Subjekts umfasst (ebd.), kann „nur selbst Gegenstand [der Aufmerksamkeit] werden, in dem die umgebenden Gegenstände zum Horizont werden" (Merleau-Ponty 1966, S. 92). „Wenn ich hingegen im Sehen meinen Blick auf eine Einzelheit der Umgebung richte, so belebt und entfaltet sich dieses Detail, und die anderen Dinge rücken an den Rand oder verwischen sich völlig, doch bleiben sie beständig mit da" (ebd.). Sie bilden den Außenhorizont, der sich also aus „den appräsentativ mitgegenwärtigen Elementen des Erfahrungsfeldes" (Breyer 2011, S. 136) konstituiert. Dieser miterfahrene Zusammenhang existiert „noematisch" als gegenständlicher Kontext wie Waldrand und Rapsfelder oder „noetisch" als subjektiv mitgedachte Intentionen und Bedeutungen (Wehrle & Breyer 2015, S. 377ff.).

Die Aufmerksamkeit kann sich gleichzeitig und abwechselnd oder temporär auf die gegenständlichen und die mitgedachten Phänomene richten. Ihr Fokus bestimmt den jeweiligen Horizont. Aus diesem Grund ist die *Erste-Person-Perspektive* als maßgeblich für die aufmerksame Blicklenkung, den Vollzug der Wahrnehmung und für die „Verweisstrukturen" (Breyer 2011, S. 136) des Innen- und des Außenhorizonts zu erachten. Sie bildet den Ausgangs- und den Bezugspunkt für das Erfahrungsgeschehen. Dem aufmerksamen Subjekt, dem etwas Affizierendes widerfährt, *zeigen* sich der Innenhorizont der Phänomene und der Außenhorizont ihres Erscheinungszusammenhangs – auch als potenziell sinnbildend.

> „Der Horizont also ist es, der im Forschen des Blickes die Identität des Gegenstands gewährleistet […]. Mit anderen Worten: einen Gegenstand anblicken, heißt in ihm heimisch werden und von ihm aus alle anderen Dinge nach ihren ihm zugewandten Seiten erblicken […]; so ist der Gegenstand zu jeder Zeit gesehen, wie er es von allen Seiten ist, und durch dasselbe Mittel, nämlich die Horizontstruktur" (Merleau-Ponty 1966, S. 92f.).

Gerade weil wir im Alltag dazu neigen, beispielsweise unsere Aufmerksamkeit mit Vorwissen auf einen Vorfall mit einer anderen Person, ihre Handlungen und Äußerungen zu lenken, bemerken wir kaum, ob dieser Vorgang tatsächlich für sich besteht oder ob und wie ihn sein *noematischer* und sein *noetischer Horizont* maßgeblich mitkonstituieren. Die Unterscheidung dessen, was ins Bewusstsein mit einem jeweiligen Innenhorizont eintritt und was nebensächlich oder hauptsächlich mitgesehen oder gehört wird, bestimmt sowohl den Wahrnehmungsakt selbst als vor allem auch das Beschreiben der Phänomene und das Schreiben der Wahrnehmungsvignetten. Die phänomenologische Beschreibung zielt auf *ein* Ereignis und widmet sich dabei mal mehr, mal weniger dem Innen- und dem Außenhorizont.

> *Journaling*
>
> Achten Sie, ähnlich wie beim Waldrand, auf ein sich zuerst unbestimmt, dann immer deutlicher zeigendes Objekt. Bemerken Sie, wie Sie sich immer mehr darauf konzentrieren und nach einer Erklärung suchen.
>
> Lassen Sie für einige Momente von dem fokussierten Objekt los und achten Sie auf das Pendeln ihres Bewusstseins zwischen Aufmerksamkeit (Blick auf Fahrradfahrer*in) und offener, sich hingebender Wahrnehmung (schweifender Blick in die Umgebung).

2.5 Verstehen und Anerkennen des Fremden und Anderen (Heidegger, Husserl, Lévinas, Waldenfels)

Das „Mitsein" im primären Raum konstituiert – Heidegger folgend – „menschliche Seinsweisen" (Vetter 2020, S. 361); hingegen der Begriff „Mitdasein" macht die Dichotomie zwischen der oder dem Anderen und dem Selbst offensichtlich.

Der, die, das Andere zeigt sich als Gegenüber, ist neu, anders, einmalig, bekannt oder unbekannt und dabei auf jeden Fall unterschieden vom wahrnehmenden Subjekt, das sich in aller Offenheit dem Anderssein stellen kann und muss. Aus der Erkenntnis, dass das Andere nicht nur ein subjektiver Eindruck oder eine subjektive Sicht bedeuten kann, sondern selbst ein Dasein ist, folgt die Anerkennung desselben seiner Erscheinung nach. Jeder Umgang mit dem Anderen kann bereits „als Antwort auf seine Fremdheit“ (Rödel 2015, S. 201) verstanden werden, die nach einer Deutung strebt. Aber im Arbeitsprozess mit Wahrnehmungsvignetten erkennen wir zunächst *nur* die Art eines sich uns zeigenden Anderen, eines Menschen und einer menschlichen Begebenheit an; so wie sich diese jeweils offenbaren, können sie als Erfahrungsspuren in eine phänomenologische Beschreibung einfließen.

Als fremd oder anders können Personen oder Ereignisse gewahr werden, die sich je nach den Bedingungen und persönlichen Ausgangslagen mit allen ihren Facetten und Möglichkeiten zeigen oder diese verbergen. Im Vergleich zum Anderssein wird Fremdsein als unbekannte, aus einem anderen Lebenszusammenhang rührende Eigenschaft erlebt; sie charakterisiert einen Menschen oder eine Begebenheit als nicht dazu gehörig oder nicht dazu passend, als feindlich bis exotisch. Für den Begriff des Fremden als „Gegenbegriff zum Eigenen“ unterscheidet Waldenfels drei „Verwendungsweisen“: fremder Ort, fremder Besitz und fremde Art und Weise, also das „Anderssein“ eines Menschen (Esterbauer 1998, S. 134). Es kann alles mir Gegenübertretende oder von mir Unterschiedene, sei es eine räumliche oder verhaltensmäßige Gegebenheit, als fremd und anders wahrgenommen und empfunden werden, ohne dass eine bewertende Haltung eingenommen oder ein (Vor-)Urteil gefällt wird.

Erfahrungen und Reflexionen des *Anderen* und *Fremden* stellen sich in aktuellen Diskursen zur „Pädagogik der Anerkennung“ als grundlegend dar (Siep et al. 2021). Im Rückgriff auf Paul Ricoeurs phänomenologische „Wege der Anerkennung“ (2006) weist Christiane Micus-Loos auf die Asymmetrie der Anerkennungsverhältnisse hin, von denen „Bildungsprozesse“ leben (2012, S. 317) und die eine wechselseitige Anerkennung der durch ihre Andersheit voneinander Getrennten verlangen (ebd.). Andersheit und Fremdheit evozieren Differenzerfahrungen. Während das *Fremde* oder die *Fremdheiten* im täglichen Leben gegenwärtige, in Literatur, Philosophie, Soziologie, Religion sowie in der Phänomenologie thematisierte bzw. erforschte Phänomene der Nichtzugehörigkeit, Exklusion, Distanz oder Unvertrautheit beschreiben (z. B. Heiter & Kupke 2009), beinhaltet der Begriff *der, die oder das Andere* zunächst die Vorstellung von einem Gegenüber als Nicht-Ich. Gleichwohl kann das Andere einerseits die Bedeutung des vom Eigenen Abgetrennten oder Unterschiedenen haben, andererseits auch jene eines Fremden, „dem die ‚Besonderheit‘ des einen nicht zukommt“ (Esterbauer 1998, S. 134). Würde diese Andersartigkeit jedoch aberkannt, so bedeute die Aberken-

nung zugleich eine Eliminierung des Anderen und käme einer Tötung gleich; daher erfordere jede Begegnung mit *Anderem* und *Anderen* das vorbehaltlose Anerkennen (Micus-Loos 2012, S. 306) – ein zentrales Thema im Werk von Emmanuel Lévinas (2003, 2013).
Lévinas nutzt den Begriff des Fremden in unterschiedlichen Bedeutungen: In seinem Frühwerk ist „das Kind der oder die Fremde"; in späteren Arbeiten verwendet er den Begriff des „Fremden" in den Bedeutungen als „der absolut Andere als Fremder, die Entfremdung und das Sich-selbst-fremd-Sein"; schließlich geht es ihm um die „Fremdheit gegenüber jedem Ort und gegenüber dem Sein, die das ethische Ich auszeichnet" (Esterbauer 1998, S. 146). Fremdheit als „Grundbestimmung" des modernen Menschen wird vom Anderen her gedacht und zeigt sich zunächst als Differenzerleben zwischen Ich und dem „absolut Anderen" (ebd.). In der Abgrenzung vom Anderen tritt das Ich in seinem Selbstsein hervor; es findet dadurch seine „Identifikation schlechthin", den „Ursprung des Phänomens der Identität" (Lévinas 2013, S. 209). Gleichzeitig begehrt das Ich die „Beziehung" zum „Anderen, das unser soziales Sein selbst ist" (ebd., S. 193). Aber durch die „Beziehung zum Anderen" stellt sich das Ich „in Frage"; es „leert" sich von sich selbst und entdeckt so „unaufhörlich neue Quellen" (ebd.); ihm erschließt sich der Reichtum des Ganzen, der „Totalität" (ebd., S. 220).

> „Der Andere ergibt sich im Rahmen der Totalität, der er immanent ist und die, entsprechend der treffenden Analysen von Merleau-Ponty, durch unsere eigene kulturelle Tätigkeit, die leibliche, sprachliche oder künstlerische Gebärde ausgedrückt und enthüllt wird. […] Der Andere kommt uns nicht nur aus dem Kontext entgegen, sondern unmittelbar, er bedeutet durch sich selbst. […] Das Phänomen, das die Erscheinung des Anderen ist, ist auch Antlitz" (ebd., S. 220f.).

Im Unterschied zu einem Phänomen, das sich im Bild manifestiert, sei das Antlitz „lebendig" und löse die Form auf, „in der sich jedes Seiende, sobald es in die Immanenz eintritt, d. h. sobald es sich als Thema darstellt, bereits verbirgt" (ebd., S. 221). „Der Andere, der sich im Antlitz manifestiert, durchstößt gewissermaßen sein eigenes plastisches Wesen wie ein Seiendes, das das Fenster öffnet, auf dem indes seine Gestalt sich schon abzeichnet. […] Das Antlitz spricht." (ebd.)
Lévinas bezeichnet diesen Moment, in dem sich das Antlitz sprechend kundtut, als eine „Eröffnung der Eröffnung" (ebd.): Das Antlitz offenbare sich in seiner „Nacktheit" und am „Ausgang von einer absolut fremden Sphäre" (ebd., S. 222); es nötige sich dem Ich auf, das sich seiner „Verantwortung nicht entziehen" (ebd., S. 223) kann, weil niemand an seiner Stelle antworten kann (ebd.). „Das Wunder des Antlitzes rührt her vom Anderswo, von wo es kommt und wohin es sich auch schon zurückzieht" (ebd., S. 227). Vor dem Antlitz des Anderen kann sich ein ihm begegnendes Ich zwar verbergen; aber vielmehr kann es die Herkunft des Antlitzes suchen: Lévinas nennt sie die „Spur", das „Jenseits" oder die „immer verflossene

Transzendenz“ (ebd., S. 228). Denn „das Antlitz leuchtet in der Spur des Anderen: Was sich in ihr darbietet, ist auf dem Weg, sich von mir abzulösen, und sucht mich heim als ein solches, das schon ab-solviert ist“ (ebd., S. 234). Daher erlebt sich das Ich vor dem Anderen als „unendlich verantwortlich“ (ebd., S. 225); denn es kann sich ihm nicht entziehen. Der Andere allerdings, so betont Lévinas, „der diese ethische Bewegung hervorruft“ (ebd.), wachse über seine eigene Intentionalität hinaus. Dieser nicht assimilierbare Zuwachs macht letztlich die Beziehung des „Ich mit dem Anderen“ als „Idee des Unendlichen“ (ebd.) aus. Indem das Ich in einer Beziehung zum Anderen steht und ihm in seiner Verantwortung zugewandt ist, nimmt es die *„Haltung“* ein, *„die nicht auf eine Kategorie zurückgeführt werden kann“* (ebd.).
Dieser entscheidende Gedanke zur Haltung von Lévinas bildet die Brücke von seiner Philosophie des Anderen zur Phänomenologie der Wahrnehmungsvignetten: Die Phänomene sind wahrzunehmen wie ein Antlitz des Anderen, das sich in der Wahrnehmung als ein (absolut) Fremdes zeigt, über sich hinaus weist, dessen Intentionalität in der subjektgebundenen Relation besteht und nicht an Kategorien gebunden ist. Mit anderen Worten: Die Dimensionen des Gegebenseins und des Mitseins bergen – aus einer weiteren Perspektive – das Andere und Fremde in sich; es tritt als solches in Erscheinung in Abgrenzung und Beziehung zum Ich. Allerdings zeigen sich in den unterschiedlichen Untersuchungen immer wieder neue Nuancen bezüglich des Verstehens des Anderen und des Fremden. Während es sich bei Lévinas auch um ein Bewahren des Anderen (Kapsch 2009, S. 11) zugunsten einer bestehenden Andersheit handelt, vollzieht sich nach Husserl das „Verstehen des Anderen […] zu einem großen Teil über das Verstehen der Differenz zwischen dem eigenen Verstehensentwurf, den eigenen Erwartungen und dem, was der Andere präsentiert“ (ebd., S. 21).

Gerade die Erwartungen bringen das Fremde zur Geltung, zeigen sich doch jegliche Fremdheitserfahrungen vor allem als Differenzerfahrungen – insbesondere ein Thema der zeitgenössischen erzählenden Literatur, in der durch Migration ausgelöste Begegnungen mit einer anderen und fremden Kultur zu existentiellem Erleben führen. „Wir ließen unser Land im vertrauten Dunkel zurück und näherten uns der leuchtenden Fremde“, so beginnt Irena Brežná (2016, S. 5) den Roman „Die undankbare Fremde“ – *ein* literarisches Beispiel dafür, wie das Ankommen in einer fremden Kultur zu bewältigen ist, denn „das grelle Licht der Fremde fraß auch die Sterne auf“ (ebd.).

Die Fremdheitserfahrung bildet ein sich entwickelndes Grundmotiv der Phänomenologie Bernhard Waldenfels’ (2002, 2018b, 2019, 2020), der ausgehend von der Frage nach einer das Fremde nicht neutralisierenden oder leugnenden Umgangsweise (Waldenfels 2018b, S. 9) eine „heuristische Vielfalt der Zugangswege“ (ebd., S. 13) aufsucht. Das Fremde sei ein „Grenzphänomen par excellence“ (ebd., S. 15), das davon abhängt, „wie die Ordnung beschaffen ist, in der unser Leben, unsere Erfahrung, unsere Sprache, unser Tun und unser Schaffen Gestalt annimmt“ (ebd.).

Ändern sich diese Bedingungen, dann ändern sich Ausdruck, Erscheinungsbild und Eindruck des Fremden. Seine relationale Bestimmtheit ist insofern einem steten Wandel unterworfen, weil sie von der sie gewahr werdenden Selbstheit abhängig und zugleich ihr Gegenüber ist. Die zentrale Bruchstelle bezeichnet Waldenfels als „Diastase, das Auseinandertreten von *Eigenem* und *Fremden*, das durch kein Drittes vermittelt ist" und „einer anderen Dimension an[gehört] als die Distinktion vom *Selben* und *Anderen*" (ebd., S. 20). Das Fremde oder die Fremdheit zu erleben bedeutet daher, sich des „*Fremdbezug[s] im Selbstbezug*" (ebd., S. 28) bewusst zu werden, denn das „Ich ist ein Anderer, weil die Fremdheit im eigenen Hause beginnt" (ebd.). Infolgedessen erscheint das Fremde als den „Möglichkeitsspielraum einer Ordnung" überschreitend, als „*Grenze der Eigenkapazität*" und als das „*Eigene*" in Frage stellend (ebd., S. 31f.). Seiner radikalen Unterscheidung des Eigenen und Fremden begegnet Waldenfels mit einer Erkundung der Grenzen, ohne sie „aufheben" (ebd., S. 36) zu müssen und indem er die Fremdheitserfahrung als eine Gratwanderung zwischen „Pathos", dem mitleidenden Gewahrwerden eines Ereignisses, und „Response", dem Antworten auf dieses, auslotet (ebd., S. 34ff.): „Pathos bedeutet, dass wir *von etwas* getroffen sind, und zwar derart, dass dieses Wovon weder in einem vorgängigen Was fundiert, noch in einem nachträglichen Wozu aufgehoben ist" (ebd., S. 43). „Dieses *Wovon* des Getroffenseins verwandelt sich in das *Worauf* des Antwortens, indem sich jemand redend und handelnd darauf bezieht, es abwehrt, begrüßt und zur Sprache bringt" (ebd., S. 44f.). Dem entsprechend bezeichnet er mit „Response" das „Eingehen auf Fremdes, das sich uns entzieht" (ebd., S. 45), aber dem wir unsere „Eigenheit" verdanken (ebd.). Das Antworten versteht sich – gewissermaßen bei voller Gegenwärtigkeit für das unmittelbar sich Zeigende oder Ereignende – als „über jede Intentionalität" oder erschöpfende Sinngebung erhaben (ebd.). Das rührt aus der fast gleichzeitigen Erfahrung von „Pathos" und „Response", die „nicht auf einander wie zwei Ereignisse" (ebd., S. 50) folgen, sondern lediglich den „Zeit-Ort" (ebd.) markieren, an dem einem Subjekt etwas Unerwartetes oder Überraschendes widerfährt. Der darin enthaltene, nicht auszuschöpfende und nicht zu „verwertende Überschuß" (ebd.) bildet die Essenz dessen, was eine phänomenologische Beschreibung oder eine Wahrnehmungsvignette als Anderes oder Fremdes zum Ausdruck bringen kann.

In vielen Situationen widerfährt einem das Andere und die Andersheit als berührendes oder betroffen machendes Erlebnis (Kapsch 2009, S. 27); das Fremde kann überraschen, verunsichern oder irritieren; Anderes wird eher als zum Leben dazu gehörig empfunden und wertungsfreier als das Fremde akzeptiert. Gleichzeitig gibt es Grenzen, das Andere und das Fremde zu verstehen, denn entsprechend der These der „Appräsentation", also des inneren Mitvergegenwärtigens (Kapsch 2010, S. 70) im Fremdverstehen nach Husserl (ebd., S. 85), ist jedem „Ich nur seine eigene Innerlichkeit, nicht aber die des Anderen originär gegeben, und so kann es niemals sicher sein, dass es den Anderen bzw. seine Motivationsstruktur wirklich versteht" (ebd.).

Ungeachtet dieser Dimensionen des Verstehens fungieren Fremdes und Anderes als *Eröffnung für* oder als *Hindernis vor* neuen Erfahrungen und können *deshalb* eine Haltungsreflexion und eine Haltungsentwicklung initiieren (Kap. 6 und 7).

> *Journaling*
> Erinnern Sie sich an die Erstbegegnung mit einem Menschen. Was erschien Ihnen befremdlich? Wie wirkte das auf Sie?
> Erinnern Sie sich an weitere Begegnungen mit diesem Menschen. Was hat sich verändert? Hat sich das an ihm Befremdliche bewahrt oder aufgelöst? Wie sehen Sie ihn heute?

2.6 Empathie – intentionales oder irreführendes Einfühlungsvermögen? (Fuchs, Breithaupt, Breyer)

Im phänomenologischen Arbeiten in lebensrealen Kontexten beeinflussen die intersubjektiven, von mehr oder weniger Empathie getragenen Verhaltens- und Zuwendungsweisen jegliche Wahrnehmungs- und Beobachtungsprozesse. An der Art und Weise, wie Menschen sich körperlich verhaltend, gefühlsmäßig und gedanklich gestimmt einander gegenübertreten oder einander beeinflussen, kann ihr empathisches Vermögen abgelesen und darf als Einflussgröße im phänomenologischen Prozess nicht ausgeschlossen werden. Anders als die Sympathie, die wir bei einem positiven Eindruck von einer Person empfinden, oder die Antipathie, die auf negativen Empfindungen gegenüber Anderen und Anderem beruht und in eine Abwehrhaltung münden kann, „hält die Empathie einen Zwischenbereich zwischen Selbst und Anderem aus – ein Bereich, in dem sich die Betroffenheit, das Pathos, das in der Bewegung steckt, mit der Eigenaktivität des Verstehenwollens verbindet“ (Breyer 2013, S. 13). Empathie scheint eine vermittelnde Qualität zu haben, die uns die emotionale, moralische oder kognitive Gestimmtheit eines Anderen näherbringt oder selbst mitvollziehen lässt. Da wir im empathischen Hinwenden aber „niemals die Gedanken und Gefühle anderer erfahren, sondern nur auf ihre mehr oder weniger wahrscheinliche Existenz schließen können auf Grundlage des tatsächlich Gegebenen, nämlich des körperlichen Verhaltens“ (Zahavi 2018, S. 69f.), wird dieses als ein „Intersubjektivitätsproblem“ in der Phänomenologie kritisch diskutiert. Es geht dabei um eine Abwägung bezüglich des empathischen Vermögens in der Ersten-Person-Perspektive und der „Asymmetrie zwischen dem Subjekt und dem Anderen“ (ebd., S. 68). Für die phänomenologische Arbeit soll daher die empathische Hinwendung der beobachtenden Person genauer in Augenschein genommen werden.
Thomas Fuchs unterscheidet drei Empathie-Arten: die „primäre Empathie“, die „auf der unmittelbaren, leibhaftigen Begegnung mit dem anderen, auf der zwi-

schenleiblichen Interaktion“ (Fuchs 2013, S. 266) beruht, die „erweiterte Empathie“, die uns ermöglicht, sich „die Situation des anderen als solche bewusst zu machen, sie uns zu vergegenwärtigen“ (ebd., S. 267), und die „fiktionale Empathie“, durch die beispielsweise „unbelebte Objekte […] durch ihre Ausdrucksqualität oder Bewegungsgestalten unsere leibliche Resonanz anregen“ (ebd.) oder uns veranlassen, ihnen eine „Absichtlichkeit, Intentionalität“ nahezulegen (ebd.). Ähnlich stellt Thiemo Breyer (2013) der Fülle an Theorien zur Empathie ein „Ordnungsschema“ zur Seite, „um die Empathie als multidimensionale Erfahrungsstruktur genauer zu fassen“ (S. 32): die transzendentale (Husserl) und die reflexive (Merleau-Ponty) zwischenleibliche „Intersubjektivität“, die zeitlich vor der Ausdifferenzierung in Selbst und Anderen liegt, die „(Inter-)Affektivität“, die beispielsweise durch Gefühlsansteckung eintritt, und die „Intentionalität“ der Empathie, die aus fühlendem, wahrnehmendem, vorstellendem und denkendem Miterleben eines Anderen schöpft (ebd., S. 32ff.).

Diese Dimensionen empathischen Vermögens werden im alltäglichen Umgang mit anderen Menschen und vor allem mit affizierenden, also unmittelbar das Gefühls- und Vorstellungsvermögen ansprechenden Situationen oder Handlungsweisen nicht bewusst auseinandergehalten. Sie verdeutlichen aber, dass eine phänomenologische Betrachtung als Grenzgang zwischen unmittelbarer, leibhaftiger Begegnung und allen mitschwingenden Erlebnissen emotionaler und gedanklicher Art bestrebt ist, das Fiktionale, Vermutete und Erdachte zurückzuhalten. Sich des Sogs oder des Risikos empathischen Vermögens bewusst zu sein, gehört zu den Grundbedingungen für phänomenologisches Wahrnehmen, Beobachten und Beschreiben. Es liegt nahe, dass im pädagogischen Zusammenhang eine empathisch offene und sich zuwendende Haltung notwendig ist, um Eindrücke besonderer Momente mit anderen Menschen einzufangen.

Im Unterschied zum „Staunen“ (Kap. 4), das durch Gewahrwerden von etwas Auffälligem oder Besonderem evoziert wird und als Anfang der Erkenntnissuche gilt, basiert Empathie nicht auf einer affizierenden Anregung von außen. Gleichwohl trägt ein empathisch wahrnehmendes Subjekt seine Haltung und seine Stimmung in eine Situation hinein. Anders als die Verhaltensweisen, die bei Anderen eine positive bis negative Resonanz erzeugen können, kennzeichnet Empathie die Fähigkeit, sich gedanklich und emotional in eine andere Person hineinzuversetzen und ihre Gedanken, Befindlichkeiten und Intentionen *mitfühlend* zu erleben, also *selbst* in Resonanz versetzt zu werden. Die empathisch mitfühlende Person spürt oder vermutet dabei zwischen sich selbst und der oder dem Anderen ein ähnliches Erleben, ein ähnliches Verhalten und eine ähnliche Gestimmtheit (Breithaupt 2012, S. 15ff.). Diese „Ähnlichkeit“ erscheint aber – so die These Breithaupts – bei genauer Betrachtung eher *unterstellt* oder *überschätzt* zu sein, denn „jedes spezifische Feld des Zuviel an Ähnlichkeit […] begünstigt wiederum eine besondere Form (oder Vielfalt an Formen) von Projektionen und subjektiven

Empathie-Empfindungen“ (ebd., S. 25); es besteht also die Tendenz zur „fiktionalen Empathie“ (Fuchs 2013, S. 267). Weil Empathie vorwiegend „in emotionaler Ansteckung“ besteht und wir in Anderen etwas zu sehen und zu verstehen glauben, in dem wir *voreilig* von unserem Wissen und unseren Erfahrungen auf ihre Eigenschaften und Fähigkeiten schließen, spricht Breithaupt sogar von sog. „Fehlbefunden der Ähnlichkeit“; denn diese werde lediglich „als Legitimation von Projektionen verwandt“ (Breithaupt 2012, S. 26f.).

Mit Blick auf diese kritische Abwägung des empathischen Einfühlungsvermögens stellt sich die Frage, ob überhaupt ohne ein subjektives Gefühl oder eine Vorannahme besondere Momente bemerkt und in Augenschein genommen werden können. Breithaupt erachtet „die gezielte Begrenzung von Ähnlichkeit“ für notwendig, damit Empathie nicht nur durch diese, sondern auch durch das Nicht-Ähnliche, also das Differierende, zustande komme (ebd., S. 21). Entscheidend sei der Akt des beobachtenden Ich, das im Moment einer Differenzwahrnehmung, also wenn sich beispielsweise der oder die beobachtete Andere wider seinen Erwartungen verhält, die „emotionale Einheit“ zwischen sich und dieser oder diesem unterbricht (ebd., S. 53).

> „Diese Trennung […] stellt den Beobachter wieder auf sich. In dieser Unterbrechung ereignet sich etwas wie das Ich nicht als Identität, sondern als Funktion der Differenz oder als Abzug des Beobachters aus seiner Rolle des empathischen Beobachters. Dabei wird nicht das ‚Ich‘ als das ‚Ich‘ oder der andere als der andere erkannt, sondern vielmehr wird der temporale Prozess der Vorausahnung und der Vorhersage gestört. Das ‚Ich‘ in diesem Sinne ist dann nichts als diese Funktion des Unterbrechens der empathischen Gleichheit. Der Akt des ‚Ich‘ besteht im Staunen über die unerwarteten Handlungen“ (ebd.).

Und in der dazu gehörigen Fußnote ergänzt Breithaupt:

> „Man lässt sich immer wieder auf andere ein, sofern man weiß, dass man von ihnen wieder freikommt und nicht einem Übermaß an Identifikation erliegt. Stärker gesagt, man empathisiert und ‚identifiziert‘ sich mit denjenigen, die einem anzeigen, dass man aus dieser Anähnelung wieder befreit wird. In der Anähnelung, dem Mitlaufen von Erwartung, liegt bereits das Angebot zur Trennung.“ (ebd.)

Sobald es also dazu kommt, dass wir uns von irgend etwas zur Anteilnahme aufgerufen fühlen und uns empathisch darauf einlassen oder – wie Waldenfels sagen würde – davon affiziert werden, weil jemand uns etwas anzutun scheint – so die wörtliche Bedeutung von *afficere* (Waldenfels 2002, S. 16), erweist es sich als notwendig, *empathisch* einen *Verzicht* zu leisten und die Trennung des Ähnlich-Werdens zu vollziehen. Empathie ist zwar eine Annäherung an Andere, um deren Perspektive zu adaptieren und sie als eigenständige Wesen zu erkennen (Breithaupt 2012, S. 109), aber – im Unterschied zu Breithaupts Schlussfolgerung – geht es im phänomenologischen Prozess nicht darum, Andere oder ihr Verhalten zu beeinflussen (ebd.), sondern gerade das Gegebensein gelten zu lassen.

Journaling
Nehmen Sie sich vor, einem Ihnen noch unbekannten Menschen *empathisch* gegenüberzutreten.
Mit welchen Ausdrucksweisen zeigen Sie ihm dies? Wie entgegnet er oder sie Ihr empathisches Verhalten?

2.7 Goetheanistische Phänomenologie – ein Übungsweg. Exkurs

Im Jahr 2000 veröffentlichten Horst Rumpf und Ernst-Michael Kranich Überlegungen zu einem phänomenologischen Ansatz für Lehrkräfte und ihre Unterrichtspraxis. Statt bereits vorgegebenes Wissen, z. B. aus Lehrbüchern oder anderen Fachquellen, zu vermitteln, sollen Lehrkräfte und Schüler*innen die Erkenntnisse eines Fachgebietes durch Staunen, Neugier und Interesse selbst gewinnen. Die beiden Wissenschaftler ließen dabei die längst etablierte philosophische *und* die pädagogische Phänomenologie außer Acht und untersuchten in Anschluss an Goethe und Wagenschein, wie eine Methode entwickelt werden könnte, um Schüler*innen für die Lerninhalte zu interessieren. Angeregt durch die goetheanistischen Studien Rudolf Steiners (1924/2003; 2009c) reflektieren Rumpf und Kranich (2000) eine Vorgehensweise, durch die sich Lehrende Inhalte phänomenologisch erschließen können, um wiederum Lernende an diesem Prozess aktiv teilhaben zu lassen. Voraus gingen eine langjährige goetheanistisch-naturwissenschaftliche Forschungsarbeit auf Seiten von Kranich (2000) und eine kritische Auseinandersetzung mit dem landläufigen Unterrichtsbetrieb einschließlich der auf Wissenserwerb und Stundenabhalten konzentrierten Lehrpraxis auf Seiten von Rumpf (2004). Die Anwendung einer goetheanistischen Phänomenologie beispielsweise in der Lehrkräfteausbildung (Rumpf & Kranich 2000) und aktuell in naturwissenschaftlichen Unterrichten und Forschungsprojekten (u. a. Knöbel 2022; Rohde 2022; Schad 2007a-c, 2016) zeigt, dass dem Staunen als einem Aufmerken vor einem sinnhaften Phänomen ein methodischer Erkenntnisweg folgen muss, wenn nicht zufällige oder bereits durch Vorkenntnisse gefasste Gedanken und Begriffe in die Deutung einfließen sollen. Angestrebt wird ein die (sinnlichen) Phänomene und die Ideen verbindender Erkenntnisvollzug, um selbstständig an der Sache zu „lebendigen" – d. h. Zusammenhänge und Perspektiven schaffenden – Begriffen zu gelangen (Wiehl 2022b).

Dieser Ansatz basiert auf Goethes Methode der „anschauenden Urteilskraft", nach der „wir uns, durch das Anschauen einer immer schaffenden Natur, zur geistigen Teilnahme an ihren Produktionen würdig machen" (Goethe 1989a, S. 30f.). Im sinnlich-konkreten Denken, das Anschauen einschließt, und umgekehrt im Anschauen, in dem Denken enthalten ist (Hennigfeld 2021, S. 40), bilde sich „durch exakte Phantasie" die Idee des sinnlich Erschauten (ebd., S. 38). Daher –

so schließt Iris Hennigfeld mit Goethe – ist dessen phänomenologische Methode im Unterschied zur „gewöhnlichen sinnlichen Empirie […] eine ‚zarte Empirie'. Diese mache ‚sich mit dem Gegenstand innigst identisch' und werde dadurch zur eigentlichen Theorie'" (ebd., S. 41; Goethe 1982, S. 435) – wobei anzumerken ist, dass *Theorie* abgeleitet von der griechischen Theoria „Anschauung" bzw. „Beobachtung" bedeutet (Schad 1986, S. 10).
Goethe kam es „vor allem darauf an, sich über sein methodologisches Verfahren Rechenschaft zu geben und eine Methodologie eines endlichen intuitiven Verstandes auszuarbeiten" (Förster 2011, S. 256). Dabei wird ihm bei seinen Versuchen die Schwierigkeit bewusst, „daß zwischen Idee und Erfahrung eine gewisse Kluft befestigt scheint" (Goethe zitiert nach Förster 2011, S. 260), die es zu überwinden gilt, indem „das in der Erfahrung Getrennte (die Teile, Eigenschaften) […] auf dessen *Verbindung* hin angeschaut werden muss, d. h. auf die *Übergänge* zwischen den Teilen" (ebd.). Um sich eine *Verbindung* zu vergegenwärtigen, sei – in Anlehnung an Eckart Förster – ein Beispiel gegeben: Beim Anschauen eines Filmes verstehe man möglicherweise den Gehalt einzelner Episoden, aber die ihnen gemeinsam zugrunde liegende Idee offenbare sich erst in einer Szene am Ende des Films; beim Wiederanschauen des Films sei dieses Wissen um die verbindende Idee fortlaufend präsent und trage somit zum Verstehen des Zusammenhangs bei (ebd., S. 261). Es handelt sich also um zwei Erkenntnismomente, einmal um die Ideen einzelner Erfahrungsbereiche oder Teile, dann um die sie verbindende Idee, die jeweils durch eigene denkerische Tätigkeit gefunden werden und im Anschauen eine Einheit mit der sinnlichen Erfahrung bilden.
Demensprechend können in einem Wahrnehmungs- und Beobachtungsprozess das Ideelle und das Gedankliche, die Bedeutung und das Wesen der Sache unmittelbar erfahren werden – ein prinzipiell nie auszuschließender Vorgang, aber als wiederholbare und nachvollziehbare Methode ein bewusst zu übender Erkenntnisweg, der den Forschungsansätzen goetheanistischer Naturwissenschaft zugrunde liegt (Holdrege 2005, 2014; The Natur Institut, New York) und in den meisten Fällen an Naturphänomenen vollzogen wird (Sonnenberg 2023, S. 62). Wolfgang Schad weist darauf hin, dass sich Goethe „der überpersönlichen Wirkung seiner Erkenntnisschritte voll bewußt war", für ihn „sein Denken nicht ein Ausdenken, sondern ein Produzieren" sei und es prinzipiell „Wahrnehmen und Denken zuerst einmal getrennt voneinander zu üben" gelte (Schad 2007c, S. 40).
Die von Goethe erkannte Kluft zwischen einer sinnlichen Wahrnehmung (Erfahrung) und einer Idee untersucht Steiner für den Erkenntnisprozess selbst, in dessen Vollzug Wahrnehmung und Begriff nicht als getrennte, sondern als zusammengehörende Erkenntniselemente erfahren werden (Steiner 1924/2003). Denn „wie aus einem unbekannten Jenseits entspringend, bietet sich zunächst die Wirklichkeit unserer sinnlichen und geistigen Auffassung dar" (ebd., S. 27). Aber nur die „sinnliche Auffassung" sei eine „reine Erfahrung" (ebd.), da *„wir ihr mit*

vollständiger Entäußerung unseres Selbst entgegentreten" (ebd., S. 28). Das Denken sei zunächst eine „ins Leere" gerichtete „*Betrachtung*", „wenn sich ihm nicht etwas gegenüberstellte" (ebd., S. 28). Soll dieses Denken aber ein Mittel sein, um „tiefer in die Welt einzudringen, dann muss es selbst zuerst Erfahrung werden" (ebd., S. 30). Steiner wendet letztlich das Prinzip der *Erfahrung* nach Goethe auf das Denken selbst an (ebd., S. 45): „Goethe sucht der Natur Gelegenheit zu geben [...], gleichsam ihre Gesetze selbst auszusprechen" (ebd., S. 56).

Anschauendes und – im Sinne des Erläuterten – *ganzheitliches* Denken gilt als Grundlage goetheanistischer Phänomenologie, eine zugleich den sinnlichen *und* den geistigen Phänomenen zugewandte Erkenntnismethode. Die Bedeutung des Zurückhaltens einer Vorannahme, eines Urteils oder einer aus anderen Zusammenhängen gewonnenen Erklärung, wie sie in vorangehenden Abschnitten für einige phänomenologische Kernelemente impliziert wurde, gewinnt durch die von Steiner auf den Erkenntnisprozess selbst übertragene phänomenologische Betrachtungsweise an Bedeutung. Denn das Denken kann einerseits blicklenkende Begriffe bilden, um etwas zu vergegenwärtigen oder etwas in Sprache zu fassen (ebd., S. 40), – eine für den Schreibprozess der Wahrnehmungsvignetten relevante Tatsache; andererseits ergibt sich – wie an dem Filmbeispiel gezeigt – in der Wahrnehmung einzelner sinnlicher Phänomene zunächst kein „*gesetzliche[r] Zusammenhang*" derselben; dieser ist aber „im Denken schon in seinem allerersten Auftreten vorhanden" (ebd., S. 43), wird also im Vollzug denkerischer Tätigkeit erfasst und wird somit selbst *erfahren.*

Um die goetheanistische Phänomenologie als eine Grundlage in die Methodologie der Wahrnehmungsvignettenarbeit und -forschung und in den Kontext der Pädagogik einzubeziehen, sei zur Konkretisierung die am Abschnittanfang genannte Methode als Übungsweg vorgeschlagen. Sie geht zurück auf eine von Kranich (2000) an Beispielen des naturwissenschaftlichen Unterrichts ausgearbeitete Phänomenologie, die beinhaltet, dass Lehrende und Lernende nicht fertige Wissensstoffe rezipieren, sondern bei der Aneignung eines Lernstoffes sich gemeinsam im aktiven Mitvollzug des Erkenntnisweges die Inhalte erschließen. Dieser setzt beim Staunen an, denn Staunen und Bewunderung lenken die Aufmerksamkeit, entzünden Interesse und entfalten sich in weiteren Arbeitsphasen:

1) *Staunendes Wahrnehmen* eines Phänomens – eines kulturellen Inhalts, eines Naturphänomens oder eines wissenschaftlichen Experiments,
2) *Erinnern und Vorstellen* als Vergegenwärtigen des Phänomens durch „ehrfürchtiges Anschauen im Denken",
3) *Imagination* des Phänomens als ein Erleben im „weisheitsvollen Einklang mit der Wirklichkeit" bzw. den „Welterscheinungen",
4) *richtiges Urteilen*, indem das „Denken nicht zum Richter über die Dinge" gemacht wird, sondern „zum Instrument für das Aussprechen der Dinge".
   (Rumpf & Kranich 2000, S. 132ff.; Steiner 2009c, S. 120ff.; Wiehl 2015, S. 159ff.)

In vergleichbarer Weise zeitigt die Arbeit der Wahrnehmungsvignetten diese Erkenntnisqualitäten: *Staunen*, um sich einem besonderen Ereignis hinzuwenden und beobachtend darauf einzulassen (Kap. 3 und 4), *Anschauen im Denken* bzw. *Erinnern* und *Vorstellen*, um in inneren Bildern und Gedanken (*Imaginationen*) das primäre Phänomen erlebend für den Schreibprozess zu erschließen (Kap. 5), schließlich – anstelle des unmittelbaren Urteilens aus der Anschauung – das *Zurückhalten des Urteils*, um erst in den Reflexionsphasen die Aussagen und Bedeutungen der in Wahrnehmungsvignetten beschriebenen Phänomene zu erschließen und für die pädagogische oder lebensweltliche Praxis zu interpretieren (Kap. 7 und 8). Die goetheanistische Phänomenologie ist insofern auf die hier vorgestellte Methodologie übertragbar, als es in der Pädagogik darum geht, Phänomene ihrem sinnlichen Gegebensein nach (vor-)urteilsfrei bzw. urteilssensibel wahrzunehmen und zu beschreiben. Der Unterschied besteht aber darin, das *Urteilen* im primären Wahrnehmen und Anschauen der Phänomene überhaupt zurückzuhalten und nicht Ideen oder Bedeutungen bereits aus der sinnlichen Anschauung, auch nicht aus der experimentellen, die Phänomene oder Phänomen-Reihen vergleichenden Anschauung, wie sie im naturwissenschaftlichen Zusammenhang möglich ist, zu gewinnen.
Im pädagogischen Feld sind alle Ereignisse einzigartig, auch Handlungen, Verhalten, Äußerungen, Gestik und Erscheinungsbild eines Menschen sind zunächst einmalig. Dieser Tatsache stellt sich die Vorgehensweise der pädagogischen Phänomenologie und gewinnt aus der besonderen, gegebenen Situation eine „Anschauung" (Kap. 2.2), die als phänomenologische Beschreibung dokumentiert wird und erst im Anschluss durch einzubeziehende Kriterien an den Wahrnehmungsvignetten, also den sich sekundär in einem Medium zeigenden Phänomenen, zu reflektierten Begriffsbildungen führt. Anders als die philosophische Phänomenologie in Anschluss an Husserl, Heidegger, Merleau-Ponty, Waldenfels, Marion u. a., die Merkmale des Gegebenseins der Phänomene analysieren und grundlegende Aspekte für die Bestimmung eines phänomenologischen Vorgehens einschließlich der Leibbezogenheit bewusst machen (Kap. 2.1 bis 2.5), zeichnet die goetheanistische Methode einen *ganzheitlichen Übungsweg* vor, der Wahrnehmen und Erkennen vereint und einen noch weiterführenden Rahmen für den hier vertretenen phänomenologische Ansatz zur Verifizierung phänomenologischer Prozesse in der Pädagogik bilden kann und ein Forschungsdesiderat unserer Arbeit ist.

Journaling

Üben Sie die vier Erkenntnisqualitäten an einem Phänomen, einem Naturgegenstand oder einem besonderen Ereignis mit einem Menschen:

1) Staunen
2) Erinnern und Vorstellen des Moments
3) Erleben der Qualitäten in der inneren Anschauung (Imagination)
4) Was spricht sich durch sie wesenhaft oder als Idee aus?

3 Wahrnehmen und Beobachten – zwei phänomenologische Herangehensweisen

Wahrnehmen und Beobachten bilden die grundlegenden Fähigkeiten in der Auseinandersetzung mit vorreflexiven Wirklichkeitserfahrungen, die wir mit der Methodologie der Wahrnehmungsvignetten anstreben. Es gilt sowohl die Prozesse des Wahrnehmens und Beobachtens als auch die zunächst als gegeben erlebten, dann näher zu erschließenden Erfahrungsinhalte zu erkunden. *Wahrnehmung* ist so elementar und grundlegend im alltäglichen Leben, dass sie meist nur unter bestimmten Fragestellungen ins bewusste Erleben gehoben wird, dafür aber ein Kernthema der Philosophie, Phänomenologie, Psychologie und Neurobiologie ist. *Beobachtung* hingegen wird in den empirischen Wissenschaften und vor allem in Praxisfeldern der Pädagogik, Sozialarbeit, Therapie und Medizin angewendet, ist also weniger ein Thema der Phänomenologie. Eine maßgebliche Unterscheidung von *Wahrnehmen* und *Beobachten* speziell im pädagogischen und didaktischen Kontext trifft der Psychologe Carl Friedrich Graumann (1923-2007), auf den sich einige neuere wissenschaftliche Publikationen beziehen (Heinzel & Prengel 2002; Reh 2012). Da seine Ausführungen für die Wahrnehmungsvignetten-Arbeit methodisch wegweisend sind, beziehen wir sie auszugsweise im Original in den Abschnitten über Wahrnehmen und Beobachten ein (Kap. 3.2 und 3.3).
Graumann reflektiert – speziell für die „psychologische Analyse" (Graumann 1960, S. 5) –, dass sich die „Phänomenologie der Wahrnehmung [...] perspektivischer Zugänge (wie Abschattung, Horizont, Gesichtspunkt, Standpunkt)" (ebd., S. 72) bediene. Diese Zugänge haben wie alle phänomenologischen Erfahrungen ihren Ausgangs- und Bezugspunkt in der leiblichen Anwesenheit. Der Leib bildet – wie für das „Gegebensein" (Kap. 2.2) und das „Mitsein" (Kap. 2.3) beschrieben – das Zentrum des Ich-Welt-Bezugs; außerdem macht er die *erlebende und gelebte*, die *wahrnehmende* und *wahrgenommene*, die *empfindende* und *empfundene* Dimension unserer Existenz aus. Die subjektive Leiberfahrung vollzieht sich in physischen Vorgängen und Funktionen, in (Sinnes-)Wahrnehmungen, Empfindungen, Gedanken und Vorstellungen. Für die *Wahrnehmung* und die *Beobachtung* anderer Personen, Gegenstände, der Umgebung oder eines Ereignisses bleibt der Leib immer der „latente Bezugspunkt, das Orientierungszentrum" (Fuchs 2018, S. 89). Auch wenn ich mich im Raum bewege oder eine Handlung ausführe, gehen diese Aktivitäten vom Leib als meinem Zentrum aus und beziehen sich immer auf dieses (ebd.). An der Leibbezogenheit und der „Leibvergessenheit" (ebd., S. 27)

prüfen sich Aufmerksamkeit, Perspektive und Vergegenwärtigung der wahrgenommenen Phänomene einschließlich ihres „Horizonts" (Kap. 2.4). Aufmerken, Wahrnehmen und Beobachten schließen ein, dass die leiblich anwesende Person aus einer mehr oder weniger unbewussten Verfasstheit erwacht. Jede Änderung ihres Erlebnisfelds – sei sie äußerlich gegenständlich oder innerlich – betrifft den Leib als existentielle Grundlage menschlichen Seins und Kommunizierens.

Sobald wir uns *leiblich* einer neuen Erfahrung aussetzen, in einen anderen Raum eintreten oder uns zu einer Gruppe von Personen hinzugesellen, spüren wir – noch ehe uns die Gegenstände und Ereignisse der Umgebung und unseres Wahrnehmungshorizonts bewusst werden – eine vertraute oder fremde *Atmosphäre*. Diese elementare Widerfahrnis ist vorgängig, denn sie geht dem miterlebenden Wahrnehmen und aufmerksamen Beobachten voraus; sie kann vergegenwärtigt werden und bildet dann den ersten Gegenstand der Wahrnehmung. Ob Atmosphäre dem Vorfeld phänomenologischer Beschreibung und Forschung angehört oder den weiteren Wahrnehmungs- und Beobachtungsprozess initiiert, hängt von der jeweiligen Situation und der sie erkundenden Person ab. Da sich bei der Auseinandersetzung mit Wahrnehmungsvignetten bzw. der sprachlichen Analyse derselben wiederholt gezeigt hat, dass angenehme bis unangenehme Atmosphären thematisiert werden, widmen wir einen Abschnitt diesem Phänomen (Kap. 3.1). Atmosphäre gilt uns als Grundelement im Erfahrungsfeld des Wahrnehmens und Beobachtens, das wir für die theoretische Fundierung und mit Blick auf die Anwendbarkeit unserer Methodologie in Ausbildung und pädagogischer Praxis erschließen. Daran anschließend stellen wir einige Überlegungen zu den Prozessen des Wahrnehmens (Kap. 3.2) und des Beobachtens (Kap. 3.3) mit der Zielsetzung vor, dass für die Verdichtung und Präzisierung in der phänomenologischen Beschreibung die *Art* des wahrnehmenden Sich-Einlassens, des aufmerksamen Vergegenwärtigens und bewussten Beobachtens von gegebenen Phänomenen entscheidend ist.

Ein Ereignis wird nur in seinem Sosein und in seiner Gegebenheit als unmittelbares Widerfahrnis erlebt, wenn diese phänomenologischen Prozesse bewusst sind und geübt werden. Ihre praktische Umsetzung in der Arbeit mit Wahrnehmungsvignetten setzt daher Fähigkeiten in diesen Aktivitätsbereichen voraus. Dafür werden – ähnlich wie im Vier-Phasenmodell für den kreativen Schreibprozess in Kapitel 5 – elementare Übungen angeboten (Kap. 3.4). Sie bewähren sich in vielen Variationen im Rahmen von Seminaren, pädagogischen Konferenzen und bei sozial-künstlerischen Interventionen (Wiehl 2021b, S. 221) als Vorbereitung auf die phänomenologische Arbeit. Im Anschluss folgt eine Analyse für dieses Kapitel thematisch ausgewählter Wahrnehmungsvignetten unter Einbeziehung einzelner Aspekte der phänomenologischen Herangehensweisen (Kap. 3.5). Wir unterziehen dafür die Wahrnehmungsvignetten einer hermeneutischen Lesart und erschließen somit bestimmte Bedeutungskontexte dieser phänomenologischen Beschreibungen.

Obgleich sich klare Trennlinien zwischen phänomenologischen und anderen wissenschaftlichen Methoden ziehen lassen, wird die Phänomenologie zunehmend in anderen Forschungszweigen und in der Erziehungswissenschaft adaptiert. Auch für unsere Auseinandersetzung mit den elementaren Fähigkeiten des Wahrnehmens und Beobachtens tragen unterschiedliche Forschungsrichtungen bei, obwohl wir unsere Methodologie in der pädagogischen Phänomenologie verorten. Über die einschlägigen phänomenologischen Quellen und die Phänomenologie hinaus beziehen wir zentrale Erkenntnisse verschiedener Wissenschaftszweige ein, vor allem der Ästhetik, Philosophie und Anthropologie, um jene Aspekte auszuleuchten, die für die phänomenologische Methode der Wahrnehmungsvignetten von uns als maßgeblich erachtet werden.

3.1 Atmosphäre als primärer Gegenstand der Wahrnehmung

In jeder Umgebung, in jedem Raum und in jeder zwischenmenschlichen Situation spüren wir eine Atmosphäre, die mit der Art der Gegenständlichkeit, dem Erscheinungsbild oder menschlichen Verhaltensweisen, Handlungen und Äußerungen zusammenhängt. Alle Lebenssituationen, aber besonders pädagogische Handlungsräume sind bestimmt von Atmosphären, deren Spuren sich an den in Wahrnehmungsvignetten geschilderten räumlichen und zeitlichen Phänomenen, Verhaltensweisen und Stimmungen von Personen ablesen lassen. Zu unterscheiden sind Atmosphären, die durch die Wetterlage oder Natur, durch Raumgestaltung oder umgebende Dinge bestimmt und damit von außen gegeben sind, also vom Objekt her gedacht werden (Böhme 2013, S. 33), von solchen, die in zwischenmenschlichen Beziehungen und Begegnungen – ebenso in pädagogischen Bereichen (Bollnow 1970, 2013) – erlebt und ständig von den beteiligten Subjekten erzeugt werden (Böhme 2013, S. 33). Anders als die „Aura“ (Benjamin 1977, S. 15) oder das „Auratische“ (Mersch 2002, S. 106ff.), eine ähnlich fluide und unverfügbare Erscheinung, die in Gegenwart einer Person, eines Gegenstands oder einer Naturerscheinung wahrgenommen wird, ereignet sich Atmosphäre im lebensweltlichen Dazwischensein, dem wir uns aussetzen und gemeinhin nicht entziehen können.

Atmosphäre wird – oft mit Bezug auf die Leibphilosophie von Hermann Schmitz (1998; 2020, S. 10) und die Phänomenologie Merleau-Pontys (1966) – in Architektur, Raum- und Stadtgestaltung (Böhme 2013; Zumthor 2022), Ästhetik (Böhme 2001, 2017), in künstlerischen, medizinischen, sozialen und virtuellen Bereichen (Wolf & Julmi 2020a) als ein wirkmächtiges Phänomen verstanden, dem sich keine*r entziehen kann. Wir leben umgeben von Atmosphären, ob wir sie bemerken oder nicht. „Wo man hinsieht, sind Atmosphären ein bestimmendes, vielleicht sogar das wichtigste Element im menschlichen Leben“ (Wolf & Julmi 2020b, S. 11). Atmosphäre erscheint als primärer Gegenstand der Wahrnehmung (Böhme 2017,

S. 15); sie „spricht die emotionale Wahrnehmung an, das ist die Wahrnehmung, die unglaublich rasch funktioniert, die wir Menschen offenbar haben, um zu überleben" (Zumthor 2022, S. 13). Nur in leiblicher Präsenz nehmen wir Atmosphären wahr. Sie sind „nicht freischwebend" (Böhme 2017, S. 33), sondern breiten sich im Raum aus, gehören zu Dingen, sind aber nichts „Dingliches", sondern artikulieren sich durch ihre „Eigenschaften"; gleichzeitig gehören sie „zu Subjekten, insofern sie in leiblicher Anwesenheit durch Menschen gespürt werden und dieses Spüren zugleich ein leibliches Sich-Befinden der Subjekte im Raum ist" (ebd., S. 34). Beim Betreten eines Gebäudes oder beim Wandern in der Natur bemerken wir unmittelbar eine Atmosphäre; sie erfüllt den Raum, ändert sich je nach Jahreszeit und hängt mit der Anmutung der Dinge sowie den Stimmungen der anwesenden Menschen zusammen. Gleichwohl sind alle Dimensionen, in denen Atmosphären sich ausbreiten und bemerkt werden können, für die Beschreibung eines pädagogischen Handlungsfelds und für die Reflexion des Umgangs damit einzubeziehen. Denn Pädagogik vollzieht sich in Raum, Zeit und vor allem in zwischenmenschlichen und kommunikativen Momenten; sie hängt von der vorhandenen Stimmung ab, bewirkt und prägt das soziale Klima sowie das persönliche Befinden.

Atmosphäre als ein Wirkungsfeld der Pädagogik zu studieren, regte in den 1970er Jahren Otto Friedrich Bollnow (1970, 2013) an. Er versteht darunter „das Ganze der gefühlsmäßigen Bedingungen und menschlichen Haltungen, die zwischen dem Erzieher und dem Kind bestehen und die den Hintergrund für jedes einzelne erzieherische Verhalten abgeben" (Bollnow 1970, S. 11). Diese Bedingungen differenziert er nach der „gefühlsmäßigen Einstellung des Kindes zum Erwachsenen" und der „Haltung, die der Erwachsene von seiner Seite aus dem Kind entgegenbringt" (ebd., S. 15f.). Die „pädagogische Atmosphäre" sei ein Gefühl oder eine Gestimmtheit (ebd., S. 108), in der sich Geborgenheit, Vertrauen und Liebe entfalten und die sich damit weitgehend auf Gefühlslagen, das Verhältnis zwischen Kind und Erwachsenen und die Erziehungsprozesse bezieht. Jüngere Darstellungen, z. B. von Erik vom Hövel und Ingeborg Schüßler (2005), erweitern den Betrachtungsrahmen um die Ergebnisse der phänomenologischen Forschung und befragen die Wirkung von „Atmosphäre und Einleibung" (nach Schmitz) in Lernprozessen (ebd., S. 65). „Gelungene Einleibung" (ebd.) bedeute, dass der Organismus mit der Umwelt harmoniert und sich entfalten kann (ebd.). Dieses Grundprinzip einer Resonanz- oder Dissonanzerfahrung beschreibt die Wechselwirkung zwischen Umwelt und Leibsein, also den äußeren Wirkungsrahmen. Darüber hinaus betont Barbara Wolf, dass die „Wirkmächtigkeit" von Atmosphären als „ein ubiquitäres Phänomen in der Schule" unterschätzt werde und „das leibliche Betroffensein von Atmosphären als ein Apriori von Sozialität" zu betrachten sei (Wolf 2020, S. 396). „Atmosphären bilden den bedeutsamen Hintergrund dessen, was in der Schule erlebt, erlernt und erfahren wird" (ebd., S. 398). Wolf bearbeitet das Thema in Hinblick auf „Diversität, Integration und Inklusion", die im günstigen Falle durch eine *„einladend-weitende*

Atmosphäre" ermöglicht oder – wie bei Disstress in bedrohlichen und spannungsvollen Situationen – durch eine *„ausladend-engende Atmosphäre"* negativ beeinflusst oder verhindert werden (ebd., S. 404ff.). Diese Hinweise auf die Bedeutung von Atmosphäre in pädagogischen Kontexten mögen vorläufig genügen; sie spielen in Reflexionen der Wahrnehmungsvignetten eine Rolle (Kap. 7).

Unter ästhetischer Perspektive kann die pädagogische und zwischenmenschliche Atmosphäre erweitert als eine, nämlich nicht nur vom Räumlichen und Zeitlichen, sondern wesentlich von den Einflüssen und Verhaltensweisen beteiligter Personen bestimmte erkannt werden. Sie bildet zunächst die Grundstimmung, die hinzukommende Personen in einer von anderen Menschen belebten Räumlichkeit bemerken und die sie im Moment ihres Auftauchens und Eintretens verändern. Jedes Individuum trägt durch seine „pure leibliche Anwesenheit", Ausstrahlung und Stimme, sein Verhalten, Reden und Gestikulieren zur Atmosphäre bei (Böhme 2013, S. 38); es schafft, beeinflusst und gestaltet sie bewusst oder unbewusst. Die wahrzunehmende Atmosphäre bildet den „Resonanzboden für das eigene Empfinden" (ebd.). Schlägt die äußere oder die innere Stimmung um, ändert sich die gesamte Atmosphäre. Ebenso können fremde Eingriffe, destruktive Handlungen oder (un-)bedachte Äußerungen Atmosphären zerstören. Eine atmosphärische Störung äußert sich als Bruch, Entfremdung oder Entzauberung (ebd.). Überraschende Vorkommnisse oder das „Auftauchen eines Fremden" (ebd.) bewirken das Erleben einer Diskrepanz, weil die zuvor empfundene Stimmung mit der neuen, das Klima verändernden nicht übereinstimmt (Böhme 2001, S. 48f.). Die atmosphärische Diskrepanz erscheint – wie das „Auratische" – als ein unvermitteltes „Ereignis", das einen „‚angeht' oder ‚anspricht' und fortreißt, bevor ‚etwas' erscheint oder ein Ausdruck gegeben ist" (Mersch 2002, S. 49); gleichzeitig ermöglicht die Diskrepanzerfahrung, eine atmosphärische Gestimmtheit bewusster wahrzunehmen und als Bestandteil eines pädagogischen Handlungs- und Gestaltungfelds anzuerkennen.

Im phänomenologischen Arbeitsprozess mit Wahrnehmungsvignetten sind die – bereits zitierten – Arbeiten Gernot Böhmes richtungsweisend. Verschiedene Positionen abwägend versteht Böhme – anders als Elisabeth Ströker, die Atmosphären als „gestimmte Räume" erfasst oder Hermann Schmitz, der sie als „quasi objektive Gefühle" beschreibt – Atmosphären als „Sphären gespürter leiblicher Anwesenheit" (Böhme 2013, S. 49). In seinen Studien führt er unterschiedliche Blickrichtungen und Fachbezüge zusammen und befasst sich mit Atmosphären in Architektur, Natur, Ästhetik (Böhme 2017) sowie in kommunikativen Prozessen und sprachlichen Äußerungen (Böhme 2013, S. 32ff.). Jeder Sprachakt könne eine Wirkung auf das Klima haben, durch ernste, bedrohliche, provozierende, entspannende Stimmungen bei den Anwesenden Gefühle auslösen und damit kommunikative und soziale Konstellationen schaffen (ebd., S. 35f.). Inhalt, Wortwahl, Stimmlage und Ton einer sprachlichen Äußerung bewirken Atmosphären, die im schriftlichen Ausdruck hauptsächlich durch Eigenschaftswörter repräsentiert werden. So bemerkt Böhme bei der Analyse von Gedichten, dass es oft nur weniger Worte bedarf (Böhme 2017, S. 66ff.), um eine sich räumlich und zeitlich ausbreitende oder verändernde Atmosphäre zu benennen. Meist sind es Adjektive für Jahreszeiten, Wetter, Raumqualitäten, Farben und Formen oder Worte für menschliche Stimmungslagen wie Freude, Trauer, Zu- und Abneigung, Leichte oder Schwere und damit verbundene Verhaltensweisen, z. B. gerne, unerwartet, missmutig oder eifrig etwas zu tun, die Atmosphären charakterisieren. Jedem Wahrnehmungs- und Beobachtungsakt geht das mehr oder weniger bewusste Bemerken einer Atmosphäre voraus. Atmosphäre ist der primäre Gegenstand sinnlicher Wahrnehmung (Böhme 2017, S. 15), der als Ersteindruck einer Umgebung, eines Geschehens oder Zusammenseins mit anderen Menschen gespürt, aber erst im Nachhinein bewusst wird. „Denn die Atmosphären sind offenbar das, was in leiblicher Anwesenheit bei Dingen und Menschen bzw. in Räumen erfahren wird“ (ebd., S. 30). Leibliche Präsenz ist die Bedingung für das Spüren einer Atmosphäre als ersten Moment von Wahrnehmungs- und Beobachtungserfahrungen.

Die folgende Wahrnehmungsvignette, die im Rahmen der Betreuung eines Kindes im Bachelor-Studium entstand, enthält atmosphärische Qualitäten des Zeitlichen, Räumlichen, der Interaktionen und Befindlichkeiten; sie repräsentiert damit ein Spektrum an für die phänomenologische Arbeit relevanten Dimensionen von Atmosphären, die am ehesten am Handlungsablauf und an den die zwischenmenschlichen Beziehungen verändernden Störungen oder Wandlungen bemerkt werden.

Weihnachtsbäckerei im September

Wir backen zusammen mit Irina auf Deinen Wunsch hin Plätzchen. Die Sonne scheint, es ist ein milder Septembertag. Du hast Dir Ausstecherchen gewünscht und ich schlage Cookies vor. Davon bist Du erst nicht sonderlich begeistert, lässt meinen Vorschlag aber zu. Die Zuckerperlen kullern über den Boden, das Mehl staubt durch die Küche, der Puderzucker bedeckt die Herdplatte. Du möchtest gerne die Eier aufschlagen und trägst das am anderen Ende der Küche aufgeschlagene Ei vergeblich zur Schüssel… Es landet in der Butter, worüber Du schelmisch grinst. Nach kurzer Bedenkzeit frage ich Dich: „Sag mal Dana, weißt Du eigentlich wie Pippi Langstrumpf Kuchen backt?“ „Na klar, sie backt ihn auf dem blanken Boden, schlägt die Eier mit der Schale in der Pfanne auf und eins landet ihr auf dem Kopf.“ Ich muss über Deine abrupte Antwort schmunzeln und frage: „Und weißt Du, mit was sie den Teig verrührt?“ Du überlegst kurz: „Ja, mit einem Besen.“ Nach diesem Gespräch fliegt kein Mehl mehr durch die Gegend, kein Ei landet auf dem Boden und die wilde, herbstliche Weihnachtsbäckerei verwandelt sich in eine besinnliche Backstube. (WV 3.1)

Diese Wahrnehmungsvignette durchziehen Brüche und Störungen der Atmosphäre. Die jahreszeitlichen Angaben drücken bereits etwas Ungewöhnliches und Unerwartetes aus, denn es soll an einem *sonnigen, milden* Tag im September, also im Spätsommer, für *Weihnachten* gebacken werden. Damit ist der zeitliche Rahmen für das folgende Geschehen eingeleitet. Der *Kinderwunsch* nach für die Weihnachtsbäckerei typischen Ausstecherchen wird nicht erfüllt, sondern sie werden durch Cookies ersetzt. Die Veränderung stößt bei dem Kind *nicht auf Begeisterung, es lässt* sie *zu*, drückt aber durch seine Handlungen eine gewisse Widerwilligkeit aus. So landen in der folgenden Szene einige Backzutaten auf dem Boden anstatt in der Schüssel; es *misslingt* die *Backvorbereitung*, würden wir vielleicht sagen. Während das Kind *schelmisch grinst*, reagiert die Betreuerin *geistesgegenwärtig* und *humorvoll* mit einer Frage nach Pippi Langstrumpfs Art zu backen. Das Kind reagiert *ebenso geistesgegenwärtig* mit einer originellen Antwort. Die Begleiterin *schmunzelt* und stellt erneut eine Frage. Der Besen ist das Stichwort, das die Situation erlöst, und die „*wilde, herbstliche* Weihnachtsbäckerei […] in eine *besinnliche* Backstube“ verwandelt. Ausgehend von dem Wunsch nach einer für die Herbstzeit ungewöhnlichen Weihnachtsbäckerei entwickelt sich eine herausfordernde, das Backen beinah verhindernde Situation, die gelöst wird, indem die Begleiterin sich auf das Kind und seine Wünsche einlässt und, ohne etwas abzuwehren, dem ganzen Geschehen humorvoll begegnet und dadurch vermutlich weitere Unglücke und Enttäuschungen verhindert.

Atmosphäre – das zeigt dieses Beispiel – ist etwas Fluides, Wandlungsfähiges und weitgehend von den Empfindungen und dem Einfluss der Beteiligten Abhängiges, aber jederzeit etwas Gestaltbares. Sie wird unmittelbar leiblich im zwischenmenschlichen Umgang erfahren. Gleichzeitig spürt das wahrnehmende Subjekt sich selbst, seine Stimmungslage sowie jene der anderen Person und seiner Umgebung (Böhme 2001, S. 45) – eine Voraussetzung, um Stimmungen zu beeinflussen oder zu verändern. Eine wahrnehmende Person bemerkt beim Betreten eines Raumes oder beim Hinzukommen zu einer Gemeinschaft die jeweilige Atmosphäre oder Stimmung umso deutlicher, je mehr sie sich von ihrer eigenen atmosphärischen Lage unterscheidet, je mehr sie ihr als andere oder befremdliche Stimmung erscheint. Gernot Böhme, der für die Begründung einer „neuen Ästhetik“ Atmosphäre als „Beziehung von Umgebungsqualität und menschlichem Befinden“ (Böhme 2017, S. 22), charakterisiert, unterscheidet zwischen Ingressionserfahrungen, „bei denen man ein Etwas wahrnimmt, indem man in es hineingerät“, und – wie oben erwähnt – Diskrepanz, bei der die Anmutung einer Atmosphäre ganz anders als die „mitgebrachte Stimmung“ erlebt wird (Böhme 2001, S. 46f.). Beide Dimensionen sind an der Wahrnehmungsvignette nachvollziehbar, das Einlassen auf und das Befremden durch die ungewöhnliche Backsituation, die – und das ist eine weitere Erfahrung – von den Beteiligten verändert wird bzw. werden kann.

Atmosphären breiten sich im Spannungsfeld von Resonanz und Entfremdung aus. Während seit Hartmut Rosas (2018) umfänglicher Studie Resonanz als das Schwingungsverhältnis zwischen Menschen verstanden wird, das zu einer gelingenden Beziehung beiträgt, bezeichnet Entfremdung das Gegenteil. Rahel Jaeggi nennt sie „eine – allerdings in entscheidender Hinsicht – defizitäre Beziehung“ (Jaeggi 2019, S. 48), „also eine Beziehungslosigkeit besonderer Art: Eine Trennung oder Separierung von etwas, das eigentlich zusammengehört, den Bezugsverlust zwischen Größen, die dennoch in einem Verhältnis zu einander stehen“ (ebd.). Wird die Befremdung als dominante Stimmungserfahrung verwandelt und überwunden, wird eine Störung aufgelöst; bietet die Atmosphäre einen Raum für Gestaltung und Selbstentfaltung, dann artikulieren sich mögliche und tatsächliche Handlungen und Äußerungen unter anderen Vorzeichen. Denn sie selbst sind Gestaltungspotenziale für Atmosphäre, die sich im Dazwischen, zwischen Entfremdung und „Verbundenheit mit allem, das uns umgibt“ (Hüter & Spannbauer 2021, S. 26), ausbreitet und wandelt.

Gehen wir davon aus, dass Wahrnehmungsvignetten zum einen solche Phänomene thematisieren, zum anderen Atmosphären überhaupt zum Ausdruck bringen, machen sie auf die sich unmittelbar zeigenden Gegebenheiten überhaupt aufmerksam. Anders als bei Walter Benjamin, der die gesellschaftlich bedingte „Überwindung des Einmaligen jeder Gegebenheit durch die Aufnahme von deren Reproduktion“ und in Folge die „Veränderungen im Medium der Wahrnehmung“, die „sich als Verfall der Aura begreifen lassen“ (Benjamin 1977, S. 15), konstatiert, lenkt gerade die in leiblicher Präsenz erlebte Atmosphäre die Aufmerksamkeit auf die Aura *einer* Gegebenheit, die sich erst im unvoreingenommenen Wahrnehmen und Beobachten erschließt.

Journaling: Atmosphäre beschreiben

Ich gehe in einen anderen Raum, in den Garten oder auf die Straße. Welche Atmosphäre herrscht in diesem Moment? Was spüre ich? Finde ich Worte dafür und kann ich es beschreiben?

Ich erinnere mich an eine sehr schöne und/oder an eine sehr unangenehme Begegnung und mache mir einige Stichworte dazu. Welche Stimmungen lösen die Erinnerungen aus? Welche Atmosphären klingen nach?

3.2 Wahrnehmen – offen-intentionale Hinwendung mit allen Sinnen

„Was Wahrnehmung ist, kann einzig und allein
die Struktur des wirklichen Wahrnehmens lehren“
(Merleau-Ponty 1966, S. 249)

Die Pflege des unvoreingenommenen und empathischen Wahrnehmens als pädagogisch Handelnde verlangt aufmerksames Einlassen auf diese Aufgabe. Beispielsweise in der Einzelbetreuung eines Kindes, eines bzw. einer Jugendlichen oder auch in der Arbeit mit Erwachsenen, die der Assistenz bedürfen, ergeben sich viele Aufgaben, die uns erfüllen, beschäftigen und herausfordern können. Diese besonderen Situationen machen wir Studierenden an der Hochschule und Teilnehmenden unserer Wahrnehmungsvignetten-Seminare bewusst und regen sie an, sich Phasen des Wahrnehmens und Beobachtens vorzunehmen, sich irritieren zu lassen und staunend zu verweilen. Sie sollen nicht nur agieren, sondern den jeweiligen Menschen, sein Verhalten, seine Tätigkeiten, seine Interaktionen, seine Äußerungen und Wünsche *wahrnehmen*. Es geht darum, den Blick auf Menschen und ihr Umfeld möglichst unvoreingenommen zu richten und sich nicht auf das den Erwartungen Entsprechende oder das bereits Bekannte zu konzentrieren. Zunehmend intensiver sollen Studierende und Berufstätige sehen, hören und riechen, also sich mit allen Sinnen auf die Phänomene, das Kind oder die Kindergruppe, die jugendliche oder erwachsene Person einlassen und die eigene Wahrnehmungsfähigkeit schulen. Wahrnehmen ist zunächst eine Suchbewegung sinnlichen Gewahrwerdens, also noch keine Beobachtung im engeren Sinne. Durch das Wahrnehmen treten wir in eine Beziehung zu Anderen und zu unserer Umwelt, indem wir die Eindrücke verinnerlichen und als Empfindungen erleben. Es geht um offene, empathische, vorurteilslose Hinwendung mit allen Sinnen zu den Phänomenen – von der Sinneswahrnehmung zu affizierenden Empfindungen (Brinkmann 2015a, 2017; Reh 2012).

Wahrnehmung kann sowohl Wahrnehmen, also eine Fähigkeit bzw. eine Aktivität als auch deren Inhalt, den Wahrnehmungsgegenstand, der äußerlich und innerlich sein kann, bedeuten. In diesem Kontext schließt der Begriff Wahrnehmung die ursprünglichen Bedeutungen wie „Hinwendung", „Bewusstwerdung" und „unmittelbare Erfahrung" (Regenbogen & Meyer 2020, S. 720) ein und firmiert als *eine* phänomenologische Zugangsweise neben der Beobachtung (Kap. 3.3). Als „klassisches Thema der Philosophie" erscheint der Begriff „Wahrnehmung" zunächst „nicht definierbar" (Wiesing 2002, S. 10). Im Alltagsverständnis wird Wahrnehmung – so Lambert Wiesing – „als die Fähigkeit von Lebewesen verstanden, mittels ihrer Sinnesorgane Informationen über ihre materielle Umwelt zu erhalten" (ebd., S. 12). Aber wahrnehmen können wir auch alle inneren, emotionalen und mentalen Vorgänge sowie Stimmungen und Atmosphären. Das Wahrnehmen vollzieht sich an der Schwelle zwischen Innen und Außen, durch Resonanzen der eigenen Leiblichkeit mit ihrer Außen- und ihrer Innenwelt. Jeden Wahrnehmungsakt, sei er mit dem äußeren Geschehen oder mit inneren Vorgängen befasst, begleiten Anschauen und Empfinden. In der Anschauung oder Vorstellung machen wir uns ein Bild des Wahrgenommenen; in der Empfindung erleben wir die Wahrnehmung als mit uns und unserem Leibsein verbunden. Reines Wahrnehmen wäre nur als ein Hinwenden zu beschreiben. Eine Wahrnehmung löst unvermittelt ein Innenerlebnis aus bzw. verwandelt sich in dieses. Ohne innere Anschauung und Empfindung wäre Wahrnehmen unbewusst; denn es genügt nicht, einen Reiz von außen zu haben, sondern dieser muss als emp-

findungsmäßiger Eindruck verarbeitet und bewusst werden, sonst entsteht kein Wahrnehmungserlebnis.
In einem bewusster erlebten und reflektierten Moment des In-der-Welt-Seins können wir uns – wie Graumann (1960, 1966) – den Wahrnehmungsakt vergegenwärtigen: Zu einem bestimmten Zeitpunkt, von einem bestimmten Standpunkt und unter einem spezifischen Aspekt geschieht Wahrnehmung. Sie wird durch die subjektive Perspektive bzw. den „Standpunkt und Blickpunkt perspektivischen Gewahrens" (Graumann 1960, S. 68) gekennzeichnet. Die Perspektive ergibt sich aus der Bewegung der betrachtenden Person, denn ihre „Wahrnehmung setzt Bewegung voraus" (Graumann 1966, S. 86). Wahrnehmen ist also relativ, temporär, individuell, subjektiv und vor allem

> „perspektivisch: ein Subjekt, das sich zu einem Zeitpunkt immer nur an einem bestimmten Ort aufhalten kann (Standpunkt), sieht von einem diesem Standpunkt zugeordneten Blickpunkt aus von einem Gegenstand nur dessen dem Blickpunkt entsprechende Seite (Aspekt). Die von dem Blickpunkt aus sichtbaren Seiten der einen Wahrnehmenden umgebenden Dinge sind ihrerseits dem der Augenhöhe entsprechenden Gesichtskreis (Horizont) dergestalt zugeordnet, daß sie über sich hinaus auf ihn als Grenze der Sichtbarkeit verweisen. […] Etwas in einer ganz bestimmten Perspektive oder Hinsicht wahr[zu]nehmen bedeutet also nie eine völlige Festlegung, sondern immer eine relative meist temporäre Festlegung des Blicks." (ebd.)

Wird in der Suchbewegung des Wahrnehmungsakts innegehalten und die Aufmerksamkeit auf einen Gegenstand oder ein Ereignis gelenkt, verändert sich der Aktivitätszustand:

> „Die absichtliche aufmerksam-selektive Art des Wahrnehmens, die ganz bestimmte Aspekte auf Kosten der Bestimmtheit der anderen beachtet, nennen wir Beobachtung. Gegenüber dem üblichen Wahrnehmen ist das Beobachten planvoller, selektiver, von einer Suchhaltung bestimmt und von vornherein auf die Möglichkeit der Auswertung des Beobachteten im Sinne der übergreifenden Absicht gerichtet.
> Im alltäglichen Verhalten gehen Wahrnehmen und Beobachten oft unmerklich ineinander über. Beim absichtslosen Betrachten […] macht mich etwas Stutzen: eine unerwartete Bewegung, etwas, das wieder verschwindet. Das Stutzen und die daraus resultierende Neugierde ändern mein Wahrnehmungsverhalten: fortan ‚suche' ich diese Bewegung; in ‚aufmerksamerer' Weise als bisher blicke ich; der Bereich, in dem Bewegung nicht zu erwarten ist, ‚interessiert' weniger als vorher. Die aufmerksame Suche im Dienste eines Interesses charakterisiert [die] alltägliche wie die wissenschaftliche Beobachtung. Der Unterschied zwischen beiden liegt einmal in der Systematisierung, die die wissenschaftliche gegenüber der alltäglichen Beobachtung auszeichnet. Doch verlangen bereits manche nicht-wissenschaftlichen Beobachtungsaufgaben eine gewisse Systematik des Trainings […] Die methodologische Konsequenz liegt in der *Forderung nach grundsätzlicher Wiederholbarkeit* der gleichen Beobachtung, damit sie als wissenschaftliche anerkannt werden kann." (ebd., S. 86f.)

Die von Graumann dargelegte Vorgehensweise gründet nicht nur in Thesen der Psychologie, sondern schließt phänomenologische Beobachtung und Reflexion ein (Graumann 1960). Er scheint zwei Wege zu vereinen, die Lambert Wiesing in seiner Zusammenschau der Quellentexte namhafter Philosoph*en* und Phänomenolog*en* für „die philosophische Erforschung der Wahrnehmung" (Wiesing 2002, S. 16) beschreibt: Entweder gibt es die Möglichkeit, „in sprachlich dargestellten Reflexionen auf die eigenen Erfahrungen als Wahrnehmender [zu schauen] oder in Form von konstruierten Modellen über das Funktionieren der Wahrnehmung" (ebd.) nachzudenken. Für unsere Methode ist der erste Weg, also die Reflexion auf die selbst zu erlebende Wahrnehmung, von Nutzen, die wir für die Aus- und Weiterbildung ausgearbeitet und spezifiziert haben (Kap. 7). Die Bedingungen, Prozesse und Gegenstände der Wahrnehmung als Elemente phänomenologischer Erkundung, die mit suchendem Blick Staunen und Neugier (Kap. 4), das Anfängliche und Vorgängige eines Erkenntnisinteresses aufspürt, sich zu vergegenwärtigen, ist – wie im Folgenden ausgeführt – Aufgabe der Phänomenologie.

In seinen frühen Arbeitsentwürfen der 1930er und 1940er Jahre setzt sich Maurice Merleau-Ponty (1908-1961) zunächst mit der „Natur der Wahrnehmung", dann mit dem „Primat der Wahrnehmung" (2021) auseinander und zeichnet damit bereits sein lebenslanges Forschungsprojekt vor, die „Phänomenologie der Wahrnehmung" (Merleau-Ponty 1966), ein weit über die Phänomenologie hinaus in vielen Wissenschaften rezipiertes Grundlagenwerk. Er sieht die Notwendigkeit, gegenüber den zu dieser Zeit herrschenden Ansichten „eine Synthese der Ergebnisse der experimentellen Psychologie und der Neurologie zu unternehmen, die das Problem der Wahrnehmung berühren, durch Reflexion ihre genaue Bedeutung zu bestimmen und möglicherweise bestimmte psychologische und philosophische Begriffe […] umzugestalten" (Merleau-Ponty 2021, S. 9). In Anknüpfung an Husserls „Ideen zu einer reinen Phänomenologie" (2021) reflektiert Merleau-Ponty, dass zwar die bisher gültige Psychologie nicht durch eine Philosophie zu ersetzen, aber *„auf ihrem eigenen Gebiet zu erneuern"* sei, um ihre Methoden und den Sinn grundlegender Begriffe wie „Vorstellung, Erinnerung etc." neu festzulegen (Merleau-Ponty 2021, S. 15). Die Psychologie bezieht durch *induktives* Vorgehen aus experimentell gewonnenen Einzelergebnissen eine allgemeine Erkenntnis als Grundlage einer Theorie. Hingegen die Phänomenologie unterscheidet – wie u. a. von Husserl vertreten – „ausdrücklich die ‚eidetische' Methode von der ‚induktiven' (d. h. von der experimentellen) Methode und bestreitet niemals die Berechtigung der Letzteren" (ebd., S. 15). Unter „Eidetik" versteht Husserl eine „Methode der intuitiven Wesensschauung", durch die das „Analogon" eines sinnlichen Wahrnehmungsaktes als Wesen einer Sache erfahren wird (Vetter 2020, S. 122). Das unmittelbare Erfassen des Wahrnehmungsgegenstands, das alle Sinnbezüge sowie den Innen- und den Außenhorizont einschließt, ist – wie bereits ausgeführt (Kap. 2) – elementare Bedingung der philosophischen Phänomenologie, auch wenn dieser Vorgang seit Husserl und Merleau-Ponty immer wieder unter neuen Gesichtspunkten erörtert wird (Alloa et al. 2023). Beide Wissenschaften – Psychologie und Philosophie –, „speisen sich aus denselben Phänomenen, auf der Ebene der Philosophie sind die Probleme nur stärker formalisiert" (ebd., S. 49), aber sie ergänzen sich fruchtbar (Wiesing 2021, S. 103). Im Unterschied zur Psychologie, die sich mit der Entstehung und der Theorie von Seh-, Hör-, Tast- und anderen Wahrnehmungen befasst, erforscht also die Phänomenologie den Wahrnehmungsvorgang selbst; dieser wird zum Gegenstand und Inhalt des Wahrnehmens, Beobachtens und Reflektierens. Denn was „Wahrnehmung ist, kann einzig und allein die Struktur des wirklichen Wahrnehmens lehren" (Merleau-Ponty 1966, S. 22). Daher gilt für Merleau-Ponty wie für andere Phänomenolog*innen: „Ein Phänomenologe beschreibt das, was er beschreibt, ausschließlich als ein sich zeigendes Phänomen und klammert jeden Wirklichkeitsbezug ein" (Wiesing 2021, S. 104); er vollzieht somit eine „Reduktion" (Kap. 2.1). Diese Vorgehensweise markiert eine wesentliche Trennlinie zu psychologischen Analysen (Merleau-Ponty 2021, S. 14).

Husserl und Merleau-Ponty unterscheiden sich in ihren Beschreibungen der Wahrnehmung; sie sind sich jedoch darüber einig, welch einzigartige Funktion die Wahrnehmung im phänomenologischen Philosophieverständnis einnimmt (Wiesing 2021, S. 123). Für Husserl bedeutet Wahrnehmung „den Urmodus der Anschauung", durch den ein Gegenstand gegeben und „in einem Horizont typischer Bekanntheit" (Vetter 2020, S. 609; Kap. 2.4) erscheint. Dabei bildet der Leib das „Wahrnehmungsorgan", das die Perspektive und das *Wie* der Wahrnehmung bestimmt (ebd.). Merleau-Ponty charakterisiert die Wahrnehmung an vielen Beispielen ohne Festlegung auf *eine* Definition, aber in Abgrenzung zur reinen Empfindung, die einem „undifferenzierten, punktuell-augenblicklichen ‚Anstoß'" (Merleau-Ponty 1966, S. 21) gleiche und überdies die „Analyse der Wahrnehmung" verfälsche (ebd., S. 32). Wahrnehmung sei immer „bezogen auf Verhältnisse, und nicht auf etwas Gesondertes" (ebd., S. 21), denn unser „Wahrnehmungsfeld bildet sich aus ‚Dingen' und aus ‚Zwischenräumen zwischen den Dingen'" (ebd., S. 35). Am Beispiel einer roten Fläche macht er deutlich, dass das „Rot nicht bloß einfach gegenwärtig ist, [sondern] in seiner Gegenwart vergegenwärtigt es mehr als es selbst, etwas, was nicht ‚reelles Moment', sondern ‚intentionales Moment' der Wahrnehmung" (ebd., S. 32) ist. Wahrnehmung ist in diesem Sinne eine leibgebundene Fähigkeit der Hinwendung mit intentionaler Ausrichtung; im Wahrnehmen bezieht sich der Leib intentional auf die Wahrnehmungsgegenstände. Intentionalität im allgemeinen Sinne meint, „dass Bewusstsein ein ‚Bewusstsein von etwas' ist" (Alloa et al. 2023, S. 9). Auf der „Intentionalität", „eine[r] von aller Erkenntnis wohl unterschiedene[n] Weise des Bezugs zum Gegenstand" (Merleau-Ponty 1966,

S. 441), der sich „die meisten Phänomenolog:innen verpflichtet sehen“ (Alloa et al. 2023, S. 9), gründet Merleau-Ponty den „Gesamtentwurf der Wahrnehmungswelt“ (Vetter 2020, S. 609).
Er vertritt, dass sich Wahrnehmung *vor* allen anderen Formen des Bewusstseins vollzieht, „dass in jeder Bewusstseinsform das Bewusstsein als ein Bewusstsein von Etwas im gegenwärtigen Moment erscheint und dass damit jedes Bewusstsein an ein Gegenwartsbewusstsein gebunden ist“ (Wiesing 2021, S. 122). Daher lautet seine These: „In diesem Sinne ist jedes Bewusstsein ein Wahrnehmungsbewusstsein“ (Merleau-Ponty 2021, S. 27). Er widerspricht damit Husserls Ansicht, dass „nicht gesehene Seiten der Gegenstände einfach nur mögliche Wahrnehmungen“ (ebd., S. 30) seien. Unsichtbares sei nicht einfach als Gegebenes hinzunehmen (ebd.); weder auf die Größe noch auf die Farbe könne als gegeben geschlossen werden, da es immer von der jeweiligen Perspektive abhängt, *was* und *wie* wahrgenommen wird (ebd., S. 31); aber der Gegenstand selbst sei in der Wahrnehmung „wirklich“ (ebd., S. 32).

> „Die Wahrnehmung wird hier verstanden als Bezugnahme auf ein Ganzes, das prinzipiell nur durch bestimmte Teile oder Aspekte erfassbar ist. Der wahrgenommene Gegenstand ist keine ideale Einheit, die von der verstandesmäßigen Einsicht erfasst wird, wie z. B. ein geometrischer Begriff, sondern eine Ganzheit, die offen ist für einen Horizont einer unbestimmten Anzahl perspektivischer Ansichten, die sich nach einem bestimmten Stil überschneiden, einem Stil, der den jeweiligen Gegenstand eindeutig bestimmt“ (ebd., S. 33).

Merleau-Ponty weist auf die Unterschiede im Wahrnehmungserleben und die Wichtigkeit der Kommunikation darüber hin: Es gibt eine „unwiderlegbare Vielheit von Bewusstseinsströmen“ (ebd., S. 36) und „[i]ch werde niemals wissen, wie Sie Rot sehen“ (ebd.), also müssen wir miteinander in Beziehung und Austausch treten, in dem Wissen, dass alle die gleichen Möglichkeiten haben, wie man selbst (ebd.), aber sehr wahrscheinlich unterschiedlich und Unterschiedliches wahrnehmen. Somit nimmt die Wahrnehmung nichts vorweg, sondern sie geht als erlebte Erfahrung allen Erkenntnissen voraus (ebd., S. 70). Nur für denjenigen ist die „erlebte Erfahrung“ interessant, „der ein Interesse am Menschen hat“ (ebd., S. 75) und sich nicht wie in vielen Wissenschaftszweigen auf Theorien stützt (ebd., S. 74). „Wahrnehmung ist kein Phänomen der physischen Kausalität“ (ebd., S. 77), sondern „Wahrnehmung bedeutet, sich etwas mit Hilfe des Leibes zu vergegenwärtigen“ (ebd., S. 83).
In der Phänomenologie hat der Leib als „Wahrnehmungsorgan“ eine zentrale Bedeutung für die Wahrnehmung, die nur in leiblicher Gegenwart und durch den Leib erfahren werden kann. Die an den Leib gebundene Wahrnehmung erfasst einen Gegenstand oder Inhalt jenseits von *subjektivem* Erleben und *objektive*m Erscheinen desselben, nämlich als Phänomen in seiner „Gegebenheit“ (u. a. Agostini 2019a; Kap. 2.2), so wie sie auch die eigene Leiblichkeit erfahren kann. Die

Phänomene erscheinen in der Wahrnehmung nur als solche, ohne eine erkenntnismäßige Trennung zwischen äußeren und inneren, subjektiven und objektiven Qualitäten. In der Anerkennung dieser Unmittelbarkeit der Wahrnehmung in der Phänomenologie liegt der Abschied von anderen Wahrnehmungsmodellen begründet, die „mit der dualistischen Annahme von Empfindungen einerseits und unbewussten Operationen andererseits arbeiten" (Wiesing 2021, S. 86f.). Phänomene sind eben nicht nur äußerliche „Erscheinungen" oder ein „sichtbarer Ausdruck von etwas", das „insgeheim zugrunde liegt und sich hinter dem, was sich zeigt, verbirgt" (ebd., S. 93). Phänomene sind vielmehr innere und äußere Erscheinungen, die sich „bewusstseinsmäßig durch Empfindungskomplexe zeigen" (Vetter 2020, S. 410). Indem die phänomenologische Forschung „die dualistische Subjekt-Objekt-Trennung" (Fuchs 2018, S. 21) überwindet, erkennt sie in der „Leiblichkeit […] weder verborgene Innerlichkeit noch reine Äußerlichkeit; sie ist das eigentliche Feld der Beziehung und Begegnung, das Medium, in dem die Welt und der Andere sich mir zeigen, und in dem ich mich äußern und zeigen kann" (Fuchs 2018, S. 24). Die Wahrnehmungsphilosophie muss sich also „aus einer phänomenologischen Notwendigkeit" dem Leib zuwenden (Wiesing 2021, S. 94). Aus diesem Grunde geht es Merleau-Ponty um die Wahrnehmung des eigenen Leibes als Grundlage dieser elementaren Fähigkeit: „Es gilt die Selbstwahrnehmung des Leibes zu beschreiben, um so nicht die physiologische, sondern die transzendentale Bedeutung des Leibes für die Wahrnehmung darzustellen" (ebd., S. 94). Seine Perspektive ist, „dass die Präsenz eines leiblichen Subjektes in der Wahrnehmung eine notwendige Bedingung der Möglichkeit für die perspektivische Wahrnehmung ist" (ebd.). Somit ist immer die wahrnehmende Person das Zentrum des Vorganges, das als solches hingenommen werden muss.

Allerdings bewegt die Wahrnehmung nach Bernhard Waldenfels allein nichts, „wenn sie sich nicht mit dem Streben verbindet. Anders gesagt, die Ansicht der Dinge bewirkt nichts […], wenn uns darin nicht etwas anspricht, anlockt oder abschreckt. Bilder machen im weitesten Sinne Appetit" (Waldenfels 2019, S. 220). Aufmerksamkeit also ist wiederum dem bewussten Wahrnehmen vorgängig, denn das Sehen ist getragen von einem Aufmerken auf etwas (ebd., S. 221; Kap. 2.4). Die Sinnbildung entsteht schrittweise durch Aufmerksamkeit, Sehen in Bewegung, Neugier, Streben nach Neuem, Affiziert- und Bewegt-Werden von etwas, das mich angeht und anrührt. Diese „Affektion" äußert sich in einem „leiblichen Getroffensein" (ebd.), indem eine „An-sicht […] sich mit einem ebenso ursprünglichen An-tun und An-gehen" verbindet (ebd.). In der eingetretenen Wahrnehmung offenbart sich eine Koinzidenz des ersten *Auffallens* eines Gegenstandes in der Vielheit der Erscheinungen und des *Aufmerkens* an seinem Gegebensein, seiner Gestalt und Struktur.

Aber nicht jede Wahrnehmung wird als solche bewusst oder führt zu einem Aufmerken und Sich-Hinwenden. Je nach den persönlichen Bedingungen und Anliegen ereignet sich an dieser entscheidenden Schwelle der Übergang von „der völlig unbewußt ablaufenden *präattentiven* Wahrnehmung zu mehr oder weniger bewußten Vorgängen, die dem Kriterienpaar *bekannt-unbekannt* bzw. *wichtig-unwichtig* unterworfen sind“ (ebd., S. 146). Nur, was neu und affizierend oder persönlich bedeutsam und sinnhaft erscheint, gelangt in die Ebene der Aufmerksamkeit. Zunächst stößt das *unbewusste* Wahrnehmen auf eine allgemeine Vielheit; im nächsten Moment wird Unwichtiges unbemerkt außer Acht gelassen und Bekanntes, Auffallendes oder etwas wichtig Erscheinendes in die Aufmerksamkeit gehoben. Eine anfänglich unbestimmte Erscheinung wird als Gestalt mit Struktur und Sinnhaftigkeit erlebt. Dieser Vorgang lässt die Wahrnehmung bewusst werden. Denn „Aufmerksamkeit bedeutet [...] eine Gerichtetheit des Bewußtseins“ (ebd., S. 145). „Als eine anfängliche Form des Antwortens vollführt das Aufmerken eine Bewegung, der eine fremde Bewegung zuvorkommt und die selbst von einer Bewegung herkommt“ (ebd., S. 106). Auffallen komme zu früh und Aufmerken zu spät, bemerkt Waldenfels (ebd., S. 72). Genau dazwischen, das im Bewusstsein zuerst auftauchende Davor und das aufmerkende Danach verbindend, vollzieht sich der Wahrnehmungsprozess. Für Waldenfels ist diese Thematik eine „philosophische Bastelarbeit“ (ebd., S. 69), denn Auffälliges wiederum braucht jemanden, dem etwas auffällt (ebd.), und dann bräuchte es wiederum einen Dritten, den er als „Beobachter“ bezeichnet, „der kausale Wirkungen und Bedingungen feststellt“ (ebd., S. 69f.). Aber wir selbst sind in der Rolle der Beobachtenden dieser Vorgänge und beschreiben ihre Unwägbarkeiten und Ambivalenzen. „Wir müssen uns entschließen, die Unbestimmtheit als positives Phänomen anzuerkennen. Nur im Bereich dieses Phänomens begegnen uns Qualitäten. Der Sinn, den eine jede Qualität beschließt, ist ein äquivoker, ist mehr ein Ausdruckswert als eine logische Bedeutung.“ (Merleau-Ponty 1966, S. 25) Gleichwohl ereignet sich im *offenen* Hinwenden das Ungewisse, Überraschende und Affizierende eines Phänomens im Zwischenbereich von Davor und Danach. Erst durch die *intentionale* Wahrnehmung erhebt es sich in einen Gegenstand der Aufmerksamkeit und zeigt sich – in einem zu bestimmenden Moment – als *das* zu beschreibende und zu erkundende Phänomen in der bewussten Anschauung. „Das Vexierspiel von Bild und Ding, von Realität und Fiktion gehört zur Wahrnehmung, weil sie niemals reine Wahrnehmung oder reines Wahrnehmungsbewußtsein ist, sondern ein leibhafter Prozeß, der uns in ein Bildliches Vor- und Nachspiel verwickelt.“ (Waldenfels 2019, S. 213) Wir bezeichnen daher die Wahrnehmung als einen *offen-intentionalen* Vorgang.

In dem Augenblick aber, in dem die *Aufmerksamkeit* in eine fokussierende Aktivität mündet, in dem also das Bewusstsein sich bewusst einer Sache oder einem Gegenstand widmet, ereignet sich der Übergang zur *Beobachtung* – jener Fähigkeit, die den empirischen Wissenschaften zugrunde liegt und der wir einen eigenen Abschnitt widmen (Kap. 3.3). Wie bei Sammler*innen, Forschenden, die ihr Augenmerk auf Einzelnes lenken, oder wie bei einer Mutter, die kleinste Geräusche hört – stellt Waldenfels fest –, gäbe es eine Aufmerksamkeit, die eine „Wahrnehmungsbereitschaft", eine „Wachsamkeit" hervorruft (Waldenfels 2019, S. 14). Die „Verschiebung von Auffallen und Aufmerken, […] setzt genau hier an." (ebd., S. 23)

Solche grundlegenden Betrachtungen zum Wahrnehmen werden in vielen Publikationen innerhalb und außerhalb der Phänomenologie mit Bezug zu Praxisfeldern wie der Pädagogik rezipiert und angewendet, beispielsweise von Käte Meyer-Drawe. Für sie bedeutet „Wahrnehmen […] nicht Inspizieren. Die Wirklichkeit wird nicht ausgefragt, sondern in bestimmten Kontexten sinnlich erfahren. Etwas weckt unsere Aufmerksamkeit, es spricht uns an, es nimmt eine Bedeutung für uns an. Darüber zu schreiben, meint nicht Daten zu protokollieren, sondern Wahrnehmungserfahrungen zum Ausdruck zu bringen." (Meyer-Drawe 2020, S. 15) Die Beschreibung dessen, „was wir sehen, hören, riechen, tasten und schmecken", fällt niemals leicht (ebd., S. 17). „Immer kommt uns unser Denken in die Quere. Unser Wahrnehmen hat sich in ein ‚Denken wahrzunehmen' verwandelt. Wahrnehmen erscheint in dieser Perspektive als eine Besichtigung, die ein Geist vornimmt, der die Welt mustert, sich aber nicht durch sie ansprechen lässt." (ebd., S. 17f.) Wahrnehmung wird – gemessen an Vernunft und Verstand – als der sicheren Erkenntnis unterlegen (ebd.), aber als ihr vorausgehend angesehen.

Abschließend halten wir noch einmal mit Aussagen Merleau-Pontys inne: Wahrnehmen ist nicht ein Erleben von unterschiedlichsten Impressionen, die dann durch Erinnerungen ergänzt werden. Wahrnehmen ist vielmehr „die Erfahrung des Entspringens eines immanenten Sinnes aus einer Konstellation von Gegebenheiten, ohne den überhaupt ein Verweis auf Erinnerungen nicht möglich wäre. […] Wahrnehmung ist nicht Erinnerung." (Merleau-Ponty 1966, S. 42) Hans Karl Peterlini – als ein an der phänomenologischen Vignettenforschung Beteiligter – bestätigt die Sichtweise, dass aus

> „einer phänomenologischen Perspektive […] Wahrnehmen weder ein nur autonomer, noch ein nur passiver Akt [ist], weder haben wir die absolute Freiheit zur Willkür, etwas als etwas zu erkennen, noch sind wir gerade in diesem Prozess, etwas als etwas wahrzunehmen, völlig fremdbestimmt von Dingen und Sinnen. Was wir wahrnehmen, hat mit uns, mit unseren Vorerfahrungen und unserem Vorwissen zu tun, mit den Wahrnehmungsmöglichkeiten unserer Sinne und Übersetzungsleistungen unserer kognitiven Anstrengungen. Im Wahrnehmen konstituieren wir, was wir sehen, führen, riechen, schmecken, tasten, fühlen, was auf uns einwirkt, aber wir können dies nicht beliebig tun, wir können nicht Rot für Grün erklären, können den schrillen Ton nicht als lieblich begrüßen, den harten Schlag nicht als zärtliches Streicheln empfinden. Innerhalb dieser Gegensätze aber liegt eine Bandbreite von Empfindungsmöglichkeiten des Wahrgenommenen, liegen Schattierungen und Nuancierungen, liegen Widersprüche und Ambivalenzen, ist uns der direkte Zugang zur Wirklichkeit hinter dem Erscheinen von Dingen und Farben verwehrt." (Peterlini 2020a, S. 7f.)

Zunächst geschieht also Wahrnehmen als „Aufmerken, Wundern, Staunen" (Engel 2019, S. 46); dann folgt das Bewusstwerden der Wahrnehmungsinhalte. Erst in weiteren Arbeitsphasen werden diese Wahrnehmungen durch *Beobachten* fokussiert (Kap. 3.3) und können schließlich beschrieben, dokumentiert (Kap. 5) und mit Erfahrungswissen und wissenschaftlichen Erkenntnissen verknüpft werden (Kap. 6, 7, 8).

In der Zusammenführung vorangehender Gesichtspunkte zum Wahrnehmen als eine offen-intentionale Hinwendung mit allen Sinnen verbirgt sich eine diesem Aktivitätsfeld implizite Prozessgestalt, die über das anfängliche reine Offensein in ein schöpferisch-kreatives Feld der Zukunft führt und in Anlehnung an die Grundarten des Zuhörens von Claus O. Scharmer (2022, S. 43) nach fünf Qualitäten gegliedert wird:

1. Wahrnehmen ist reines Hinwenden;
2. Wahrnehmen ist eine gegenständlich-unterscheidende Tätigkeit;
3. Wahrnehmen der tieferen Art ist empathisches Wahrnehmen;
4. Wahrnehmen enthält entdeckende und schöpferische Momente;
5. Wahrnehmen findet in einem im Entstehen begriffenen Feld der Zukunft statt.

Die Wahrnehmung geht dem Wissen und Erkennen von etwas voraus und darf als „Morgenröte der Erkenntnis" (Engel 2019, S. 46) bezeichnet werden.

> *Journaling: Wahrnehmen mit allen Sinnen*
>
> Ich lasse meinen Blick schweifen, lausche in die Umgebung, nehme die Gerüche wahr … Welche Wahrnehmungen habe ich? Welche Empfindungen spüre ich? Welche Eindrücke bleiben hängen? Kann ich mir diesen Prozess noch einmal in Erinnerung rufen? Kann ich ihn mit Worten beschreiben?
>
> Ich blicke in die Natur, in einen grünen Park oder Garten, nehme eine Pflanze in Augenschein. Was sehe, höre, rieche ich? Was empfinde ich? Welche innere Anschauung stellt sich von dieser Pflanze ein?

3.3 Beobachten – aufmerksam-fokussierende Weltzuwendung

Wahrnehmung entsteht unbewusst und geht im Moment des Aufmerksamwerdens in ein bewusstes Ausgerichtetsein auf einen Gegenstand oder einen Inhalt über. Im Bemerken und Fokussieren desselben geschieht Beobachten. Im Unterschied zum offenen und intentionalen Wahrnehmen lässt sich die beobachtende Tätigkeit als eine „planmäßige Betrachtung eines Vorgangs oder Gegenstands" (Regenbogen & Meyer 2020, S. 99) bezeichnen. Sie ist die grundlegende Methode naturwissenschaftlicher und empirischer Forschung, die nach bestimmten Kriterien Gegenstände und Vorgänge untersucht, die „sich unmittelbar darbieten, ohne daß Veränderungen vorgenommen werden", und ohne dass sie zum

Zweck der Forschung in willkürlich veränderte bzw. experimentelle Situationen gebracht sind (ebd.). Im Experiment hingegen werden der Forschungsgegenstand und sein Umfeld eingegrenzt und bestimmt, ggf. verändert und angepasst. Dann findet die beobachtende Person nicht eine ursprüngliche, sondern eine künstlich erzeugte bzw. manipulierte Situation vor, in der sie Vorgänge beobachtet und Ergebnisse sammelt. „Beobachtung und Experiment sind die wesentlichen methodischen Instrumente der empirischen Forschung." (ebd., S. 100) Anders als die Wahrnehmung wird also die Beobachtung als Zugang zur Wirklichkeit und als Forschungsmethode in einem ausgewählten oder vorbestimmten Rahmen zielgerichtet, strukturiert und methodisiert angewendet.

Genau wie bei der Wahrnehmung können beim Beobachten alle Sinne beteiligt sein, nur dass sie jeweils aufmerksam und fokussiert an einem Beobachtungsgegenstand verweilen. Die Beobachtung dient dem genauen In-Augenschein-Nehmen, dem Prüfen, Vergleichen und Kontrollieren sowohl im alltäglichen als auch im wissenschaftlichen Zusammenhang. Ich lege ein Lebensmittel auf die Waage und beobachte die auf dem Display erscheinende Zahl für das gemessene Gewicht; weil sie niedriger, als von mir erwartet ist, füge ich auf der Waage etwas hinzu und erreiche mein gewünschtes Ergebnis. Beobachten ist also keine *offen-intentionale* Hinwendung, sondern eine *aufmerksam-fokussierende* und perspektivische Betrachtung. Die Ausrichtung der Beobachtung bzw. die Perspektive auf bestimmte Dinge oder das Experiment wird nicht dem das Feld neugierig erkundenden Subjekt überlassen, sondern sie gehört als zuvor beschriebenes, wiederholbares Vorgehen zum Forschungsprofil. Letztlich führt die Beobachtung – wenn sie nicht abgelenkt oder abgebrochen wird – zu einem erwarteten, geplanten oder auch fehlerhaften Ergebnis. Es wird nach unterschiedlichen, vorher festgelegten Regeln gewonnen und nicht allein durch „Auffallen" und „Aufmerken" entdeckt (Kap. 3.2). Eine beobachtende Person weiß gewöhnlich, was sie erkennen möchte; sie kann sich – wie beim Wahrnehmen – der Vorannahmen, Einschätzungen, Assoziationen und Einordnungen der Beobachtungsinhalte enthalten oder Hypothesen für ihr Forschungsvorhaben bilden. Die Enthaltung allen Zutuns und aller Vorannahmen ist jedoch genau die Aufgabe *phänomenologischer* Wahrnehmung und Beobachtung. Die phänomenologische Arbeit mit Wahrnehmungsvignetten strebt ohne den Wahrnehmungsprozess und die Momente der Beobachtung vorher regelnde Maßgaben an, vorrangig den Fokus auf das affizierende Geschehen *selbst* zu richten, es möglichst ohne Veränderungen und Eingriffe als „Gegebensein" (Kap. 2.2) ins Bewusstsein zu nehmen und erst in weiteren Arbeitsphasen einer Reflexion, Interpretation und Anwendung zu unterziehen (Kap. 7). Die phänomenologische Methodologie der „beobachtenden Teilhabe" ist also grundverschieden von jenen vorher genannten Zugängen.

Für die begriffliche Verankerung der *Beobachtung* als *aufmerksam-fokussierende* Methode nutzen wir philosophische und empirische Ansätze, um einige Merkmale herauszuarbeiten und den Stellenwert bzw. die Grenze des Beobachtens für die phänomenologische Methodologie zu verdeutlichen. Die zeitlich nahe zu Merleau-Pontys fundamentalen Werken über Wahrnehmung entstandenen Arbeiten von Carl Friedrich Graumann, die für die hier gewagte, in der Phänomenologie nicht übliche Gegenüberstellung von *Wahrnehmung und Beobachtung*, anregend sind (Einleitung zu Kap. 3), thematisieren genau diese Problematik: „Gegenüber dem üblichen Wahrnehmen ist das beobachtende Verhalten planvoller, selektiver, von einer Suchhaltung bestimmt und von vornherein auf die Möglichkeit der Auswertung des Beobachteten im Sinne der übergreifenden Absicht gerichtet. Im alltäglichen Verhalten gehen Wahrnehmen und Beobachten ineinander über." (Graumann 1966, S. 86) Graumann verdeutlicht nun mehr, dass Beobachten in allen Wissenschaften – wenn möglich oder vom Forschungsprofil her notwendig – *die* grundlegende Methode darstellt (ebd.), von der sich andere Verfahrenszugänge und experimentelle Methoden ableiten. Die Begriffe *Beobachten* als Tätigkeit, *Beobachtung* als Vorgang insgesamt und *Beobachtung* als Inhalt oder Gegenstand des Beobachtens werden oft synonym oder sich überschneidend gebraucht. Das Beobachten stellt eine Fähigkeit dar, etwas Visuelles genau in Augenschein zu nehmen oder ein Geräusch, einen Klang, eine Sprachäußerung aufmerksam zu hören. Durch die Möglichkeit dieser bewussten Ausrichtung, etwas von verschiedenen Blickwinkeln, in allen Details einschließlich des Umfelds genau zu observieren, ist die Beobachtung zur wesentlichen Methode empirischer Forschung geworden. Gleichwohl ist ohne Beobachtung keine Erkenntnis möglich, denn diese erfordert immer, dass etwas Bestimmtes ins Bewusstsein genommen und einem Gesetz und Begriff zugeordnet werden kann. Durch Beobachten wird Wahrnehmen zu einer *aufmerksam-fokussierenden* und *erkenntnisleitenden Methode.*

Die philosophische Phänomenologie erörtert ausführlich die Wahrnehmung, sei es bei Husserl (u. a. 2016, 2021), Gurwitsch (1974) oder Merleau-Ponty (1966, 2021), nicht aber die Beobachtung. Allerdings bezeichnen Intentionalität und Aufmerksamkeit als bewusstes Ausrichten im Wahrnehmungsprozess (Kap. 2.4, Kap. 3.2) bereits einen Übergang zur Beobachtung und zur „beobachtenden Vernunft" (Hegel 1807/2023, S. 185ff.), denn intentionale Aufmerksamkeit lenkt das Bewusstsein auf Sinn, Bedeutung und Begriff. Die Beobachtung richtet sich aus mit der Frage, was das in Augenschein Genommene ist und bedeutet. Diese Erkenntnisbewegung vollzieht die „beobachtende Vernunft", die Hegel in der „Phänomenologie des Geistes" (1807/2023) speziell an der „Beobachtung der Natur", „des Organischen" und „des Selbstbewusstseins" (ebd., S. 187ff.) – in einer der „am wenigsten kommentierten, interpretierten und produktiv aufgenommenen Passagen" des genannten Werks (Quante 2022, S. 325) – untersucht. Nicht die Beispiele seiner Überlegungen, sondern die „Merkmale der beobachtenden Vernunft" (ebd., S. 391) interessieren, um Beobachtung von Wahrnehmung im Erkenntnisprozess zu unterscheiden. Hegel lenkt den Blick sowohl auf den Vollzug als auch auf das Objekt der „beobachtenden Vernunft"; es sei das „Tun der beobachtenden Vernunft [...] in den Momenten seiner Bewegung zu betrachten, wie sie die Natur, den Geist, und endlich die Beziehung beider als sinnliches Sein und sich als seiende Wirklichkeit sucht" (Hegel 1807/2023, S. 187). Im Wahrnehmen des Sinnlichen werden die Dinge zunächst durch ein „oberflächliches Herausheben aus der Einzelheit und die ebenso oberflächliche Form der Allgemeinheit" (ebd., S. 188) offenkundig. Demgemäß lässt man sich, bevor beispielsweise Wahrnehmungsvignetten entstehen, auf eine Situation ein und bleibt an einem Gegenstand oder einem Ereignis hängen, ohne dieses zunächst näher zu bestimmen oder zu deuten, aber im Vertrauen auf die Sinnhaftigkeit. Denn in „diesem Reiche der Unbestimmtheit des Allgemeinen, worin die Besonderung wieder der Vereinzelung sich nähert und in sie hie und da auch wieder ganz herabsteigt, ist ein unerschöpflicher Vorrat fürs Beobachten und Beschreiben aufgetan" (ebd., S. 189). Um aber etwas Bestimmtes zu erkennen, um das „*Wesentliche* und *Unwesentliche*" zu unterscheiden, „erhebt sich [in der Beobachtung] der Begriff aus der sinnlichen Zerstreuung empor, und das Erkennen erklärt darin, daß es ihm wenigstens ebenso wesentlich *um sich selbst* als um die Dinge zu tun ist" (ebd.). Das sich in die Beobachtung einschaltende Denken ist gleichsam selbst- und fremdreflexiv, denn die beobachtende Person vermag über den eigenen Erkenntnisvorgang und den Gegenstand nachzudenken. Dabei gerät sie u. U. „in ein Schwanken, ob das, was für das Erkennen das Wesentliche und Notwendige ist, auch an den Dingen sei" (ebd.). Diese Frage nach dem durch die Dinge gegebenen „Wesentlichen und Notwendigen" bzw. nach der in ihnen enthaltenen Sinnhaftigkeit und dem sie „Mitbestimmenden" (Gurwitsch 1974, S. 193) ist ebenso für die beschriebenen Methoden der Phänomenologie zu stellen und wird als „Horizont" (Kap. 2.4) bezeichnet. Im Wahrnehmen eines Phänomens deuten sich den „Kern begleiten[de] Verweisungen auf das [...] nicht Gegebene" (ebd.) als Sinnüberschuss bereits an; die „beobachtende Vernunft" erhebt ihn erkenntnisgeleitet vom Allgemeinen in die Sphäre der Gesetze und Begriffe und strebt damit die Deutung, Auslegung oder Interpretation an.

Allerdings schulden *offen-intentionales Wahrnehmen* (Kap. 3.2) und *phänomenologisches Beschreiben* (Kap. 5) die „Gegebenheit" und das „Gegebensein" (Kap. 2.2) der Wahrnehmungsgegenstände dem *Verzicht* auf die „beobachtende Vernunft" und damit auf „die *Wahrheit* der Gewissheit seiner Selbst" (Quante 2022, S. 327). Phänomenologisches Wahrnehmen und Beschreiben vollziehen sich am Konkreten; ihnen eigen bleiben – solange keine Reflexionen erfolgen (Kap. 7) – Unwägbares, Geheimnisvolles, gleichsam Risikobehaftetes (Dufourmantelle 2019, 2021); sie bergen Quellen für das Entdecken menschlicher und sozialer Zwischentöne. Anders positioniert sich die im Selbstbewusstsein gründende Vernunft, die „die Selbstständigkeit der Wirklichkeit ‚ertragen' [...] und sich ihr in einer erkennenden Haltung theoretischer Neugierde zuwenden" (Quante 2022, S. 327f.) kann. Ihr zeigt sich die Wirklichkeit. „[D]ie Vernunft ist eben diese Gewißheit, Realität zu haben, und was nicht als Selbstwesen für das Bewußtsein ist, d.h., was nicht erscheint, ist für es gar nichts.“ (Hegel 1807/2023, S. 192f.) Als Realität zählen für Hegel das sinnlich zu Erfahrene *und* „die Wahrheit des Gesetzes“ (ebd., S. 193), das „*an sich Begriff* ist“ (ebd., S. 194). Mit dieser Eingrenzung der „beobachtenden Vernunft“ auf eine erkenntnisfokussierte Bewusstseinsform gibt Hegel eine Vorlage für die Adaption der Beobachtung als wissenschaftliche und empirische Methode; allerdings setzt diese nicht voraus, dass das zu beobachtende Äußere „nur Ausdruck des Inneren ist“, sondern sie legt es nach festzulegenden Regeln und Kategorien aus.

Zu den wichtigsten Methoden der empirischen Sozialforschung zählt also neben Befragung, Inhaltsanalyse und Experiment die Beobachtung. Im engeren Sinne bedeutet sie „das Sammeln von Erfahrungen in einem nichtkommunikativen Prozeß mit Hilfe sämtlicher Wahrnehmungsmöglichkeiten. […] Sie zeichnet sich durch Verwendung von Instrumenten aus, die die Selbstreflektiertheit, Systematik und Kontrolliertheit der Beobachtung gewährleisten und Grenzen unseres Wahrnehmungsvermögens auszudehnen helfen“ (Laatz 1993, S. 169). Im Gegensatz zur Befragung, der Subjektives zumeist „nicht unmittelbar“, sondern aus den „Reaktionen“ zugänglich ist, richtet sich die Beobachtung auf Objektives wie Verhalten oder Kontextbedingungen, dabei kann „bei der Beobachtung das Verhalten direkt, die subjektive Ursache dagegen nur indirekt erschlossen werden“ (ebd.). Das durch Beobachtung erfasste Subjektive ermöglicht das „Verstehen von Sinn oder das Erschließen von Zielen“ (ebd.). Ein Beispiel dafür ist die mit unserer Methodologie nicht zu verwechselnde empirische und rekonstruktive Sozialforschung, die durch „teilnehmende Beobachtung“ im Feld Daten gewinnt und analysiert. Wir hingegen widmen uns durch wahrnehmende und dann „beobachtende Teilhabe“ einem Lebenszusammenhang (Kap. 2) und sehen in der *aufmerksam-fokussierenden* Beobachtung jenen Vorgang, der die phänomenologische Beschreibung einleitet (Kap. 5).

Die empirische Bildungs- und Sozialforschung verhandelt die Beobachtung unter methodischen Bedingungen der „Nachvollziehbarkeit und Replizierbarkeit“ (Gniewosz 2015, S. 110) und benennt für den Beobachtungsvorgang Bedingungen, strukturierende Elemente und Methoden. Diese dienen der methodischen Zielgerichtetheit, um „theoretisch begründete Hypothesen durch wissenschaftliche Beobachtungen“ testen zu können (ebd.). Außerdem bedarf es der methodischen Kontrolle, deren „Richtlinien für Beobachtung und die Beobachtungsinstrumente […] vorab festgelegt“ werden müssen (ebd.). Schließlich muss die „Überprüfbarkeit“ gewährleistet sein, die das „Ausmaß der intersubjektiven Nachvollziehbarkeit und Replizierbarkeit […] möglichst unabhängig vom Beobachter“ (ebd.) erhöht.

Neben diesen Aspekten sind für wissenschaftliche Forschungsdesigns jeweils entsprechende *Beobachtungsformen* erforderlich. So besteht ein wesentlicher Unterschied darin, ob die beobachtende Person in einer *teilnehmenden* oder einer rein *beobachtenden Funktion* ist. Davon hängt auch die Beobachtungssituation insgesamt ab: Ist sie offen oder verdeckt? Welcher Standardisierungsgrad liegt vor – frei, halb, standardisiert? Welcher Beobachtungsfokus ist gegeben, handelt es sich um Selbst- oder Fremdbeobachtung? Und wo findet die Beobachtung statt bzw. liegt der Ort der Beobachtung im Labor oder im sog. Feld? Wird die Beobachtung technisch übermittelt oder handelt es sich um eine unvermittelte Beobachtung? Welcher Grad von Selektion, Reduktion und/oder Interpretation herrscht vor (isomorph, reduktive Beobachtung, reduktive Einschätzung)? Und schließlich: Wie viele Beobachtende gibt es? Denn je nach Anzahl der Beobachtenden existiert ein anderes Maß „subjektiver Verzerrungen" (ebd., S. 112ff.).

Durch die *Beobachtungsformen* realisieren sich verschiedene Zugangsweisen zum Forschungsfeld (Thierbach & Petschick 2014, 2022). Die direkten oder indirekten Zugangsweisen unterscheiden sich darin, ob sie strukturiert bzw. systematisch, stark strukturiert, quantitativ oder unsystematisch, schwach strukturiert, qualitativ sind. *Transparenz* besagt, dass die Beobachtung verdeckt, unwissentlich oder offen und wissentlich stattfinden und durchgeführt werden kann. Je nach Involviertheitsgrad der Beobachter*innen findet eine teilnehmende, aktive oder eine nicht-teilnehmende, passive Teilnahme statt. Außerdem lassen sich Unterschiede bezüglich der Beobachtungssituation (Feld- bzw. Laborbeobachtung) und des Gegenstands der Beobachtung (Selbstbeobachtung bzw. Fremdbeobachtung) finden (Thierbach & Petschick 2022, S. 1565f.). Dass vieles im Feld zur gleichen Zeit passiert, stellt für Beobachtende eine große Herausforderung dar (Thierbach & Petschick 2014, S. 860). Außerdem sind die Beobachtungsergebnisse immer relativ und bedürfen einer Begründung ihrer Provenienz und des Vorgehens. Die Beobachtungsformen selbst sind variierbar und ergeben sich für den jeweiligen Bedarf aus Kombinationen von *Standardisierung* (nicht-standardisiert-anekdotisch/standardsiert-systematisch), *Transparenz* (offen/verdeckt), *Beobachter*innenrolle* (teilnehmend/nicht teilnehmend), *Realitätsbezug* (indirekt/direkt) *Beziehung zum Beobachtungsobjekt* (Selbst-/Fremdbeobachtung) und *zeitlichem Bezug* (simultan/im Nachhinein) (Laatz 1993, S. 171).

In den Sozialwissenschaften richtet sich die Beobachtung in erster Linie auf menschliche Verhaltensweisen und materielle Gegebenheiten (Thierbach & Petschik 2022, S. 1563). Allerdings „werden nicht Meinungen, Motivationen, Erzählungen oder Erinnerungen von Personen erhoben […], sondern tatsächlich stattfindendes (soziales) Handeln, Begebenheiten oder Abläufe im Vollzug" (ebd.). Dennoch umfasst das Verhalten mehr als das unmittelbar Sichtbare; es kann sich als sprachliches und außersprachliches Verhalten (z. B. Aussprache, Lautstärke), als nicht verbales (z. B. Körperbewegung, Gesichtsausdruck) und räumliches oder situationsbezogenes Verhalten (z. B. die Anordnung der Personen, Ausstattung des Raumes) äußern (Laatz 1993, S. 170). Zu beachten ist, dass es keine vollständige

Offenheit oder Unabhängigkeit der Beobachtung bzw. der beobachtenden Person gibt und außerdem in jedem Beobachtungsakt sowie im „Auswertungs- und Interpretationsprozess“ durch „subjektive Verzerrungen“ Fehler impliziert sind (Gniewosz 2015, S. 115f.). Sie können zu einem gewissen Teil die schlüssige Folge der vorbestimmten Bedingungen, strukturierten und geplanten Methoden sein, nach denen ein beobachtendes Subjekt in einem bestimmten Forschungsfeld zu verfahren hat. Im Idealfall vermeiden wir in der Arbeit mit Wahrnehmungsvignetten die das Wahrnehmungsfeld und die Wahrnehmungsweise bestimmenden Vorgaben; wir gehen nur davon aus, dass das „Gegebene“ aus der Ersten-Person-Perspektive wahrgenommen und dementsprechend beschrieben wird.
Die vorangehenden Ausführungen rücken einige Aspekte der Beobachtung ins Licht, die Grenzen und Übergangsformen der phänomenologischen Methodologie der Wahrnehmungsvignetten bewusst machen. Durch ihre methodischen Prinzipien aber entfernt sich die empirisch-rekonstruktive Wissenschaft von unserem eigentlichen phänomenologischen Anliegen – denn: Eine wissenschaftliche Beobachtung bedarf bestimmter Bedingungen sowie der Entscheidung für strukturierende Elemente, eine Beobachtungsform bzw. eine Zugangsweise. Die wesentlichen Kriterien, um die Beobachtung von der Wahrnehmung abzugrenzen, sind:

- „Absicht. Wissenschaftliche Beobachtung ist absichtlich und geplant, hat einen Zweck und setzt ein Ziel voraus.
- Selektion. Nicht alles Wahrgenommene spielt eine Rolle. Bestimmte Aspekte werden ausgewählt und andere ausgeblendet.
- Auswertung. Schon der Prozess der Beobachtung ist auf die Auswertbarkeit des Beobachteten ausgerichtet.“ (Gniewosz 2015, S. 110)

Kehren wir zurück zur Wahrnehmung und zu dem Grund, warum wir uns für den Begriff „Wahrnehmungsvignette“ entschieden haben, so können wir mit Beau Lotto hervorheben:

> „Was Sie im Moment wahrnehmen, ist die Konsequenz aus Ihrer Wahrnehmungsvergangenheit, die Sie an diesen Punkt gebracht hat. Und sobald Sie etwas Neues wahrnehmen, wird auch diese Wahrnehmung Teil Ihrer zukünftigen Vergangenheit und damit dessen, was Sie in Zukunft sehen werden. Daher kommt der freie Wille auch weniger in der Gegenwart zum Tragen, als vielmehr in der Umdeutung vergangener Wahrnehmungen, welche wiederum Ihre reflexartigen Wahrnehmungen in der Zukunft verändern.“ (Lotto 2018, S. 409f.)

Dieses Bewusstsein trägt unser Anliegen, eine mehrperspektivische Reflexionsarbeit mit den „Wahrnehmungsvignetten“ zu entwickeln und im Studium der (Heil-)Pädagogik zu implementieren. Die dargestellten Positionen zur Beobachtung fordern Vertreterinnen und Vertreter der Phänomenologie geradezu zur Kritik oder zumindest zu einer bewertenden Stellungnahme mit Bezug zur eigenen

Sache auf. Bevor wir uns fragen, was die Ausführungen der empirischen Sozialforschung zur Beobachtung beitragen, sei noch einmal angemerkt, dass Beobachtung kein Schwerpunktthema der Phänomenologie ist und sich nicht in einschlägigen Publikationen dieser philosophischen Richtung als Stichwort finden lässt (Vetter 2020; Alloa et al. 2023).

Abschließend sollen die Worte von Käte Meyer-Drawe das auf die empirische Bildungs- und Sozialforschung ausgeweitete Feld komplexer Aspekte der *Beobachtung als eine Zugangsweise zur Wirklichkeit* wieder mit der phänomenologischen Wahrnehmung zusammenführen: „Während Beobachtungen eine distanzierte Weltzuwendung meinen, bleiben Wahrnehmungen situiert in ihrem Weltkontakt, verstrickt in ein Erfahrungsgewebe, das jeden Anspruch auf einen reinen Blick verdächtig macht.“ (Meyer-Drawe 2020, S. 12f.) Wahrnehmung ist also „in ihrem Weltkontakt“ (ebd.) eine offene, an innere und äußere Sinne gebundene, dennoch intentionale Fähigkeit; Beobachtung hingegen fokussiert ein einzelnes Geschehen, ist an gegebenen Strukturen oder auch an normativen Begriffen ausgerichtet und in diesem Sinne „eine distanzierte[re] Weltzuwendung“ (ebd.) als die Wahrnehmung. Im Wahrnehmen öffnen sich die Sinne, durch die wir das Besondere staunend entdecken. Dieses lenkt den Blick und die Aufmerksamkeit auf eine Szene, Handlung oder Äußerung als Beobachtungsobjekt. Das bewusst Beobachtete schreibt sich der Erinnerung ein, wird weiterverarbeitet, indem sein Sinngehalt erkundet und reflektiert wird. Solche Momente dokumentieren die Wahrnehmungsvignetten; sie entstehen aus fokussierender Aufmerksamkeit, die den Blick leitet und die Entscheidung für einen Beobachtungsmoment oder eine Szene findet (Brinkmann et al. 2015; Brinkmann 2017; Reh 2012).

Beim Ausloten der Beobachtungsprozesse offenbaren sich – ähnlich wie beim Zuhören (Scharmer 2022, S. 43) und beim Wahrnehmen (Kap. 3.2) Qualitäten einer Steigerung vom Aufmerken hin zum erkenntnisgeleiteten Auffassen:

1. Beobachten ist aufmerksames Wahrnehmen im Unbestimmten;
2. Beobachten lenkt den Blick auf etwas Bestimmtes;
3. Beobachten entzündet Interesse;
4. Beobachten dient dem Erkunden von Sinn und Bedeutung;
5. Beobachten mündet in Erkenntnis.

Diese Beobachtungsmodi zu beachten, ist für die Methode der Wahrnehmungsvignetten von Belang, da – wie ausgeführt – das *offen-intentionale Wahrnehmen* gleichsam zum *aufmerksam-fokussierenden Beobachten* strebt. In Analogie zu der Metapher der Wahrnehmung als „Morgenröte der Erkenntnis“ (Engel 2019, S. 46) bezeichnen wir das auf Erkennen ausgerichtete Beobachten als eine zum *Zenith strebende Sonne.*

> *Journaling: Innehalten und Beobachten*
> Ich lasse meinen Blick schweifen, suche und halte inne … Wann nehme ich etwas wahr? Wann geht Wahrnehmen in Beobachten über? Kann ich mir dieses Prozesses ganz persönlich bewusst werden? Kann ich ihn beschreiben?
> Dann konzentriere ich mich auf ein Mineral in der Natur. Ich nehme das Ganze und seine Umgebung aus einer gewissen Distanz in den Blick; taste den Stein mit den Händen ab, spüre die Materialität, klopfe an den Stein und höre den Klang, nehme den Geruch wahr und versuche alle Details zu erfassen, Formen, Farben und Strukturen. Kann ich das Mineral mit wenigen Sätzen charakterisieren?

3.4 Übungen des Wahrnehmens, Beobachtens und Denkens

Im Studium der (Heil-)Pädagogik und anderer Sozialwissenschaften wird durch Einbeziehen von Praxisphasen, beispielsweise in Schulen, Kindergärten, Horten, Wohnheimen und anderen betreuenden Institutionen die Verknüpfung der Theorie mit der Praxis angestrebt. Zu diesem Zweck wird die Methode der Wahrnehmungsvignetten eingesetzt, indem Studierende (oder an Fortbildungen Teilnehmende) sich wahrnehmend und beobachtend schulen, ansprechende oder irritierende Momente bemerken und beschreiben üben. Gerade in der Anfangsphase der Arbeit mit dieser phänomenologischen Methode mischen sich vielfältige Gefühle und Gedanken in die Beschreibungen ein, die nicht einfach außer Acht zu lassen sind, aber in Abwägung dessen, was eine phänomenologische „Reduktion" oder „Einklammerung" (Kap. 2.1) beinhaltet oder ausschließt, zu reflektieren sind. Zur Überprüfung und Konsolidierung einer Methodologie machen theoretische Begründungen diese wissenschaftlich anschlussfähig – daher schließen wir unsere Arbeit an die *pädagogische Phänomenologie* an; sie entfalten aber erst eine Wirksamkeit, wenn über die Erklärungen hinaus eine Erprobung der methodischen Verfahrensweisen stattfindet.
Das Bewusstmachen der Vorgänge des Wahrnehmens und Beobachtens sowie ihre Verortung in der Wissenschaft bilden nur die eine Seite des phänomenologischen Vorgehens ab. Die andere Seite besteht aus der Anwendung dieser Fähigkeiten in Praxisfeldern und im übenden Selbststudium. Merleau-Ponty (1966) belegt seine Gesichtspunkte zur *Wahrnehmung* mit vielen Beispielen; anders geht Hegel (1807/2023, S. 185ff.) vor, der die „beobachtende Vernunft" als eine zu Erkenntnissen strebende Bewusstseinsform untersucht. Es handelt sich also jeweils um fundamentale philosophisch reflektierende Betrachtungen. Um über das reflektierende Studium hinaus zu gelangen, kommt es darauf an, sich diesen Fähigkeiten zu widmen und – wie Husserl für den Umgang mit Phänomenen entwirft – „zu der Sache selbst" Wege zu bahnen, sich also der Wahrnehmung und der Beobach-

tung durch eigenes Vollziehen zu vergewissern. Im phänomenologischen Kontext weitgehend unbekannt scheinen einige elementare Übungen zum Wahrnehmen, Beobachten und Denken zu sein, die Rudolf Steiner (1861-1925) in drei 1909 gehaltenen Vorträgen über „Die praktische Ausbildung des Denkens" (2009b) entwickelte. Steiner, der an Kant, Hegel und Goethe geschulte Philosoph und Begründer der Anthroposophie und Waldorfpädagogik, veröffentlichte ab 1894 eine Reihe philosophischer Schriften (1892/2012a, 1892/2012b, 1918/2021), in denen er insbesondere Wahrnehmung, Beobachtung und Denken als Grundlagen der Erkenntnis untersucht. Wie in den philosophischen und phänomenologischen Hauptwerken von Hegel, Husserl und Merleau-Ponty wählt auch er eine Darstellungsweise, nach der Leserinnen und Leser nicht nur die Erkenntnisprozesse reflektieren, sondern selbst vollziehen können. Insofern sind Teile seines Werks für einen übenden Vollzug angelegt. Aber erst in den genannten Vorträgen bietet er Übungen an, die über das Verstehen und Reflektieren hinaus zu selbsttätigem und wiederholbarem Erleben und Erforschen anregen (Steiner 2009b). Diese elementaren Übungen können eine Grundlage dafür sein, voraussetzungslos – sowohl in der seminaristischen Arbeit als auch im Studium – Wahrnehmen, Beobachten und Denken zu schulen – wie in verschiedenen Publikationen bereits eingeführt wurde (Wiehl 2015, S. 162ff; 2021b, S. 221ff.; Wiehl & Barth 2021, S. 197ff.; Barth & Wiehl 2021, S. 7f.). Die Frage des Übens ist lediglich eine nach der Selbstaktivierung in dem Sinne, dass jede und jeder sich dazu aus eigenem Antrieb entschließen muss. Daher kann hier nur ein Angebot gemacht werden. Malte Brinkmann (2009, 2012) zeigt in seinen fundamentalen Studien zum Üben an christlichen Exerzitien und den Meditationen von Descartes, Husserl und Fink, dass sich Übungen „weniger auf abrufbare Kompetenzen, sondern vielmehr auf Haltungen" (Kap. 6) und Einstellungen wie Konzentration, Aufmerksamkeit, Selbstüberwindung, also auf die „Selbstführung" (Brinkmann 2009, S. 423) richten. Üben „als eine besondere Form des Lernens" (Brinkmann 2012, S. 15) bedeutet aktive und selbstbildende Tätigkeit, um sich – wie in vielen Lernprozessen notwendig – „auf die Erkundung nach innen" (Meyer 1987/2003 S. 171) zu begeben, das menschliche Leben „als eine sinnvolle und unentbehrliche Leistung" (Bollnow 1978, S. 18) verstehen zu lernen und um in einem bestimmten Übungsfeld ein „Können" (ebd., S. 51) zu erlangen. Denn Üben entspringt dort, „wo der gewohnte Ablauf der Tätigkeiten durch ein auftretendes Unvermögen unterbrochen wird und jetzt die bestimmte Einzelleistung isolierend herausgehoben und zur Vollkommenheit gebracht wird. Nur isolierte Einzelleistungen lassen sich üben und durch Üben zum Können bringen" (ebd., S. 51). Durch Üben „vollzieht sich bewusstes, sinnstiftendes, zielführendes, selbsttätiges, lernendes Tun" (Wiehl 2015, S. 56) als eine „Ich-Tätigkeit" (Wiehl 2021a), die in der Motivation und im eigenen Willen gründet und durch die sich der Mensch entwickeln und transformieren kann. Ausbilder*innen und Praktiker*innen der Waldorf- und anthroposophischen Heilpädagogik stützen sich auf ein reiches Übungsangebot, das Rudolf Steiner am Beginn des 20. Jahrhunderts erarbeitete und das seither für die Selbstentwicklung und Transformation weiterentwickelt und in vielen Lebensfeldern angewendet wird (u. a. Dietz & Kracht 2016; Glasl 2022; Scharmer 2020, 2022).

In unserem Kontext bewährt sich der Übungskanon Steiners zur „praktischen Ausbildung des Denkens" (2019). Dabei geht es um das „vorurteilsfreie Einlassen auf einen Erkenntnisprozess" (Wiehl 2015, S. 164) sowie um die Ausbildung des Staunens, Wahrnehmens, Beobachtens, Vorstellens, Erinnerns, schließlich des einer Sache ganz hingegebenen, konzentrierten Denkens. Das Geniale der Übungen ist, dass die Beispiele individuell und kontextunabhängig genutzt werden können, aber auch in andere Lebens- und Tätigkeitsfelder übertragbar bzw. für diese weiterentwickelbar sind. Wir möchten ganz konkrete Vorschläge machen, diese elementaren Übungen im Sinne des von uns in diese Publikation integrierten Journalings auszuprobieren. Die Darstellung der Übung umfasst also jeweils ein praktizierbares Übungsangebot mit Bezug zu den vorangehenden Ausführungen über Atmosphäre, Wahrnehmen und Beobachten. Zugrunde liegen die originalen Ausführungen Steiners (2009b), die paraphrasiert in die Anwendung einfließen; die vorgeschlagenen Übungen sind nicht identisch mit Steiners Übungskanon, sondern Variationen desselben.

Die *erste Übung* sensibilisiert für das *reine Wahrnehmen* und den oft unbemerkten Übergang *zum aufmerksamen und fokussierten Beobachten*, wodurch etwas genauer in Augenschein genommen und – sehr oft – sofort beurteilt wird. Im Alltagsgeschehen kann diese Unterscheidung von Wahrnehmen und Beobachten nur unter besonderen Bedingungen gemacht werden, nämlich in Momenten des Innehaltens und der Besinnung auf die eigenen Wahrnehmungs- und Erkenntnisprozesse, auf die Resonanz zwischen Außen- und Innenerleben, auf den einen ausgewählten Beobachtungsgegenstand. Das Sich-Herauslösen aus dem Strom der Beschäftigungen ist notwendig, um nicht bei der Theorie zum Wahrnehmen und Beobachten stehen zu bleiben, sondern diese Unterschiede selbst zu erfahren. Wie bei den anderen Journaling-Aufgaben sind Aufzeichnungen zu den Übungserfahrungen in einem Tagebuch hilfreich; sie unterstützen den *Übungsweg*.

Journaling (1): Vom Wahrnehmen zum aufmerksamen Beobachten

Wählen Sie für diese Übung einen Ort, um in einer Folge – möglichst zur selben Zeit – einige Tage immer wieder denselben Standpunkt und Blickwinkel einnehmen zu können. Es kann sein, dass Sie allmorgendlich auf dem Weg zur Ausbildungs- oder Arbeitsstätte, beim morgendlichen Blick aus dem Fenster oder bei einer mittäglichen Pause bemerken, wie von Tag zu Tag „die Witterung" – so der Vorschlag Steiners (2009b, S. 23ff.) –, das Wolkengeschehen, die Farbstimmungen und Bewegungen am Himmel sich ändern.

Es empfiehlt sich, ein Naturphänomen zu beobachten, das sich von Tag zu Tag ändert und zunächst nicht erklärbar ist. Indem Sie täglich einige Minuten lang möglichst zum selben Zeitpunkt und an derselben Stelle ein Geschehen beobachten, prägt es sich als Bildvorstellung ein, die im Nachgang bewusst erinnert wird. Dabei ist entscheidend, dass Sie sich auf das Wahrgenommene und Beobachtete konzentrieren, also nichts hinzunehmen, was in irgendeiner Weise erklärend oder an frühere Erfahrungen anknüpfend ist. Denn es geht um die reine Beobachtung eines Phänomens. Wenn diese Übung mehrere Tage lang wiederholt wird, entsteht eine Folge von Vorstellungsbildern des Witterungsgeschehens.
In innerer Konzentration wird ein Bild nach dem anderen wachgerufen und jeweils in einander übergehen gelassen. Diese Aktivität folgt so genau wie möglich der Bilderfolge, die sie über Tage hinweg innerlich geschaffen haben. Es gelingt leicht, ein einzelnes Beobachtungsbild zu erzeugen; es bedarf der Entscheidung, bewusst den Vorgang zu wiederholen, um die Veränderungen von Tag zu Tag zu erfahren und – das betont Steiner (2009b, S. 26) – um nicht zu spekulieren, sondern auf die Gedanken und das Denken vertrauen zu lernen.

Vor einigen Jahren führten Tania Stoltz und Angelika Wiehl (Wiehl 2021b, S. 228ff.) diese Übung in einem Graduiertenseminar ein, wobei die erste Phase des Beobachtens eines Himmelsauschnitts individuell gemacht wurde. Anschließend malten die Teilnehmenden mit Pastellkreiden ein Bild dieses Himmelsausschnitts und ordneten ihre Bilder in einer Reihe an, so dass die Übergänge und Verwandlungen für sie harmonisch erschienen. Die Übung fand in Stille statt und erst als die Bilderreihe vor uns lag, tauschten wir unsere Erfahrungen aus. Eindrucksvoll war, wie intensiv die Gruppe den Übergang von dem Einzelbild hin zu der Bilderreihe als Beispiel für eine Metamorphose erlebte. Diese Übung in der Gemeinschaft kann in jedes Seminar für die Auseinandersetzung mit Wahrnehmen und Beobachten integriert werden; sie bewährt sich bei der Einführung in die Wahrnehmungs- und Beobachtungsaufgaben für das Schreiben von Wahrnehmungsvignetten.
Die *zweite Übung* lenkt das Bewusstsein auf das aufmerksame Beobachten und Überprüfen von Annahmen und Erwartungen bei Dingen, „die wir noch nicht verstehen" (Steiner 2009b, S. 26). In vielen Situationen sind wir uns nicht bewusst, dass unsere Vorstellungen einer Begebenheit oder Person oft mit Empfindungen und Urteilen verschmelzen, die nicht aus der aktuellen Beobachtung stammen, sondern auf Vorerfahrungen beruhen, die mit angenehmen bzw. unangenehmen Befindlichkeiten oder der Neigung zum schnellen Urteilen zusammenhängen. Die unbewusste Verschmelzung von früheren Erlebnissen mit den aktuellen Beobachtungen kann unbemerkt zur Bildung von Vorurteilen führen. Das aufmerksame Beobachten einer „Sache selbst" wird mit der folgenden Übung angeregt, um sich in Dinge zu vertiefen und sich dabei der eigenen Gedanken bewusst zu werden (ebd., S. 28).

Journaling (2): Aufmerksames Beobachten und Überprüfen der Erwartungen

Bei dieser Übung kommt es auf das genaue Beobachten, Vorstellen und Erinnern an, um bei einer wiederholten Begegnung mit einem Menschen noch genauer auf die Details und Eigenheiten zu achten, also um die Aufmerksamkeit zu schulen. Es ist hilfreich, einen Menschen, sein Verhalten und seine Äußerungen zu beobachten, dem Sie öfter oder gelegentlich begegnen, den Sie aber nicht persönlich näher kennen.

a) Da ich gerne auf dem Markt und häufig an einem bestimmten Gemüsestand einkaufe, erkennt mich der Händler sofort und begrüßt mich mit Namen oder sagt, wenn wir zu zweit kommen: „Na, ihr beiden, ihr seid ja beide mal da." Das fällt ihm auf, genauso registriert er, wenn nur eine Person von uns bei ihm einkauft. – Ich beobachte, so genau wie möglich, wie er hinter der Gemüseauslage steht, wie er das Gemüse mit der ganzen Hand oder auch mit beiden Händen umgreift, wie er beim Abwiegen oder Auswählen darauf achtet, die Wünsche der Kundinnen und Kunden zu erfüllen und etwas dazu zu geben, dann den Preis auf einem kleinen Papierzettel notiert, gelegentlich etwas Besonderes anpreist, manchmal aus seinem Sortiment etwas hinzufügt und verschenkt, dann den Gesamtpreis nennt, ihn meist abrundet, das Geld nimmt und das Wechselgeld reicht, schließlich mit einem freudigen Gesicht mich oder uns verabschiedet: „Bis zum nächsten Mal, macht's gut, ihr beiden." – Die Vorgänge klingen in der Erinnerung nach.
b) Vor dem nächsten Einkauf bei jenem Markthändler stelle ich mir vor, was ich voraussichtlich erleben werde. Dann achte ich beim Einkaufen genau darauf, was sich abspielt. Tritt etwas anderes als das Erwartete ein, versuche ich herauszufinden, worin mein Denkfehler liegt und korrigiere ihn.

Das Überprüfen und Korrigieren der eigenen Annahmen und Erwartungen bei einer Wiederbegegnung macht bewusst, in welchem Maße wir mit unserer „Denktätigkeit mit der realen Sache in einem inneren Zusammenhang" (Steiner 2009b, S. 28) stehen. Wenn ich mich *intentional* einer Sache oder einem Menschen hingebe, kann ich in die Lage kommen, diese Gegebenheit als Sosein zu erfassen. Wahrnehmungsvignetten halten nicht das Mögliche, Erwartete, Ausgedachte, Vermutete fest, sondern das tatsächlich Gegebene; insofern ist diese Übung eine Vorbereitung auf offenes Wahrnehmen und aufmerksames Beobachten. Was einfach klingt, erweist sich in der Praxis als anspruchsvolle Aufgabe.
In der *dritten Übung* geht es um das Überprüfen von Ursachen oder Gründen für ein bestimmtes Verhalten. Beispiele für diese Übung finden sich täglich in pädagogischen Situationen und offenbaren sich in einigen abgedruckten Wahrnehmungsvignetten: Warum kippelt ein Junge und fällt in sich zusammen, als er davon abgehalten wird? (WV 8.4) Warum konzentriert sich ein Kind auf eine Fliege anstatt auf den Matheunterricht; lernt es dabei nichts? (WV 4.6) Warum hört ein Mädchen

nicht auf seine Begleiterin und begibt sich in Gefahren, in dem es immer tiefer ins Wasser geht? (WV 3.2) Warum lässt ein Kind die Backzutaten durch die Küche fliegen anstatt sie in die Backschüssel zu geben? (WV 3.1) Schnelle Antworten sind wegen Überforderung bei „herausfordernden" Verhaltensweisen und Situationen (Elvén 2017; Fröhlich-Gildhoff et al. 2020) an der Tagesordnung. Die folgende Übung sensibilisiert dafür, in der Beobachtung sich nur auf das Geschehen selbst zu konzentrieren und dieses frei von kommentierenden Überlegungen zu beschreiben.

Journaling (3): Ursachen überprüfen und *Vorurteile vermeiden*

a) Lesen Sie die folgende Wahrnehmungsvignette, machen Sie sich Notizen zum Inhalt und überlegen Sie, was die Gründe für das Verhalten des Kindes sein könnten; notieren Sie sich diese.

Oktoberbad

Es ist kalt und hat angefangen zu regnen. Der Rhein fließt wie ein silbergrünes Band an uns vorbei. Unter meinen Füßen knirschen Steinchen und kleine Muscheln.
„So", sage ich, „jetzt müssen wir aber nach Hause gehen".
„Nein", ruft Mira laut. Sie steht ein paar Schritte vom Ufer entfernt und wirbelt mit dem Stock im Wasser umher. Das Wasser reicht noch nicht einmal bis zur Hälfte ihrer Reiterstiefel.
„Doch", erwidere ich, „es wird schon dunkel und auch kalt. Komm jetzt!"
„Mir ist gar nicht kalt!", gibt sie zurück und schlägt aufgebracht mit ihrem Stock ins Wasser, sodass es nur so spritzt. Ihre Hose wird nass. Ich schaue sie streng an. Sie erwidert meinen Blick und sagt in einem herausfordernden Ton: „Sonst ertränke ich mich im Rhein!"
„Oh nein", antworte ich mit festem Tonfall, „das machst du ganz bestimmt nicht. So, auf geht's!" Ich gehe einige Schritte vom Ufer weg.
„Fang mich doch!" Mit großen, platschenden Sprüngen tanzt sie umher, das kalte Wasser läuft jetzt von oben in die Stiefel, ihre Hose und die Jacke sind völlig durchnässt.
„Das werde ich nicht tun, sonst bist du eh viel schneller als ich", sage ich mit Bestimmtheit, als sie näher zu mir kommt und dann wieder entwischt.
Es regnet immer noch und die Welt wird grau und grauer. Ein Kind, welches im Wasser mit platschenden Schritten und platschnassen Kleidern watet und eine junge Erwachsene, die am Ufer schräg hinter ihm herläuft. (WV 3.2; Wiehl & Barth 2021, S. 204)

b) Beobachten Sie eine ähnlich herausfordernde Situation im Alltag. Notieren Sie wieder die von Ihnen angenommenen Gründe des Verhaltens.
Fragen Sie bei nächster Gelegenheit nach den Gründen, überprüfen Sie ihre Annahmen und korrigieren Sie bewusst Ihr Urteil.

Nach so einer schwierigen Situation geht es also darum, sich Gründe für das Verhalten zurechtzulegen, sich anschließend über die tatsächlichen Ursachen zu informieren und Annahmen bestätigt zu bekommen oder korrigieren zu müssen. Eine Wende ist in schwierigen pädagogischen Situationen oft erst durch eine Haltungsänderung möglich, die verlangt, sich von allen vorher gefassten Urteilen und den Zu- oder Abneigungen oder der spontanen Reaktion „so ist sie/er doch immer“ oder „das hat sie/er immer so gemacht“ zu lösen. Da in unmittelbarer Betroffenheit eher *reagiert* als *agiert* wird und sich damit das störende oder herausfordernde Verhalten von Menschen noch verstärkt, ist für das bewusste Intervenieren und das Verändern einer brisanten oder gefährlichen Situation ein Innehalten und Selbstbesinnen von Nutzen. Wahrnehmungsvignetten bilden auch schwierige Momente ab, weisen aber erst in der Reflexion auf Lösungen hin (Kap. 7). Nach Steiner dient diese Übung dazu, das anschauende Denken so zu intensivieren, als bewege es sich „in den Dingen drinnen“ und als wachse es förmlich mit ihnen zusammen (Steiner 2009b, S. 29) – ohne Ursachen für ein Verhalten zu konstruieren und Urteile vorschnell zu fassen.
Die *vierte Übung* verlangt Konzentration auf eine Sache oder einen Inhalt, indem der gewöhnlich einfach ablaufende, assoziative Gedankenstrom angehalten wird. Beispielsweise beim mittäglichen Ausruhen stellen sich alle möglichen Gedanken zu diesem und jenem ein. Statt zur Ruhe zu kommen, treiben einen Gedanken oder Sorgen unwillkürlich an. Wenn ich mir bewusst etwas auswähle, über das ich nachdenken werde, kann ich aus diesem Gedankensog austreten. Es geht darum, sich „aus dem, in was man hineingezogen wird durch das Leben“ (ebd., S. 32), zu lösen.

Journaling (4): Bewusste Gedankenführung und Einfallsreichtum

Nehmen Sie sich vor, wann immer etwas Zeit für ein Nachsinnen ist, über etwas Bestimmtes nachzudenken und dabei fünf bis zehn Minuten zu verweilen.

a) Rufen Sie beispielsweise die Erinnerung an eine Wanderung in einem Gebirgstal mit blühenden Wiesen wach, rechts und links des Tals hoch aufragende Berge, am Ende die Reste eines Gletschers, plötzlich neben Ihnen eine steil einfallende Senke mit lauter Blumen, darunter leuchtend blaue Akeleiblüten, die sonst nicht auf den Wiesen stehen. Warum? Beim Suchen finden Sie überall Spuren von Schafen, auch ein großes Gehörn. Vielleicht konnten sie die eine Akelei in der Senke nicht fressen.
b) Oder schlagen Sie ein Buch auf und lesen Sie einige Zeilen und denken Sie über diese Inhalte nach. Oder wählen Sie sich einen Gegenstand, den Sie in allen Details beschreiben, oder ein kurzes Gedicht oder einen Satz, den Sie meditieren.

Indem ich mich bewusst auf einen Gedanken konzentriere, stärke ich nicht nur die Gedankenführung, sondern das Denken wird beweglicher und einfallsreicher. Steiner empfiehlt diese Übung, um Einfälle zur rechten Zeit zu haben (ebd.). In der Arbeit mit Wahrnehmungsvignetten ist das konzentrierte Besinnen auf ein erlebtes Ereignis und das Wachrufen des besonderen Moments dann erforderlich, wenn die phänomenologische Beschreibung vorgenommen wird (Kap. 5). Diese Momente sind nicht im Strom assoziativer Gedanken zu fassen, sondern in konzentrierter Besinnung.
Daran schließt gut die *fünfte Übung* zur Verbesserung des Gedächtnisses an.

Journaling (5): Genaues Erinnern durch aufmerksames Beobachten

a) Stellen Sie sich einen Menschen vor, dem Sie vor kurzer Zeit begegnet sind und den Sie voraussichtlich bald wiedersehen werden. Malen Sie sich sein Erscheinungsbild, seine Gestalt, seine Kleidung, seine Besonderheiten in allen Einzelheiten in der Vorstellung aus. Achten Sie darauf, was Ihnen nicht in Erinnerung geblieben ist, z. B. seine Augenfarbe, seine Hände oder auch ein Kleidungsstück.
b) Notieren Sie, was Sie nicht erinnern können, ergänzen Sie es probeweise in der Vorstellung und schauen Sie bei nächster Gelegenheit wieder hin, um im Erinnerungsbild das Fehlende zu ergänzen. Beim wiederholten Ausprobieren dieser Übung fällt auf, was und wie viel wir im ersten Moment nicht sehen und wie oft wir überhaupt nicht genau beobachten.
c) In der Seminararbeit mit Studierenden oder Kolleg*innen kann die Übung auch gemeinsam gemacht werden, wobei vereinbart wird, dass sich alle in der folgenden Woche eine bestimmte Person beispielsweise im Hochschulbetrieb oder Arbeitszusammenhang ansehen. In der nächsten Sitzung wird zusammengetragen, was jede*r Einzelne erinnert, und alle achten darauf, was noch fehlt.

In einer Gruppe von 30 Studierenden gelang es, einen Menschen vom Scheitel bis zur Sohle genau zu beschreiben; doch niemand hatte die Socken gesehen. Diese Entdeckung löste aus, dass sich jede*r Beteiligte in der Vorstellung probeweise die Socken der Person pinkfarben anmalen sollte. Eine Woche später kamen wir wieder darauf zu sprechen und es wurde festgestellt, dass die Person so lange Hosenbeine trägt, dass ihre Socken nicht zum Vorschein kommen (Wiehl 2021b, S. 229f.).

Diese Übung eignet sich ganz besonders gut für die Schulung des offen-intentionalen Wahrnehmens und des detailgenauen Beobachtens eines Kindes oder einer anderen Person in einer pädagogischen Situation, um sich Zug um Zug ein möglichst vollständiges Bild von ihr zu machen. Sie ist zugleich ein Mittel, um das

Gedächtnis zu schulen. „Ein gutes Gedächtnis ist nun aber das Kind einer treuen Beobachtung“ (Steiner 2009b, S. 33f.).
In der *sechsten Übung* werden, um eine Aufgabe zu lösen oder eine Frage zu beantworten, verschiedene Möglichkeiten gedacht, anstatt sich eilig auf eine Lösung festzulegen. Weil wir alle „Sehnsucht nach einem Resultat“ haben und dazu neigen, es nicht auszuhalten, wenn noch keine Klarheit über den Ausgang einer Sache besteht, kommt es zu glücklichen oder unglücklichen, zu sachgemäßen oder unsachgemäßen Entscheidungen. Es geht also darum, durch aufmerksames Einlassen auf die Sache über Möglichkeiten nachzudenken, dann abzuwarten und „die innere Notwendigkeit der Dinge arbeiten [zu] lassen“ (ebd., S. 36).

Journaling (6): Möglichkeiten denken, abwarten und eine Lösung finden

Sie werden von einer Kollegin oder einem Kollegen um Rat gefragt, wie ein Vorkommnis auf dem Schulhof gelöst werden könnte.
Einige Kinder sind unerlaubter Weise auf Bäume geklettert und haben dort alle möglichen Utensilien angebracht, um sich auf die Äste setzen und sich vor anderen Schulkamerad*innen schützen zu können. Das Klettern auf die Bäume ist auf dem Schulhof aber nicht erlaubt. Auf strenges Rufen und Ermahnen reagieren die Kinder nicht und kommen erstmal nicht von den Bäumen. Da Sie oder Ihre Kolleg*innen den Kindern nicht hinterherklettern können und wollen, diese aber ihr Baumquartier aufgeben und runterkommen sollen, denken Sie über Lösungen nach, ehe Sie Eltern informieren und Konsequenzen für die Kinder einleiten.

a) Malen Sie sich aus, wie Sie die Kinder dazu bewegen könnten, von den Bäumen zu klettern, das Baumquartier aufzugeben, eventuell eine alternative Spielmöglichkeit auf dem Schulhof zu finden. Notieren Sie alles und bedenken Sie die Folgen der vorgeschlagenen Lösungen. Lassen Sie mindestens eine Nacht die Entscheidung offen. Rufen Sie sich am zweiten oder dritten Tag morgens vor Beginn der Arbeit die Situation noch einmal ins Gedächtnis und wägen Sie Ihre Lösungen ab. Beobachten Sie, was sich Ihnen als richtig zeigt.
b) Suchen Sie eine ähnliche Situation in Ihrem Alltag auf und gehen Sie genauso vor. Treffen Sie keine eiligen Entschlüsse, lassen Sie ihre Entscheidungen bis zum nächsten Tag ruhen …

Diese Übung soll das Denken rege machen, weil keine sofortige Entscheidung folgt, sondern Möglichkeiten gedacht und zunächst offengehalten werden. Im Grunde handelt es sich in der ersten Phase um das Zurückhalten der eigenen Meinung wie in der phänomenologischen Wahrnehmung, dann folgt das abwägende Bedenken der Situation wie beim „erkenntnisgeleiteten Beobachten“, schließlich mit zeitlichem Abstand und nach dem Wiedervergegenwärtigen des Ereignisses die Lösungsfindung. Durch diesen Übungsprozess kann selbst *erfahren* werden, dass Wahrnehmen von besonderen pädagogischen Situationen – auf die sich die Methode der Wahrnehmungsvignetten richtet – eine latente Forderung zur Erklärung birgt und zum aufmerksameren Beobachten veranlasst, um sich mit der Sache auseinandersetzen zu können. Nicht auf das Vermeiden solcher erkenntnisbasierten Einlassungen kommt es an, sondern auf die Beobachtung und Bewusstwerdung derselben.

Diese in vielfältiger Weise zu variierenden Übungen sind Beispiele dafür, wie Wahrnehmens- und Erkenntnisfähigkeiten für die Anwendung im pädagogischen oder lebensweltlichen Arbeits- oder Forschungszusammenhang und insbesondere mit Blick auf eine pädagogische Haltungsentwicklung (Kap. 6) ausgebildet werden können. Nach Steiners Ausführungen ist ein gewohnheitsmäßiges Alltagsdenken zwei Gefahren ausgesetzt, einmal den Gedankenassoziationen, indem wir denken, was gerade so kommt, dann der Einkapselung des Denkens, das auf Kurzsichtigkeit, Vorurteilen und Denkfehlern beruht (Steiner 2009b, S. 19). Die Phänomenologie und auch die vorgeschlagenen Übungen zeichnen Wege vor, sich dieser zu enthalten und sich durch eine intentionale Hinwendung in Praxisfeldern menschliche Seins- und Verhaltensweisen vorurteilssensibel zu erschließen. Die Bedeutung der Übungen sehen wir darin, dass sie zur Ausbildung der für eine phänomenologische Arbeit relevanten Fähigkeiten des Wahrnehmens, Beobachtens, Vorstellens, Erinnerns und Denkens anregen (Wiehl 2015, S. 164).

3.5 Wahrnehmungsvignetten zeigen Spuren der Aufmerksamkeit

Um die phänomenologischen Herangehensweisen einiger Wahrnehmungsvignetten zu analysieren, werden beispielhafte Texte vorgestellt, in denen Wahrnehmen und Beobachten selbst thematisiert werden. Mit Blick auf diese Aspekte und für das praxisbezogene Nachvollziehen der Methode werden einzelne Ausdrucksformen aufgesucht und in Bezug auf die sich darin zeigenden Wahrnehmungs- und Beobachtungsvorgänge hermeneutisch gelesen. Es geht also vorrangig nicht um eine interpretierende Auslegung der Inhalte der Wahrnehmungsvignetten. Vielmehr folgen wir im lesenden Verstehen den Aussagen, als würden sich Phänomene und Ereignisse vor unseren Augen abspielen, um dabei die Bewusstseinsprozesse zu reflektieren. Gleichzeitig möchten wir mit diesen exemplarischen Betrachtungen die vorangehenden theoretischen Ausführungen an Erfahrungen anbinden, die bei der Entstehung von Wahrnehmungsvignetten gemacht werden können.

1) Eine Wahrnehmungsvignette zeigt offenes Wahrnehmen des Gegebenen

Im Idealfall entsteht eine Wahrnehmungsvignette, weil eine Person in einer pädagogischen oder lebensweltlichen, aber noch unbestimmten Situation ihre Wahrnehmung schweifen lässt. Im Unbestimmten hebt sich ein Bestimmtes ab, weil es einen in irgendeiner Weise angeht und affiziert. Das zunächst offene Gewahrwerden verdichtet sich auf einen Moment; sehend und hörend, oder auch tastend wendet sich der oder die Wahrnehmende ihm zu. Das in Augenschein genommene Phänomen zeigt sich im ersten Gewahrwerden als „Gegebenheit" (Kap. 2.2). Dieser Vorgang kann im Vollzug beobachtet werden und spiegelt sich in der folgenden Wahrnehmungsvignette.

Eine zugewandte wahrnehmende Begegnung

Maurice liegt in seinem Rollstuhl, der in eine Liegeposition gebracht wurde, mit dem Rücken zu den Fenstern. Die Betreuungskraft geht langsam auf ihn zu und stellt sich, mit ihrem ganzen Körper ihm zugewandt, an die Seite seines Rollstuhls. Ihr Blick ruht auf Maurice. „Hallo, Maurice", begrüßt sie ihn. Daraufhin wendet Maurice seinen Kopf langsam und mit angestrengtem Blick in ihre Richtung. Behutsam berührt sie dabei seinen linken Unterarm. Nach einem Moment des Innehaltens streicht sie von oben nach unten Maurice' Arme und Hände ab. Ihr Blick ist ununterbrochen auf ihn gerichtet, trotz der vielen durchaus ablenkenden Geräusche im Hintergrund. Ruhig und mit nur minimalen langsamen Bewegungen ist die Betreuungskraft Maurice ganz zugewandt. Sein Gesicht ist in Falten gelegt; sein Blick ruht auf ihrem. Für eine Weile verharren sie in diesem tiefen Blickkontakt. Nach seinem tiefen Ausatmen fährt die Betreuungskraft fort mit der Berührung. „Soll ich dich in Ruhe lassen?", frägt sie Maurice nun vorsichtig. Weiterhin mit ihrer Aufmerksamkeit bei ihm betrachtet sie ihn und lässt ihm Zeit für seine Reaktion. Auch ihre Hand ruht immer noch auf seinem Unterarm. „Dann lasse ich dich jetzt, Tschüss", verabschiedet sie sich mit nachdrucksvoller Stimme und einem leichten Drücken seines linken Unterarms. Im Weggehen berührt sie noch einmal kurz seine rechte Hand. (WV 3.3)

Die Wahrnehmungsvignette schildert eindrucksvoll eine alltägliche und doch besondere Situation im Umgang mit einem schwer behinderten Menschen. Am Anfang erfahren wir die Bedingungen, unter denen Maurice lebt. Sie werden nicht erklärt oder begründet, sondern wir werden durch das langsame Auf-ihn-Zugehen, die ihm zugewandte Körperhaltung und die Begrüßung der Fachkraft in die Szene geholt und erleben lesend das gegenseitige Anblicken, Innehalten, die Berührungen der Arme und Beine, die ruhige und beruhigende Stimmung, das tiefe Ausatmen, das sich Lösen und Verabschieden der Fachkraft mit. Die wahrgenommenen Vorgänge erscheinen in der Wahrnehmungsvignette als vergegenwärtigte Phänomene, an denen Lesende sich erneut in die ursprüngliche Situation mit Maurice hineinversetzen können. Innehalten und Verdichten eines wahrgenommenen Vorganges bilden den Kern der Arbeit mit Wahrnehmungsvignetten.

2) Eine Wahrnehmungsvignette zeigt den Übergang *vom Wahrnehmen ins Beobachten*
Die folgende Wahrnehmungsvignette ist ein Beispiel dafür, wie Wahrnehmen in aufmerksam-fokussierendes Beobachten übergeht. Sie beschreibt eine Schülerin, die sich während einer von der Lehrerin erbetenen Stille-Phase unauffällig verhält. Der Text wurde von einer Studierenden in ihrem pädagogischen Praktikum an einer Schule verfasst.

Baden in Stille

Die ehemalige Klassenlehrerin der Klasse ist zu Besuch und bittet die Schüler*innen, gemeinsam mit ihr einen Moment der Stille zu erleben. Dafür sollen die Schüler*innen drei Minuten in Stille ganz für sich sein und den Moment der Stille wahrnehmen. Lola ist weit hinten im Klassenzimmer. Ihr Tisch steht seitlich, sodass ihr Blick zur linken Fensterfront des Klassenzimmers gerichtet ist. Sie sitzt auf ihrem Stuhl und hat dabei einen Fuß auf den Stuhl gestellt, ganz nah an ihrem Körper. Die Arme hält sie vor sich und ihrem Bein überkreuzt auf ihrem Schoß. Ihr Blick ist geradeaus gerichtet und starr. Ihre Mimik ist wie eingefroren. Die Fenster sind offen, draußen sind andere Kinder zu hören. Auch in der Klasse sind noch einzelne Stimmen und Lacher der Mitschüler*innen zu hören. Sie ist still, zieht ihre Augenbrauen zusammen und blinzelt kurz. Dann wird ihr Blick wieder starr und ausdruckslos. Nach drei Minuten schlägt die Lehrerin einen Gong als Zeichen, dass der Moment der Stille nun beendet ist. Lola hustet erstmal laut. Ihre Gesichtszüge entspannen sich, ihr Körper lockert sich und ein deutlicher Atemzug durchzieht ihren Körper. Sie holt sich ihren Collegeblock, spricht kurz mit ihrer Sitznachbarin und fängt an zu zeichnen und ist dabei ganz für sich. (WV 3.4)

Die beiden ersten Sätze der Wahrnehmungsvignette informieren uns über die besondere Situation der Klasse. Diese erhält Besuch von ihrer ehemaligen Klassenlehrerin, die mit den Schüler*innen eine Stilleübung macht. In der ersten Phase der Übung fällt der anwesenden Studentin ganz hinten im Klassenzimmer eine Schülerin durch ihr Verhalten auf. Während sie auf deren Verhalten aufmerksam wird, schweift ihr Blick nicht mehr nur wahrnehmend durch die Klasse, sondern hält inne. Sie beobachtet, wie sich Lola verhält, wohin ihr Blick gerichtet ist, wie sie auf dem Stuhl sitzt, welche Mimik sie hat und wie sie ihren Gesichtsausdruck verzieht, während Lachen und Stimmen der anderen Schülerinnen und Schüler sowie von draußen eindringende Geräusche zu hören sind. Als Beobachterin scheint sie diese Erfahrungen mit Lola zu teilen. Als die Lehrerin mit einem Gongschlag die Übung beendet, entspannt sich Lola, wechselt ein paar Worte mit ihrer Nachbarin und scheint sich wieder zurückzuziehen. Wenn diese Details mit eigenen Worten nachvollzogen und ausgedrückt werden, folgt ihnen die Aufmerksamkeit und registriert sie wie in situ, also im realen Klassenraum. Die Beobachterin nimmt Lolas Verhalten, ihre Bewegungen und Äußerungen wahr, fokussiert sie und die Geräusche der Umgebung. Bei jedem alltäglichen Wahrnehmen kann sich eine beobachtende Haltung dann einstellen, wenn das Augenmerk auf eine bestimmte Sache gelenkt und diese erkundet wird. Es handelt sich um die Vorstufe der von Erkenntnisinteresse geleiteten Beobachtung.

3) Eine Wahrnehmungsvignette zeigt einen Moment besonderer Aufmerksamkeit
Ein beiläufiger Moment kann aussagekräftiger sein als ein außergewöhnliches Ereignis und kann Subtiles, sonst Verborgenes und Nicht-Beachtetes ins Licht heben, sobald die Aufmerksamkeit darauf gelenkt wird. Dieser alltägliche Vorgang ist ein Übungsansatz in der Methodologie der Wahrnehmungsvignetten, um das über die äußere Erscheinung und die Sprachhandlungen hinaus Weisende zu entdecken. Der folgende Text stammt aus der pädagogischen Begleitung des zweijährigen Mädchens Stella durch eine Studentin.

Gerechtigkeit

Wir stehen am Zaun einer Weide und schauen zu den drei großen Pferden. Eines davon ist neu dazugekommen. Stella ruft laut: „Komm, Junior, na komm, komm zu uns, Kerlchen!“ Stellas Mama ermahnt sie: „Stella, lass ihn, wenn er nicht will. Der soll ruhig von alleine kommen.“ Gespannt schauen wir auf die Weide. Da ruft Stellas Mama: „Na komm, Junior, kleiner Kerl, komm!“ Stella schaut sie mit zusammengekniffenen Augen und einem leicht verzogenen Mund an. Sie stemmt ihre Hände in die Hüfte: „Wie unfair! Du darfst ihn jetzt rufen und bei mir darf er nicht …?“, sagt sie empört. (WV 3.5)

In doppelter Weise zeigt sich hier Aufmerksamkeit: Beim Besuch der Pferdeweide fällt auf, wie das Kind sich nicht nur beobachtend, sondern das Pferd rufend in die Situation einlebt, die Mutter es ermahnt, das Pferd alleine kommen zu lassen; dann erkennt das Kind beim Rufen der Mutter nach dem Pferd sofort den Widerspruch zu deren vorangehender Ermahnung; schließlich ist dem Aufmerken der beobachtenden Studentin geschuldet, dass die pointierte Aussage des Kindes, die das Mutter-Kind-Verhältnis für einen kurzen Moment umkehrt, überhaupt wahrgenommen und beschrieben wurde. Auf die Ermahnung der Mutter reagiert das Kind erst, als diese ihre eigene Vorgabe nicht einhält. Daran entzündet sich die Aufmerksamkeit als ein Aufwachen am Widerspruch für das Wesentliche. Solche und andere überraschende oder aus dem Strom des Alltäglichen herausgehobene Momente zu bemerken, kann wahre Schätze bergen. Oder in den Worten der Studentin: „Wahrnehmungsvignetten waren und sind ein wahres Geschenk, um Situationen wahrzunehmen, zu beschreiben oder darzustellen. Die Wahrnehmungsvignetten haben mir sehr geholfen, das Wesentliche darzustellen, ohne es direkt benennen zu müssen.“

4) Die Wahrnehmungsvignette zeigt den Übergang zur Reflexion
Zum Abschluss des Kapitels nehmen wir eine Wahrnehmungsvignette auf, die von einer Studentin in einer fiktiven Briefform an das von ihr über eine längere Zeit am Nachmittag begleitete Kind geschrieben ist. Sie belässt ihre Eindrücke nicht als Wahrnehmungen und Beobachtungen, sondern hebt sie auf eine Gefühls- und Gedankenebene, die beim Rezipieren zugleich vergegenwärtigend, rückblickend und reflektierend wirkt.

Wie ein fliegender Flummi

Wenn ich zu dir komme, bist du wie ein Flummi, der hin und her springt. Du holst deinen Schulranzen aus dem Hort und springst mit deinen noch längeren Beinen als sonst wahnsinnig schnell die Treppen hoch zu den Tischen, an denen wir immer gemeinsam deine Hausaufgaben machen. Du willst alles genau wissen, hinterfragen und entdecken. Dein Interesse an Dingen, die du neu entdecken und lernen willst, ist bewundernswert. In der Natur kommt immer der „Flummi" zum Vorschein. Du rennst die Wege, Wälder und Wiesen hoch und runter. Du stoppst kurz, um dich zu vergewissern, dass alles in Ordnung ist. Du springst und hüpfst dann wieder von dannen mit wenig Rast und Ruh. Du machst dir eine Welt, wie sie dir gefällt. Mit Zufriedenheit, Glück und Freude an den Menschen als auch mit deinem ruhigen und „flummiartigen" Gemüt. (WV 3.6)

Diese Wahrnehmungsvignette enthält Beobachtungen zum Verhalten des Kindes, das mit einem Flummi verglichen und damit beurteilt wird. Mit verbalen Ausdrucksweisen wie hin und her springen, holen, schnell hoch springen, gemeinsam etwas machen, neu entdecken und lernen wollen, hoch und runter rennen, kurz stoppen, sich vergewissern, springen und hüpfen beschreibt die Studentin die regen Aktivitäten des Kindes so, als glichen sie jenen eines Flummis und benennt diesen Vergleich. Daraus folgt ihre Erkenntnis: „Du machst dir eine Welt, wie sie dir gefällt. Mit Zufriedenheit, Glück und Freude an den Menschen als auch mit deinem ruhigen und ‚flummiartigen' Gemüt". Diese Verschränkungen von Wahrgenommenem, Gefühltem und Gedachtem sind Ausdruck der Fluidität und Offenheit eines Wahrnehmungsvorgangs, die in der Vergegenwärtigung und Verschriftlichung angehalten werden und in Selbstbetrachtung und Reflexion des Geschehens münden. Dass die wahrnehmende und beobachtende Person von dem „flummiartigen" Kind berührt ist, drückt sie aus und artikuliert über das äußere Geschehen hinaus dessen „Innen- und Außenhorizont", also das „Miterfahrene" und den „Sinnüberschuss" (Kap. 2.4, 3.2, 3.3). Denn bei jedem Wahrnehmen und Beobachten schwingt etwas mit, und es ist eine Frage der Entscheidung, welche äußeren und welche inneren Eindrücke zählen. Beim Auswerten der in den letzten vier Jahren stattgefundenen Übungen der Autorinnen und jener aus den Seminaren mit Studierenden der Waldorfschul- und der Heil-Pädagogik haben wir gelernt, auf eine Engführung des Formats und der Methode der Wahrnehmungsvignetten zu verzichten, und sie – außer für die Reflexion, Haltungsentwicklung und Diagnostik (Kap. 6, 7. 8) – als atmosphärische Zustandsbestimmung eines teilnehmenden und offenen Bewusstseins zu verstehen, um mit physischen, seelischen und geistigen Sinnen (Barth & Gloystein 2021, S. 436f.) wahrnehmend und beobachtend, also sich einlassend, eine phänomenologische „Weltzuwendung" (Meyer-Drawe 2020, S. 12) zu üben.

4 Staunen als phänomenologisch-pädagogische Fähigkeit des „Mitseins"

Staunen und „Mitsein" sind zentrale menschliche Erlebnisqualitäten, ohne die keine Beziehung zu anderen Menschen und zur Welt aufgenommen werden könnte. Während „Mitsein" und „Mitdasein" im Sinne Heideggers (2006, S. 118) als Grundlage für jede Art des Begegnens und Erlebens anderer Menschen und Dinge zu verstehen ist, gewährleistet die Fähigkeit des Staunens, sich für etwas Großes und Größeres, als der Mensch selbst ist, zu öffnen oder auf etwas Verstörendes oder Irritierendes zu treffen. In diesem Spannungsfeld von Irritation bis Bewunderung erschließt sich dem staunenden Menschen Selbst-, Mit- und Weltsein. Die Qualitäten des Staunens werden in dem *Erinnerungsbild* zu einer Alpenüberquerung erlebbar, das eine Masterstudentin der Waldorfpädagogik an den Anfang ihrer wissenschaftlichen Arbeit gestellt hat.

Alpenüberquerung

In der neunten Klasse waren wir als Klasse vor die Herausforderung gestellt, eine Alpenüberquerung von Bernau am Chiemsee bis zu den Drei Zinnen (Dolomiten) binnen zehn Tagen zu machen. Wir waren bereits gut eine Woche unterwegs, hielten der prallen Sonne stand, überquerten lange Schneefelder, kletterten schwierige und steile Wegpassagen hinauf, kamen in ein heftiges Gewitter und mussten vollkommen durchnässt kehrt machen. Wir hielten zusammen, ließen keinen im Stich und kamen jeden Tag unserem Ziel oder besser gesagt dem Ende dieser Tour ein Stückchen näher. Am achten Tag sollten wir unseren höchsten Punkt von über 3000 Meter erreichen. Die Schutzhütte war bereits auf knapp unter 3000 Meter und es war uns freigestellt, ob wir die letzten Meter zum Gipfel noch erklimmen wollten. Es blies ein eisig kalter Wind dort oben und die Wolken verdichteten sich zunehmend. Vom Tal stiegen dicke, weißgraue Nebelschwaden auf und schon bald waren wir von ihnen verschluckt. Unsere Sicht verschlechterte sich auf einen Schlag. Ein Gefühl der Enge machte sich in mir breit. Jeder von uns, war voll und ganz auf sich und den Moment konzentriert und man fühlte sich ein bisschen, als würde man alleine in einem einsamen Zimmer sein, wohlwissend, dass sich ein Zimmer weiter noch andere Menschen in der gleichen Situation befinden. Oben angekommen versuchten wir uns die Aussicht bei schönstem Wetter auszumalen und waren doch etwas empört über die schlechten Sichtverhältnisse. Dann geschah jedoch etwas sehr Unerwartetes. Plötzlich riss der Himmel auf, ein blauer Streifen öffnete sich und weißgelbe Sonnenstrahlen ließen das Tal in all seinen Farben erleuchten.

> Keiner sagte ein Wort. Vollkommen ergriffen von der plötzlichen Wendung der Gesamtsituation stockte mir der Atem, die Augen öffneten sich und mein Herz begann heftig zu schlagen. Laute wie, „Oh, Ah, Wow" brachen aus uns heraus. Wie angewurzelt standen wir da, ließen die äußeren Ereignisse auf uns wirken und nahmen sie in unser Inneres auf. Es war sicherlich das Staunen, das uns in diesem Moment erfüllte. Der Spalt im Himmel schloss sich so schnell, wie er kam. Doch nun wiederholte sich das ganze Schauspiel auf der gegenüberliegenden Seite des Gipfels. Ich tauchte kurz in eine ganz andere Welt ein. In die Welt des Staunens. Selten zuvor erlebte ich die Kraft des Staunens in solch einer Präsenz. Es verwandelte mich. Ich war ehrfürchtig und demütig, in mich gekehrt, vollkommen glücklich und zufrieden. Ich fühlte mich eins mit der Welt und ließ die Dinge um mich herum geschehen. Ich fühlte mich auf der einen Seite wie ein Zuschauer des ganzen Geschehens und gleichzeitig spürte ich eine solche Verbundenheit mit der Gesamtsituation. Mein eigenes Alltagsbewusstsein war auf eine andere Ebene gehoben. Es ging nicht mehr um die Gedanken, wie lange noch, mir ist heiß, kalt, ich habe Hunger …, sondern ich tauchte völlig in diesen Augenblick ein und fühlte eine tiefe, wertfreie Verbundenheit mit der Situation. (BT 4.1)

Für die Autorin dieses Erinnerungsbilds birgt Staunen eine Qualität der Reinheit und Unberührtheit im Wahrnehmen und Erleben besonderer Momente, durch die das Ich überhaupt in eine Beziehung zu ihnen tritt. Zunächst schildert sie das Bewältigen von schwierigen Situationen auf der Wanderung bis hin zu einem „Gefühl der Enge" und Konzentration wie ein völliges Auf-sich-zurück-Geworfensein, dann berichtet sie vom Unerwarteten, als plötzlich der Himmel aufreißt und Sonnenstrahlen das ganze Tal in Farben tauchen. Diesen überwältigenden Augenblick erlebt die Studentin als ein Ereignis, das tief ins Innere geht, denn „es war sicherlich das Staunen, das uns in diesem Moment erfüllte." (BT 4.1) Staunen löst unmittelbar eine seelische Regung aus, sei sie abweisend oder anziehend, irritierend oder bewundernd. Durch Staunen realisieren sich „Mitsein" und „Mitempfinden." Daher ist diese Fähigkeit ein Schlüssel für das Affiziertwerden durch besondere Ereignisse und Begebenheiten, die in Wahrnehmungsvignetten narrativ verdichtet und damit in der Sprache zum Klingen gebracht werden. Staunen ist wie ein Tor, vor dem eine beobachtende Person aber nicht wartet wie der „Mann vom Lande" in Franz Kafkas rätselhafter Erzählung „Vor dem Gesetz" (Kafka 1915, S. 162f.), sondern durch das sie unmittelbar hindurchtritt, um sich von Neuem und ihr Unbekanntem berühren, beeindrucken und inspirieren zu lassen. Das Tor des Staunens ist immer offen; um Einlass bitten, zögern und davor auf einem Schemel sitzend warten – wie der „Mann vom Lande" in Kafkas Erzählung –, bedeutet nur, dass die für eine bestimmte Person gebotene Gelegenheit von ihr verpasst wird. Denn Staunen ist eine persönlich erfahrbare Erlebnisqualität, die das Möglichkeitspotenzial birgt, etwas Neues zu entdecken und Neuem zu begegnen; es bedarf aber der inneren Anteilnahme und Zuwendung – vor allem in der pädagogischen Arbeit.

In den folgenden Abschnitten werden die Qualitäten des Staunens in der Arbeit mit Wahrnehmungsvignetten sowie unter Berücksichtigung ihrer philosophischen Grundlage als Zugangsweise zu einer phänomenologisch-pädagogischen Methode beschrieben. Themenspezifisch gilt es, dafür die seit einigen Jahren besonders in den Geistes- und Kulturwissenschaften (u. a. Schlesier 1996; Martens 2003; Gess & Schnyder 2017; Bianchi 2019a; Gess 2019; Kehren et al. 2019) vielfältig entstandenen Forschungsergebnisse über das Staunen und damit verbundene Prozesse zu berücksichtigen.

4.1 Alltägliches Staunen in der Arbeit mit Wahrnehmungsvignetten

Viele alltägliche Situationen erregen Staunen, das oft unbemerkt vorübergeht, aber am ehesten bei unangenehmen, irritierenden oder als unglaublich empfundenen Situationen zu Bewusstsein kommt. Sich staunend wie ein Kind an der Welt, an schönen Erlebnissen und Begegnungen zu erfreuen, gehört nicht zum Repertoire grundlegender Kompetenzen wie Kreativität, Flexibilität oder Sozialität. Das ist umso erstaunlicher, weil durch Staunen als Fähigkeit überhaupt ein Zugang zu sich selbst, der Welt und anderen Menschen gewährt wird, es seit Platon (1980) und Aristoteles (1976) als Anfang aller Erkenntnisprozesse gilt (Matuschek 2017) und Unscheinbares oder Verborgenes ins Bewusstsein hebt. Es kann sein, dass wir Staunen verlernt haben, aber wiedergewinnen und erüben können, wenn wir etwas nicht für möglich oder gar unwahrscheinlich halten. Darauf lenkt die folgende Wahrnehmungsvignette die Aufmerksamkeit; sie handelt von einem markanten Entwicklungsmoment eines ein- bis zweijährigen Kindes:

Unglaublich

Unglaublich. Ich stehe heute vor dir und habe den Eindruck, dass du eine riesen Entwicklung gemacht hast. Du nimmst mich an die Hand und führst mich durch die Wohnung, zeigst mir Dinge, und willst mit mir ein Buch anschauen. Deine Freude ist spürbar, mein Herz geht auf, wenn ich beobachte, wie sehr du dich über Kleinigkeiten freust und übers ganze Gesicht strahlst. Deine Laute sind viel deutlicher und lauter geworden, willst fast nur sprechen und ahmst meine Worte nach. Du machst mir auch ganz deutlich, wenn du jetzt etwas anders machen willst. Die Couch ist deine Spielwiese. Du krabbelst hin und her und lachst dabei so herzlich. Du kannst mir sogar schon zeigen, wo die Nase ist oder die Augen, der Mund, die Ohren, der Bauch und der Po. Ganz fleißig erkundigst [= erkundest, A. W.] du alles und es wirkt unmittelbar auf dich ein. (WV 4.1; Autograph und Transkription in Wiehl 2021b, S. 237)

Unglaublich. Ich stehe heute vor dir und habe das Gefühl, dass du eine riesen Entwicklung gemacht hast. Du nimmst mich an die Hand und führst mich durch die Wohnung, zeigst mir Dinge und willst mit mir ein Buch anschauen. Deine Freude ist spürbar. Mein Herz geht auf, wenn ich beobachte, wie sehr du dich über Kleinigkeiten freust und übers ganze Gesicht strahlst. Deine Laute sind viel deutlicher und lauter geworden, willst fast nur sprechen und ahmst meine Worte nach. Du machst mir auch ganz deutlich, wenn du jetzt etwas anderes machen willst. Die Couch ist deine Spielwiese. Du krabbelst hin und her und lachst dabei so herzlich. Du kannst mir sogar schon zeigen, wo die Nase ist oder die Augen, der Mund, die Ohren, der Bauch und der Po. Ganz fleißig erkundigst du alles und es wirkt unmittelbar auf ~~dein~~ dich ein.

Diese Wahrnehmungsvignette beschreibt Phänomene als überraschende Einsichten; sie bildet nichts ab, sondern hält die unmittelbaren und für das Schreiben ins Bewusstsein gehobenen Beobachtungen zu einem Kind fest. Das Autograph entstammt dem Portfolio einer Bachelor-Studentin, die ein Kind betreut, das im Begriff ist, die Sprache zu lernen und immer mutiger seine Umgebung zu entdecken. So staunend wie das Kind seine Umgebung erkundet, so staunend beobachtet die Studentin dessen Tätigkeiten und Äußerungen.

Staunen gehört zu den ursprünglichen Fähigkeiten, über die wir von Kindheit an verfügen und die wir immer weiter ausbilden. Vermutlich sind wir sogar zum Staunen geboren, da wir beim ersten Öffnen der Augen und dieser spielerischen Suchbewegung der Augen nach der Mutter oder dem Vater, im sog. „Bonding“ oder „Augentanz“, in einer nie mehr wiederkehrenden hingegebenen und offenen Verbundenheit wahrnehmen. Dieser kindliche „Augentanz“ mag zum einen das Urbild des ursprünglichen und primären Spiels sein, das ein Kind nur aus Eigeninitiative tätigt (Salis Gross 2020, S. 82ff.); zum anderen steht er als eine Metapher für wahrnehmendes und staunendes Erkunden des Welt- und Eigenseins. Wie die basalen kindlichen Anlagen zum Bewegen, Greifen, Nachahmen, Sprechen und Denken bedarf das staunende Wahrnehmen einer menschlichen und resonanten Umgebung, in der das Kind hingebungsvoll und mit allen Sinnen die Welt erlebt.

Durch die Fähigkeit des Staunens nehmen wir Andere und anderes voller Neugier und Interesse wahr, ohne voreiliges Assoziieren oder Urteilen. Die Wiedergewinnung und Übung dieser in der Kindheit natürlich veranlagten Fähigkeit ist für eine vorurteilsbewusste Haltungsentwicklung in pädagogischen Kontexten (Kap. 6) eine Grundlage und bildet den Anfang der phänomenologischen Arbeit mit Wahrnehmungsvignetten. Denn diese beschreibenden Kurztexte drücken idealerweise einmalige, affizierende Momente einer Begegnung oder eines Erlebnisses wie beim „Augentanz“ aus.

Die Autorin der einleitenden Wahrnehmungsvignette beschreibt ein solches Erlebnis mit einem Sprechen lernenden Kind; sie nimmt staunend wahr, welche Entwicklung es macht, indem es sich äußert und ihr allerhand zeigt. Sie bemerkt seine Freude, während es ihre Worte nachahmt, auf seine Körperteile deutet und neugierig die Umgebung erkundet. Ihr unmittelbares Staunen, das sie mit dem Wort „Unglaublich“ (WV 4.1) ausdrückt, verwandelt sich zunehmend in ein aufmerksames Beobachten des Kindes und seiner Welterkundungen.

Die Fähigkeit des Staunens – als „stillgelegte Wahrnehmung“ und „verdichtete Reflexion“ (Gess & Schnyder 2017, S. 10) – birgt eine besondere Art des Sich-Öffnens Anderen und anderem gegenüber, des Innehaltens und Verweilens bei einem Menschen oder Ereignis. Im pädagogischen Kontext und insbesondere beim Schreiben der Wahrnehmungsvignetten spielen weniger durch besondere oder außergewöhnliche Situationen ausgelöste Staunensmomente eine Rolle, auch keine imposanten Naturerlebnisse oder an bewundernswerten Gegenständen gewonnene Eindrücke – wie beispielsweise durch exotische oder verwunderliche Gegenstände in den, auch zu pädagogischen Zwecken eingerichteten Wunderkammern des 17. Jahrhunderts (Müller-Bahlke 2012) – eine Rolle; vielmehr handelt es sich um Staunen auslösende alltägliche menschliche Begebenheiten, um das menschliche Dasein im Spektrum von Vertrautem, Neuem bis Fremdem. Wahrnehmungsvignetten drücken solche Staunensmomente aus, indem sie die affizierenden Ereignisse, Verhaltens- und Ausdrucksweisen einer anderen Person nachzeichnen. Es geht zwar um die Evidenz einer „Gegebenheit“ (Marion 2015, S. 61f.), aber nicht hinsichtlich ihrer dinglichen oder kognitiven Erscheinung, sondern in Bezug auf das In-Erscheinung- bzw. Ins-Bewusstsein-Treten menschlicher Begebenheiten, die sich als ein spezifisch anderes artikulieren. Daher gilt es sich auf die Spuren des anderen und der Anderen zu begeben. Nach Martin Heidegger sind die Anderen diejenigen, „von denen man selbst sich zumeist nicht unterscheidet, unter denen man auch ist“ (Heidegger 2006,

S. 118), also mit denen man die Welt teilt. „Auf dem Grunde dieses mithaften In-der-Welt-seins ist die Welt je schon immer die, die ich mit den Anderen teile. Die Welt des Daseins ist Mitwelt. Das In-Sein ist Mitsein mit Anderen. Das innerweltliche Ansichsein dieser ist Mitdasein“ (ebd.).
Folgen wir mit Emmanuel Lévinas weiter der „Spur des Anderen“ (2013), können wir eingestehen, dass der subjektive Blick oder das subjektive Erleben der Selbstheit geschuldet ist, die sich mit einem jeden Objekt, einem jeden Charakterzug und jeglichem Seienden identifizieren kann (ebd., S. 209), indem sich dieses als ein „reines Phänomen, das sein immanentes Wesen (vereinzelt genommen) als absolute Gegebenheit herausstellt“ (Husserl 2016, S. 45; im Original gesperrt gesetzt), anerkennt. Jean-Luc Marion, der sich kritisch mit der Gegebenheit als Gegenständlichkeit bei Husserl und Heidegger auseinandersetzt und für ein eindeutiges Gegebensein plädiert, sieht allein in der Reduktion „die Rückführung [der Phänomene] auf jene Instanz, die Gegebenheit empfängt“ (Marion 2015, S. 41; Klammereinschub im Original). Dabei bleibt zu fragen, in wie weit die phänomenologische Reduktion in der Arbeit mit Wahrnehmungsvignetten nicht nur einen theoretischen Hintergrund bildet, sondern als philosophisches Grundproblem einer phänomenologischen Methodologie ein Kriterium oder einen Bewertungsmaßstab bilden kann (Kap. 2 und 3).
Zu überdenken ist außerdem, ob sich das Subjekt im Verhältnis zu dem Gegebensein eines Phänomens im Zustand der „Passivität und Zeugenschaft“ (Kühn 2012, S. 177) befindet oder in einer leibgebundenen, inneren Aktivität anwesend ist. Ohne leibliche Anwesenheit – wie sie in den Diskursen der pädagogischen Phänomenologie vorausgesetzt bzw. untersucht wird – und ohne Gefühle (Böhme 2010) und Resonanzen (Rosa 2018) im „Mitdasein“ (Heidegger 2006, S. 118) einer phänomenalen Gegebenheit scheint im pädagogischen Feld, dem sich diese Untersuchung widmet, keine subjektgebundene Annäherung an Phänomene des Staunens gegeben. „Das Mitdasein erweist sich als eigene Seinsart von innerweltlich begegnendem Seienden. Sofern Dasein überhaupt ist, hat es die Seinsart des Miteinanderseins“ (ebd., S. 125). Mitdasein oder Mitsein, das zunehmend in den Wortschatz pädagogischer und phänomenologischer Studien aufgenommen wird, beinhaltet die personale und bewusste Anwesenheit, damit ein anderes überhaupt in das subjektive Aufmerksamkeitsfeld gelangt.
Im pädagogischen Kontext und in der Arbeit mit Wahrnehmungsvignetten erscheint uns das „Mitsein“ als eine Grundvoraussetzung für das staunende Wahrnehmen in der Methodologie der Wahrnehmungsvignetten – insbesondere weil es um eine anwendungsorientierte Forschung geht. Dieser reine mitseiende Idealzustand ist in der pädagogischen Praxis von kurzer Dauer, weil die offene Hinwendung in einer menschlichen Begegnung von inneren Erregungszuständen und Affizierungen eingeholt wird. „Deine Freude ist spürbar, mein Herz geht auf, wenn ich beobachte, wie sehr du dich über Kleinigkeiten freust und übers ganze Gesicht strahlst“, fügt die Autorin in den beschreibenden Text (WV 4.1) ein.

Ihre staunende Hinwendung resoniert mit der kindlichen Freude. Das Beispiel zeigt, dass „Gegebensein“ und „Mitdasein“ als philosophische Grundmodi zwar das Verweilen im Staunen charakterisieren und bestimmen, aber sogleich von den begleitenden Gefühlen, Empfindungen und Gedanken eingeholt werden. Die reine staunende Hinwendung zu einer menschlichen Gegebenheit als vorgängiger Akt des Lernens und der Erkenntnissuche kann angestrebt, aber eigentlich nicht erlernt werden (Meyer-Drawe 2011, S. 199); lediglich Gelegenheiten des staunenden „Mitseins“ aufzusuchen ist möglich – sei es in der (heil-)pädagogischen, therapeutischen oder sozialen Arbeit bzw. im persönlichen Lebensumfeld.
Das Staunen als erster Akt des sich Identifizierens mit einer menschlichen Begebenheit bleibt im Vorfeld der Erkenntnis, obwohl in der Hinwendung gleichzeitig das Seiende oder sich Zeigende „in unendlichen Bildern“, also in den Vorstellungen, gespiegelt wird und so in das Innere des Menschen einzudringen vermag; „es zeigt sich und strahlt aus, als ob die Fülle selbst seiner Andersheit, um sich zu erzeugen, das Geheimnis überschwemmte, in dem es verborgen ist“ (Lévinas 2013, S. 210). Ein zur Erscheinung gekommenes Phänomen, erst recht wenn es bereits in der beschreibenden Sprache der Wahrnehmungsvignetten (Kap. 5) erfasst ist, drängt nach Verstehen und interpretierenden Deutungen. Gerade deshalb verlangt die pädagogisch-phänomenologische Methode, dass Assoziationen, Gedanken und vor allem Vorurteile und Interpretationen bewusst zurückgehalten werden. Die bewusste Zurücknahme jeglicher Urteilsbildung, die eine vorurteilssensible Haltungsentwicklung und ein wertfreies Entwicklungsverständnis mittels Reflexionen voraussetzt (Kap. 6, 7 und 8), gründet in der schlichten und radikalen Erkenntnis, dass sich das Ich der wahrnehmenden Person nur staunend einzulassen hat. „Mag das Sein das Ich auch in Staunen versetzt haben, es ändert in der Wahrheit nicht die Identität des Ich“ (ebd., S. 210). Das Ich bestimmt seine Haltung und übernimmt Verantwortung dem Anderen gegenüber (ebd., S. 224). Seine Einzigartigkeit besteht gerade darin, dass niemand an seiner Stelle eine Antwort geben (ebd.) oder diese zurückhalten kann. Etwas sich Offenbarendes als Frage zu empfinden und das Bedürfnis nach einer Antwort, sind Ausdruck einer resonanten und relationalen Beziehung der staunenden Person zu dem Staunen erregenden Anderen als einem Fremden. Die Frage rührt aus dem „Skandalon des Fremden“ (Waldenfels 2002, S. 186), „das weder auf Eigenes und Allgemeines zurückgeführt noch mit deren Gegenteil gleichgesetzt werden kann“ (ebd., S. 187f.), das sich also nicht offenbart oder erklärt, sondern ein Geheimnis, eben die Fremdheit, bewahrt. Fremdheit birgt wie das Geheimnis ein Risiko in sich; beide sind nicht sicher fassbar oder erklärbar, sonst wären sie keine solchen.

> „Und doch ist es eben genau das an einem Menschen, dessen man sich bemächtigen will, sein Geheimnis. Man würde gerne zu fassen bekommen, was sich stets entzieht. Und dies aus zwei Gründen: Zum einen, gerade weil es seinem Wesen nach nicht fassbar ist, zum anderen, weil es der von der Entwicklung eines Menschen unabtrennbare Kern

> ist, sein innerer Antrieb. Alles Geheime ist Werden. Geheim ist, was sich selbst verheimlicht.“ (Dufourmantelle 2021, S. 27)

Damit folgen wir dem Plädoyer der französischen Philosophin Anne Dufourmantelle, die für das Bewahren der Geheimnisse eintritt und ein damit verbundenes, mögliches Risiko als den „alles entscheidenden Augenblick“ in Kauf nimmt, der „nicht nur die Zukunft, sondern die Vergangenheit [bestimmt], wo es einen ungeahnten Vorrat an Freiheit offenbart“ (Dufourmantelle 2019, S. 29). Wir belassen also das andere und das Fremde, so wie es als gegeben erscheint.
Damit ist eine weitere Perspektive aufgezeigt, um keine deutenden Vermutungen oder kategorisierenden Interpretationen vorzunehmen, sondern um vorläufig – d. h. bis zur Reflexion und pädagogischen Professionalisierung in Kapiteln 7 und 8 – den Inhalt des Staunens, das gegebene Phänomen, gelten zu lassen. In diesem Sinne verstehen wir Staunen als intentionales Hinwenden und Gewahrwerden der „Spur des Anderen“, in der „alle Bedeutung hervortritt“ und sich ein Antlitz offenbart (Lévinas 2013, S. 220f.). „Das Wunder des Antlitzes rührt her vom Anderswo, von wo es kommt und wohin es sich auch schon zurückzieht.“ (ebd., S. 227) Ihm staunend sich zuzuwenden und bei dem Geheimnis des Gegebenen zu verweilen, liegt in der Entscheidung des wahrnehmenden Subjekts.
Wie an der Wahrnehmungsvignette (WV 4.1) nachvollziehbar, muss sich nichts Besonderes oder Ungewöhnliches ereignen, sondern etwas ganz Alltägliches kann sich zeigen und staunendes Bewundern auslösen, auch wenn in anderen Fällen eher etwas Großes und Neues mit Bewunderung wahrgenommen wird oder etwas seltsam Anmutendes, Erschrecken Auslösendes für Verwundern oder Irritation sorgt. Die Fähigkeit des Staunens umfasst alle Nuancen von Bewundern bis Irritiert-Sein (Gess 2019, S. 18ff.). Nicola Gess bezeichnet Staunen als eine „ästhetische Emotion […], ausgelöst durch Phänomene, die die Grenzen des Gewöhnlichen in Richtung des Unerwarteten, des Außergewöhnlichen oder des Unmöglichen überschreiten“ (ebd., S. 15). Es sei „durch die Dissonanz von sinnlicher Wahrnehmung und rationaler Einsicht geprägt“ (ebd.) und richte sich sowohl auf das „erstaunliche Phänomen“ als auch auf die „virtuose Verfasstheit“ (ebd.), die das Staunen auslöst. Je nach Verfasstheit oder Sensibilität für das Be- oder Erstaunenswerte regt es innerlich an: Gefühle in ähnlichen Lebenslagen und Erinnerungen an vergleichbare Situationen stellen sich ein; Assoziationen, Vorstellungen und Gedanken kommen ins Bewusstsein. Gefühle dominieren viele Gelegenheiten des Staunens; das „Geleitende und Proteushafte“, ihre „Variantenbreite“ (Böhme 2010, S. 525) und vor allem das subjektive Erleben lässt keine Eindeutigkeit zu; vielmehr reichen die Gefühlslagen von Freude bei Bewunderung bis Angst bei Erschrecken. Durch Hingabe und Offenheit einerseits, Gefühlsvielfalt und Gedankenassoziationen andererseits kann Staunen als ein „Grenzphänomen“ (Gess & Schnyder 2017, S. 7ff.) gedeutet werden, das Gefahren der Irreführung und Täuschung birgt. Staunen öffnet ein Tor ins Ungewisse, Geheimnisvolle und verlangt – wie bereits begründet – Offenheit des wahrnehmenden Ich. Insofern versteht sich

Staunen als Anfang des Erkundens und Verstehens von Menschen und Welt, wie es einem kleinen Kind unmittelbar eigen ist. Davon und „wie das Staunen des Kindes als seine prinzipielle Begeisterung über das Neue gelesen werden kann“ (Heßdörfer 2021, S. 21), handelt die folgende Wahrnehmungsvignette:

Nach und nach erkundigst Du die Welt... Schlägst jeden Tag eine neue Seite in deinem Lebensbuch auf. Neue Erlebnisse, Erfahrungen, neue Perspektiven und neue Wege warten auf Dich. Auf der heutigen Buchseite steht das Sprechen. Obwohl du noch fast kein Wort beherrschts, möchtest Du an jedem Gespräch teilnehmen. Du machst dich laut und deutlich bemerkbar, ganz in deiner eigenen „Baby-Sprache“. Ich weiß genau, dass Du mich verstehen kannst. Wenn ich dich frage: Wie macht der Hund?, dann fängst du an Hundebellen nachzumachen. Nun stelle ich mir die Frage,: Was geht in deinem kleinen Köpfchen vor?

Nach und nach erkundigst du die Welt

Nach und nach erkundigst [= erkundest, A. W.] du die Welt… Schlägst jeden Tag eine neue Seite in deinem Lebensbuch auf. Neue Erlebnisse, Erfahrungen, neue Perspektiven und neue Wege warten auf dich. Auf der heutigen Buchseite steht das Sprechen. Obwohl du noch fast kein Wort beherrschst, möchtest du an jedem Gespräch teilnehmen. Du machst dich laut und deutlich bemerkbar, ganz in deiner eigenen „Baby-Sprache“. Ich weiß genau, dass du mich verstehen kannst. Wenn ich dich frage: Wie macht der Hund?, dann fängst du an, Hundebellen nachzumachen. Nun stelle ich mir die Frage: Was geht in deinem kleinen Köpfchen vor? (4.2; Autograph und Transkription in Wiehl 2021b, S. 236)

Die Autorin der Wahrnehmungsvignette taucht durch ihr Schreiben mental, in die Lebenssphäre des Kindes ein und vergegenwärtigt sich ihre Wahrnehmungen. Solche Versuche sind oft keine reinen Beschreibungen äußerer Tatsachen, sondern die spontanen Texte enthalten neben den Beobachtungen persönliche Gefühle, Kommentare, Vermutungen oder Erklärungen. Die Übung besteht darin, bei den Phänomenen oder, wie Husserl es nennt, „bei den Sachen selbst" zu bleiben (Husserl 2016, S. 6) und in dem beschreibenden Text nur das zu versprachlichen, was sich dem staunenden Auge oder Ohr zeigt und was an innerlichen Erregungen unmittelbar dazu gehört.
Durch die Herauslösung eines Phänomens aus der gegebenen Vielfalt tritt das Eine als Wesenhaftes hervor. Husserl bezeichnet diese Absonderung des Einen von Vielem als „Reduktion": „Erst durch eine Reduktion, die wir auch schon phänomenologische Reduktion nennen wollen, gewinne ich eine absolute Gegebenheit, die nichts von Transzendenz mehr bietet." (ebd., S. 44) Es handelt sich also hier nicht um das platonische Staunen mit Erwartung an die Offenbarung aus der Ideenwelt, sondern es ist die aristotelische Verwunderung am Anfang des Philosophierens gemeint (Matuschek 2017, S. 19ff.), die erst noch der Erkennntnisarbeit bedarf und auf die wir im folgenden Abschnitt zurückkommen.
Der oder die Staunende kann sich im Vorfeld der Erkenntnis auf eine Gegebenheit mit vorläufig offenem oder noch nicht erschlossenem Sinngehalt richten und sich in seiner „Geisteshaltung […] anschauend und denkend den Sachen" […], die uns jeweils gegeben sind" (ebd., S. 17), zuwenden. In der Methode der Wahrnehmungsvignetten wäre idealerweise diese phänomenologische Reduktion das Ergebnis, indem sie nur das Erscheinen des Phänomens zulässt. Denn: „Jedem psychischen Erlebnis entspricht […] auf dem Wege phänomenologischer Reduktion ein reines Phänomen, das sein immanentes Wesen […] als absolute Gegebenheit herausstellt" (ebd., S. 45). Diese Qualität des phänomenologischen Gegebenen steht in Marions „Phänomenologie der Gegebenheit" (2015) an erster Stelle.

4.2 Staunen ist immer Anfang – ein philosophischer Exkurs

Staunen wird seit der Antike in der Philosophie und Ästhetik als eine Fähigkeit erkundet (Gess 2019), die sich im Spannungsfeld von Bewundern und Erstaunen am „Gewöhnlichen" oder „Ungewöhnlichen" bis hin zum „Aushalten der Unverborgenheit" (Heidegger 1992, S. 169) artikuliert. Heidegger beschreibt Staunen „als die Grundstimmung des anfänglichen abendländischen Denkens" (Heidegger 1992, S. 162) und nimmt viele Aspekte der Thematik vorweg, die in aktuellen interdisziplinären Publikationen aufleuchten. Das sich wandelnde Verständnis, aber vor allem die offene Qualität dieser einlassenden Haltung sind wegweisend für eine phänomenologische Methodologie der Wahrnehmungsvignetten. Staunen dient als Schlüsselfähigkeit für das Gewahrwerden jener Momente, die überraschen, affizieren, aufmerken oder aufhorchen lassen und deren Besonderheit in den beschreibenden Kurztexten zum Ausdruck gebracht wird. Für die Vertiefung wird exemplarisch auf die fächerübergreifenden Publikationen aus den Forschungskreisen von und um Nicola Gess (2019) zurückgegriffen, die sich schwerpunktmäßig vor allem der Literatur und Philosophie widmet. Mit dem Transfer ihrer Gesichtspunkte zum Staunen in das Feld der Pädagogik sei hier – gemäß seiner eigentlichen Bedeutung – ein Anfang gemacht. Interessante Gesichtspunkte liefert eine – wohl singuläre Veröffentlichung zum Staunen als „Anfang der Anthropologie“ (Schlesier 1996), deren fachlicher Inhalt zwar vom Thema ablenkt, deren methodische Aspekte aber als für die Pädagogik relevant erscheinen.

Staunen geschieht grundsätzlich immer am Anfang; „es ist ein Akt, den ich nicht auslöse, bei dem ich aber gleichwohl dabei bin wie beim Erwachen“ (Meyer-Drawe 2011, S. 199). Je nach Kontext gilt es zu eruieren, was auf diesen ersten Moment des Bemerkens eines Etwas oder einer Person folgt, denn Staunen ereignet sich an der Grenze vom noch nicht Beobachten-Können hin zum aufmerksamen Entdecken. Dabei schwingen innerlich Empfindungen und Gefühle mit, sodass zunächst eine empathische und resonierende Haltung auszumachen ist. Dann folgt das Vergegenwärtigen des Wahrnehmungsobjekts, das zum Staunen veranlasst und Vorstellungen und Gedanken wachruft. Sobald das bestaunte Phänomen gefühlsmäßig und begrifflich registriert wird, ist der reine Zustand des Staunens schon verlassen. Weil sich das erste Moment des Bewusstwerdens eines Phänomens zugleich als ein gefühlsmäßiges Hinwenden abspielt, gleicht es einem leiblich-emotional empfundenen Zustand (Böhme 2010, S. 525ff.). Somit vereint Staunen leibgebundene kognitive, psychische und volitionale Zustände. Ohne leibliche Anwesenheit kann Staunen nur an Vorstellungsinhalten imaginiert werden. Erst im gemeinsamen räumlichen „Mitsein“ (Heidegger 2006, S. 118), in physischer und mentaler Anwesenheit sowie durch empathisch-gefühlsmäßige Hinwendung stellt sich Staunen ein; es ist eine vorgängige und gleichzeitige Haltung der Weltzugewandtheit notwendig, damit Staunen erlebbar wird.

Seit der griechischen Philosophie werden zwei Pfade für das Staunen als Anfang des erkennenden Denkens, die in gewisser Weise als „doppelter Ursprung“ (Matuschek 2017, S. 20) zu verstehen sind, beschritten, jener Pfad von Platon und jener von Aristoteles ausgehend. Sie beleuchten den Kontext für die Anwendung der Staunensphilosophie insbesondere bei der Arbeit mit phänomenologischen Wahrnehmungsvignetten. Deren Sinn und Aussage zu erkennen, ist methodisch für eine pädagogische Haltungsentwicklung relevant. Es hängt von den Perspektiven ab, ob vom Phänomen aus als dem „Bestaunten“ wie bei Platon oder von der Position des Staunens aus als „Ansporn“ zur Erkenntnis wie bei Aristoteles zu argumentieren möglich ist (ebd., S. 20).

In Platons Dialog „Theaitetos“ über Erkenntnis und Wahrnehmung wollen Sokrates und Theaitetos „die Sache an sich selbst betrachten“ und abwägen, „wie das wohl beschaffen ist“, was sie behaupten, und „ob es untereinander stimmt“ (Platon 1980, 154e, S. 119). Zu diesem Zweck schlägt Sokrates vor, „ganz gelassen in voller Muße die Sache wieder von vorne [zu] untersuchen, ohne verdrießlich zu werden, sondern recht aufrichtig uns selber prüfend, was doch diese Erscheinungen in uns eigentlich sind“ (ebd., 155a, S. 120). Als Sokrates drei Behauptungen anführt – 1. nichts könne werden, solange „es sich selbst gleich ist“, 2. wenn weder etwas zugesetzt oder abgenommen wird, könne die Sache weder wachsen noch schwinden, 3. was vorher nicht war, könne auch nachher nicht sein, „ohne geworden zu sein und zu werden“ (ebd.) –, reagiert Theaitetos erstaunt: „ich erstaune ungemein […], wenn ich recht hinsehe, schwindelt mir ordentlich“ (ebd., 155c, S. 120). Sokrates bestätigt die Aussage als „ganz richtig“: „Denn dies ist der Zustand eines gar sehr die Weisheit liebenden Mannes, das Erstaunen; ja, es gibt keinen anderen Anfang der Philosophie als diesen“ (ebd., 155d, S. 120). Es entpuppt sich der Versuch, „die Sache an sich selbst [zu] betrachten“, als Staunen auslösendes und Staunen als den Anfang der Philosophie charakterisierendes Moment – wie in der phänomenologischen Arbeit mit Wahrnehmungsvignetten und vergleichbar mit Husserls Methode, „bei den Sachen selbst“ (Husserl 2016, S. 6) anzufangen. Allerdings erklärt sich, Matuschek (2017) folgend, Platons Staunen im gesamten Kontext seiner Philosophie doch als ein „affektiver Anfang“ auf dem Weg zur Ideenschau, in der „die Seele die Ideen wiedererkennt“ (ebd., S. 19).

Anders als Platon deutet Aristoteles in der „Metaphysik“ (1976) die anfängliche „Verwunderung“ oder das Staunen vom Subjekt, also vom Staunenden her, als „Ansporn zu einem selbstzweckhaften Wissen“ (Matuschek 2017, S. 20). „Alle nämlich beginnen […] mit der Verwunderung, daß die Dinge so sind, wie sie sind“ (Aristoteles 1976, 983a, S. 23). Und Aristoteles fährt fort: „Da es also klar ist, daß man eine Wissenschaft von den anfänglichen Ursachen gewinnen muß […] (denn erst dann sprechen wir von einem Wissen in jedem Einzelfall, wenn wir glauben, die erste Ursache zu kennen)“ (ebd.). Für ihn sind Verwunderung oder Staunen über das noch Unbekannte, Unverstandene nur Ansporn, Wissen um seiner selbst zu gewinnen (Matuschek 2017, S. 20). Im Unterschied zu Platon, der den ideellen Sinngehalt des Bestaunten aus der Ideenwelt schöpfen möchte, strebt Aristoteles nach einer, den anfänglichen Affekt überwindenden, Erkenntnissuche. In diesem autonomen Erkenntnisstreben gründet in Folge die neuzeitliche Naturwissenschaft, die mehrheitlich nicht bei den Phänomenen selbst verweilt, sondern diskursive und empirisch-experimentelle Methoden zu Grunde legt.

In der platonischen Tradition stehen die neuplatonischen Denkweisen und die mittelalterliche christliche Philosophie mit dem „Motiv der beseligenden Gottesschau […], in dem Staunen als Schwelle und Grenzphänomen den Beginn und die höchste Intensität markiert“ (Matuschek 2017, S. 20). Wie bei Platon wird die Blickrichtung vom Gegenstand des Staunens aus eingenommen (ebd.), das den Weg zu einer mystischen Gotteserfahrung bereitet und in „Dantes Divinia Commedia“ zu einem Höhepunkt dichterischer Verarbeitung führt (ebd., S. 20ff.). Auch der Phänomenologe Goethe – einer „der angesehensten Außenseiter“ (ebd., S. 23) und für die (Waldorf-)Pädagogik maßgeblichen Impulsgeber (Schad 2016; Rumpf & Kranich 2000) – schließt mit seinen naturwissenschaftlichen Forschungen zur Pflanzen- und Tiermetamorphose sowie der Farbenlehre an diesen Denkstrom an. Matuschek arbeitet schlüssig heraus, dass Goethes phänomenologische Methode nicht auf Experimenten mit Messinstrumenten beruht, sondern er sich durch „teilnehmende Beobachtung“ die Naturerscheinungen so erschließt, dass sie ihm ihre Gesetze selbst mitteilen (ebd.). „Das Höchste wäre, zu begreifen, daß alles Faktische schon Theorie ist. Die Bläue des Himmels offenbart uns das Grundgesetz der Chromatik. Man suche nur nichts hinter den Phänomenen; sie selbst sind die Lehre“ (Goethe 1989b, S. 304). Im „Urphänomen“ offenbart sich nach Goethe die Naturgesetzlichkeit unmittelbar (Matuschek 2017, S. 23). Matuschek deutet Goethes Staunen in der Tradition der platonischen Ideenschau, „insofern es um ein Offenbarungserlebnis als Gipfel menschlicher Wahrheitssuche geht“ (ebd., S. 24). Goethes Worte zum Erstaunen notiert Eckermann aus einem Gespräch „über die Farbenlehre, unter andern über Trinkgläser, deren trübe Figuren gegen das Licht gelb und gegen das Dunkle blau erscheinen, und die also die Betrachtung eines Urphänomens gewähren“ (Eckermann 1981, S. 298, 18.2.1829): „Das Höchste, wozu der Mensch gelangen kann, […] ist das Erstaunen; und wenn ihn das Urphänomen in Erstaunen setzt, so sei er zufrieden; ein Höheres kann es ihm nicht gewähren, und ein Weiteres soll er nicht dahinter suchen; hier ist die Grenze.“ (ebd.) Goethe bringt damit zum Ausdruck, dass sich in den Phänomenen selbst Sinn und Bedeutung aussprechen.

Während Staunen für Platon am Anfang des Erkenntnisweges steht und die Schwelle zur Ideenwelt markiert (Matuschek 2017, S. 20), bedeutet es für Aristoteles den Ansporn zur Erkenntnis und für Goethe den Höhepunkt im Gewahrwerden eines Phänomens. Für die Methodologie der Wahrnehmungsvignetten erscheint Goethes Verständnis der Staunensfähigkeit wegweisend; sie entspricht dem angestrebten vorurteilssensiblen und offenen „Mitsein“ bei den Phänomenen (Kap. 2.7). Diese offene Zuwendung ist uns nicht immer gegeben, sondern in vielen Fällen erkennen wir erst durch die Reaktionen Anderer die eigenen Vorurteile; wir können lernen, sie durch eine Übung der „Unvoreingenommenheit“ zurückzuhalten (Kap. 6.6).

Eine weitere Perspektive öffnet der Aufsatz über das Staunen als „Anfang der Anthropologie“ (Schlesier 1996), dessen an Beispielen aus der Kulturanthropologie gewonnene Ansätze für den pädagogischen Kontext von Interesse sind. Denn im Staunen liegt auch die Möglichkeit des wechselseitigen Gewahrwerdens als Andere oder Fremde. Nicht nur die Forschenden staunen über ihr Objekt, sondern die von ihnen Bestaunten entgegnen den Blicken ebenfalls staunend. Diese Wechselbeziehung – die von Montaigne vorgedacht (ebd., S. 54) und insbesondere von Claude Lévi-Strauß im Rahmen seiner ethnologischen Beobachtungen entdeckt (ebd., S. 55) wurde – ist natürlich nicht auf alle pädagogischen Situationen übertragbar, weist aber darauf hin, dass Staunen eine Gegenreaktion bzw. ein Befremdetsein auslösen kann, indem die bestaunte Person in eben dieses staunende Verwundern verfällt. „Unser Staunen über die Fremden" – so resümiert Renate Schlesier aus der Perspektive der Kulturanthropologie – „soll also nicht blind machen für das Staunen der Fremden über uns, und wer dieses Staunen der Fremden nicht übersieht, lernt auch für die eigene Kultur staunen: So gewendet ist das Staunen als der Anfang der Philosophie untauglich geworden" (ebd.) – und bewährt sich genauso als Anfang der Anthropologie und der empirischen pädagogischen Arbeit wie auch als ursprüngliches Gewahrwerden und Erscheinenlassen der Phänomene. Im Staunen vollzieht sich – indem wir uns in das Weltgeschehen wie durch die Tätigkeiten Sprechen und Handeln (Arendt 2016, S. 213ff.) einschalten und in Beziehung treten – eine „zweite Geburt": „Sprechend und handelnd schalten wir uns in die Welt der Menschen ein, die existierte, bevor wir in sie geboren wurden, und diese Einschaltung ist wie eine zweite Geburt, in der wir die nackte Tatsache des Geborenseins bestätigen, gleichsam die Verantwortung dafür auf uns nehmen." (ebd., S. 215)

Staunen ist zwar Anfang, birgt aber als solches das Potenzial, Phänomenen immer wieder von Neuem in einer offenen Haltung zu begegnen. Diese Fähigkeit erscheint uns fundamental hinsichtlich der Zielsetzung der Arbeit mit Wahrnehmungsvignetten. Sie ist und bleibt ein Grenzgang phänomenologischer Entdeckung, deren methodologische Operatoren zum Kerngeschäft der Phänomenologie gehören (Kap. 2), die aber in der praktischen Anwendung Grenzen und Bruchstellen aufweisen. Das Staunen als Quelle für die Arbeit mit Wahrnehmungsvignetten entspricht grundsätzlich dem Anfang allen Erkennens – wie auch in der „beobachtenden Teilhabe" oder „teilnehmenden Erfahrung" (Brinkmann 2015b, S. 531), die sich von der „teilnehmenden Beobachtung" in der ethnografischen Sozialforschung unterscheidet, weil diese bereits eine Forschungsaufgabe projektiert (Kap. 3). Dagegen definieren und entwickeln wir die Methode der Wahrnehmungsvignetten ausgehend vom phänomenalen Staunen mit allen Risiken für „einen ungeahnten Vorrat an Freiheit" (Dufourmantelle 2019, S. 29).

Das Staunen am Phänomen – vor allem nach dem Vorbild Goethes – ist der Schlüssel für die pädagogische Phänomenologie. Sie verschränkt das Subjektive mit dem Anderen (ebd.) und schließt daher beide philosophischen Pfade ein, die platonische Perspektive auf den sich unmittelbar aussprechenden Sinngehalt eines Phänomens bzw. eines Erlebnisses mit einer Person, aber auch die aristotelische Perspektive der Einbeziehung erweiterter Sinnhorizonte und Deutungskontexte für die Reflexionsphasen und die Erkenntnisgewinnung (Kap. 7 und 8). Schließlich öffnet sie sich der anthropologischen Forschung insoweit, als sie der Wechselwirkung und der Resonanz staunenden „Mitseins" Achtung schenkt.

4.3 Verwundern und Befremden im kindlichen Staunen

Vorbilder für Staunen finden wir in der realen Lebenswelt der Kinder und in literarischen oder verfilmten Erzählungen. An ihnen soll exemplarisch gezeigt werden, wie durch Staunen etwas Neues, Wunderliches, Besonderes oder gar Befremdliches in den Fokus der Aufmerksamkeit gerät. Staunendes Gewahrwerden ist Aufmerksamkeit im ersten Moment; ihr „Spannungsbogen [reicht] von dem, was uns auffällt und anregt, bis zur Beachtung, die wir einander schenken oder vorenthalten“ (Waldenfels 2019, S. 9). Einige Beispiele aus Literatur und Film machen deutlich, wie erzählte oder gefilmte Bilder des Staunens die Lesenden oder Betrachtenden in eine Welt des zu Bestaunenden mitnehmen, die nicht nur das Große, Schöne, Bewundernswerte, sondern auch das Überraschende, Schreckliche und Beängstigende enthält. In Kinderbüchern und Filmen wird die einzigartige Fähigkeit der Kinder, sich voraussetzungslos Menschen und die Welt zu erschließen, genutzt, um durch ein Ereignis des Staunens eine resonante Atmosphäre zu erzeugen und in ein Phantasiereich einzutreten, in dem sich Kinder als Miterlebende und Mitbeteiligte empfinden. Dabei kommt die Art empathisch staunender Haltung zum Ausdruck, wie sie beim Lesen der Wahrnehmungsvignetten idealerweise evoziert werden soll. Wahrnehmungsvignetten sind zugleich Ausdruck eines wahrgenommenen Erstaunens und selbst als Phänomen mit dieser Qualität wiederum rezipierbar. Allerdings gibt es immer einen Unterschied, ob eine wahrnehmende Person die Staunensgeste einer anderen mit- und nachempfindet oder ob sie selbst über etwas in Staunen versetzt wird. Diese beiden Perspektiven unterscheiden sich im realen Leben, in Film und Literatur – und vermutlich auch bei der Lektüre der Wahrnehmungsvignetten mit erstaunlichen Begebenheiten. Es kann also sein, dass Leser*innen oder Betrachter*innen dem Erstaunen der dargestellten Person als Staunende folgen oder selbst über den Staunensgegenstand in Staunen geraten. Szenen des Films „Alphabet“ von Erwin Wagenhofer sowie in den bekannten Erzählungen „Alice im Wunderland“ von Lewis Carroll (1984; englische Ausgabe 1865) und „Jim Knopf und Lukas der Lokomotivführer“ von Michael Ende (2015, zuerst 1960) spiegeln exemplarisch diese ambivalenten Erfahrungen. Sie als Ausgangsmotive für das Schreiben einer Wahrnehmungsvignette zu nutzen oder Textauszüge als solche zu exponieren, ist daher einen Versuch wert.

Cailloux

Ein etwa einjähriges Kind sitzt mit seiner Mutter und seiner Oma im Garten auf einer Mauer. Es wirft einen Stein runter und ruft: „Cailloux“ (dt.: Kiesel oder Stein). Dann führt die Oma das Kind an der Hand an einem Blumenbeet vorbei. Über dem blau blühenden Borretsch schwirrt eine Hummel. Von feinem Murmeln begleitet, streckt das Kind sein Händchen nach ihr aus, erwischt sie aber nicht. Die Oma schaut ruhig und lächelnd zu.

> Im nächsten Moment hält es vor drei leuchtend rot blühenden Pfingstrosen inne. Sein Blick bewegt sich von Blüte zu Blüte hin und her. Es umgreift eine Blüte mit beiden Händchen und führt sie an sein Gesicht, als wolle es sie liebkosen und küssen. Beim Berühren verändert sich sein Gesichtsausdruck. Das Kind staunt und gibt sprachähnliche Töne von sich. Dann lässt es die Blüte wieder los, blickt umher nach den anderen Pfingstrosen und führt zwischen den Händen haltend eine weitere an sein Gesicht, auf dem sich ein sanftes Lächeln ausbreitet. (WV 4.3, Beschreibung einer Szene des Films „Alphabet“)

Als 2013 der Film „Alphabet“ in die deutschen Kinos kam, staunten und erschraken manche Zuschauer*innen; allein zur Kenntnis zu nehmen, unter welchen Bedingungen Kinder heute lernen und dass diese möglicherweise für die kindliche Entwicklung nicht förderlich sind, kann die Aufmerksamkeit für die ganze Problematik der traditionellen Schule erregen. In einfühlsamer und kritischer Weise zeichnet der Regisseur nach, wie Kinder aufwachsen, welches disziplinierte Verhalten ihnen in der Schule beigebracht wird und – ganz im Gegenteil – wie der Hauptdarsteller André Stern, ohne eine Schule zu besuchen, in seiner französischen Familie aufwächst und nach seinen Bedürfnissen die Welt erkunden darf. Kurze, aber einprägsame Filmsequenzen lenken den Blick auf den kleinen André, als er im Garten seiner Eltern hingebungsvoll die Pfingstrosen bewundert. Er begegnet mit allen Sinnen offen der Welt, ohne sich Gedanken darüber zu machen, sondern einfach voller natürlicher Neugier – ein Ideal. Das Schöne und Bewundernswerte regt seelisch und geistig an, vor allem wenn Muße für staunendes Verweilen gegeben ist. Dieses Staunen ist ein nicht erlernbarer Zustand, sondern ein Widerfahrnis, für das man empfänglich sein kann (Meyer-Drawe 2011, S. 197ff.). Es initiiert Lernfreude und Wissbegierde, denn das Neue und das Fremde verbinden sich mit eigenen Erfahrungsschätzen.

Ein weiteres Beispiel enthält das in vielen Sprachen immer wieder neu aufgelegte, ursprünglich englischsprachige Kinderbuch „Alice im Wunderland“. Es steht in der Tradition jener Darstellungen skurriler und fantastischer Figuren, wie sie im 19. Jahrhundert in Kinderbüchern und als Karikaturen (Kullmann 2008; Voss 2009) verbreitet waren.

Jemine!

> Alice sitzt still neben ihrer lesenden Schwester an einem Bachrand. Hin und wieder wirft sie einen Blick in deren Buch. „Was für einen Zweck haben schließlich Bücher, in denen überhaupt keine Bilder und Unterhaltungen vorkommen?“, stößt sie gelangweilt hervor. Vor lauter Hitze wirkt sie schläfrig. Dann steht sie auf und geht auf die Wiese zu den Gänseblühmchen. Plötzlich läuft ein weißes Kaninchen dicht an ihr vorüber. „Jemine!

Jemine! Ich komme bestimmt zu spät“, hört sie das Kaninchen murmeln. Es zieht eine Uhr aus seiner Westentasche, schaut darauf und läuft weiter. Die erstaunte Alice ist mit einem Satz auf den Beinen und läuft ihm über den Acker hinterher. Sie sieht gerade noch, wie es in einen großen Kaninchenbau hineinspringt und verschwindet. (WV 4.4; Beschreibung einer Szene aus Carroll 1984, S. 11f.)

Dieser Text entstammt nicht wörtlich dem Original, sondern ist ein Versuch, den Inhalt des Romananfangs in Form einer Wahrnehmungsvignette wiederzugeben. Während die originale Erzählung quasi rückblickend von Alice und dem Kaninchen erzählt, holt die Wahrnehmungsvignette die Episode in die Gegenwart, als sei die Autorin dabei gewesen und als habe Alice aus unmittelbarer Nähe beim Auftauchen und Verschwinden des Kaninchens gestaunt. Lewis Carroll kommentiert Alice’ Einstieg in die Phantasiereise mit einem eingeklammerten Texteinschub: „(als sie später darüber nachdachte, fiel ihr ein, daß sie sich eigentlich darüber hätte wundern müssen, aber im Augenblick erschien ihr alles ganz natürlich)“ (Carroll 1984, S. 12). Typischerweise findet beim ersten überraschenden Auftauchen des Kaninchens gar kein Nachdenken statt, sondern Alice wird durch die ungewöhnliche Erscheinung in eine andere Welt entführt. Es bleibt ihr keine Zeit, sich lange über das seltsame Tier zu wundern, weil alles so schnell und selbstverständlich von statten geht. Der Zustand des Staunens und Wunderns, der einem unerwartet widerfährt (Meyer-Drawe 2011, S. 197), vergeht oft, ehe er bemerkt wird. Die Erzählung von „Alice im Wunderland“ lädt zum Staunen ein, weil sie einer Inszenierung wundersamer Grenzerlebnisse gleichkommt (Lötscher 2021, S. 43ff.). Kaum folgt Alice dem Kaninchen und schlüpft hinab in die Erdhöhle, erlebt sie eine wundersame „Entdeckungsreise“ jenseits von Raum und Zeit; sie begegnet seltsam anmutenden Figuren und lernt, „einen neuen Blick auf die Welt zu werfen […] immer mit dem Risiko, dass die so betrachteten Dinge zurückblicken“; „in Augenschein kommt das Zauberhafte und Wunderbare“ (Bianchi 2019b, S. 49). Der Übergang in das Wunderland bedeutet Verlust des Vertrauten zugunsten neuer Erfahrungsdimensionen. Es ist ein Schwellenübertritt in eine neue, fremde Welt, durch den sich das Gewohnte oder soeben Vergangene transformiert und in veränderter Anmutung bestaunt wird. Im Staunen werden wir der Transformationen oder Wandlungsprozesse gewahr, die sich im Lückenschluss zwischen einer Referenz bzw. Bezugnahme auf ein Gegebenes und der Aufnahme oder Verarbeitung abspielen (Böhme 2011). Der Umformulierungsversuch des Erzählabschnitts aus „Alice im Wunderland“ in eine Wahrnehmungsvignette bildet diese Transformation nach; sie löst die Grenze zwischen der real erlebten Welt, der Imagination und Fiktion auf. Die literarische Welt liefert eine Menge an solchen Vorlagen, die für das Schreiben von Wahrnehmungsvignetten zu Übungszwecken genutzt werden können.

Staunen ist Gegenwartserleben, und günstigerweise werden die Staunensmomente in der Zeitform des Präsens und durch Eigenschaftswörter versprachlicht, um die körperlich und seelisch empfundenen Gefühlsnuancen, die innerlich-geistig erlebten Empfindungen (Böhme 2010) und das „Atmosphärische" (Böhme 2017, S. 66) als „eigentümlichen Zwischenstatus" zwischen dem wahrnehmenden, erstaunten Subjekt und dem Gegenstand seines Erstaunens in der Sprache ausdrücken zu können (Kap. 5). Je nach der erlebenden Person, je nach ihres Einfühlungsvermögens und je nachdem, ob etwas so poetisch eingefädelt wird wie in der Erzählung von Alice, ob eine Überraschung plötzlich wie der Blitz einschlägt, ob ein Ereignis für Verwunderung, Erschrecken, Befremden oder Entsetzen sorgt oder ob etwas überraschend Geheimnisvolles in den Blick gerät, bergen die einen wie die anderen Variationen Chancen für eine subjektive Auseinandersetzung. Meistens geschieht eine Handlung nach der anderen, als würde es plötzlich eilen, und häufig werden Vermutungen angestellt. Als Michael Ende in seinem Roman „Jim Knopf und Lukas der Lokomotivführer" (2015) den Protagonisten im Paket ankommen lässt, sind alle anwesenden Personen überrascht, verdutzt und ratlos; sie wissen nicht, für wen das Paket ist, wer es öffnen soll. Als schließlich Frau Waas die Verpackung öffnet und ein dunkelhäutiges Baby zum Vorschein kommt, schauen sie „mit großen glänzenden Augen" und rufen: „Ein schwarzes Baby!" Ohne nachzudenken, vermutet der gescheite Herr Ärmel, dass es ein „kleiner N…"[1] sei, während der König seine Brille aufsetzt und sagt: „das ist erstaunlich, sehr erstaunlich!" (ebd., S. 13)

Gleich dem König, der wohl noch nie einen dunkelhäutigen Menschen gesehen hat, können Leserinnen und Leser dieser Textpassage über das kleine Wesen staunen, mit dessen Erscheinen niemand gerechnet hat. Es ist nur eines vieler Beispiele, die – zunächst unreflektiert und in der Tradition europäisch kolonialen Denkens – die Andersartigkeit eines Menschen als Fremdheit thematisieren und in berechtigter, aber bewusster Weise Anstoß erregen. Michael Ende selbst hat nichts zur Herkunft des dunkelhäutigen Jungen hinterlassen. Studiert man aber die Quellen, auf die Julia Voss (2007) bei ihrer Forschungsarbeit über Darwins Bilder stieß und aus denen Michael Ende seine Geschichte über Jim Knopf vermutlich speiste, staunt man noch mehr über die unerwartete Entdeckung. Denn

1 Das N-Wort ist hier der originale Sprachausdruck der Ausgabe von 1960. Uns ist bewusst, dass die Verwendung des sog. N-Worts heute sehr problematisch und zu vermeiden ist; andererseits geht es um ein wörtliches Zitat zu einem Phänomen des Staunens über das Befremdliche oder Ungewöhnliche. Auf Nachfragen in der Pressestelle des Thienemann-Verlags erfuhren wir, dass nach einer Absprache mit den Erben von Michael Ende das Wort stehen bleiben soll. Wir sehen es in unserem Kontext als ein Beispiel dafür an, wie in der Kinder- und Schulliteratur einerseits Kindern bestimmte Ansichten vermittelt wurden und z. T. noch werden, so auch die darwinistische Evolutionstheorie und die Rassentheorie des Nationalsozialismus, dass aber Ende mit „Jim Knopf und Lukas der Lokomotivführer" gerade einen Gegenentwurf zu diesen Ideologien geschaffen hat, wie Julia Voss (2009) nachweist.

dahinter verbirgt sich die erst durch sie zu Tage geförderte komplexe Verarbeitung der darwinistischen Evolutionstheorie und der Rassenideologie des Dritten Reiches. Jim Knopfs Geschichte kann und muss als Entwurf einer Gegentheorie zu der diskriminierenden Ideologie gelesen werden (Voss 2009); beispielhaft zitiert Michael Ende „das Vokabular und die Verbrechensorte der Nationalsozialisten" und schickt die „zwei Abenteurer [Jim Knopf und Lukas den Lokomotivführer] los […], um die deutsche Vergangenheit zu überwinden" (ebd., S. 17).

Die beschriebene Szene vom Auftauchen des dunkelhäutigen Jungen ist ein gutes Beispiel, wie bei ungewöhnlichen Begegnungen mit Menschen sehr schnell eine gesellschaftlich tief eingeprägte Art zu Tage tritt, einen Menschen seiner äußeren Erscheinung nach zu kategorisieren und sich durch diese Urteilsbildung im Weiteren lenken zu lassen. Wahrnehmungsvignetten – das soll in den Kapiteln zur Haltung, Reflexion und Diagnostik gezeigt werden (Kap. 6, 7 und 8) – sensibilisieren für solche Momente, indem sie diese zunächst beschreiben, dann aber mit Blick auf ihre mehrdimensionalen Bedeutungsebenen zur Reflexion einladen. Die geschilderte Szene aus „Jim Knopf und Lukas der Lokomotivführer" ist ein sehr guter Beleg dafür, wie sich rassistische oder auch allgemein ideologisch geprägte Vorstellungen und Denkweisen einschleichen und erst durch eine kriteriengeleitete und fachkenntnisbezogene Reflexion differenziert beurteilt werden können.

Das große Verdienst von Julia Voss ist, den Schleier eines als Bestseller seit 1960 immer wieder neu aufgelegten, viel gelesenen Buches gelüftet zu haben. Sie zeigt, dass Michael Ende mit Jim Knopf ein Nachbild des dunkelhäutigen Jungen Jemmy Button geschaffen hat, den Darwin auf einer Expeditionsreise zuerst von Feuerland nach England und dann wieder zurück mitnahm (ebd., S. 59ff.; Hazlewood 2003). Zugleich entlarvt sie gängige Staunensmuster und Vorurteile vor dem Fremden – eine Gefahr jeder Staunenstätigkeit. Es erstaunt in doppelter Weise, dass Michael Ende eine durchweg auf Staunen angelegte Geschichte mit so nachhaltigem Leseinteresse produzierte und derselben – nicht nur in der einen Szene beim ersten Auftauchen von Jim Knopf – eine verwunderliche, seltsame und Staunen erregende Episode nach der anderen folgen lässt. Der ganze Roman appelliert an Staunen, präsentiert dabei eine auf eigene Vorstellungsaktivität angelegte Phantasiewelt. Staunen enthält die Option des Phantasierens und Imaginierens (Gess 2019, S. 86), aber Staunen kann Irrtümer und Fehleinschätzungen aller Art evozieren. Julia Voss' sorgfältige Analyse der Hintergründe der fantastischen Geschichte weist einerseits auf die Gefahren phänomenologischen Staunens hin, andererseits verstehen wir sie als Aufforderung, gerade in der Arbeit mit Wahrnehmungsvignetten eine urteilsbewusste Einschätzung zu den Phänomenen und ihrem Sinngehalt als ein zu übendes Feld zu pflegen.

Die Art des Staunens, die Erschrecken, Faszination und Irritation auslöst, wird in digitalen Produktionen z.T. gezielt angewendet, indem wunderliche Episoden sich nicht als reale Ereignisse einer sinnlich erfahrbaren Welt, als eindrückliche Naturerscheinungen oder als Phantasiegebilde ausnehmen, sondern einer technoiden Leidenschaft entspringen. In Filmen, Computerspielen und Animationsevents überlagern sich reale und fiktive Szenerien und Figuren, die inflationär und auf Sensationelles angelegt die Aufmerksamkeit der Zuschauenden bannen und die Fähigkeit des Staunens zwar beanspruchen, aber zugleich abnutzen. Umso wertvoller könnte es sein, Staunen für den pädagogischen Kontext wiederzugewinnen und als zu übendes Terrain auszuweisen.

Sicher gibt es unendlich viele andere Beispiele, die das kindliche Bewundern, die kindliche Neugierde oder das Überrascht-Werden als Teilaspekte des Staunens belegen und nicht auf Sensationen ausgerichtet sind; die genannten zeigen, dass Kinder und Erwachsene gleichermaßen mental in eine Welt des Fremden, Seltsamen oder Merkwürdigen eintauchen können. Dabei macht es gerade den Reiz einiger Dichtungen aus, dass Momente des Staunens in unbekannte Dimensionen entführen, die Wahrnehmenden konfrontieren und sie veranlassen, Neues zu imaginieren. Wie an der Schneckenszene (WV 4.5) nachvollziehbar, rufen besondere und alltägliche Begebenheiten, auch die Bilderfolgen eines Films oder literarische Erzählungen eigene Erinnerungen an ähnliche Situationen, Vorstellungen und Begriffe wach. Je intensiver diese resonante Beziehung zu dem Geschehen ist, umso eher werden nicht nur vergangene Erlebnisse wieder erinnert, sondern vor allem Wünsche und zukünftige Bilder prospektiert. In der Pädagogik häufig vorkommende unerwartete Verhaltensweisen erfordern genau diese Haltung: das Unbekannte zuzulassen, im Wahrnehmen innezuhalten, das Zukünftige zu imaginieren sowie lösungsorientiert denken und handeln zu können. Diese Option einer pädagogischen Haltungsentwicklung, die sich am Möglichen und Zukünftigen orientiert, wird durch die Fähigkeit, ein Phänomen zu bestaunen, vorbereitet und in den Phasen der Reflexion befragt (Kap. 7).

4.4 Staunend den pädagogischen Blick weiten

Schnecken auf der Mauer

Es hat heute geregnet. Auf dem Weg zu Joes Betreuung laufen wir an einer Hecke vorbei. Durch den Regen sind viele Schnecken rausgekommen, die dort bei der Hecke auf einer kleinen Mauer zu sehen sind. Ich mache Ariana, die sofort begeistert ist, darauf aufmerksam. Wir sehen große, aber auch viele kleine Babyschnecken. Für Ariana sind all diese kleinen Schnecken die Kinder und die großen Schnecken die Eltern. Sie nimmt also all die kleinen Schnecken, die sie finden kann, hoch und setzt sie mit den Worten, „Komm, jetzt bist du wieder bei Mama", zu der großen Schnecke. (WV 4.5; Wiehl & Barth 2021, S. 202)

Diese unauffällige, alltägliche Situation verwandelt sich durch die Art des sprachlichen Ausdrucks in einen besonderen Augenblick und damit in eine Geste, die das Vorstellungsvermögen der Lesenden genau auf den Aufmerksamkeitspunkt lenkt, der Begeisterung auslöst: „Ich mache Ariana, die sofort begeistert ist, darauf aufmerksam." (WV 4.5) Die Aussage enthält vorgängig und unausgesprochen das staunende Aufmerken der Betreuerin, die dem Kind die Schnecken zeigt. Staunen ereignet sich wie in dieser Schneckenszene als eine zunächst unreflektierte Reaktion auf etwas Überraschendes oder Ungewöhnliches. Diese Wahrnehmungsvignette wäre vermutlich nicht entstanden, wenn sich das Kind nicht begeistert den Schnecken gewidmet hätte. Es drückt sich darin eine ursprüngliche, vor allem Kindern eigene Fähigkeit aus, sich für etwas Neues begeistern und ein Zukünftiges imaginieren zu können (Heßdörfer 2021, S. 217), um schließlich schöpferisch das Gegebene weiter zu gestalten. Das kindliche Staunen hat die Qualität des unmittelbaren Sich-Einlassens, ganz im Unterschied zu einem Staunen bei unerwarteten oder schrecklichen Ereignissen, das sich als Konfrontiert-Fühlen ausnimmt. Im Mitvollzug des kindlichen Staunens – wie in der Schneckenszene – wird deutlich, dass Erwachsene „selbst erstaunt sind – erstaunt von der kindlichen Fähigkeit zu staunen" (ebd., S. 209) und dass kindliches Staunen überhaupt ein Schlüssel zum Weltgeschehen bildet und sich (wieder) anzueignen lohnt.

Exemplarisch und im Vorgriff auf die Reflexionskapitel (Kap. 7) wird hier eine von einer anderen Person verfasste *Reflexion* zu der Wahrnehmungsvignette (WV 4.5) mit Kommentar eingefügt. Aktives Lesen und Reflektieren der Wahrnehmungsvignette offenbaren die Beweggründe, Vorkenntnisse, Handlungsweisen und das Gespür des Kindes, aber auch die fürsorgliche Begleitung der Studentin und ihre offene, mitfühlende Haltung, die das Kind in dem beschriebenen phantasievollen Handeln bestärkt:

> „Aus einer Beobachtung entwickelt sich eine Art ‚Rollenspiel', da Ariana die kleinen Schnecken als ‚Babyschnecken' und die großen als ‚Elternschnecken' assoziiert. Durch die Wahrnehmung innerhalb ihrer Familie oder bei anderen Menschen nimmt sie vermutlich das Beziehungsverhältnis auf. Dieses inszeniert und spiegelt sie bei ihrer Tätigkeit wider, die Schnecken umzusetzen. Das Größenverhältnis spielt hierbei die entscheidende Rolle. Diese Spielvorlage geht von der begleitenden Studentin aus, da sie Ariana darauf aufmerksam macht, dass viele Schnecken auf der Mauer zu sehen sind. Beim Beobachtungs- und Spielprozess wird deutlich, dass sie ein Gefühl der Verbindung und Beziehung untereinander entwickelt. Der Lernprozess wird durch Arianas Fürsorge, dass die ‚Babyschnecken' zur ‚Mamaschnecke' versetzt werden, deutlich. Selbsterklärend und behutsam setzt sie die kleinen Schnecken zu den großen Schnecken. Ebenso zeigt sich dadurch, dass sie ein Gespür für das Familienverhältnis und die Zusammengehörigkeit entwickelt hat. Eine Art der Verantwortung für die Schnecken entwickelt sie durch ihr Handeln. Durch ihre Reaktionen und Aussagen schätze ich ihr Entwicklungsalter auf ca. vier bis sechs Jahre."

Im Seminargespräch wird die *Reflexion* als gelungen bewertet, weil sie einfühlsam die Spielsituation und das Handeln des Kindes deutet.

An diesem Beispiel wird nachvollziehbar und erlernbar, wie entscheidend Staunen als Fähigkeit des emotionalen Weltzugangs für die Ausbildung eines sensiblen Umgangs mit Kindern, Jugendlichen und Erwachsenen bei pädagogischen Tätigkeiten, aber auch in allgemeinen Lebensfeldern ist. In allen Beispielen kann die innere Ausrichtung der staunenden Person von der Wirkung des zu bestaunenden Objekts unterschieden werden, aber erst in der Verschränkung oder Begegnung von Subjekt und Objekt entsteht das resonante Dazwischen, in dem der staunend suchende Blick innehält, in dem Verweilen und eine kontemplative Haltung möglich sind (Han 2009, S. 45). Eine Abfolge von Eindrücken oder Ereignissen lenkt ab, weil sich alles gleichzeitig dem Bewusstsein aufdrängt. Hingegen bindet das staunende Gewahrwerden des Einen die Aufmerksamkeit und das Interesse. Dafür bürgt die Fliege der folgenden Wahrnehmungsvignette als Metapher.

Eine Fliege

Du sitzt neben mir und die Klassenlehrerin erklärt etwas über das Bruchrechnen. Eine Fliege fliegt vor dir herum, während wir alle gemeinsam rechnen. Du holst ganz vorsichtig und geschickt dein Brillenetui heraus. Langsam öffnest du es, deine Augen folgen dabei die ganze Zeit der Fliege und du versuchst sie mit dem Etui zu fangen. Da schnappst du sie. Du neigst deinen Kopf besonnen zum Etui und öffnest es behutsam. Die Fliege sitzt auf deinem Brillentuch, das du achtsam mit deinen Fingern festhältst, ruhig herausholst und auf den Tisch legst. Das kleine Tier sitzt immer noch drauf. Ganz vertieft schaust du sie an und beobachtest sie eine Weile, als sie wegfliegt. Ich frage mich, was in deinem Kopf vorgeht. Hörst du nicht, wie laut es in der Klasse ist? Du bist wieder ganz in deiner Welt. (WV 4.6)

In dieser Wahrnehmungsvignette widmet die*der Lesende ihre*seine Aufmerksamkeit jener des Jungen, indem durch die Art der Beschreibung der mentale Blick genauso der Fliege folgt, wie die Augen des Jungen. Seine hohe Konzentration zieht die Lesenden in Bann. Staunen ist in doppelter Weise möglich, einmal über den Fliegenfänger, seine Leistung, seinen Erfolg und sein achtsames Beobachten des gefangenen Tiers, dann über sich selbst als eine Person, die unterrichtliche Belange ganz außer Acht lässt, weil sich etwas Besonderes ereignet. Der ganze Prozess erscheint im Nachhinein so, als versetze sich die Beobachterin ganz und gar in den fliegenfangenden Jungen und als verstoße das staunende Verweilen des Fliegenfängers nicht gegen die Erwartungen und Absichten der Lehrerin. Die präzise Formulierung generiert das bestaunte Phänomen für den Modus des Staunens. Daher können in Wahrnehmungsvignetten die wiedererschaffenen besonderen Momente ein Schlüssel und das Material für phänomenologisches Forschen sein. Für die staunende Empfänglichkeit gibt es zwei Bereiche des Gegebenseins: das real zu bestaunende Phänomen und das beschriebene Phänomen. Durch diese Verschränkung, die erst im Erleben der staunenden Person stattfindet, entsteht die

gemeinsame Evokation im Verweilen bei dem Phänomen. Staunen ist „Verweilen“ in einer „Zwischenzeit“ des sich Einlassens ohne Ereignisdichte und vorzeitige Zielorientierung (Han 2009, S. 41ff.).
Aus dieser Perspektive versteht sich staunendes Verweilen am Phänomen als eine zu übende pädagogische Fähigkeit, die nicht nur positiv, sondern auch mit Angst und Misstrauen gegenüber möglicherweise nicht zu bewältigenden pädagogischen Aufgaben besetzt sein kann (ebd., S. 219). Das Positive und Mögliche in jedem Menschen entdecken und bewundern zu wollen, ist eine pädagogische Herausforderung, eine Frage der Haltung und vor allem der Entscheidung, das Gute tun zu wollen (Wiehl 2022a, S. 225). Es liegt in der Verantwortung des Einzelnen, das eigene Staunen wertschätzend auszurichten.

4.5 Staunen kommt vor Wissen. Ausblick

Staunen steht immer am Anfang; Staunen bedeutet, etwas Neues lernen zu dürfen, diesem sich zu öffnen und das Überraschende oder Unerwartete, das einem widerfährt, zuzulassen (Meyer-Drawe 2011, S. 199). Denn das phänomenologische Staunen kann nicht erlernt (ebd.), aber durch Üben zu einer Sensibilisierung sich und der Welt gegenüber entwickelt werden. Im Akt des Staunens tritt der oder die Staunende in ein unmittelbares Verhältnis zu einem Gegenüber oder zu einem Gegebensein. „Dadurch, daß der Mensch erstaunen kann über eine Sache, ist es möglich, eine unter der Schwelle des Bewußtseins liegende Verbindung mit dem Gegenstand einzugehen“ (Steiner 1989, S. 38). In dieser unmittelbaren, resonanten Beziehung verweilt sie oder er, solange das Schwingungsverhältnis fortbesteht und eine seelische Berührung durch Verwundern oder Irritiertsein stattfindet. In diesem gemüthaften Zustand wird zunächst nur eine unbewusste Verbindung zum Objekt des Staunens eingegangen, wie sie durch intellektuelle oder wissensbasierte Auseinandersetzungen nicht möglich wäre. Erst im Bewusstwerden des staunenden Zustandes und durch Reflexion besteht die Möglichkeit, sich selbst aktiv in ein Verhältnis zu einem Ereignis oder einer Person zu setzen und einen Erkenntnisgewinn zu erlangen.
Diese Eigenschaft, durch subjektive Erfahrungen im Verbundensein mit den Erkenntnisobjekten sich Weltwissen anzueignen, ist konträr zu den Vorgehensweisen in gängigen Lehr-, Lern- und Bildungsformaten, die vorwiegend in experimentellen Forschungen oder verbalen Vermittlungen gründen, ohne sich persönlich mit der Sache auseinanderzusetzen und lebensnahe Erfahrungen zu durchleben (Rumpf 2000, S. 20).

> „Die fixe und clevere Wissensweitergabe, immer auf dem Sprung zum noch neueren, mag brilliant Bescheid wissende Köpfe erzeugen – freilich um den Preis eines gigantischen Betrugs: das Gefühl, die Wirklichkeit, der Prüfgeist, der die tastende und vorläufige Natur des Erkennens frisch hält, die Leere, die ausgehalten werden und nicht

> zugestopft wird, sie alle verschwinden. Was bleibt ist das korrekte Wissenschaftswissen, wie es in Handbüchern als sogenanntes ‚Grundlagenwissen' stehen mag." (ebd., S. 22)

In seinen Aufsätzen, die auf einen langjährigen Forschungsdiskurs zurückgehen, kritisiert Horst Rumpf nicht nur den Wissensbetrieb universitärer Ausbildung und die Art, wie Lehrkräfte Wissen erwerben, um es Schüler*innen zu vermitteln, sondern er macht sich die Methode der „Staunkraft" zu eigen als eine „Art des produktiven Vergessens" (Rumpf 2004, S. 148) und der vorgängigen Wissensaneignung, die Ernst-Michael Kranich (2000) für die Fähigkeitsbildung der Lehrkräfte im naturwissenschaftlichen Unterricht entwickelt hat (Wiehl 2015, S. 159ff.). An Stelle eines approbierten Wissens, das die Wahrnehmung lähme, würden sie andere Zugangsweisen und Methoden benötigen, um in staunendem Wahrnehmen und nachdenklicher Entäußerung sich einem Phänomen so hinzugeben, dass es zu einem „Erlebnis des Rätselhaften" (Kranich 2000, S. 59) wird, an das sich Denk- und Verstehensprozesse anschließen können. Diese radikale Kehrtwendung von einer auf den Wissenserwerb ausgerichteten Pädagogik hin zu einer phänomenologischen Methodik in Universität und Schule nimmt vorweg, was wir in der Arbeit mit Wahrnehmungsvignetten neu entwickelt haben. Sie ist nicht nur eine phänomenologische Methode, sondern auch ein Übungsweg, an dessen Anfang die staunende Hingabefähigkeit steht.

Durch die Auseinandersetzung mit der Bedeutung des Staunens für die Pädagogik fallen unerwartete Bezüge zu verborgenen, aber bedeutsamen Grundlagen der Waldorfpädagogik auf. Bemerkenswert ist, dass bereits 1911, also acht Jahre vor der Begründung der ersten Waldorfschule, Rudolf Steiner auf das „heilige Staunen" aufmerksam macht; es sei eine grundlegende Fähigkeit für Erzieher*innen, um sich „offenhalten" zu können für die „Unendlichkeit einer Individualität", die „wie aus dem Dunkel herauf taucht", die aber mit Intelligenz nicht überschaut werden könne; daher versetze man sich ihr gegenüber „künstlich" in „Verwunderung", „denn es gibt reichlich Gelegenheit zur Verwunderung und zum Staunen einer jeden Individualität gegenüber" (Steiner 1989, S. 38). Im Staunen, so führt er weiter aus, würden wir uns „Verwunderung [...] der ganzen Sache gegenüber" (ebd.) abringen und sie nicht nur verstandesmäßig erfassen. Auf dieses ganzheitlich staunende Hinwenden solle ein weiterer Seelenzustand folgen, die „Verehrung" oder „Ehrfurcht" (Steiner 1990, S. 22), in der das Denken gründet, wenn „es über den Standpunkt des Staunens hinweggekommen ist" (ebd.). Schließlich gehen Staunen und Verehrung in ein Verstehen der Zusammenhänge über, das als Fühlen im weisheitsvollen Einklang mit den Weltgesetzen charakterisiert wird (ebd., S. 23).

Diese drei Haltungen liegen dem Erkenntnisprozess zugrunde, den Kranich (2000) für die Ausbildung von Lehrer*innen vorschlägt und der zumindest dem Prinzip nach in der „Kinderkonferenz" und „Kinderbetrachtung" an waldorfpädagogischen Einrichtungen angewendet wird (Barth 2020; Ruhrmann & Henke 2017; Selg 2007; Seydel 2015; Wiechert 2017; Wiehl 2019). „Kinderkonferenzen" bauen auf Wahrnehmungs- und Beobachtungsschulung, auf kollegialen Gesprächen auf und münden in Förderempfehlungen. Die Arbeit mit Wahrnehmungsvignetten ist elementarer, da sie vom offenen Staunen „der ganzen Sache gegenüber“ (Steiner 1989, S. 38) ausgeht und in der Übung phänomenologischer Wahrnehmung, Beobachtung und Beschreibung sowie der sich anschließenden Reflexion die zentrale Aufgabe sieht. Diese Vorgehensweise außerdem als Übungsweg zu pflegen, der vom Staunen über die Verehrung durch die Reflexionsphasen hin zu einer Erkenntnis führt, erweitert die phänomenologische Methode der Wahrnehmungsvignetten.

Staunen von Verwunderung bis Irritation beschreibt ein Spektrum seelischer Erlebnisse, die sich an der Art eines Gegebenseins entzünden, aber nur subjektiv erfahrbar sind. Gelingt es, in einer Wahrnehmungsvignette ein Ereignis oder eine Szene mit einer Person so zu beschreiben, dass dieses Entzünden beim Lesen des Textes wiederum stattfinden kann, ist ein idealer Grad an Kongruenz zwischen dem ursprünglichen Ereignis und dem schriftlichen Narrativ erreicht. Staunen bildet den Anfang bei der Entstehung und Erforschung der Wahrnehmungsvignetten und den Schlüssel zu einer phänomenologischen Methode; sie umfasst die empathische Hinwendung und Aufmerksamkeit an das Gegebene, das Sosein und die Potenziale eines Kindes, eines jungen oder erwachsenen Menschen; sie bedarf der Übungsangebote unter Einbeziehung der vorgängig bedachten phänomenologischen Prinzipien des „Mitseins“ und der „Spur des Anderen“. Wahrnehmungsvignetten legen offen, dass Staunen jedem Menschen als eine ursprüngliche Fähigkeit für ein empathisches und resonantes Wahrnehmen im „Mitsein“ der Gegebenheiten, in der näheren oder bewusst gewählten pädagogischen Umgebung zur Verfügung steht. Im aktiven Vollzug und durch Selbstreflexion eigener Staunenserlebnisse werden diese zu Modi des Forschens und der Erkenntnissuche in pädagogischen Handlungsfeldern und im eigenen Lebensumfeld.

Journaling: Staunen üben

1) Sammeln Sie Erinnerungen an Momente des Staunens; suchen Sie Fotos oder Bilder von Naturstimmungen oder Ereignissen heraus, in denen Sie staunen konnten. Oder nehmen Sie einfach das staunende Kind auf dem Buchdeckel und schreiben Sie aus seiner Sicht ein fiktives Erinnerungsbild über „Als ich einmal staunte…“
2) Schreiben Sie bei nächster Gelegenheit zu einem real erlebten oder fiktiven Staunensmoment (in Film oder Literatur) eine Wahrnehmungsvignette. Halten Sie einfach fest, was sie sehen und hören und was ihre Aufmerksamkeit anzieht. Oder schauen Sie sich eine Szene des Films „Alphabet“ oder des Films „Systemsprenger“ an und schreiben Sie dazu eine Wahrnehmungsvignette.
3) Beobachten und beschreiben Sie ein Kind, wenn es etwas Neues erkundet, sei es in Ihrem Bekannten- oder Familienkreis oder bei einer Zug- oder Straßenbahnfahrt. Es gibt immer etwas zum Staunen.

5 Wahrnehmungsvignetten schreiben – eine phänomenologisch kreative Methode

Schreiben – insbesondere per Hand und mit Füller oder Stift – stellt für viele Menschen eine Hürde dar. Denn ein Schriftstück zeugt von seiner Urheberin oder seinem Urheber. Es kann dem Schriftbild, dem sprachlichen Ausdruck und Stil, aber auch dem Inhalt nach zugewiesen werden. Selbst am Computer verfasste Texte, die nicht anderen Vorlagen folgen und nicht aus Textbausteinen zusammengesetzt sind, sondern persönliche Gedanken und Erlebnisse zum Ausdruck bringen, sind mit etwas Übung am Schreibstil bezüglich der Autor*innenschaften voneinander zu unterscheiden. Dass sich die Bedeutung des persönlichen Schreibens zunehmend auflöst, geht mit dem rasanten Fortschritt digitaler Sprachprogramme wie ChatGPT einher, die Texte unterschiedlicher Inhalte und aller Stilarten generieren können und deren Genese nicht mit einer Plagiatsprüf-Software nachvollziehbar ist (Bach & Weßels 2022). Das Schreiben von Wahrnehmungsvignetten über je subjektive Erfahrungen steht also konträr zu dem aktuellen Trend der Textproduktion mittels digitaler Medien. Der Wert der Wahrnehmungsvignetten liegt im persönlichen Verfassen phänomenologischer Beschreibungen auf der Grundlage eigener Beobachtungen. Das aus der subjektiven Perspektive wahrgenommene Phänomen wird so niedergeschrieben, dass es durch den Text ein zweites Mal als Phänomen lesbar und wiederum wahrnehmbar erscheint. Wahrnehmungsvignetten dokumentieren nicht, erklären nicht, vermischen möglichst keine Ereignisse unterschiedlicher Orte und Zeiten; sie orientieren sich an der „phänomenologischen Beschreibung" (Vetter 2020, S. 71ff.) oder „Deskription" (ebd., S. 108ff.) des Gegenwärtigen, zeitnah Erlebten und konzentrieren sich auf Ereignisse und Widerfahrnisse als sinngebende Erfahrungen (Tengelyi 2007, S. 15).

Zur Plausibilisierung unserer Schreibmethode führen wir die Prinzipien kreativer Arbeit nach Graham Wallas (1926/2014) mit jenen der phänomenologischen Beschreibung zusammen (Vetter 2020, S. 72f.), die ein Phänomen in seiner Gegebenheit und seinem Sosein zeigt. Das phänomenologische Schreiben kann zwar für unsere Zwecke als kreativer Prozess operationalisiert werden, bleibt aber in Wissenschaft und Forschung ein Grenzgang. Schreiben ist wie das „individuelle Erfassen einer neuen Sprechsituation" und wie jedes Erkennen ein „kreatives Tun" (Kühlewind 1991, S. 101), durch das etwas Neues entsteht. Wir entwickeln ausgehend von Überlegungen zur Handschrift (Kap. 5.1) und einem Problemaufriss phänomenologischer Beschreibung (Kap. 5.2, 5.3) das (leib-)phänomenologische und kreative Schreiben als eine wesentliche Phase der pädagogisch-phänomenologischen Methode mit Wahrnehmungsvignetten (Kap. 5.4, 5.5) für die Anwendung in der pädagogischen Praxis von Auszubildenden, Studierenden und Forschenden (Kap. 5.6, 5.7). Wahrnehmungsvignetten haben nicht den Anspruch einer vollendeten oder didaktisierten Schreibform, vielmehr sind sie Ausdruck der Forderung Husserls, „auf die Sachen selbst zurückzugehen" und vorrangig diese „in ihrer Selbstgegebenheit [zu] befragen" (Husserl zitiert nach Vetter 2020, S. 468). Lediglich der Schreibprozess kann in bewusst zu vollziehenden Phasen erfolgen.

5.1 „Ich habe die Schrift geprüft"

Mit den Worten „Ich habe die Schrift geprüft" beginnt das Gedicht „Handschrift" von Rose Ausländer (1990, S. 199), das als Signatur einer Gefühlslage, einer Sinnerfahrung, eines persönlichen Blicks und einer noch zu entschlüsselnden Bedeutung sowie als Ausdruck persönlicher Schreiberfahrung gelesen werden kann, so sind auch Wahrnehmungsvignetten zu entziffern und auszulegen. Wahrnehmungsvignetten entstehen als spontane Texte über affizierende Momente, aus Skizzen und Notizen, als hand- bzw. maschinenschriftliche Erstfassungen oder werden gleich ausformuliert. Ihrer Intention nach sind sie narrative Kurztexte, haben also einen beschreibenden und erzählenden Charakter und bilden keine bestimmte literarische Textform nach, sondern gehören zu den Formen phänomenologischen Schreibens. Ob als persönliche Anrede mit Du, aus Sicht einer ersten (WV 5.2) oder einer dritten Person (WV 5.1), in Ich-Form, aus rein beobachtender Perspektive geschrieben, tragen sie zur phänomenologischen Erforschung pädagogischer Beobachtungen, Ereignisse und Handlungen bei, wenn – wie bei den wahrgenommenen Phänomenen selbst (Waldenfels 2018a, S. 69f.) – Sinn und Bedeutung aus der Beschreibung sprechen. Damit sind nicht die Interpretationen oder Reflexionen gemeint, die erst in folgenden Arbeitsschritten stattfinden (Kap. 7); vielmehr kündigt sich in der Verschriftlichung eines Phänomens mehr an als das, was auf den ersten Blick hin als sinnhaft erscheint (Waldenfels 2018a, S. 70). Sinnhafte Phänomene in die Schriftsprache bzw. in einen beschreibenden Text zu überführen, ohne ihnen eine weitere, ihr unmittelbares, sinnhaftes Gegebensein überschreitende Bedeutung zu unterlegen, ist Anliegen des phänomenologischen Schreibens.

Schreiben gilt als eine Kulturfähigkeit, Erinnerungen für die Zukunft zu bewahren, Erlebnisse zu poetisieren und Inhalte für den sozialen Austausch zu dokumentieren. Ohne die Schriftsprache wären Dichtungen, philosophische und historische Texte für die Erinnerungskultur und für die sich auf bereits

verschriftlichte Inhalte beziehenden Reflexionen und Interpretationen nicht entstanden. Die bis in die Gegenwart noch existierenden mündlichen Erzählungen artikulieren Erlebnisse und Begebenheiten immer wieder von Neuem, behalten aber ihren Inhalt bzw. ihre Fabel bei. Jan Assmann weist diesbezüglich auf den wichtigen Aspekt hin, dass – anders als zunächst zu vermuten – in der mündlichen Überlieferung die Variation der Inhalte gering sei, denn andernfalls könnten sie nicht im Gedächtnis bewahrt werden; hingegen erlaube ein schriftlich fixierter Inhalt Variationen der Auslegung und Interpretation (Assmann 2007, S. 97f.). Interpretieren als situatives Anverwandeln und Deuten aus persönlichen Vorerfahrungen vollzieht im Prinzip jede Lesart oder Rezeption eines Textes, auch wenn er wie die Wahrnehmungsvignette ein gegebenes Phänomen beschreibt, das zunächst der Beurteilung enthoben sein soll. Die schriftliche Wahrnehmungsvignette ist daher nicht nur ein „Verewigungsmedium“ oder eine „Gedächtnisstütze“ (Assmann 2018, S. 181), sondern vor allem ein Medium zum Anlass und für die Aktivierung einer pädagogischen Reflexion im Wieder- oder Neubegegnen mit dem zuerst erfahrenen Phänomen. Im lesenden Verstehen einer Wahrnehmungsvignette bemerken und überprüfen die Rezipient*innen die Sinnhaftigkeit, die sich zwischen Sach- oder Objektbezug sowie Fiktionalität oder Metaphorik – oder „Zwischen den Zeilen“ und in (un-)gebrochenen „Linien“ (Ausländer 1990, S. 199) – ausspricht.
Die Schriftsprache setzt grundsätzlich einen Akt der Verinnerlichung voraus, sobald nicht – wie zum Zwecke der Buchproduktion in mittelalterlichen Skriptorien (Hauschild 2016) – lediglich handschriftlich kopiert, sondern die Beobachtung eines bedeutungstragenden Inhalts aus authentischem Erleben und persönlicher Sicht niedergeschrieben wird. Dabei bergen die handschriftlich verfassten Zeilen durch ihre, von jeweils individuellem Duktus geprägte Schreibweise eine andere, persönlicher konnotierte Aussage als maschinen- oder computergeschriebene Schriftstücke: „Weil die Hand wir sind. Ein Computer nicht. Eine Tastatur übersetzt unsere Gedanken, die Hand sind wir selbst. Die direkte Verbindung von unserem Kopf in die Hand ist die Handschrift. Sie verändert sich, wenn man über etwas schreibt, was einen wirklich packt. Wird größer, freier.“ (Dörrie 2019, S. 18) Autographen gelten als nicht reproduzierbare „Physiognomien“ der Einfälle und Denkbewegungen ihrer Erfinder*innen (Ginzburg 2005, S. 7). In handgeschriebenen Texten „geistert der Traum“ wie etwas Persönliches zwischen den Zeilen (Ausländer 1990, S. 199), und der persönliche Schriftzug kann die Les- und Deutungsarten beeinflussen oder erweitern; hingegen vermittelt ein reproduzierbares, gedrucktes oder sich am Bildschirm zeigendes Schriftbild in erster Linie den Inhalt – sei er bildhaft beschreibend, kommentierend, begrifflich abstrakt, reflektierend oder metaphorisch. Alle Formen des Schreibens sind möglich, es gilt nur den Schreibprozess mit zu berücksichtigen.

Auf den für die weitere methodologische Untersuchung – vielleicht nur am Rande – beachtenswerten Unterschied zwischen Autographen und reproduzierbaren Schriftstücken wird aufmerksam gemacht, weil er für den Entstehungsprozess der Wahrnehmungsvignetten und die sich anschließenden schriftlichen Reflexionen im pädagogischen Handlungsfeld, in Workshops sowie in Seminaren eine Rolle spielt. Ob auf einer vorbereiteten papierenen Unterlage, in einem Notizbuch oder auf einem Pad mit einem Stift geschrieben oder aus vielen praktischen Gründen die digitale Verarbeitung bevorzugt wird, sei der individuellen Erprobung anheimgegeben. Autographe bzw. Handschriften lassen zwar nicht unbedingt auf die Schreibfähigkeiten und noch weniger auf die Schreibenden selbst schließen (Grésillon 2012, S. 153), aber möglicherweise geben die Art des Schriftbildes, die Korrekturen und Marginalien Hinweise auf die Vorgehensweise, wie eine Beobachtung in der Schriftsprache eingefangen wurde (WV 5.4).

Für das Schreiben der Wahrnehmungsvignetten stehen unterschiedliche Wege und Formen zur Verfügung; von der Skizze, den Notizen, Zeichnungen angefangen bis hin zum poetischen oder beschreibenden Text können alle Formate erprobt werden, wenn sie eine Beobachtung zur Erscheinung bringen. Die zu begründende Methode bedarf einer wiederholbaren Vorgehensweise, die sich am Ideal *phänomenologischer Beschreibung* orientiert. Es muss betont werden, dass in mehrjährigen Praxiserfahrungen insbesondere bei ersten Schreibübungen mit Wahrnehmungsvignetten sich keine Vorgaben strukturierter methodischer Schritte für die pädagogische Arbeit mit Studierenden und in der Forschungstätigkeit der Autorinnen dieses Arbeitsbuches (Kap. 1) bewährten und dass sich erst im überprüfenden Nachgang der kreative Übungsprozess als wiederholbare Methode herauskristallisierte, der dann in einzelnen Übungsschritten eingeführt werden konnte.

Spontanes und erzählendes Schreiben sind den des Schreibens Kundigen auch ohne jede bewusste Übung möglich; sie eignen es sich vor allem durch kreatives Schreiben an (Dörrie 2019). Im Kontext der Wahrnehmungsvignettenarbeit würde dieses Vorgehen aber Texte erzeugen, die nur per Zufall der phänomenologischen Methode entsprechen. Daher plädieren wir für das Format (leib-)phänomenologischer Beschreibung, andererseits – weil diese Methode für die Praxis einen mehrphasigen, zu wiederholenden Übungsweg aufzeigt – für den von uns entwickelten und operationalisierbaren Schreibprozess im Sinne einer bewussten „Ich-Tätigkeit“ (Wiehl 2021a) kreativen und bildenden Übens (Wiehl 2021b; Kap. 5.4, 5.5). Üben ist keine abrufbare Fähigkeit, vielmehr generiert es sich aus einer Haltung des aufmerksamen Zuwendens auf die Inhalte und Prozesse, muss also erlernt oder zumindest gewollt werden, um „sich aus dem Fluss der Zeit herauszuheben und sich auf sich selbst zu beziehen“ (Brinkmann 2009, S. 425). Diese Qualität charakterisiert den intendierten Schreibprozess einer Wahrnehmungsvignette.

5.2 Problemaufriss und Systematik phänomenologischer Beschreibung

„Du bist so gemein zu mir“

Die Kinder der dritten Klasse haben ihre Plätze eingenommen und fast alle Schulsachen und persönlichen Utensilien in den Schultaschen verstaut. Ein Mädchen spielt noch mit einer kleinen, aus Papier selbst hergestellten Katze. Die Lehrerin steht vorne, lässt ihren Blick von Kind zu Kind schweifen und wartet, bis alle für den gemeinsamen Unterrichtsbeginn bereit sind. Sie bemerkt, dass ein Mädchen noch mit etwas in den Händen spielt, und wendet sich mit strenger Miene ihm zu. „Cara, packe es bitte ein“, sagt sie klar und freundlich. „Nein, das Tier muss draußen sein“, entgegnet Cara bestimmt. „Cara!“, ruft die Lehrerin mit etwas höherer Stimme. „Du bist so gemein zu mir“, reagiert Cara, steckt die Papierkatze in ihre Schultasche, murmelt dabei etwas und setzt sich mit gerade gestrecktem Rücken auf ihren Stuhl. (WV 5.1)

Die phänomenologische Beschreibung gehört zu den Kernelementen der Phänomenologie und bedingt eine Abgrenzung gegenüber anderen ähnlichen Textformaten. Sie erfordert eine „methodische Kontrolle der Bedingungen, unter denen unmittelbar Gegebenheit herstellbar ist“ (Vetter 2020, S. 73). Die „Reduktion“ (Kap. 2.1) des wahrnehmbaren Gegenstandes auf sich selbst und sein Wesen schließt alle anderen Annahmen zu dessen Seinsweise aus und macht die Art des Erscheinens eines Phänomens, z. B. in der Wahrnehmung, selbst zum Thema (ebd.). Indem dieses in der „Anschauung“ bewusst wird, erscheint es als Sache selbst (Husserl 2016, S. 6; Kap. 2.2) und als Gegenstand unmittelbarer Gegebenheit (Vetter 2020, S. 30). Die Verbindung der beiden Prinzipien Reduktion und Anschauung ermöglicht ein aktives Rezipieren des phänomenologisch Gegebenen, das sich als konstitutiver Prozess für das Schreiben der Wahrnehmungsvignetten erweist. Ihre Inhalte sind idealerweise mittelbare, nämlich durch Sprache vergegenwärtigte Phänomene.

Die Autorin der Wahrnehmungsvignette „Du bist so gemein zu mir“ (WV 5.1) macht den kurzen Moment in der dritten Klasse bewusst, als die Lehrerin mit dem Fortgang des Unterrichts abwartet, bis Cara ihren Anweisungen gefolgt ist. Nicht eine *normale* Situation, sondern eine *besondere* gerät in den Fokus der Aufmerksamkeit. Die beschreibende Form verlangt Verben im Präsens, wörtliche, statt indirekte Rede und das Vermeiden von Urteilen und Vermutungen. Sehr wohl schließt sie bei der Auswahl des besonderen Moments die nicht thematisierten Beweggründe mit ein. Denn sie veranlassen uns, die aus dem alltäglichen Unterrichtsverlauf sich heraushebenden Angelegenheiten als phänomenologische „Gegebenheit“ (Marion 2015, S. 61) wahrzunehmen. In Momenten des Staunens (Kap. 4), Wahrnehmens und aufmerksamen Beobachtens (Kap. 3) kommt das Phänomen ins Bewusstsein. Die Wahrnehmungsvignette zeigt es als persönlich affizierenden Moment einer alltäglichen oder pädagogischen Situation. Der Vorgang des Affiziertwerdens lenkt die Aufmerksamkeit, die sich mit Gefühlen, Gedanken und Vorerfahrungen ins Benehmen setzt und der bewussten Erfahrung dient, auf einen bestimmten Gegenstand.

Den „Hintergrund“ oder „Horizont“ zu all dem, „was miterfahren wird“ (Waldenfels 2018a, S. 68; Kap. 2.4), also des fokussierten Geschehens, bilden die sitzenden Kinder, die geordneten Utensilien und die vorne stehende Lehrerin am Beginn des Unterrichts. Vor diesem „Hintergrund“ kommen Caras Spielen, ihre Äußerungen und die der Lehrerin zur Geltung. Im gesamten Geschehen kündet sich mehr an, als explizit vorgeführt und gesagt wird; es zeigt sich z. B. die Absicht der Lehrerin, den Unterricht in bestimmter Weise, nämlich ohne andere als die erwarteten oder geforderten Tätigkeiten und Verhaltensweisen, beginnen zu wollen.

Für den Problemaufriss des phänomenologischen Beschreibens von Wahrnehmungsvignetten ist intendiert, diese Besonderheiten des Vorder- und Hintergründigen zu reflektieren, um die „phänomenologische Beschreibung“ von einer nicht phänomenologischen zu unterscheiden (Vetter 2020, S. 72). Die phänomenologische Beschreibung zielt „auf die Erfassung dessen, was die Sache selbst ist, d. h. was im Wesensgehalt des Phänomens liegt. Möglicher Gegenstand einer Beschreibung ist, was erfahrbar ist“ (ebd., S. 71). Diesem liegt ein nicht auf die sinnliche Wahrnehmung beschränkter Anschauungsbegriff zugrunde; daher sind alle, der inneren und der äußeren Anschauung gegebenen Phänomene, die mehr oder weniger gleichzeitig, aber auf jeden Fall zeitnah erscheinen, beschreibbar. Folglich bringt eine phänomenologische Wahrnehmungsvignette nicht nur das äußerlich und sinnlich Erfahrbare zum Ausdruck, sondern sie berücksichtigt leib-, raum-, zeit-, gefühlsgebundene Seinsweisen und Aktivitäten; dennoch schließt sie Annahmen und Vorurteile aus oder stellt sie bewusst zurück.

Für die genaue Qualifizierung des phänomenologischen Beschreibungsbegriffs schlägt Helmuth Vetter die Bearbeitung von neun Fragen vor (ebd.), die um eine zehnte ergänzt für die phänomenologische Arbeit mit Wahrnehmungsvignetten spezifiziert und mit Verweis auf die Ausführungen anderer Kapitel beantwortet werden. Diese Bündelung von zehn Fragestellungen mit Antworten bringt einige Redundanzen mit sich, erscheint aber für die Überprüfung des Formats phänomenologischer Beschreibung von Vorteil.

1) „Was ist Gegenstand der Beschreibung?“ (Vetter 2020, S. 71. – Hier und in den folgenden zitierten Fragen werden zwecks besserer Lesbarkeit Kürzel ausformuliert und Sonderzeichen weggelassen.)

Da die phänomenologische Methode der Wahrnehmungsvignetten für die Ausbildung in und Erforschung der pädagogischen Praxis entwickelt wurde, speisen sich die Inhalte der Beschreibung aus Beobachtungen von Personen, Vorgängen, Tätigkeiten und Sprachäußerungen vorwiegend im pädagogischen Handlungsfeld – wie das Spielen Caras oder das Warten der Lehrerin (WV 5.1). Je nach Forschungsfeld, ob im Lebensalltag, auf Bahnreisen, beim Einkaufen oder in der Familie, können überall, wo Menschen tätig sind, Ereignisse für die Beschreibung entdeckt werden.

2) „Mit Hilfe welcher Verfahrensweisen wird das zu Beschreibende zum Gegenstand der Beschreibung gemacht?" (ebd.)
Die Vergegenwärtigung des Beschreibungsgegenstands erfolgt – wie vorangehend erörtert (Kap. 3 und 4) – durch eine offene, staunend und zunehmend den affizierenden Moment aufmerksam beobachtende, aber vorurteilsbewusste Haltung (Kap. 6) und im spontanen *oder* bewusst mehrphasig angelegten kreativen Schreibprozess.

3) „Was sind die methodischen Standards bzw. die begrifflichen und/oder ontologischen Voraussetzungen phänomenologischer Beschreibung?" (Vetter 2020, S. 71)
Als methodische Maßstäbe werden die Qualitäten des phänomenologischen Wahrnehmens bzw. Beobachtens affizierender Momente im pädagogischen Handlungsfeld sowie deren schriftliche Vergegenwärtigung in beschreibenden Kurztexten vorausgesetzt bzw. im Rahmen pädagogischer Seminare geübt und reflektiert (Kap. 1). Diese methodologische Hinführung bildet die Grundlage für eine gelingende Arbeit mit Wahrnehmungsvignetten, deren Entstehen das Wahrnehmen des Gegebenen als Voraussetzung hat.

4) „Welcher Wirklichkeitsbegriff liegt dem Programm einer Beschreibung des Gegebenen zugrunde?" (Vetter 2020, S. 71)
Wirklichkeit wird von Husserl gleichbedeutend mit Existenz oder Sein bzw. mit dem Wahrnehmen der Tatsächlichkeit verwendet, die sowohl empirischer als auch idealischer Natur sein kann (ebd., S. 626). Dieses Wirklichkeitsverständnis steht jenem der goetheanistischen Phänomenologie (Kap. 2.7) nahe. Indem nicht „etwas schon anderwärts Vorhandenes in begrifflicher Form" (Steiner 1892/2012a, S. 11) nur wiederholt wird, sondern die Begriffe produktiv mit dem sinnenfällig Gegebenen verbunden werden, ergibt sich die Wirklichkeit einer ganzheitlichen Anschauung (Stoltz & Wiehl 2019, S. 106). In der produktiven, kreativen Tätigkeit beim Schreiben der Wahrnehmungsvignetten wiederholt sich die Genese des zunächst der naiven Betrachtung gegebenen *wirklichen* Phänomens. Als Wirklichkeit erschafft es sich immer dann neu, wenn es ganzheitlich als physisch-geistige Dimension ins Bewusst-

sein tritt. Denn für eine, im Kontext des (waldorf-)pädagogischen Studiums anzuwendende Methode kommt kein konstruktivistisches, sondern ein im Nachvollzug von Erkenntnisprozessen gründendes Wirklichkeitsverständnis in Betracht (ebd.). Schließlich ist es eine Frage der Entscheidung, welcher Denkrichtung sich eine angewandte phänomenologische Methodologie verbürgt (Kap. 2 und 3).

5) „Wie wird dem Moment der Subjektivität und der Perspektivität Rechnung getragen, das im Begriff des Gegebenen gedacht wird, und dennoch den Anspruch verteidigt, mit Hilfe einer Beschreibung zu objektiven Erkenntnissen zu gelangen?" (Vetter 2020, S. 71f.)
   Wahrnehmungsvignetten entstehen grundsätzlich aus dem Blickwinkel und dem Aufmerksamkeitsvermögen der beobachtenden und schreibenden Person. Ob sie sich in der Formulierung des Textes als schreibendes und handelndes Ich zeigt oder als ungenannte, aber doch im pädagogischen oder einem anderen Beobachtungsfeld vorhandene, nämlich schreibende Person existiert, verändert in einer Wahrnehmungsvignette den eingenommenen Standpunkt und nuanciert die Beschreibungen. Variationen hinsichtlich der Subjektivität und Perspektivität in Wahrnehmungsvignetten sind gleichermaßen gestaltende Aspekte der Phänomenbeschreibung, die immer nur einen ausgewählten Ausschnitt des beobachteten Ereignisses umfasst.
6) „Ist die phänomenologische Beschreibung zur Erfassung von (Sinn-)Prozessen ebenso geeignet wie zur Erfassung von (Sinn-)Strukturen?" (ebd., S. 72)
   Jede Wahrnehmungsvignette enthält sinngebende und/oder sinnstrukturierende Inhalte, aber keine gegenstandsbezogene oder rein materiale Beschreibung, sondern sie präsentiert eine Sicht auf das Wesen einer Sache oder eines Organismus, auf menschliche Seinsweisen, Ereignisse, Handlungen und Äußerungen. Ohne intentionale Sinnhaftigkeit wäre die Arbeit mit Wahrnehmungsvignetten obsolet, zumal es gerade das Anliegen dieser Methodologie ist, in weiteren Arbeitsschritten die Sinnstrukturen und -aussagen zu reflektieren, um Gesichtspunkte für das pädagogische Handeln, die professionelle Haltung und die Diagnostik zu gewinnen (Kap. 6, 7 und 8).
7) „Nach welchen Kriterien sind sachlich zutreffende von nichtzutreffenden Beschreibungen zu unterscheiden?" (Vetter 2020, S. 72)
   Wahrnehmungsvignetten sind idealiter beschreibende Kurztexte im Präsens aus der Sicht einer Person, sei es in Ich- oder in personaler Form. Sie sind weder Erzählungen noch Tagebucheinträge vergangener Ereignisse, auch wenn sie realiter meistens im Nachhinein geschrieben werden, noch bilden sie Vorgänge fotografisch genau ab. Die Qualität des Sprachstils hängt von der schreibenden Person, deren Schwerpunkten oder deren Detailtreue ab.

8) „Zu welchem Zweck werden Beschreibungen vorgenommen?“ (ebd.)
Das Format der Wahrnehmungsvignetten dient einerseits der Ausbildung pädagogischer Handlungssensibilität und professioneller Haltung sowie der verstehenden Diagnostik, andererseits der wissenschaftlichen Erforschung dieser Methode für die Ausbildung von Pädagog*innen, Erzieher*innen und Lehrkräften. Derzeit entstehen weitergehende Forschungszugänge.
9) „Welche Art von Erkenntnis ist intendiert?“ (ebd.)
Die Methode der Wahrnehmungsvignetten intendiert die Ausbildung in phänomenologischer Wahrnehmung und Beobachtung, eine darin gründende, differenzierte Reflexionsfähigkeit pädagogischer Prozesse und der Professionalisierung pädagogischen Handelns. Sie ist eine nicht nur das pädagogische Geschehen phänomenologisch, sondern auch reflexiv verarbeitende und anwendungsorientierte Vorgehensweise.
10) In welchen Kontexten kann die Methodologie der Wahrnehmungsvignetten sinnvoll angewandt werden?
Die Wahrnehmungsvignetten-Methodologie ist zur Vergegenwärtigung menschlicher Ereignisse konzipiert, um mittels eines reflexionstauglichen Mediums theoretische Fachkenntnisse mit pädagogischen Erfahrungen verknüpfen zu lernen. Ihre Anwendung ist in pädagogischen Praxisfeldern, in Ausbildungsgängen von Pädagog*innen und in phänomenologischen Forschungsdesigns möglich.

Aus der Beantwortung der zehn Fragen ergibt sich unsere Definition:

Wahrnehmungsvignetten entspringen einer phänomenologischen Methode, die Praxisbeobachtungen, Beschreibungen, Reflexionsschritte und professionell-pädagogische Anwendungen einschließt.

5.3 Die Wahrnehmungsvignette als Grenzgang leibphänomenologischer Beschreibung

Auf der Schaukel

Es ist Herbstanfang. Mit deiner rosa Regenjacke und einer farblich dazu passenden Mütze sitzt du in Gedanken verloren auf der Schaukel auf dem Spielplatz, während ich dich anschubse. Du bist ganz ruhig geworden und beobachtest nun deine Geschwister, wie sie mit ihren Fahrrädern spielen. Zumindest sieht das von außen so aus. Ich frage mich, ob du sie wirklich siehst oder ob du nur träumend vor dich hinschaust. Falls du gerade in deinen Gedanken schwebst, welches Universum erkundest du gerade? (WV 5.2)

Die Studierende, die – wie aus weiteren Dokumenten zu entnehmen ist – ein Vorschulkind begleitet, lenkt ihre Aufmerksamkeit auf Jahreszeit, Kleidung, Schaukel, Geschwister und Fahrräder. Sie bezeichnet weder das Kind als solches, noch nennt sie seinen Namen, spricht es aber mit „Du" an. Als sie bemerkt, dass sie alles nur von außen sieht – außer den Tätigkeiten „anschubsen", „ruhig werden" und „beobachten" –, wendet sie sich ihren eigenen Gedanken zu: Sie spürt – und das mag erst beim Schreiben entdeckt worden sein – einfühlsam dem träumenden Ausdruck des Kindes nach. Die Wahrnehmungsvignette bildet ein von der Studierenden miterfahrenes Spielplatzgeschehen nach, das von weiteren Anwesenden vermutlich anders formuliert würde; sie zeigt die Ereignisse aus ihrer Perspektive.

Wo liegen die Grenzen einer phänomenologischen Beschreibung? Was leistet die „Reduktion" auf das Wesen der Sache bzw. die Sache selbst?

Einerseits geht es in Wahrnehmungsvignetten um die visuellen, auditiven, auch die haptischen Eindrücke; andererseits drücken die Leiblichkeit und das Umfeld nicht nur Materielles aus, sondern auch Atmosphärisches, das mitempfunden wird. Atmosphären, im ästhetischen Sinne auf Menschen, Dinge und Umgebungen bezogen, werden nicht dinglich, aber leiblich und empfindungsmäßig als „etwas Subjektives" bzw. als „Bestimmungen eines Seelenzustands" wahrgenommen (Böhme 2017, S. 33; Kap. 3.1). Ein anregender, in einer Wahrnehmungsvignette eingefangener Moment ist gleichsam Ausdruck atmosphärischer Resonanzen. Der menschlichen Begegnung als resonantes Geschehen auf der leiblichen, psychischen, sozialen und mentalen Ebene entsprechend sollen die Worte und Sentenzen der beschreibenden Texte mehrperspektivisch sein. Wahrnehmungsvignetten beschreiben nicht nur äußere Begebenheiten, sondern eine auf sich selbst reduzierte „Gegebenheit" (Marion 2015, S. 44) mit Sinnüberschuss. Das verlangt die offene Hinwendung an ein Phänomen und die Fähigkeit des sprachlichen Beschreibens eines äußeren Tatbestands in seinem Sosein und seinem Wesen nach: „Mit deiner rosa Regenjacke und einer farblich dazu passenden Mütze sitzt du in Gedanken verloren auf der Schaukel auf dem Spielplatz, während ich dich anschubse." Eine Verschriftlichung bedarf der Einschätzung, welche der Empfindungen und Vorstellungen, die sich aufgrund der persönlichen Fokussierung und der Vorerfahrungen unweigerlich einstellen, dazu gehören oder vermieden werden sollten. Diesen Grenzgang beschreitet die Schreiberin, sobald sie sich über das Wahrnehmen des leiblichen Ausdrucks hinaus in den inneren Zustand des Kindes versetzt, seine Blickrichtung einnimmt und sein Beobachten deutet: „Du bist ganz ruhig geworden und beobachtest nun deine Geschwister, wie sie mit ihren Fahrrädern spielen." In leiblicher Resonanz schwingt sie mit den Handlungen und Äußerungen des

Kindes mit und spürt mehr oder weniger bewusst, was dem Erscheinungsbild ablesbar ist: „zumindest sieht das von außen so aus". Dann wendet sie ihr Wahrnehmungsvermögen auf sich selbst und wird gewissermaßen zu einer sich selbst befragenden Beobachterin: „Ich frage mich, ob du sie wirklich siehst oder ob du nur träumend vor dich hinschaust." Schließlich trifft sie Vermutungen zur Gedankenwelt des Kindes: „Falls du gerade in deinen Gedanken schwebst, welches Universum erkundest du gerade?"

Grenzerfahrungen, die an leibliche Erscheinungen gebunden sind und durch diese ins Bewusstsein gehoben werden und sprachlich zum Ausdruck kommen, sind eine konstitutive Bedingung für das Schreiben der Wahrnehmungsvignetten. Nicht nur in der Wahrnehmung erscheinen die Phänomene mehrdimensional, sondern die phänomenologische Beschreibung hat das Potenzial, auf atmosphärische, psychische, soziale und mentale Sinndimensionen gelebten Leibseins hinzuweisen und sie so zu vergegenwärtigen, dass eine reflexive Auseinandersetzung folgen kann. Als phänomenologischer Text evoziert eine Wahrnehmungsvignette bei Lesenden – genau wie beim ursprünglichen Wahrnehmen und Beobachten der Vorgänge – das Bemerken nicht nur der Merkmale oder Personen als *Körperdinge* einer sinnlichen, äußeren Umgebung, sondern ihre leibliche Existenz an sich. Obgleich das Innen und Außen einer Person oder Sache gesehen wird („Zumindest sieht das von außen so aus"), beinhaltet die Aussage darüber nicht den „Gegensatz von Körper und Seele, von Natur und Geist" (Waldenfels 2018a, S. 16), sondern meint den Zusammenklang aller lebensnotwendigen und das Leben konstituierenden Elemente (Kap. 2). Die im pädagogischen Handlungskontext wahrnehmende und ein Phänomen beschreibende Person befindet sich in genau derselben leiblichen Anwesenheit wie der zu beschreibende Beobachtungsgegenstand, insofern es sich dabei um eine Person, ihre lebendige Erscheinungs-, Handlungs- und Sprachweise handelt. Die leibliche Existenz beider konstituiert das phänomenale Sein. Denn das sich dem leibgebundenen Wahrnehmungsakt zeigende Phänomen „ist nicht einfach fertig da" und wird auch nicht als „bloße Reproduktion" eines im Geist oder in der Außenwelt Vorhandenen erfahren, sondern es kann – wie Waldenfels mit Merleau-Ponty übereinstimmend begründet – „als eine *création*, als Schöpfung bezeichnet" werden (Waldenfels 2018a, S. 63).

Für das Schreiben der Wahrnehmungsvignetten besteht der Grenzgang darin, beim Erinnern und schriftlichen Wiedergeben des ursprünglich beobachteten Ereignisses sich weniger auf das *Was*, mehr auf das *Wie* (Peterlini 2020, S. 122) des ersten Aufmerksamkeitsmoments zu besinnen. Da Schreibakte immer in zeitlicher Verzögerung zu einem sich zeigenden Phänomen vollzogen werden, verlangt das phänomenale Beschreiben eine Sprache, die „ein originäres Zur-Erscheinung-bringen, in dessen Verlauf die Dinge zu dem werden, was sie sind" (ebd.), ermöglicht. Das Schreiben der Wahrnehmungsvignetten wird daher als eine kreative Wiederholung des Wahrnehmungsaktes verstanden. „Und weil wir nicht davon ausgehen können, daß die Dinge in sich selbst auf eindeutige und endgültige Weise sind, was sie sind, enthält der Prozeß des Bestimmens eben Momente einer Kreation" (Waldenfels 2018a, S. 63). In diesem Sinne intendieren wir die Wahrnehmungsvignetten als *Rekreationen* besonderer Phänomene der pädagogischen Praxis oder anderer Lebensbereiche und stellen sie für die Reflexionsarbeit zur Verfügung (Kap. 7).

5.4 Phänomenologie und Kreativität – Widerspruch oder Ergänzung?

Das Gegebensein der Phänomene und die Kreativität scheinen in einem grundsätzlichen Widerspruch zu stehen. Daher müssen diesbezüglich die Kriterien der Methode reflektiert werden. Die Phänomenologie setzt das Gegebensein der Phänomene voraus, die Kreativität befasst sich mit den Voraussetzungen und Ausdrucksweisen ihrer Entstehung. Beiden gemeinsam ist, nicht nur an eine materielle oder physische Seinsweise gebunden zu sein. Wenn Heidegger davon spricht, dass ein Phänomen nicht auf die äußere Gegenständlichkeit beschränkt ist, sondern erweitert gedacht wird um alles, was durch dieses veranlasst im Bewusstsein anwesend ist (Heidegger 2006, S. 118; Kap. 4.2), dann gilt diese Mehrdimensionalität ähnlich für alle kreativen Prozesse. Obgleich der im ersten Moment deutliche Widerspruch und – beim genauen Hinschauen – das sich relativierende Verhältnis ein gefährliches Terrain bezeichnen, wird unter der Einschränkung, dass Kreativität *eine* Arbeitsphase der phänomenologischen Methode der Wahrnehmungsvignetten ist, diese für den Schreibprozess genauer unter die Lupe genommen und das Vierphasen-Modell von Graham Wallas (1926/2014) als ein strukturierendes Prinzip kreativen Schreibens vorgestellt.

Kreativität ist eine schöpferisch produktive Kraft oder Fähigkeit, die im Alltagsverständnis einer freilassenden, persönlichen Motivation und situativen Ausgangsbedingungen Rechnung tragenden sowie ein offenes Ergebnis anvisierenden Aktivität entspricht. Kreativität als eine ursprünglich menschliche Eigenschaft kann auf mentaler und auf materieller Ebene zum Ausdruck kommen. Sie gebiert Einfälle und neue Ideen oder bewirkt schöpferische Ausdrucksweisen, z. B. in der Sprache, Malerei, Musik oder in Lebensweisen. Kleine Kinder sind bereits Schöpfer*innen ihres Lebensumfelds, wenn sie die Handlungen anderer oder auch bewegter Gegenstände nachahmen und nachspielen (Wiehl 2020). In jedem Nachahmungsvorgang, sobald er nicht nur reaktiv oder imitativ erfolgt, findet ein gestaltender, kreativer Prozess statt, weil alles zuvor Wahrgenommene auf dem Weg der Verinnerlichung und Wiedererinnerung eine Verwandlung

oder „Inkubation" (Wallas 1926/2014, S. 42) erfährt, um danach in neuer Gestalt zum Ausdruck zu kommen. Dieses Grundprinzip gilt auch für Schreibprozesse, da sie Schöpfungsakte sind. Schreiben ist ein kreativer Vorgang, der durch die Vergegenwärtigung einer Vorstellung diese in die gedankliche Verdichtung begleitet und ihr auf diesem Wege einen sprachlichen Ausdruck verleiht. Im Schreiben realisieren sich Mensch- und Weltsein aus einer realitätserfahrenen, historischen, mythologischen oder fiktiven Perspektive auf das eigene oder andere Leben. Es geht darum, etwas vor Augen Liegendes (Dörrie 2019) sehend und hörend aufzunehmen und zu beschreiben – es gleichsam wie Novalis (1999, S. 334) in der Sprache zu „romantisieren", um den „ursprünglichen Sinn" zu finden.
Wahrnehmungsvignetten sind künstlerische Werke, weil sie keinen dokumentarischen Charakter haben, sondern den Beschreibungsgegenstand in einem neuen Medium, der Sprache, erscheinen lassen. Dafür ist eine mentale Verinnerlichung mit Erinnerungen, Gefühlen, Vorstellungen zum wahrgenommenen Gegenstand erforderlich. Beschreibende Texte ohne innere Beteiligung der Schreibenden oder ohne Reflexe ihrer Empfindungen erscheinen entpoetisiert; ihnen mangelt es an mehrperspektivischer Sinnhaftigkeit. Aus diesem Grund wird an Stelle der Engführung auf eine reine Tatsachenbeschreibung der kreative Schreibprozess als integrativer Bestandteil einer phänomenologischen Methode bevorzugt.
Um den Begriff der Kreativität nicht nur dem Allgemeinverständnis nach zu belassen, sondern ihn am Horizont der aktuellen Kreativitätsforschung auszuloten, seien einige Gesichtspunkte dazu angeführt. Je nach Forschungskontext wird Kreativität anders beurteilt oder definiert (Heinze et al., 2012; Kaufmann & Sternberg 2019), nämlich als „situativer Prozeß" (Brodbeck 1999, S. 1), als geistige Aktivität (Csikszentmihalyi 2019, S. 41), als Fähigkeit zum „divergenten Denken" (Krampen 2019, S. 20) oder – wie für diesen Kontext sinnvoll – als zu erlernende Methode (Weidemann 2010) beschrieben (Wiehl 2021b; Stoltz & Wiehl 2021, S. 20). Zur Findung kreativer Lösungen oder auch zur Erklärung des Schöpfungsprozesses von Neuem entwickelte Graham Wallas in seiner für die Kreativitätsforschung maßgeblichen Schrift „The Art of Thought" (Wallas 1926/2014) das Vier-Phasen-Modell mit *Vorbereitung, Inkubation, Einsicht und Verarbeitung* (ebd., S. 37ff.). Nicht die Tatsache, dass diese Methode in vielen Publikationen zur Erklärung kreativer Prozesse herangezogen wird (Kaufmann & Glăveanu 2019, S. 27ff.; Krampen 2019, S. 183ff.; Nett 2019, S. 4f.), ist für die Wahrnehmungsvignetten allein maßgeblich, sondern weil sie – bei genauer Analyse der Erkenntnisprozesse – eine Kunst des Denkens und damit eine kreative Erkenntnismethode beschreibt, die sich in jeder produktiven, etwas Neues hervorbringenden bewussten Vorgehensweise abspielt.
Rudolf Steiner hat diese Methode als die Umkehrung der aristotelischen Logik beschrieben, die von Begriffen und Definitionen ausgeht und diese in der Urteils-

bildung und Schlussfindung anwendet (Steiner 1992, S. 133ff.; 1986, S. 27ff.; Wiehl 2015, S. 188ff.). Würde dieser Prozess umgekehrt verlaufen, stünde am Anfang des Erkenntnisakts kein begriffliches Ergebnis, sondern der Erkenntnisakt würde mit Wahrnehmen, Beobachten und Erschließen beginnen und käme einem offenen, die Gegebenheiten erschließenden Erkennen gleich. Erst in Folge, also durch die Vergegenwärtigung oder Erinnerung des zuvor Wahrgenommenen, komme es zur Urteils- und Begriffsbildung (ebd.). Vergleicht man diesen Erkenntnisprozess, der *Erschließen, Vergessen und Erinnern bis hin zum Urteilen und Begriffebilden* umfasst (Wiehl 2015, S. 188ff.), mit den kreativen Phasen nach Graham Wallas, entsprechen sich diese ihrer Methodenstruktur nach. Steiner und Wallas wählen nur andere Ausdrucksweisen für das, was in einem Erkenntnis- und in einem Kreativitätsprozess vorgeht – sei es, dass wie bei Steiner eine eigenständige intuitive Begriffsbildung zu einem zuvor entdeckten Phänomen angestrebt wird oder dass es wie bei Wallas grundsätzlich um ein schöpferisches Hervorbringen von etwas Neuem oder einer Lösung geht. Jede im Denken erlebte Idee gründet wie das künstlerische Hervorbringen in der Eigenaktivität und ist nicht nur Zufall, sondern intuitiver Einfall (Henrich 2010).

Interessant sind die sog. Inkubationsphase bei Wallas und entsprechend bei Steiner das Vergessen über Nacht, das einen neuen Zugang, neue Perspektiven, neue Zusammenhänge für das zuvor Wahrgenommene oder Gedachte möglich macht. Wallas (1926/2014, S. 37) beruft sich diesbezüglich auf eine geniale Aussage des Physikers Hermann von Helmholtz, der 1891 in einer Tischrede berichtete, wie ihm „günstige Einfälle“ für seine wissenschaftliche Arbeit kamen:

> „Ich musste immer erst mein Problem nach allen Seiten so viel hin- und hergewendet haben, dass ich alle seine Wendungen und Verwickelungen im Kopfe überschaute und sie frei, ohne zu schreiben, durchlaufen konnte. Es dahin zu bringen, ist ohne längere vorausgehende Arbeit meistens nicht möglich. Dann musste, nachdem die davon herrührende Ermüdung vorübergegangen war, eine Stunde vollkommener körperlicher Frische und ruhigen Wohlgefühls eintreten, ehe die guten Einfälle kamen. Oft waren sie wirklich, den citirten Versen *Goethe*'s entsprechend, des Morgens beim Aufwachen da [...]. Besonders gern aber kamen sie [...] bei gemächlichem Steigen über waldige Berge in sonnigem Wetter.“ (Helmholtz 1891, o. S.)

Die Erholungsphase vor dem Aufwachen oder beim Spazierengehen nennt Wallas „Inkubation“ (Wallas 1926/2014, S. 38ff.); sie charakterisiert einen Zeitraum innerer Offenheit und „Ent-wickelungen“, um eine neue Sicht auf die Inhalte vorangehender Beschäftigung und um neue Ideen zu gewinnen (wie es für die Vorschau-Übung in Kapitel 6.6 beschrieben ist). Durch freiwillige Enthaltung von bewusster Gedankenarbeit, zu der ein Inhalt oder Phänomen zunächst anregt, könne diese Phase für eine andere geistige Tätigkeit oder für die Entspannung genutzt werden (ebd., S. 41). Wallas betont aber, dass für ein anspruchsvolles kreatives Denken (z. B. bei einer wissenschaftlichen oder poetischen Arbeit) nicht nur ein freies Intervall genüge, sondern dass *nichts* die freie oder halbbewusste Arbeit stören solle (ebd., S. 42). Inkubation bedürfe einer intensiven Entspannung (ebd.). An Beispielen aus Wissenschaft und Literatur zeigt er, dass durch körperliche Bewegung, auf Spaziergängen, bei der Lektüre von Klassikern oder bei anderen variierenden, nicht auf die eigene Profession oder Fragestellung bezogenen Tätigkeiten sich ein blitzlichtartiger Einfall („flash") einstellen kann (ebd., S. 43ff.). Es ereigne sich eine spontane und unerwartete Eingebung („Illumination"), die zwar inhaltlich nicht willentlich beeinflussbar, aber von dem auf den Prozess gelenkten Willen begleitbar ist und sich als Höhepunkt der sich zuvor andeutenden Assoziationen einstellt (ebd., S. 46f.). Die Andeutung („Intimation") sei als derjenige Moment zu bemerken, in dem sich beispielsweise während einer anderen intensiven Tätigkeit der Geistesblitz ankündigt (ebd., S. 48). Wallas vergleicht ihn mit einer an die Oberfläche kommenden, sich zu einem Eindruck der Freude weitenden Assoziation (ebd., S. 48) – wobei der Begriff Assoziation die mit der auftauchenden Idee verbundenen Gefühle, Gedanken und Vorstellungen zu vereinigen scheint.

Inkubation beschreibt einen Zustand der Vergessenheit und des Loslassens, eine vorsprachliche Phase, die für die Wahrnehmungsvignetten von besonderem Belang ist und die bewusst als Teil des Übungsweges eingerichtet werden kann. Da Wahrnehmungsvignetten meistens nicht in Situ, also nicht in der pädagogischen Praxis und wenn doch, dann nur entwurfsweise geschrieben werden, entstehen sie – im Grunde wie jede Sprachäußerung – in zeitlicher Verzögerung. Eine Inkubationsphase ist also immer mehr oder weniger lang andauernd. Dennoch sind die entstehenden Wahrnehmungsvignetten nicht als Erinnerungsbilder intendiert, sondern als zeitnahe Momentaufnahmen, deren Dichte und teilweise auffällige Kürze sich durch aufmerksames Ins-Gedächtnis-Rufen des affizierenden Ereignisses ergibt. Als sinnhaftes Phänomen stellt sich ein Ereignis wieder im erinnernden Bewusstwerden ein; es taucht wie ein Geistesblitz oder eine Intuition im Erkenntnisakt auf. Wir sehen dann in der inneren Anschauung, was wir in leiblicher Anwesenheit gleichzeitig wahrnehmen oder zeitlich früher wahrgenommen haben.

Große Schwester

Du spielst jetzt anders. Wenn wir früher auf dem Spielplatz waren, hast du lieber die großen Kinder beobachtet oder mit Sami gespielt. Seit neuestem magst du es, mit jüngeren Kindern zu spielen. Es ist so schön zu sehen, wie du es genießt, die Große zu sein. Ganz behütend und fürsorglich rutschst du mit deiner kleinen Freundin. Und teilst mit ihr dein Essen. Dein liebevoller Umgang hat das Potenzial einer großen Schwester. Wärst du gerne eine? (WV 5.3)

Diese Wahrnehmungsvignette zeichnet die leiblichen Erfahrungsebenen der Schreiberin nach, wie sie in der Besinnung gleichzeitig aufscheinen können: den Blick auf das Kind, das Vergleichen seines jetzigen Spielverhaltens mit dem früheren, sein Genießen, seine behütete und fürsorgliche Art, das Rutschen und Essenteilen mit der Freundin, die Einschätzung des liebevollen Umgangs im Vergleich zu einer großen Schwester, schließlich die ausblickende, fiktive Frage an das Kind.

Wenn Wahrnehmungsvignetten nicht nur spontan, sondern die einzelnen Arbeitsschritte reflektierend entstehen sollen, eignen sich für das Üben die Prozesse des Vier-Phasenmodells von Graham Wallas (1926/2014) als methodische Vorlage der Arbeitsphasen:

1) Die Beobachtung („Preparation“) im pädagogischen Feld entspricht dem Erschließen bzw. Vorbereiten, also der phänomenologischen Wahrnehmung, dem Staunen und der aufmerksamen Beobachtung (Kap. 3 und 4);
2) Inkubation und Vergessen („Incubation“) – sei es durch einen zeitlichen Abstand von der Ausgangssituation oder durch eine dazwischen liegende Nacht – stellt zwar für das phänomenologische Arbeiten das höchste Risiko dar, geht aber als natürlicher Prozess des Loslassens und Neugreifens bei zeitlichen Abständen immer vonstatten;
3) die Einsicht („Illumination“) stellt sich als zuvor in Assoziationen andeutender Geistesblitz oder Einfall bzw. idealiter als verdichtetes Gedankenbild des wahrgenommenen Phänomens und seiner Wesensaussage ein;
4) die Verarbeitung („Verification“) der „Einsicht“ erfolgt zu Gunsten einer dichten Sinnhaftigkeit, eines neuen Verständnisses, durch treffende Urteile und Begriffe sowie in der beschreibenden Ausdrucksform einer Wahrnehmungsvignette. Wallas ergänzt die drei ersten Phasen um diese vierte nach Lektüre durch Henri Poincaré (1854-1912; französischer Mathematiker, Physiker, Astronom und Philosoph), der seine mathematischen Einfälle und Entdeckungen einer wissenschaftlichen „Verifikation“, unterzog, um sie in eine entsprechende „Form“ zu bringen (ebd., S. 38). Wir nutzen das Textformat der Wahrnehmungsvignette als eine dem Phänomen entsprechende Form.

Durch die Verknüpfung der Erkenntnisprozesse mit dem kreativen Schreibakt ist ein Ansatz phänomenologischer Methode gewährleistet, einerseits weil jedes phänomenologische Erschließen der gegebenen Weltinhalte die Gegebenheiten zu Bewusstsein, in die gedankliche Vorstellung und ggf. in die Sprache bringen muss, andererseits weil Wahrnehmungsvignetten als Ausdrucksweisen phänomenologischer Wahrnehmung und Beobachtung nur so zur intentionalen Realisation in einer adäquaten sprachlichen Form gelangen können.

Die Arbeit mit Wahrnehmungsvignetten umfasst also folgende Phasen, die jeweils für sich genommen geübt werden können:

1. Vorbereitung des Schreibens einer Wahrnehmungsvignette: sich empathisch wahrnehmend auf ein Kind/eine Person/eine Gruppe einlassen
2. Inkubation oder Eingebung: Loslassen und Vergessen der Eindrücke
3. Einsicht: Erinnern des wahrgenommenen und beobachteten Moments
4. Verarbeitung: Schreiben der Wahrnehmungsvignette sowie Austausch und Reflexion im Seminar oder in einer Gruppe (Wiehl & Barth 2021, S. 200)

5.5 Anwendung des Vier-Phasenmodells für das phänomenologisch-kreative Schreiben der Wahrnehmungsvignetten

Die Gelegenheit, mit Studierenden am Institut für Waldorfpädagogik, Inklusion und Interkulturalität in Mannheim die Entstehung von Wahrnehmungsvignetten wiederholt zu erproben, ist drei Anliegen geschuldet: Ulrike Barth sucht nach neuen Möglichkeiten einer nicht kategorisierenden, sondern verstehenden Diagnostik (Barth 2020, S. 133ff.; Kap. 8); Angelika Wiehl integriert in wissenschaftlichen Kontexten, die intellektuellen Auseinandersetzungen ergänzend, kreative Methoden, darunter Wahrnehmungsübungen, künstlerische Skizzen, Erinnerungsbilder, Wahrnehmungsvignetten (Wiehl 2021b); schließlich sollen die Studierenden unseres Instituts für ihre pädagogischen Praxisphasen ein Mittel haben, die zunehmende Individualisierung der Kinder, die heterogenen Lerngruppen und viele andere besondere pädagogische Situationen differenziert wahrzunehmen, die eigene Haltung und Handlungsweise zu reflektieren sowie eine diagnostische, nicht kategorisierende Methode anwenden zu lernen (Kap. 6, 7 und 8). Sie sollen sich nicht nur theoretisches Wissen der Anthropologie, Entwicklungspsychologie und Pädagogik aneignen, sondern aus und an Erfahrungen lernen (Meyer-Drawe 2012, S. 16ff.); sie sollen auf pädagogische Phänomene aufmerksam werden und diese mit den Kenntnissen theoretischer, wissenschaftlicher Seminare verknüpfen. Fachkenntnisse sollen in der phänomenologischen Beschreibung nur den Blick lenken, nicht aber als Deutungsmuster dienen, zumal wir die Reflexionsarbeit als eigenständigen Arbeitsprozess angelegt haben (Kap. 7). Diese Zielsetzungen bestärken uns, das Schreiben von Wahrnehmungsvignetten als einen die pädagogische Reflexion vorbereitenden Übungsweg auszuarbeiten und im Folgenden an Beispielen zu systematisieren. Für ein Pädagogikstudium sind alle Übungen des phänomenologischen Beschreibens von Bedeutung, insbesondere wenn sie darin bestehen, sich immer aufmerksamer denjenigen Ereignissen zuzuwenden, die als „Bruchlinien der Erfahrung" (Waldenfels 2002; Kap. 2) erscheinen, das Bedürfnis nach Erklärungen auslösen und Türen zur persönlichen Professionalisierung öffnen. An Beispielen werden die vier Übungs- oder Kreativitäts-Phasen für das Schreiben von Wahrnehmungsvignetten erörtert:

(1) Vorbereitung des Wahrnehmungsvignettenschreibens („Preparation stage")
Die Vorbereitung des Schreibens umfasst sowohl die Wahrnehmungen und Beobachtungen einer erlebten pädagogischen Situation oder einer Person, das Anfertigen von Aufzeichnungen und Notizen als auch die Fähigkeit, einen affizierenden Moment dafür wachrufen zu können. Die intensive Auseinandersetzung soll – analog zu Helmholtz' „nach allen Seiten so viel hin- und hergewendet[en]" Problemen – bereits in der pädagogischen Praxis stattfinden. Die dabei gemachten Notizen, Skizzen oder ein beschreibender Text fließen zeitnah in eine Wahrnehmungsvignette ein. Jede Art von Aufzeichnungen unterstützt die Erinnerung, die Wortwahl und die Reflexion des Prozesses. Förderlich sind einerseits die Übungen des exakten phänomenologischen Beschreibens von Sachlagen, Ereignissen, Verhaltensweisen, Äußerungen usw., andererseits solche, die der Schulung von Wahrnehmen, Vorstellen und Denken dienen, schließlich die bewusste Unterscheidung von Wahrnehmung und Beobachtung (Kap. 3.4), also von offener Hingabe und fokussierter Aufmerksamkeit. Ob als Vorbereitungsphase nur die Zeit in der pädagogischen Praxis gilt oder sich das vorbereitende Auseinandersetzen fortsetzt bzw. beim Berichten im Seminar wiederholt, bleibt als Möglichkeit offen.

(2) Inkubation oder Eingebung („Incubation stage")
In der sich auf ganz natürliche Weise einstellenden zweiten Phase werden das wahrgenommene Geschehen, die Umstände, Besonderheiten usw. losgelassen oder – das zeigt sich sehr oft bei beunruhigenden oder unzufrieden machenden Situationen als notwendig – ganz bewusst abgelegt, ggf. in einem Tagebuch vermerkt oder in einer (abendlichen) Rückschau bedacht (Steiner 2019; Kap. 6.6). Diese Phase des Vergessens dient dem *unbewussten* Verarbeiten des Erlebten; dadurch kann im Idealfall eine Eingebung, ein Aha-Erlebnis oder eine Intuition aufscheinen. Die Studien zur Kreativität belegen, dass die Eingebung nicht aus dem Nichts oder Zufall herrührt, sondern ihr vielmehr eine intensive Beschäftigung mit einem Erfahrungsfeld oder einem Inhalt vorausgeht und sich gerade durch das Loslassen neue Ideen und Einsichten einstellen (Krampen 2019, S. 188ff.).
Diese Phase der inneren Verarbeitung können meditative Übungen verstärken, die etwas im Alltag oder in der pädagogischen Praxis Übersehenes zu Bewusstsein zu bringen. Indem die Tagesereignisse aus einer Außenperspektive und dem zeitlichen Ablauf nach rückwärts angeschaut werden, hebt sich bei wiederholtem Üben das Wesentliche vom Unwesentlichen ab (Steiner 2019; Kap. 6.6) und kann weiterverarbeitet werden. Nicht das unentwegte Hin- und Herüberlegen oder Bewegen von Gedanken bereitet eine Eingebung vor, sondern genau das Gegenteil, nämlich das Zur-Ruhe-Bringen des Erfahrenen. Dadurch öffnet sich der Bewusstseinsraum für Einfälle. Ob es sich um eine Nacht, um Tage oder nur die Zeit nach der pädagogischen Praxis bis zum nächsten Seminar an der Hochschule handelt, im Nachklang sollen die Eindrücke vergessen und *unbewusst* bleiben. Die Phase

vor dem Aha-Erlebnis wird als Annäherung oder „Intimation“ bezeichnet (Kaufmann & Glăveanu 2019, S. 32).
Die folgende Wahrnehmungsvignette beschreibt einen scheinbar unbedeutenden Moment am Spielplatz, dann die Entdeckung, dass das Kind seine Betreuerin nicht nur wiedererkennt, sondern „richtig“ erkennt.

Ich laufe Richtung Spielplatz, wo wir
uns verabredet hatten und sehe dich
schon auf der Kinderwippe mit Mama
Sofort ist deine Aufmerksamkeit bei mir
Obwohl ich gerade erst um die Ecke
bog und bestimmt noch viele Meter
von dir entfernt was, hast du mich
sofort erkannt und deine Hand nach
mir ausgestreckt. Zum ersten Mal
habe ich das Gefühl, dass du mich
jetzt wirklich richtig kennst und dich
auch erinnern kannst. Es ist ein
schönes Gefühl.

Ich laufe Richtung Spielplatz

Ich laufe Richtung Spielplatz, wo wir uns verabredet hatten und sehe dich schon auf der Kinderwippe mit Mama. Sofort ist deine Aufmerksamkeit bei mir. Obwohl ich gerade erst um die Ecke bog und bestimmt noch viele Meter von dir entfernt war, hast du mich sofort erkannt und deine Hand nach mir ausgestreckt. Zum ersten Mal habe ich das Gefühl, dass du mich jetzt wirklich richtig kennst und dich auch erinnern kannst. Es ist ein schönes Gefühl. (WV 5.4; Autograph und Transkription in Wiehl 2021b, S. 233f.)

Diese Wahrnehmungsvignette enthält eine zunächst unbedeutend erscheinende Szene. In treffenden Worten und Sätzen wird das äußere Geschehen am Spielplatz, das Gefühl und schließlich die Entdeckung, „dass du mich jetzt wirklich richtig kennst und dich auch erinnern kannst"(WV 4.5), festgehalten. Das Entdecken dieses Moments ist bereits eine *Eingebung*; es wird die Idee oder das Wesenhafte des Augenblicks erfahren.

Inkubation – also die Eingebung zu einem ursprünglich beobachteten Geschehen – kommt zum Ausdruck, wenn im Schreiben wie bei einem affizierenden Ereignis plötzlich der Blick auf etwas ganz anderes als das naheliegende Äußere fällt und sich ein Gefühl oder ein Gedanke zu einem die Aufmerksamkeit erregenden Moment einstellt. Gefühle, Empfindungen und Gedanken reichen über die Seh- und Höreindrücke hinaus, spiegeln die zwischenmenschliche Atmosphäre (Böhme 2017, S. 33) und verleihen dem Ereignis eine Sinnhaftigkeit: „Zum ersten Mal habe ich das Gefühl, dass du mich jetzt wirklich richtig kennst und dich auch erinnern kannst. Es ist ein schönes Gefühl." (WV 5.4) Die Beobachtung des Gegebenen umfasst also äußere *und* innere Erlebnisse, auch wenn der Blick zunächst meist auf das Offensichtliche fällt.

In Seminaren wurde anfänglich zu wenig Zeit für eine Besinnung eingeräumt, sodass einige Studierende keine Erinnerungen und Einfälle hatten. Methodisch kommt es darauf an, eine Brücke zu bauen, dass nicht irgendein Ereignis aus der pädagogischen Praxis abgerufen wird, sondern das Bewusstsein, z. B. unterstützt durch Skizzen, Notizen und Gespräche, auf die eindrücklichen Momente mit einem Kind oder einer anderen Person gelenkt wird. Natürlich kann die getroffene Auswahl sofort als Wertung eingestuft werden, aber ohne ein Gefühl für das Auffällige, Besondere oder Affizierende ist kein Ereignis von einem anderen zu unterscheiden.

(3) Einsicht („Illumination stage")

Ähnlich wie im Wahrnehmungsmoment selbst, also in der pädagogischen Praxis oder bei einer anderen Realerfahrung, das Augenmerk auf *ein* affizierendes Ereignis gerichtet ist, bereitet die Inkubationsphase auf eine *Einsicht* vor. Während die *Eingebung* ein Akt des Erkennens ist, bündeln sich in der *Einsicht* Sinn und Aussage des Ereignisses. Sie stimmt auf das phänomenologische und erzählende Beschreiben ein.

In dieser Nachphase der Inkubation richtet sich Konzentration auf eine Szene, die sich von dem allgemeinen „Horizont" aller erinnerten Eindrücke abhebt. Sie kann wiederum Auslöser für die Erinnerung an weitere, damit verbundene oder daraus hervorgehende Vorkommnisse sein. Nach einer intensiven Zuwendung gilt es, einen einzelnen Moment oder eine Ereignisfolge wiederum in der Vorstellung zu bewegen und passende Worte zu finden. Im besinnenden Erinnern wiederholen wir das Einlassen auf die vorgängige Erfahrung, so als wären wir wieder am Ort des ursprünglichen Geschehens. Dadurch intensivieren sich Vorstellungen, Gedanken und Gefühle, die in Farbskizzen, Wortbildern, Notizen oder gleich in einen beschreibenden Text einmünden, der bei Bedarf in einer weiteren Arbeitsphase möglichst wenig überarbeitet und ergänzt wird. Manchmal sind Vorarbeiten erforderlich, um sich eine ursprünglich affizierende Gegebenheit wieder vor Augen zu führen. Je häufiger dieser Übungsprozess ausprobiert wird, desto leichter fällt einem eine bestimmte Szene oder Äußerung wieder ein. Es kann sein, dass sich zeitlich auseinander liegende Erlebnisse in der Erinnerung oder der Erzählung vereinen, wie die folgende Wahrnehmungsvignette aus der Betreuung eines jüngeren Schulkindes belegt.

Das silberne Schwert

Seit ich Dich mit meinem neuen Fahrrad von der Schule abhole, bestehst Du darauf, den ganzen Heimweg neben mir zu joggen. Natürlich trage ich dabei Deinen Schulranzen, den ich über meinen Rucksack hänge, sodass ich einen richtigen Schildkrötenpanzer am Rücken trage. Wir veranstalten ein Wettrennen, singen gemeinsam und zwischendurch legst Du eine kleine Tanzeinlage ein. Du bist nun bereits die Hälfte des Weges gerannt und bleibst plötzlich stehen. Du bückst Dich, hebst einen kleinen silbernen Gegenstand vom Boden auf und streckst ihn mir entgegen. Ich sehe mir das kleine „Schwert" mit großen Augen an und bewundere Deinen Fund. Wir sprechen kein Wort miteinander und doch verstehen wir uns genau. Du gehst wieder in die Hocke, löst Moos vom Boden und legst mit allem, was Du innerhalb kürzester Zeit finden kannst ein kleines Mandala um den silbernen Gegenstand, der einem Schwert ähnlich sieht. Als Du Dein Kunstwerk vollendet hast, setzen wir glücklich und wortlos den Heimweg fort.

Eine Woche später passieren wir die gleiche Stelle. Wieder bleibst Du stehen, hältst einen Moment inne, musterst den Boden und schon zückst Du stolz lächelnd das wiedergefundene Schwert. (WV 5.5)

(4) Verarbeitung („Verification stage"):

Verarbeiten entspricht in unserer Methode dem Beschreiben affizierender Momente eines pädagogischen Handlungsfelds. Wahrnehmungsvignetten entstehen ohne detaillierte Vorgaben für Stilmittel und Textlänge überwiegend als narrative Texte im Präsens. Ungewöhnliche Formulierungen spiegeln mehr als geglättete Ausdrucksweisen die erfahrene Betroffenheit und gelebte Gestimmtheit wider, die zur Atmosphäre eines Lebenszusammenhangs gehören. Es entstehen gelegentlich Texte in verschiedenen poetischen und narrativen Formen, die – wie das folgende Beispiel zeigt – mehr die mentalen und emotionalen Prozesse als das äußere Geschehen hervorheben.

Ruhe

Du ruhst in dir,
bist ganz in deiner Mitte.
Deine Arme oft vor der Brust verschränkt,
nicht abweisend,
nicht abgrenzend,
aber gleichzeitig, vielleicht doch?
Ich weiß, du bist offen für mich,
du schiebst mich nicht weg,
aber du ruhst ganz in dir,
bist bei dir selbst. (WV 5.6)

Texte in Form eines Gedichts ohne Reim und Metrum (WV 5.6), eines Briefs (WV 5.7) oder eines Aphorismus lassen wir – insbesondere in der Angangsphase des Studiums – auch als Wahrnehmungsvignetten gelten; sie werden dann überarbeitet, wenn Vermutungen oder Erklärungen das phänomenale Gegebensein dominieren.

Verkehrt herum

Was siehst du? Was denkst du? Was geht in dir vor?
Du sitzt am Tisch, auf einmal bemerkst du, dass eines der Kochbücher im Regal anders herum steht, als alle anderen.
„Lena, warum is des Buch do falschrum?“, fragst du und stehst auf, drehst es um.
An einem anderen Tag nähen wir dein „Monster“; das du für die Schule machen sollst.
Den Stoff hast du schon ausgeschnitten, das Muster auf diesem ist verkehrt herum.
Hast du das gesehen? War es dir egal? Oder hast du dir etwas dabei gedacht?
(WV 5.7)

Beide Wahrnehmungsvignetten (WV 5.6 und 5.7) enthalten charakteristische Momente, die einer Studierenden bei der Betreuung des etwa neunjährigen Kindes auffielen; sie fasst sogar zeitlich auseinanderliegende Ereignisse zusammen. Je länger Studierende oder Forschende das Schreiben der Wahrnehmungsvignetten üben, desto mehr prägen sie ihren persönlichen Stil aus und nähern sich der phänomenologischen Beschreibung an. Nicht alle Texte sind eindeutig von Vignetten des Netzwerks VignA zu unterscheiden; aber ein Hauptmerkmal der Wahrnehmungsvignetten bleibt die pointierte Aussage ohne viele Details zu Person, Raum und anderen Gegebenheiten.

Köpfer

Hannah erzählt vom heutigen Sportunterricht: „Wir haben Köpfer geübt! Und ich war so aufgeregt, meine Beine haben voll gezittert, als ich so am Beckenrand gestanden hab. Wir haben dann ein Wettschwimmen gemacht und ich wurde zweite! Die Jungs haben mich voll angefeuert. Ich hatte eine voll lange Gleitphase!“ (WN 5.8)

Obgleich sich unser Verfahren vom Vignetten-Schreiben des Netzwerks VignA unterscheidet (Kap. 5.6), gibt es Ähnlichkeiten bezüglich des phänomenologischen Arbeitens und Forschens. Auch wir sehen in der Methode des Schreibens in Anlehnung an Husserl ein „Explorieren“, das nicht darauf ausgerichtet ist, „*was* die Dinge *sind*, sondern *wie* sie den menschlichen Sinnen und – im Erkennen, Wahrnehmen, Begreifen, Verstehen – dem Bewusstsein *erscheinen*“ (Peterlini 2020, S. 122). Die Beschreibungen bilden nicht ab, sondern sind persönliche Ausdrucksweisen zum Erscheinungsbild, zur Konstitution, zu Verhaltensweisen, Fähigkeiten, zur Entwicklung und weiteren Merkmalen, die unmittelbar den Blick auf sich ziehen.

Die Arbeit an Wahrnehmungsvignetten geht in vielen Fällen von einem affizierenden Moment aus, schließt die Beobachtung der inneren Prozesse, Gefühle, Empfindungen und Gedanken sowie die individuelle Haltung der beobachtenden Person mit ein und hat nicht den Anspruch, eine möglichst sachgetreue, objektive „Fall“-Beschreibung oder Berichterstattung zu sein. Wahrnehmungsvignetten fangen vielmehr das Exemplarische und das Fragmentarische ein. Jede Wahrnehmungsvignette erscheint für sich als ein Ganzes und ist dennoch nur ein kleiner Ausschnitt der Miterfahrung. Daher gilt für dieses Textformat, dass – wie in der Ästhetik des Fragments (Ostermann 1991) – sich zwar im Fragmentarischen ein Unvollkommenes oder Unfertiges artikuliert, dennoch „die Idee des Ganzen und des Fragments zusammenfallen, indem das Ganze als Resultat einer Zerstückelung gedeutet wird“ (ebd., S. 16) und jedes Stück „den Status einer verhinderten Ganzheit erhält“ (ebd.). Wahrnehmungsvignetten sind also „Bruchstücke eines zukünftigen Ganzen“ (Wiehl 2019b, S. 42), dessen Sinngehalt im Nachgang durch die Reflexionen (Kap. 7) ausgeschöpft wird. Das Schreiben konstituiert sich im propädeutischen Herantasten an die phänomenologische Forschungsmethodologie. Es entstehen keine vollendeten Texte, sondern verschriftlichte *Momente leibphänomenologischer Erfahrungen.* Wahrnehmungsvignetten machen affizierende Momente erneut verfügbar und binden sie für das pädagogische Gespräch in Worte.

5.6 Variationen phänomenologischer Texte: Phänomenologische Beschreibung, Vignette, Anekdote, Erinnerungsbild und Wahrnehmungsvignette

Beschreibende Texte von Phänomenen zeichnen sich durch unterschiedliche Formate, Stile, Perspektiven und zeitlich-räumliche Verortungen aus. Jeweils einen anderen Ansatz repräsentieren die Vignetten und Anekdoten der VignA-Forschungsgruppe (z. B. Schratz et al. 2012; Agostini et al. 2018; Rathgeb 2019; Krenn 2020a), die beschreibenden Texte des Forschungsteams um Malte Brinkmann (2020a, 2020b) und die Erinnerungsbilder, die Birgit Engel u. a. in der kunstdidaktischen Lehre und Forschung nutzen (Engel 2020; Engel & Hallmann 2022a; 2022b). An Beispielen sollen drei Aspekte herausgearbeitet werden, die *Perspektiv*e der Schreibenden, *mögliche Sprachstile bzw. Textformen* und die *Anwendungsfelder*, die für die phänomenologische Arbeit mit Wahrnehmungsvignetten von Belang sind.

Phänomenologische Beschreibung
Einjähriges Mädchen übt Treppen steigen

Eine Mutter, die etwa ein Jahr alte Anna und eine Dozentin befinden sich vor dem Seminarraum im ersten Stock eines Gebäudes. Die Erwachsenen sind in ein Gespräch vertieft, während Anna, deren Unterschenkel nicht mal bis an die nächste Treppenstufe reichen, mit großen Schritten die Treppe raufsteigt. Sie steht auf jeder Stufe einen Moment lang auf beiden Beinen still, holt Luft und erklimmt die nächste Stufe. Sobald sie den nächsten Treppenabsatz erreicht hat, wendet sie sich um, schaut auf die beiden Erwachsenen und steigt – immer wieder das leichte Schwanken austarierend – die Treppe runter. Das geht so fort, bis eine weitere Frau kommt, staunend innehält und sich neben Anna stellt; diese reicht ihr das Händchen und steigt nun die Treppenstufen bis zum Absatz, auf dem die Mutter steht, an der Hand der Frau, also mit Unterstützung, zügig und mit kräftigen Schritten runter. Dabei bewahrt sie vollständig das Gleichgewicht und konzentriert sich auf die Stufen. (PB 5.1)

Die phänomenologische Beschreibung darf als eigenes Textformat oder als die Vorstufe einer Wahrnehmungsvignette gewertet werden. Sie fokussiert nichts Auffälliges oder Affizierendes, sondern greift alltägliche (pädagogische) Momente auf, um das genaue Wahrnehmen und exakte Beschreiben zu üben.

Jede Versprachlichung eines Phänomens konstituiert dessen Repräsentation. „Der sprachliche Ausdruck artikuliert etwas, was sich ihm im Bezug zugleich entzieht" (Brinkmann 2015b, S. 530), weil er immer auf ein „Vorsprachliches und Vorreflexives" (ebd.) verweist. Für alle Beschreibungen eines Phänomens bzw. einer Gegebenheit gilt daher: „Die sprachliche, interpretative und reflexive Artikulation ist nachträglich. Sie erschöpft und ersetzt […] nicht, vielmehr bleibt sie tentativ, eine Berührung in temporaler Distanz" (ebd., S. 531). In einer phänomenologischen Beschreibung zeigt sich also *nur* die nachträglich vergegenwärtigte Wahrnehmung eines Subjekts; zu fragen ist, ob detailreich wahrgenommen wurde oder ob doch einige Aussagen aus Wunschvorstellungen herrühren.

Wahrnehmungsvignetten entstehen selten im pädagogischen Praxisfeld, sondern werden meistens im Nachhinein und in einem Akt geschrieben. Damit unterscheiden sie sich von den *(Unterrichts-)Vignetten* des Netzwerks VignA (u. a. Schratz et al. 2012; Schwarz 2017; Agostini & Peterlini 2022). Diese werden vor Ort, im Unterricht oder bei anderen Gelegenheiten und aus gesammelten Daten zunächst als *Protokolle* oder *Rohvignetten* verfasst, dann wiederholt einer Lektüre unterzogen und überarbeitet, bis sie aus Sicht eines Forscher*innenteams den Erfahrungen mit dem Ausgangsphänomen entsprechen. Der Prozess der schriftlichen Überarbeitung fordert Beobachtungs- und Detailgenauigkeit; Stimmfärbung, Gestik, Mimik, Blicke, wörtliche Rede, auch Gespürtes und Gefühltes – also alles, was sich den Sinnen darbietet – dient in der Beschreibung dazu, „die leiblichen Erfahrungen" (Thielmann 2020, S. 74) umfänglich und aussagekräftig zur Sprache zu bringen. Bei der Überarbeitung einer (Roh-)Vignette, die in mehreren Phasen und im Team stattfinden kann, wird der Vignettentext wiederholt hinsichtlich fehlender Elemente befragt und ergänzt, sei es aus dem Kontext, bezüglich der Raumgestaltung und des zeitlichen Rahmens, des Erscheinungsbilds, der Aufgaben und Stellungen der Personen sowie ihrer Handlungsweisen und Äußerungen.

In zahlreichen Studien vor allem aus dem Netzwerk VignA werden Vignetten als quantitatives und als „qualitatives Erhebungsinstrument in der empirischen Lernforschung" (Thielmann 2020, S. 65) genutzt, um durch eine „*miterfahrende* Forschungshaltung" (Schwarz 2018, S. 90f.) die „schulische[n] Lernerfahrungen aus lernseitiger Perspektive" (Thielmann 2020, S. 69) zu zeigen oder damit das „Lernseits" (Schratz 2009) der Schülerinnen und Schüler sichtbar zu machen. Die Vignettenforschung, die zunächst auf Unterricht und Professionalisierung von Lehrkräften fokussiert war, weitet sich zunehmend auf andere Gebiete phänomenologischer Forschung aus (Agostini & Peterlini 2022). Diese in aller Kürze eingeführte Methodologie versteht sich genauso wie die Arbeit mit Wahrnehmungsvignetten als phänomenologischer Arbeits- und Forschungsansatz; sie ist im Prinzip die Vorlage für die Entwicklung der Wahrnehmungsvignetten als phänomenologisch-reflexives Medium in der (waldorf-)pädagogischen Ausbildung. Aber während Wahrnehmungsvignetten in erster Linie das Erscheinungsbild, die Handlungsweisen und Äußerungen einer Person oder Gruppe sowie die damit einhergehenden inneren Vorgänge der Beobachtenden nach unmittelbarer phänomenologischer Wahrnehmung beschreiben, haben Vignetten den Anspruch,

„dass sie leibliche Wahrnehmungen und intersubjektive Erfahrungen ‚übersetzen'" (Thielmann 2020, S. 70), sich dabei in „Tonfall, Tempo und Rhythmus" einer „pathisch geprägten Sprache" und der beobachtenden Perspektive bedienen, um das ursprüngliche Widerfahrnis beim Lesen wiederum miterfahrbar werden zu lassen (ebd., S. 70f.).

Die beiden folgenden Vignettentexte entstanden in einem Workshop mit Studierenden und Forscher*innen; sie zeigen den Arbeitsweg von der Erstfassung bis hin zu einer überarbeiteten Version aus dem Teilnehmer*innenkreis.

Ur-Vignette bzw. Erstfassung
Pulsmessung

„Kann jemand beschreiben, wie wir den Puls messen?" Die Lehrkraft steht dabei vor der Tafel, während die Schüler*innen in einem Halbkreis auf Stühlen sitzen und zur Lehrkraft blicken. Ein Schüler meldet sich. Daraufhin melden sich immer mehr Schüler*innen. In der Phase des Meldens schaut die Lehrkraft eine kurze Zeit aus dem Fenster, indem sie den Kopf nach rechts bewegt. Anschließend nimmt sie ein Kind dran, indem sie auf das Kind zeigt und: „So bitte", sagt. Die Lehrkraft schaut das Kind an, während es erzählt, faltet die Hände zusammen, streckt aus den Händen die Zeigefinger und fährt diese zum Mund. Sie reagiert mit einem Stirnrunzeln, kneift die Augen und schaut dann aus dem Fenster. Schließlich sagt sie in die Runde gerichtet: „Sehr gut, wir messen an der Speichenseite. Wo messen wir genau?" (WV 5.9)

Überarbeitete Vignette
Pulsmessung an der Speiche

Im Biologieunterricht der siebten Klasse sitzen die Schüler und Schülerinnen an halbkreisförmig angeordneten Einzeltischen und blicken auf den Biologielehrer, der mit verschränkten Armen vor der zugeklappten Tafel steht. „Kann jemand beschreiben, wie wir den Puls messen?", fragt er die Schüler und Schülerinnen. Sie schauen ihn erwartungsvoll an, während sich Stille im Raum ausbreitet. Ein Schüler meldet sich. Daraufhin melden sich immer mehr Schüler und Schülerinnen durch Zeigefingerheben. Doch unmittelbar nach seiner Aufforderung schaut der Lehrer für einen kurzen Moment nachdenklich und die Augenbrauen zusammenziehend aus dem Fenster. Dann wendet er den Kopf wieder zur Klasse und lässt den Blick abwechselnd zur linken und rechten Seite des Halbkreises schweifen. Nun zeigt er mit flach ausgestreckter Hand auf einen Schüler und sagt: „So, bitte!" Während der Schüler leise und etwas undeutlich sagt: „Wir messen an der Speiche", schaut der Lehrer ihn aufmerksam an, faltet dabei seine Hände zusammen, streckt aus den Händen die beiden Zeigefinger hervor und fährt mit diesen an seinen Mund. Mit leicht gesenktem Kopf fixiert er weiterhin den Jugendlichen, sodass seine Augen direkt auf diesen gerichtet bleiben. Dabei runzelt er die Stirn, als würde er den Inhalt

> der Aussage nicht ganz verstehen. Anschließend bewegt er erstaunt und Falten ziehend die Stirn nach oben. Der Schüler schaut dem Lehrer nur für kurze Zeit in die Augen, schaut dann suchend nach links und rechts in die Runde der Klassenkamerad*innen und richtet schließlich die Augen wieder auf den Lehrer. Erneut schaut der Lehrer aus dem Fenster einen Baum fixierend. Dabei stellen sich beide Pupillen enger zueinander. Er wendet sich wieder dem Schüler zu, schaut ihn ganz genau an und sagt: „Sehr gut, wir messen an der Speiche. Wo messen wir genau?“ (WV 5.10)

Die Überarbeitung zeigt eine deutliche Präzisierung bezüglich der Schüler*innen-Lehrer*innen-Beziehung, ihres Blickkontaktes und der Haltung des Biologielehrers. Es werden durch die feinen Nuancen im Zwischenmenschlichen die abwartende, fordernde Haltung des Lehrers und das unsichere, zögerliche Antworten des Schülers sichtbar gemacht; darüber hinaus sprechen Handgeste, Kopfbewegung, Augenstellung des Lehrers nicht für ein Chancen gebendes, sondern für ein Antwort erzwingendes Verhalten, das den Schüler immer mehr in die Enge treibt und im ungünstigen Falle zum Scheitern bringen könnte. Denn selbst das Loben am Schluss – „Sehr gut…“ – wird sofort von einer insistierenden Nachfrage verdrängt. Damit sind einige wenige Aspekte zur Reflexion dieser Vignette angedeutet, um auf die vielschichtige Bedeutung eines solchen Textes und auf die Verantwortung im Umgang mit Interpretationen hinzuweisen. Je pointierter und je detailreicher eine Vignette oder eine Wahrnehmungsvignette geschrieben ist, desto mehrdimensionaler ihre inhaltliche Aussage, die zu unvorhergesehenen Erkenntnissen führen kann.

Zu den pointierten und phänomenologischen Textformen gehören *Anekdoten*, eine andere erzählende Kurzform, die sich durch die Prägnanz eines Ereignisses auszeichnet und nicht nur als eine humorvolle Erzählung ein unvergessliches Erlebnis dokumentiert, sondern auch als qualitatives Forschungsinstrument eingesetzt wird (Krenn 2020a, 2020b). Dafür wird z. B. aus protokollierten Gesprächen mit Schüler*innen über ihre Schulerfahrungen eine Geschichte über ein Ereignis mit „besonderer Wirkkraft“ (Krenn 2020b, S. 81) in einer Anekdote anschaulich und sprachlich prägnant verdichtet. Die Anekdote als Forschungsinstrument soll vier Kriterien erfüllen: „*eine* Erfahrung zu *einem* bestimmten Thema und *einem* Fokus beinhalten und *eine* Pointe enthalten“ (ebd.). Für ihre Genese spielt die Fähigkeit der „*miterfahrenen Erfahrung*“ (ebd., S. 83) der oder des Forschenden eine Rolle, weil sich nur durch dieses subjektive Miterleben des Gesprächs mit einer Person aus den Protokollen oder Audioaufnahmen im Nachgang die affizierenden Momente herauskristallisieren lassen (ebd., S. 81ff.).

Die folgende Anekdote ist die verdichtete Version einer von Fünftklässler*innen wiederholt erzählten und in fast allen Tagebüchern der Klasse in anekdotischer Form dokumentierten überraschenden Begebenheit.

Anekdote einer fünften Schulklasse
Möwenschiss

Als einige fröhlich plaudernde Schülerinnen die gerade im Inselhafen angekommene Fähre verlassen, nähern sie sich immer mehr einer ihre schweren Koffer zum Land schleppenden Damengesellschaft. Plötzlich dreht sich eine der Damen um und schreit erbost mit hoher Stimme die Jugendlichen an: „Wer hat das gemacht? Wer war das von euch? Das ist ja…" Die Mädchen wissen zuerst nicht, was gemeint ist, sehen dann aber einen großen Schmutzfleck mitten auf dem Busen der schreienden Dame. „Das waren wir nicht, das war eine Möwe", rufen die Mädchen ihr entgegen und können sich vor Lachen kaum halten. Die Dame wirkt verzweifelt und beschuldigt sie weiter. Da läuft Anni zurück zur Fähre und holt sich Unterstützung von ihrer Lehrerin, die schnell zu der Gruppe eilt. „Entschuldigen Sie bitte", spricht sie die Dame in höflichem Ton an, „das ist gewiss nicht von den Mädchen verursacht, es ist ein Möwenschiss, sicher sehr unangenehm für Sie, aber die Mädchen können absolut nichts dafür." (PB 5.2)

Es handelt sich bei dem „Möwenschiss" nicht um eine Anekdote als Forschungsinstrument – Beispiele dafür finden sich bei Krenn (2020a und b) –, sondern um eine anekdotische Erzählung, die beispielhaft eingefügt wird, weil sich eine solche Erzählweise auch in Wahrnehmungsvignetten verbergen, dieser ähneln oder zumindest aus derselben hervorgehen könnte. Wahrnehmungsvignetten und Anekdoten gleichen sich oftmals wegen ihres erzählenden und das Humorvolle pointierenden Stils.

Auf der anderen Seite sind Wahrnehmungsvignetten von *Erinnerungsbildern* abzugrenzen, weil diese in jeder beliebigen Vorzeitlichkeit ihren Inhalt verorten und auch nach Ablauf des Ereignisses neuerlich mitschwingende Gefühle und Gedanken einschließen können. Erinnerungsbilder sind „verdichtete Erzählungen", die „erinnernd auf besonders prägnante oder irritierende Wahrnehmungsmomente, ein ungewöhnliches Erleben zurück[gehen]" (Engel & Hallmann 2022a, S. 3f). Ähnlich wie Wahrnehmungsvignetten oder Vignetten können sie – je nach dem gewählten Themen- oder Erfahrungsbereich – in Bezug auf den pädagogischen oder didaktischen Gehalt hin und zu Zwecken der Professionalisierung reflektiert werden. Den beiden Textformen gemeinsam ist, dass sie „eine erlebte Wahrnehmung, das Spüren einer Situation, eines vergangenen Handelns und Erlebens, nochmals zeigen" (Engel 2020, S. 114). Aber im Unterschied zu Wahrnehmungsvignetten liegt bei den Erinnerungsbildern der Fokus auf dem Erzählen eines

Ereignisses und nicht auf dem Beschreiben eines Phänomens. Erinnerungsbilder lenken den Blick der Lesenden in die Vergangenheit zurück.

Erinnerungsbild
Monsieur Schmidt

Es war wohl in der zweiten Klasse, als Monsieur Schmidt unser Französischlehrer wurde. Eines Morgens betrat er den Klassenraum und zog sofort die Aufmerksamkeit der Kinder auf sich. Er wirkte auf uns wie ein feiner französischer Herr, der deutsch mit einem starken französischen Akzent sprach. Seine große Gestalt, sein blauer Anzug mit Weste, weißem Hemd und Krawatte, seine Handschuhe und vor allem sein goldener Füllfederhalter beeindruckten uns. Diesen nutzte er, um etwas in das Klassenbuch zu schreiben. Er war sehr vorsichtig mit dem Begrüßen per Handschlag. Dazu wurde uns berichtet, dass er an den Folgen einer Schusswunde litt, deswegen sehr empfindlich sei und auf Sauberkeit achten müsse. So fein und elegant seine Erscheinung war, so gestaltete er auch seinen Unterricht. Er sprach immer Französisch und gab mit sanften Handbewegungen an, worauf wir achten, wohin wir gehen oder was wir tun sollten. Ich liebte seine französische Sprache und seine feine Art. Ein Höhepunkt war, als wir eines Tages die Geschichte vom Wolf und den sieben Geißlein als französisches Theaterstück einstudierten und anlässlich eines Schuljubiläums auf der Bühne des städtischen Theaters aufführen durften. Alle Kinder sprachen die Geschichte auf französisch im Chor und hatten jeweils eine einzelne Rolle. Ich war die große Uhr, hinter der sich ein Geißlein verstecken konnte. Die Bühne und wir waren sehr hell beleuchtet und im Saal war es ganz still, sodass ich nicht sehen und hören konnte, wer vor uns saß. Erst als das Publikum klatschte, bemerkte ich die vielen Menschen, die auf uns schauten und sich freuten. Wir waren sehr stolz, und ich glaube, Monsieur Schmidt auch. (PB 5.3)

Zu den Merkmalen eines Erinnerungsbildes gehören außer dem erzählenden Duktus mit Anfang und Ende wie in der literarischen Prosa u. U. eine idealisierende oder überhöhende Sicht der erzählenden Person, mitschwingende positive bis negative Gefühle gegenüber den zurückliegenden Ereignissen und den beschriebenen Personen sowie Erklärungen der Umstände oder Besonderheiten. Dass auch Wahrnehmungsvignetten einen erinnernden Anteil haben oder haben können, ist der Tatsache geschuldet, dass sie wie alle Schreibakte in einer die Vergangenheit wieder einholenden Aktion entstehen, denn jeder Schreibakt, auch die Überarbeitung oder das Verfertigen einer Endfassung geschieht auf das Gewesene rückblickend. Ihr Alleinstellungsmerkmal gründet darin, dass immer eine Phase der Wahrnehmung und Beobachtung im pädagogischen oder anderen Kontext in zeitlicher Nähe vorausgeht und dass die Schreibphase als produktive und kreative Methode phänomenologischer Beschreibung geübt, reflektiert und strukturiert wird, also nicht nur spontan erfolgt.

In der Biologiestunde an einer Schule entstanden – neben den nicht abgedruckten Skizzen zum Tafelanschrieb – folgende Notizen für eine Wahrnehmungsvignette:

Bio-Unterricht

Bio-Unterricht 12. Klasse; „Morgen“, „Sind heute alle da?“, ein Schüler kommt, L. blickt zur Türe, „Das neue Thema ist Nervenphysiologie.“, L. blickt auf einen Schüler: „Weißt du noch, was wir letztes Mal besprochen haben?“, Fachbegriffe, „Was kann denn die Nervenzellen beeinflussen?“, kurze Antworten z.T. unverständlich, Overhead, Nerven, Synapsen, „Wir lesen Satz für Satz, in der hinteren Reihe beginnend, und ergänzen jeweils die fehlenden Wörter“, laut lesen, Fachausdrücke auf Folie ergänzen, L: „Nervenzellen haben eine schlechte Regenerationsfähigkeit“; Einwurf des Kollegen: „Das birgt Gefahren, denn zum Beispiel im Vollrausch werden eine Menge Nervenzellen geschädigt.“ (WV 5.11, Stichwörter und Entwurf zu WV 5.12.)

An den Stichwörtern ist erkennbar, dass es individuell verschieden ist, was und wie etwas notiert und welcher Transfer für die Entstehung der Wahrnehmungsvignette anschließend geleistet wird. Aus der Zusammenführung der Notizen und der Erinnerungen wird der beschreibende Text formuliert. Für die Endfassung der Wahrnehmungsvignette war hauptsächlich die wörtliche Rede leitend.

Wahrnehmungsvignette
Aus dem Biologieunterricht einer 12. Klasse

„Morgen“, sagt der junge Biolehrer freundlich und blickt auf die sieben anwesenden Schüler*innen der zwölften Klasse. „Sind das heute alle?“ In diesem Moment geht die Türe auf, ein weiterer Schüler kommt und setzt sich zwischen zwei andere Jungen. Den Unterricht beginnend kündet der Lehrer an: „Das neue Thema ist Nervenphysiologie.“ Dabei blickt er auf einen Jungen und fragt: „Weißt du noch, was wir letztes Mal besprochen haben?“ Die Schüler*innen melden sich und werfen ein paar Fachbegriffe in den Raum. „Was kann denn die Nervenzellen beeinflussen?“, fragt der Biolehrer. Es ertönen wieder einige Antworten in Kurzsätzen oder als Einzelwörter; dabei wird in Richtung Lehrer gesprochen. Ich verstehe, an der Türwandseite sitzend, die Aussagen der Schüler*innen nur rudimentär. Der Lehrer schaltet den Overheadprojektor an, zeigt eine schematische Darstellung eines Nervenstrangs, erläutert die Synapsen und andere Details. Die Jugendlichen blicken aufmerksam auf das Schema und nennen auf Nachfragen hin zugehörige Fachbegriffe. Anschließend bekommen sie Kopien eines Lückentextes über den „Aufbau der Nervenzelle“. Der Text ist außerdem als Overheadprojektion für alle sichtbar. „Wir lesen Satz für Satz, in der hinteren Reihe beginnend, und ergänzen jeweils die fehlenden Wörter“, fordert der Lehrer auf. Erst einige Jungen, dann die drei Mädchen und wieder einige Jungen lesen die Sätze laut vor und ergänzen dabei die fehlenden Fachausdrücke, die der Lehrer fortlaufend auf seiner projizierten Textvorlage einträgt. Nach Verklingen des letzten Satzes sagt er: „Nervenzellen haben eine schlechte Regenerationsfähigkeit." Plötzlich ertönt von hinten die Stimme des zwecks Einarbeitung des jungen Lehrers anwesenden älteren Biokollegen: „Das birgt Gefahren, denn zum Beispiel im Vollrausch werden eine Menge Nervenzellen geschädigt." Einige Schüler und Schülerinnen schmunzeln. (WV 5.12)

Beim regelmäßigen Schreiben von Wahrnehmungsvignetten in der Funktion als pädagogisch Handelnde oder in der Position als Beobachter*in werden immer mehr Anlässe bemerkt, für die sich spontan die treffenden Worte finden lassen. Auf der anderen Seite verlangen herausfordernde Verhaltensweisen und betroffen machende Ereignisse im Umgang mit Kindern eine Besinnungsphase, um das Wesentliche vom Unwesentlichen für die Beschreibung zu unterscheiden (Wiehl & Barth 2021; Kap. 6.6). Besonders das spontane Schreiben setzt ein Empfinden für herausragende Momente, eine gewisse Sicherheit im sprachlichen Ausdruck, einen reichen Wortschatz sowie schnelles Erfassen der wörtlichen Rede voraus und bedarf des Humors zum Aufspüren zwischenmenschlicher und ungewöhnlicher Vorgänge. Das Unerwartete sagt oft viel mehr über einen Menschen aus als alltägliche Routinen und gewohnte Eindrücke. In diesem Sinne widmen wir uns beim Schreiben von Wahrnehmungsvignetten dem Persönlichen und Einzigartigen eines Menschen.

5.7 Wahrnehmungsvignetten schreiben

Obwohl die vorangehenden Abschnitte bereits viele Beispiele und Hinweise enthalten, die zum Beobachten und Schreiben anregen, schließen wir dieses Kapitel mit Übungen für das Journaling. Wir empfehlen, die eigenen Versuche in einem Heft handschriftlich aufzuzeichnen – also selbst Autographen als Wegmarken phänomenologischen Schreibens herzustellen.

Journaling: Wahrnehmungsvignetten lesen und vergleichen

Lesen Sie sich die beiden Wahrnehmungsvignetten (WV 5.13 und WV 5.14) laut vor und machen Sie sich Notizen oder Skizzen zu den sich ergebenden Vorstellungen. Unterscheiden Sie innere Bilder, Gefühle, Gedanken und (Vor-) Urteile; achten Sie auf die Unterschiede der Textformen.

Wahrnehmungsvignetten können genauso affizierende Momente enthalten, wie sie Ihnen im alltäglichen Umgang mit anderen Menschen widerfahren.

Beispiel 1: „Ich liiiiiebeee dich"

Wir sitzen auf der Couch und schauen einen Film
Du rechts, ich links
Draußen ist es bereits dunkel
Der Regen prasselt an die Scheibe
Im Fernseher läuft gerade eine traurige Szene
Langsam rückst du näher zu mir
Eine Träne kullert über deine Wange
Du vergräbst deinen Kopf in meinem Schoß
Ich streichle über deinen Rücken, bis du dich wieder beruhigt hast
Im Fernseher läuft gerade eine lustige Szene
Du lachst und singst und tanzt
Der Film geht zu Ende, langsam wirst du müde
Du legst dich auf meine Beine; dein Kopf an meinen Füßen
Eine ganze Weile liegst du ruhig da
Ich denke du bist eingeschlafen
Plötzlich wirbelst du herum und sagst: „Ich liiiiiebeee dich"
Drehst dich wieder herum und verstummst
Der Moment ist so plötzlich vorbei (WV 5.13)

Beispiel 2: „Du bist so gemein zu mir"

Die Kinder der dritten Klasse haben ihre Plätze eingenommen und fast alle Schulsachen und persönlichen Utensilien in den Schultaschen verstaut. Ein Mädchen spielt noch mit einer kleinen, aus Papier selbst hergestellten Katze. Die Lehrerin steht vorne, lässt ihren Blick von Kind zu Kind schweifen und wartet, bis alle für den gemeinsamen Unterrichtsbeginn bereit sind. Sie bemerkt, dass ein Mädchen noch mit etwas in den Händen spielt, und wendet sich mit strenger Miene ihm zu. „Cara, packe es bitte ein", sagt sie klar und freundlich. „Nein, das Tier muss draußen sein", entgegnet Cara bestimmt. „Cara!", ruft die Lehrerin mit etwas höherer Stimme. „Du bist so gemein zu mir", reagiert Cara, steckt die Papierkatze in ihre Schultasche, murmelt dabei etwas und setzt sich mit gerade gestrecktem Rücken auf ihren Stuhl. (WV 5.14)

Journaling: eine Gegebenheit beschreiben

Achten Sie auf sich wiederholende Momente im Alltag, z. B. wie der Zugbegleiter die Fahrscheine digital überprüft oder in Papierform abstempelt oder wie die Postbotin an der Haustüre klingelt und Briefe übergibt, die zu groß für den Briefkasten sind. Beschreiben Sie die Gegebenheiten in der Zeitform des Präsens und mit wenigen Sätzen.

Journaling: Vor dem inneren Auge sehen

Formulieren Sie die folgende Wahrnehmungsvignette um, sodass sich alle Sequenzen wie beim ersten Gewahrwerden durch die Art der Beschreibung vor Ihrem inneren Auge abspielen.

Mit Freude erkundest du die Welt …

Die bunten Lichter, die Weihnachtsmusik und der Zimtgeruch in der Luft, so begegnen wir dem Weihnachtsmarkt. Mit Freude erkundest du die Welt und schaust alles genau an. Aufgeregt läufst du von einem Stand zum anderen und würdest am liebsten alles mitnehmen und probieren. Beim Bogenschießen hast du dich sehr gut geschlagen, was dir auch eine Kleinigkeit bescherte. Um das Spektakel von oben zu sehen, gehen wir zur Bibliothek hoch und können das ganze Farbenspiel von oben betrachten. Mit Freude gehst du nach Hause und berichtest deiner Mama von dem Tag. (WV 5.15)

Journaling: Vergegenwärtigen der Ereignisse

Schreiben Sie den im erzählenden Präteritum geschriebenen Text „Mathe?“ in eine Wahrnehmungsvignette um, beschreiben Sie das Gesehene und Gehörte, nutzen Sie die Zeitform des Präsens, vermeiden Sie Rückblicke und Vermutungen und vergegenwärtigen Sie nur die sich zeigenden *Ereignisse*.

Mathe?

Mathe könntest du den ganzen Tag machen, wenn da nur nicht diese auszufüllenden Arbeitsblätter wären. Heute haben wir unsere Methode geändert. Wir haben uns mitten auf den Boden gesetzt. Als ich mich den Hausaufgaben widmete, warst du sehr interessiert und gespannt. Ich bat dich, die Aufgabe herauszusuchen und sie mir zu erklären. Du wähltest aus, ich schrieb auf. „Wie geh' ich vor?“ „Was mache ich jetzt?“ „Was ergibt das?“ „Stimmt das Ergebnis?“ Zu zweit waren wir ein gutes Team.
Es war das erste Mal, dass du nicht abgelenkt warst, aufgestanden bist oder das Thema gewechselt hast. Kurz vor der Hälfte der Aufgaben musstest du in deinem Sinne Pause machen. Bis zur Hälfte wolltest du nicht warten. Doch als du wiederkamst, hattest du einen Snack dabei und fragtest ohne zu diskutieren, ob wir weiter machen könnten. Am Ende gab es ein High-Five und Lob. Das Erarbeitete dann nur noch abzuschreiben, stellte für dich kein Problem mehr dar. (WV 5.16)

Teil 2
Anwendung der Wahrnehmungsvignetten in (heil-)pädagogischen Kontexten

6 Professionelle pädagogische Haltungsentwicklung

„Du musst dein Leben ändern", fordern die Worte der letzten Zeile eines Gedichts von Rainer Maria Rilke auf, die einer weit verbreiteten Publikation über das Üben ihren Titel verliehen haben (Sloterdijk 2009) und die gleichlautend der Auseinandersetzung mit dem Thema Haltung vorangehen könnten. Denn Haltung ist keine gegebene oder vorauszusetzende Eigenschaft, sondern sie muss durch Reflektieren und Üben erworben werden. Das aus der philosophischen und religiösen Tradition wiedergewonnene oder wiederzugewinnende geistige Üben bildet die Grundlage einer Haltungsentwicklung und damit – anders als in Bourdieus Habitus-Theorie – die Möglichkeit, die Macht der Gewohnheiten aufzulösen (ebd., S. 287). Als eine innere Ausrichtung, die andere Menschen bemerken oder die Andere beeinflusst, gehört sie zu den ganz individuell im Umgang mit sich selbst und mit anderen Menschen ausgeprägten und auszubildenden Fähigkeiten, die der Anlage nach vorhanden sind, jedoch ohne eine Schulung in der Gefahr sind, durch subjektive Befindlichkeiten, Vorstellungen und Prägungen ihre Wirkungen zu entfalten. Ich selbst, mehr oder weniger bewusst um Haltung wissend, bemerke sie durch Selbstreflexion und in den Momenten, wenn durch mich bei einem Gegenüber Resonanzen auslöst werden. Die Wirkung der Haltung ist vergleichbar mit der Atmosphäre als erstem Gegenstand der Wahrnehmung (Kap. 3.1), weil sie unmittelbar durch Handlungen, Äußerungen, Gestik und Mimik zum Ausdruck kommt. Indem wir das Thema Haltung und Haltungsentwicklung aufgreifen, schlagen wir einen weiten Bogen von den phänomenologischen Gesichtspunkten der Wahrnehmungsvignetten-Methodologie (Kap. 2 und 3) zu einem zentralen und allgegenwärtigen Wirkungsfeld der Pädagogik. Haltung ist ein inneres Aktivitätspotenzial, das an äußeren Phänomenen abgelesen werden kann und aus diesem Grunde eine Schlüsselposition für die Reflexionen der Wahrnehmungsvignetten innehat (Kap. 7 und 8).

Das Thema der Haltung(sentwicklung) wird derzeit im pädagogischen Kontext ausführlich diskutiert und in vielen Forschungsarbeiten und Publikationen thematisiert. Nach wie vor gibt es „wenig gesichertes Wissen darüber […], was konkret damit gemeint ist" (Schratz 2021, S. 299). Wenn wir uns also mit „Haltung" versus „professioneller Haltung" befassen, wird deutlich, wie häufig dieses Wort alltagssprachlich benutzt, aber unterschiedlich konnotiert wird. Insofern gilt es – wie für all die anderen viel verwendeten und zitierten, wenig genauer erfassten sogenannten Containerbegriffe –, den richtigen Umgang zu finden. Was bedeutet der Begriff Haltung in welchem Kontext genau? Wie definieren wir ihn? Wie benutzen wir ihn? Ausgehend von diesen Fragen bahnen wir uns einen Weg in die Haltungsthematik, um einige Aspekte des aktuellen Wissenschaftsdiskurses als Aufmerksamkeiten für die Selbstreflexion und die Reflexionsspirale, also die reflektierende Arbeit mit Wahrnehmungsvignetten, bereitzustellen (Kap. 6.1, 6.2). Die Haltungsentwicklung verstehen wir als ein Aufgabengebiet der pädagogischen Professionalisierung (Kap. 6.3, 6.4, 6.5), die durch das Erleben von Responsivität und Selbstwirksamkeit sowie durch Reflektieren pädagogischer Praxiserfahrungen und elementare Fähigkeiten (Kap. 6.6), also auf der Basis der Selbstreflexion und -entwicklung, stattfinden kann.

6.1 Haltung – Habitus – Beliefs – Ethos

Was verstehen wir unter Haltung?
Körperhaltung, mentale Einstellung, Fragen der Gewohnheit, eines bestimmten kulturellen Gepräges oder eines persönliches Lebensstils so wie der Lebensführung und gesellschaftlichen Zustände – die Phänomene und Ansprüche im Zusammenhang mit dem Begriff Haltung sind vielfältiger Art. Daher benötigt eine theoretische Einordnung des Begriffs einen Ansatz, der Kontexte und Ebenen aus unterschiedlichen Bezügen befragt, einfängt und wiedergibt (Kurbacher & Wüschner 2016, S. 11). Haltung beinhaltet „elementare Werte, Normvorstellungen und Einstellungen eines Individuums, die maßgeblich das subjektive Denken und Handeln mitbestimmen. Sie werden im Laufe des Sozialisationsprozesses erworben und entwickelt. Bereits gereifte Haltung kann durch intensive Reflexion und Auseinandersetzung mit sich und seiner Umwelt neu verhandelt und modifiziert werden." (Dupuis et al. 2017, S. 7) Ihr Spannungsbogen reicht von existentiellen Grunderfahrungen bis zu „sittlichen Imperativen" und ist „allem Ethischen inhärent" (Kurbacher & Wüschner 2016, S. 11). Die individuelle Haltung entwickelt sich von Geburt an, verknüpft mit der Identitätsentwicklung und beeinflusst durch das soziale Umfeld und die Gesellschaft (Dupuis et al. 2017, S. 7).
Zu nennen sind maßgebliche Definitionen, die für den Bezug zur Arbeit mit Wahrnehmungsvignetten handlungsleitend sind – insbesondere für die Ausbildung junger Menschen an Hochschulen:

- Haltung ist die „innere [Grund-]Einstellung, die jemandes Denken und Handeln prägt";
- Haltung ist das „Verhalten, Auftreten, das durch eine bestimmte innere Einstellung, Verfassung hervorgerufen wird" (Duden, o. J.);
- Haltung ist – neben einer körperlichen Stellung – eine „nur menschlichen Lebewesen zukommende Fähigkeit und Eignung" (Regenbogen & Meyer 2020, S. 279).

Wird sie eher auf die physisch körperliche Ausprägung hin definiert, findet der Verweis auf den Habitus statt, der die Verhaltens- und Erscheinungsweise eines Menschen *in Bezug zu etwas* und *in Ausprägung als etwas* beschreibt (ebd.). Ethos, der als „Haltung eines Menschen, in sozialer Hinsicht auch für Sitten und Gewohnheiten" (ebd., S. 205) definiert ist, entsteht als Gesinnung auf der Basis von Werten (ebd.).

Aus existenzphilosophischer Sicht wird Haltung als eine Grundkategorie entwickelt: „Die Weltanschauung ist ein Verhalten als Sichverhalten, woraus das Handeln entspringt" (Vetter 2020, S. 250); in der Philosophie jedoch wird eher das Handeln im ethischen Kontext in Bezug zu Haltung erörtert (Regenbogen & Meyer 2020, S. 279). Die Sozialwissenschaften verstehen unter „Haltung […] die persönliche Einstellung (Werte, Überzeugungen), die in Sozialisations- und Reflexionsprozessen erworben wird und neben Wissen und Können Einfluss auf die Orientierung des Handelns nimmt sowie sich auch leiblich ausdrücken kann" (Domes & Wagner 2020, o. S.).

Es bestehen also Überschneidungen mit den Begriffen und Inhalten von Gesinnung, Habitus und Ethos. Der Habitusbegriff weist „auf die bis in die Antike zurückreichende Auseinandersetzung mit Fragen von Haltung hin" (Schwer et al. 2014, S. 48). Er umfasst eine Vielzahl philosophischer und soziologischer Theorieanteile für die Begründungen der Nutzung des Begriffes im pädagogischen Kontext (ebd., S. 49ff.). Der Habitus steht in Abhängigkeit von den jeweiligen Lebensbedingungen. Ihm implizit ist die Wandlungsfähigkeit, die jedoch als träge Möglichkeit beschrieben wird (ebd., S. 50). Im phänomenologischen Kontext wird Habitualität als Repräsentation des Vergangenen und des Gemeinsamen (wie Traditionen) (Wehrle 2023, S. 208) und im Sinne einer „erworbene[n], feste[n] Grundhaltung" (Vetter 2020, S. 250) verstanden. Als Gegenbegriff gilt nach Edmund Husserl die Aktualität, die sich immer über das Bleibende hinausbewegen, also das Habituelle auflösen kann (ebd.).

Eine ausführliche Abhandlung über den Habitusbegriff findet sich bei Peter Nickl (2005). Er leitet Habitus als die „Höchstform" in der menschlichen Darstellung, als vertikale Integration der Rationalität und Emotionalität von Thomas von Aquin und als das horizontale Zusammenführen von Intellekt und Affekt aus dem franziskanischen Denken her, das weiter erforscht werden müsste. Außerdem erkennt er „eine Verwandtschaft des habitus-Gedankens mit der Dialog-Philosophie (Jacobi, Buber, Lévinas) einerseits, mit der Wertphilosophie (Scheler) andererseits: beiden ist gemeinsam, daß sie das Gefühl ernst nehmen, weil ein Verhältnis zum Du, bzw. zum Wert, nicht intellektuell konstruiert, sondern nur affektiv (in der Passivität der Hingabe) erreicht werden kann" (Nickl 2005, S. VI). Nickl umschreibt Habitus einerseits mit „Gefühlseinstellungen" (ebd., S. 9); andererseits befasst er sich mit philosophischen und lebensweltlichen Zugängen der Habitus-Lehre durch die gesamte Philosophiegeschichte bis hin zu Arnold Gehlen und

Pierre Bourdieu, nicht um die Normativität des Habitus-Begriffs zu bestimmen, sondern um Dialog-Möglichkeiten aus dieser Herangehensweise zu explizieren (ebd., S. 207). Im neuzeitlichen Kontext und insbesondere im Zusammenhang mit der Tugendethik lässt der Begriff des Habitus den Zugriff auf „Bereiche des menschlichen Lebens und Zusammenlebens“ zu, die in „rationalistisch geprägten Beschreibungszusammenhängen außer Blick geraten“ sind (Roick 2016, S. 26). Eine differenzierte Aufarbeitung des Habitusbegriffes in seinen historischen Zugängen ist in diesem Rahmen nicht möglich. Wichtig jedoch erscheint vor allem die Neugestaltung der Sichtweise auf den Habitusbegriff als veränderbare Größe seit Pierre Bourdieu (Nickl 2005; Fröhlich & Rehbein 2014, S. 110ff.; Sloterdijk 2009, S. 287f.). Das Problem des Ineinanderfließens und des teilweise nicht voneinander Abgrenzen-Könnens der Begriffe „Habitus“ und „Haltung“ bleibt letztlich bestehen (Roick 2016, S. 29).
In keinem Beruf oder Lebensfeld prägt sich der Habitus so nachhaltig aus wie durch den Schulbesuch. Um in einen Lehrer*innenhabitus münden zu können, muss er durch ein Studium umgeprägt und ein Leben lang weiterentwickelt werden (Kahlau 2023, S. 11). Aus habitustheoretischer Sicht untersucht Joana Kahlau, wie aus einem Schüler*innenhabitus in der Transitionsphase des Studierendenhabitus ein Lehrer*innenhabitus wird oder werden kann (ebd., S. 11f.). Besonders „kritisch für die Professionalisierung“ (ebd., S. 12) zu hinterfragen sind daher die unreflektierten Praxisphasen im Pädagogikstudium. Durch diese Problematik wird deutlich, dass ein Schwerpunkt der Lehrkräftebildung in der reflexiven Bearbeitung von Praxiserfahrungen liegen muss (ebd.), um sich mit Fragen der eigenen Haltung, deren Herkunft und Veränderungsbedarf beschäftigen zu können (Kap. 7 und 8). Sie löst Momente des Aufwachens bezüglich der eigenen, noch unbewussten Haltung aus:

> „Ich wusste gar nicht, dass Kippeln einen Sinn haben kann.“ (Studentin in der dritten Reflexionsphase; Kap. 7.7 und 7.8)

Die „Erforschung von Haltungen gehört […] in den Bereich der Moral bzw. der pädagogischen Ethik“ (Brinkmann & Rödel 2021, S. 46). Unter Sichtung aktueller Veröffentlichungen zum Thema Haltung(en) und Ethos kann festgestellt werden, dass es eine „Leerstelle in der Forschung“ (ebd., S. 48) zu dieser Thematik gibt. Denn die pädagogische Ethik bildet einen sehr komplexen und dennoch „weichen“ Gegenstand, der kulturell und individuell geprägt wird, jedoch weder einfach erlernt noch überprüft werden kann (ebd.). Der Umgang mit Haltungen ist umstritten, da sie die „Affektivität von Personen berühren“ und „ohne emotionalen Vollzug kaum denkbar sind“ (Kurbacher & Wüschner 2016, S. 12). Haltungen bestimmen wesentlich die Art und Weise, wie wir etwas fühlen, wie wir mit Gefühlen umgehen, wie wir uns begegnen (ebd.). Mentales, Sinnliches, Politisches, Emotionales und Körperlich-Leibliches sind Bereiche, die durch Haltungen berührt werden und die sich gegenseitig in Resonanz bringen (ebd., S. 12). Vorausgesetzt wird, dass professionelles Handeln von pädagogisch Tätigen durch eine Werteorientierung bestimmt wird. Allerdings bleibt offen, welche Werte relevant sind und wie man von abstrakten Werten zu konkreten pädagogischen Handlungen findet (Brinkmann & Rödel 2021, S. 48). Handlungsleitend können im pädagogischen Feld die inklusiven und exkludierenden Werte des Index für Inklusion (Booth & Ainscow 2019, S. 33ff.) sein:

Inklusive Werte	**Exklusive Werte**
Gleichheit	Hierarchie
Rechte	Nützlichkeit
Mitgefühl	Eigeninteresse
Schönheit	Leistungsfähigkeit
Teilhabe	Image
Weisheit	Ausbeutung
Nachhaltigkeit	Macht
Ehrlichkeit	Konsum
Mut	Konformität
Vertrauen	Überwachung
Liebe	Autorität
Gemeinschaft	Gruppenzugehörigkeit
Gewaltfreiheit	Diskriminierung
Hoffnung/Optimismus	Fatalismus
Freude	Monokultur
Respekt für Vielfalt	Belohnung versus Strafe
(ebd., S. 34)	(ebd., S. 44)

Diese Werte verlangen ein bewusstes Abwägen der eigenen inneren Ausrichtung und ermöglichen eine Einschätzung, wie Haltungen der einen oder anderen Art sich im Sozialen auswirken. Die praktisch gelebten Haltungen aus dem pädagogischen Alltag können nach diesen Werten theoriebasiert aufgearbeitet werden, um dann wiederum in der Praxis zur Anwendung zu kommen. Allerdings wird dieser Schritt von der Theorie zur Praxis (und wieder zurück) oft „stillschweigend vorausgesetzt, aber nicht näher expliziert“ (Brinkmann & Rödel 2021, S. 46). Oftmals erscheint der Transfer theoretischen Wissens über ethisch-moralisches Handeln und entsprechende Strategien in die unter Umständen sehr herausfordernde Praxis (ebd., S. 49) als ein schwieriges Unterfangen. Abgesehen davon „bleibt offen, wie ein professionelles Sensorium für Antinomien ausgebildet wird und wie die ‚gelebte Sensibilität‘ mit der ‚Haltung und Stellungnahme des erfahrenen Praktikers‘ zusammenhängen“ (ebd.). Schwierig zu gestalten ist auch die Beziehungsebene, die für moralisch-ethisches Handeln als Rahmung gilt, da Pädagog*innen nie allein nur mit den Schüler*innen (oder anderweitigen Alters betreuten Personen) in Beziehung stehen, sondern in verschiedenen Rollen ethisch-moralisch handeln müssen. Letztendlich führt jedweder „Katalog pädagogisch erwünschter Verhaltensweisen“ (ebd.) zu einem „kontroversen Diskurs um die Pluralität ethischer Normen“ (ebd.).

So muss in einem theoriebasierten Reflexionsprozess mit analytischen Anteilen (Kap. 7) eine professionelle Haltung erarbeitet werden, da sie weder vorauszusetzen ist, noch sich von alleine durch theoretische Arbeit ergibt. An Beispielen aus der Praxis und insbesondere mit Vignetten oder Wahrnehmungsvignetten lassen sich Mikroszenen aus dem pädagogischen Alltag aufzeigen und hinsichtlich der Haltungsausrichtung auf unterschiedlichsten Ebenen befragen (Kap. 7). Im Austausch und Diskurs darüber ergeben sich Transfermöglichkeiten für das verlangte Wissen in die Bereiche des ethisch-inklusiven Handelns und umgekehrt. Die eigenen Werte (er)kennen zu können, steht am Anfang der Haltungsentwicklung.

Journaling
Welche Werte sind für mich in meinem alltäglichen Leben leitend? Welche prägen insbesondere meine professionelle Haltung?

Jedes menschliche Handeln basiert auf einer Haltung, in der sich „das Verhältnis zur Welt – allgemein und zum konkreten *Gegenstand* seines Handelns – wie zu sich selbst äußert“ (Mührel 2019, S. 31). Der eigenen Haltung – wie immer sie ausgerichtet ist – können wir uns nicht entziehen; wir können sie uns lediglich bewusstmachen und gemäß eigener Ziele und Einstellungen verändern und übend entwickeln (Kap. 6.6). In diesem Sinne ist der individuelle Grundtenor jeder Haltung zu betrachten.

6.2 Beliefs versus Haltung

Die Begriffe „Beliefs“ und „Haltung“ werden teilweise synonym verwendet. In einem Forschungsprojekt der Humboldt-Universität zu Berlin und der Technischen Universität Dortmund wird das „Konzept ‚Beliefs‘ […] verwendet, weil die deutsche Übersetzung ‚Überzeugungen‘ eine starke kognitive Beteiligung nahelegt“ (Kuhl et al. 2013, S. 5), wobei sich hinter ‚Beliefs‘ ein philosophisches Konzept verbirgt.

> „Beliefs sind ein gegenstandsbezogenes, wertebasiertes individuelles, in Clustern verankertes Überzeugungssystem, das teils bewusst, teils unbewusst das eigene Handeln steuert. Beliefs können sowohl affektive wie kognitive Komponenten beinhalten, die über Erfahrungen, Erkenntnisse, Instruktionen und/oder Informationen erworben wurden und die über einen längeren Zeitraum konsistent und stabil, aber nicht über die Lebensspanne unveränderlich sind.“ (ebd., S. 6)

Beliefs entstehen im Studium oder sind dadurch geprägt. Allerdings entscheiden sie auch über die Studienfachwahl. Unter Fachpersonen ist die Annahme verbreitet, dass sich Beliefs von Studierenden unterschiedlicher Lehramtsstudiengänge schon zu Beginn des Studiums unterscheiden (ebd., S. 7).

> „Insgesamt betrachtet hat sich gezeigt, dass Beliefs durchaus professionsspezifisch sind und sich diese professionsbezogenen Überzeugungen bereits während der Studienzeit ausbilden bzw. evtl. sogar schon bei Studienbeginn ausgebildet sind. Allerdings unterscheiden sich die Beliefs von Förderschullehrkräften und Grundschullehrkräften in einigen Bereichen weniger als angenommen." (ebd., S. 22)

Im phänomenologischen Kontext grenzen sich „Haltung" und „Beliefs" deutlich voneinander ab, denn nach Husserls Theorie richten sich Überzeugungen intentional auf Objekte (Vetter 2020, S. 70). Beliefs umfassen zentrale Begriffe zwischen Behauptungen bzw. objektiv gesehenen Setzungen und den subjektiven Überzeugungen. Intentionaltheoretisch steht „Beliefs" für den „Glauben von etwas" im Gegensatz zum „religiösen Glauben an etwas" (ebd.). Beliefs sind weder endgültig noch vorbehaltlich und daher immer transformierbar (ebd., S. 71).

Journaling

- Wenn ich über den Begriff „Haltung" nachdenke, dann fällt mir dazu ein ...
- Mit welchen Werten würde ich meine persönliche Grundhaltung ausdrücken?
- Wie ist mein Habitus geprägt worden?
- Welche Beliefs habe ich?
- Welche Haltung bringe ich für meinen Beruf mit?
- Warum bin ich Lehrer*in, Erzieher*in, Heilpädagog*in ... geworden?
- Welche professionelle Haltung setze ich in meinem Beruf voraus?
- Was kann ich für meine professionelle Haltung tun?
- Woran könnte ich arbeiten?
- Was brauche ich dazu?
- Wo hatte ich Wirksamkeitserfahrungen aufgrund meiner Haltung?
- Welche Erwartungen habe ich an eine Leitungsperson in Bezug auf Haltung?
- Welche Erwartungen habe ich an meine Kolleg*innen in Bezug auf ihre professionelle Haltung?
- Was verstehe ich unter „lernseitiger" Haltung (Schratz 2021, S. 306)?
- Was könnte ich dafür ausbilden und entwickeln?

6.3 Professionelle Haltung in (heil-)pädagogischen Berufsfeldern

Das Thema der professionellen Haltung kann über die Philosophie eingeführt werden, denn die Ethik als „Teilgebiet der praktischen Philosophie stellt unsere Haltung gegenüber der Welt, und damit auch gegenüber den Menschen und uns selbst, in Frage, wenn sie in einem allgemeinen Verständnis, nach wohlbegründeten Werten und Normen sowie Zielen und Zwecken menschlichen Handeln sucht.“ (Mührel 2019, S. 36)

Da es sich in diesem Buch um die Entwicklung einer Methodologie zur Ausbildung junger Menschen in (heil-)pädagogischen inklusiven Berufen handelt, wenden wir uns der Frage nach der *professionellen Haltung* zu, um diese genauer zu definieren. Michael Domes und Leonie Wagner führen aus, dass im Kontext von Sozialer Arbeit professionelle Haltung „meist eine spezifische, demokratische und/oder partizipative Einstellung bezeichnet, in der persönliche Überzeugungen auf der Grundlage fachlicher Erkenntnisse reflektiert werden und unter Berücksichtigung der Adressat*innenperspektive sowie des institutionellen bzw. gesellschaftlichen oder politischen Rahmens und ethischer Grundsätze eingesetzt werden“ (Domes & Wagner 2020, o. S.). Es gibt drei Dimensionen einer pädagogischen Haltung: Zunächst werden durch Haltungen Werturteile geäußert; das betrifft die *normative* Dimension. Haltungen können auch *relational* sein, indem entweder eine Bezugnahme auf sich selbst, auf Andere und/oder auf ein Anderes entsteht. Schließlich realisieren und konkretisieren sich Haltungen in *räumlichen, zeitlichen, relationalen und leiblichen Praktiken* (Christof et al. 2020, S. 55).

Professionelle Haltung ist nur im Spannungsfeld von Verstehen und Achten auszuhalten (Mührel 2019, S. 121), indem sie sich „in ihren unterschiedlichen Facetten und Ebenen“ entfaltet (ebd., S. 129). Damit ist einerseits eine von Kompetenz bestimmte Ebene als Basis einbezogen, die partnerschaftlich oder sogar von der anderen Person her zu denken ist (ebd., S. 130); andererseits gehört die vermittelnde Rolle zwischen Mensch und Gesellschaft dazu, die in der Sozialen Arbeit eine professionell zu gestaltende Brücke bildet. Letztendlich muss alles berufliche Handeln von einer professionellen Haltung getragen werden (ebd., S. 131f.). Die Möglichkeit, dass das Verstehen eines Menschen eine machtvolle Aneignung des Anderen impliziert (ebd., S. 122) und in ein Miss- bzw. Verachten abgleitet (ebd., S. 124), bleibt im sozialen und im inklusiven Kontext bestehen.

Die pädagogische Haltung entsteht individuell aus Einstellungen, Werten und Überzeugungen, aus einem eigenständigen Selbstbezug und Selbstkompetenz. Als professionelle Haltung gleicht sie einem inneren Kompass, der „Stabilität, Nachhaltigkeit und Kontextsensibilität des Urteilens und Handelns ermöglicht“ (Kuhl et al. 2014, S.107). Somit hat das Handeln eines Menschen einerseits „eine hohe situationsübergreifende Kohärenz und Nachvollziehbarkeit“; andererseits entwickelt sich „eine hohe situationsspezifische Sensibilität für die Möglichkeiten, Bedürfnisse und Fähigkeiten der beteiligten Personen“ (ebd.). Für Haltung sind Werte und Überzeugungen eine Basis; für eine *professionelle Haltung* hingegen integrieren wir Lebenserfahrungen und richten uns am Gegenstand – in diesem Kontext an der Pädagogik – aus. Grundsätzlich gilt: „Haltung wird durch äußere Rahmenbedingungen mitbestimmt und determiniert umgekehrt auch die äußeren Rahmenbedingungen (Rückkopplungsprozesse)“ (ebd.).

Auch wenn der Haltungsbegriff als „kaum durchschaubar und somit auch anfällig für unterschiedliche ideologische Interpretationen und Inhalte" (Solzbacher & Schwer 2015, S. 142) beschrieben ist, treffen wir entscheidende Aussagen in Bezug auf die pädagogische Professionalität im Kontext der inklusiven Schule, einer Organisation und der Gesellschaft. Charakteristische Kennzeichen einer professionellen Haltung werden – zusätzlich zu der „subjektiven Oberfläche" (d. h. den Überzeugungen, Einstellungen u. ä.) – durch Merkmale eines gut entwickelten Selbst erklärt. Die drei wichtigsten Merkmale, an denen eine individuell entwickelte (gesunde) Haltung zu erkennen wäre, sind:

- Standfestigkeit und Kohärenz von Entscheidungen, die persönliche Werte, Bedürfnisse und Fähigkeiten (eigene und fremde) berücksichtigt;
- Integration von Gefühlen, Bedürfnissen und Körperwahrnehmungen (eigene und fremde);
- breite Aufmerksamkeit, die eine Person zeigt (Kuhl et al. 2014, S. 108).

Diese in einer professionell pädagogischen Haltung verankerten Kompetenzen bestimmen dann darüber, wie pädagogische Situationen von den jeweils beteiligten Personen wahrgenommen und beurteilt werden. „Die ‚Haltung' ist in diesem Sinne zentrales Moment des pädagogischen Handelns." (ebd., S. 109) Von Methoden, pädagogischen Zielen und Konzeptionen, wissenschaftlich-theoretischen Grundlagen werden im beruflichen Feld entsprechende Handlungen abgeleitet (ebd.). Zu einer professionellen Haltung gehört eine Erstreaktion, die „nicht leicht (weg-)trainierbar [ist]. Oft hat sie sogar genetische Determinanten. Sie macht nicht selten einen Teil der Identität der Person aus" (ebd., S. 111). Eine geschulte Person verbindet sie mit einer gut entwickelten Zweitreaktion (ebd., S. 109). Unterstützt werden die Ausbildung und Entwicklung einer professionellen pädagogischen Haltung durch die innere Stabilität von Emotionen und Wertebezogenheit, geprägt von Offenheit und innerer Freiheit (ebd., S. 114f.), sowie durch äußere Rahmenbedingungen wie das in einer Institution herrschende Klima (ebd., S. 117). Den angeführten Argumenten ist zu entnehmen, dass die Ausbildung von Selbstkompetenzen pädagogischer Fachkräfte „eine enorme Entwicklungsarbeit erfordert, um Methoden zu erarbeiten, welche den besonderen Bedingungen der jeweiligen Bildungseinrichtungen und den Studienbedingungen angepasst sind" (ebd., S. 119). Abzuwägen ist zwischen den objektiv erarbeiteten Selbstkompetenzen und den subjektiven Selbsterfahrungen, Überzeugungen und Einstellungen (ebd., S. 118). Diese Unterscheidung ist erlernbar und lehrbar und sollte in der Ausbildung einer professionellen pädagogischen Haltung Raum und Zeit finden. Entscheidend dabei ist, welches Wissen gelehrt und wie es Studierenden wertebasiert und an der Kinderrechtslage orientiert vermittelt wird.

Gerade in Bezug auf die Inklusion wird die Frage nach einer entsprechenden Haltung zunehmend wichtig. Claudia Solzbacher und Christina Schwer (2015) zei-

gen mit ihrem Forschungsprojekt aus den Jahren 2013/14, wie es gelingen kann, sich der Bedeutung des Begriffes „professionelle pädagogische Haltung“ zu nähern (ebd., S. 144): Inklusives Handeln benötigt als Voraussetzung eine Offenheit für Neues; erleichternd sind Erfahrungen, auf die ggf. zurückgegriffen wird, um (positive) Emotionen zu mobilisieren; der innere Kompass wird an solchen Erfahrungen ausgerichtet, um neues Verhalten zu determinieren (ebd., S. 150). Bei jeder ersten oder erneuten Haltungsausrichtung sind Reagieren und Handeln – da psychisch veranlagt – veränderbar: Es entsteht eine „mentale Beweglichkeit“ (ebd.) und die Haltung wird aufgrund von „Kontextsensibilität“ (ebd.) im Rahmen der Selbstkongruenz veränderbar. Dies alles unter den Maßstab einer Reflexion mit analytischen Anteilen gestellt, sorgt für eine flexible und unter Umständen inklusionssensible Haltung.
Mit der Forderung nach Inklusion wird deutlich, dass eine entsprechende professionelle pädagogische Haltung nicht zu verordnen und auch nicht mit Appellen beizubringen ist (Solzbacher 2019, S. 42f.). Im Umgang mit Inklusion hilft daher Offenheit für Neues, mentale Beweglichkeit und Reflexion, um mit Wissen und Erfahrungen den eigenen inneren Kompass inklusionsbezogen auszurichten. „Für eine stabile und verlässliche pädagogische Haltung ist deshalb vor allem ein ‚integrationsstarkes Selbst‘ nötig“ (Solzbacher & Schwer 2015, S. 151). Dieses Selbst muss jedoch gestärkt werden. Dafür bedarf es eines „inneren Kompasses“ sowie der „Selbstkompetenzen“, die ein Leben lang erlernbar sind (ebd.).

> „Selbstkompetenzen bestimmen auch die Möglichkeiten und Grenzen einer Person, eigene Werte und Ziele selbstkongruent zu definieren und als wertvoll Erachtetes (z. B. bestimmte pädagogische Ziele, Handlungen oder Verhaltensweisen) umzusetzen. Zusammenfassend heißt dies, dass es von den Selbstkompetenzen abhängt, ob jemand seine Haltung authentisch und selbstkongruent zu ‚leben‘ vermag.“ (ebd., S. 152)

Diese individuell zu entwickelnden Selbstkompetenzen steuern den inneren Kompass und machen eine professionelle pädagogische Haltung überhaupt erst aus (ebd., S. 153). Somit wird deutlich, dass es durchaus von Bedeutung ist, welche Themen in die (heil-)pädagogische Ausbildung integriert und wie sie für eine professionelle Haltungsentwicklung aktiviert werden.

> „Haltung beruht nach unseren Forschungen ganz maßgeblich auf verschiedenen psychischen Funktionen (die wir Selbstkompetenzen nennen), die ganzheitliches Fühlen, Zusammenhänge erkennen, den Überblick erhalten, wachsam zu sein gegenüber widersprüchlichen Erwartungen und Impulsen von innen und von außen, Gegensätze und schwierige Erfahrungen selbst integrieren und Emotionen selbst regulieren zu können. Haltung stellt sich somit als unser ‚Rückgrat‘ dar, das uns stabil macht.“ (Solzbacher 2019, S. 45)

Eine auf Inklusion ausgerichtete Lehrkräftebildung muss bereits im Studium auf die Erfordernisse einer „sich entwickelnden pädagogischen Haltung“ (Lindmeier & Junge 2017, o. S.) eingehen. Professionelle pädagogische Haltung umfasst viel mehr „als Einstellungen, Glaubenssätze, subjektive Theorien oder (normative) Vorstellungen zu Menschenbildern, pädagogischen Konzepten, Theorien, Praktiken“ (Schwer & Solzbacher 2014, S. 215). Wie und was das pädagogische Fachpersonal denkt oder glaubt, macht noch keine Haltung aus; denn es bedarf eines hohen Maßes „an Reflexivität, souveränen Routinen, Kontextsensibilität und vor allem an integrativer Kompetenz“ (ebd., S. 216), um eine *professionelle* pädagogische Haltung auszubilden. Obwohl ein gewisses Risiko der Überforderung zwischen Authentizität bzw. persönlicher Haltung und professionellem Handeln (ebd., S. 219) besteht, ist Haltung dennoch lehr- und lernbar.

6.4 Professionelle pädagogische Haltung im Kontext von Inklusion

> „In der Erziehung entscheidet sich, ob wir die Welt genug lieben, um die Verantwortung für sie zu übernehmen und sie gleichzeitig vor dem Ruin zu retten, der ohne Erneuerung, ohne die Ankunft von Neuen und Jungen, unaufhaltsam wäre. Und in der Erziehung entscheidet sich auch, ob wir unsere Kinder genug lieben, um sie weder aus unserer Welt auszustoßen und sich selbst zu überlassen, noch ihnen ihre Chance, etwas Neues, von uns nicht Erwartetes zu unternehmen, aus der Hand zu schlagen, sondern sie für ihre Aufgabe der Erneuerung einer gemeinsamen Welt vorzubereiten“ (Arendt 1958, S. 276).

In diesen Überlegungen, die lange vor dem Diskurs zur Inklusion ausgesprochen sind, weist Hannah Arendt auf eine zentrale Aufgabe der Erziehung hin, Kindern zwischen Sich-Selbst-Überlassen und aktivem Vorbereiten „für ihre Aufgabe der Erneuerung einer gemeinsamen Welt“ (ebd.) gerecht zu werden. In diesem Spannungsfeld artikulieren sich die Anforderungen an eine professionelle pädagogische Haltung im Diskurs um Inklusion. Die notwendige Haltung „bildet sich im Zuge vielfältiger Erfahrungen eines Lebens, wird gleichsam erstritten und zu einer tiefverwurzelten Einstellung zu sich, zu den Dingen, zum Leben selbst. Eine Haltung und die ihr entspringende Handlung, das Verhalten, erfasst den gesamten Menschen in seiner Einheit aus Körper, Geist und Seele“ (Dreber 2021, S. 24). Und sie berücksichtigt die Entwicklung Einzelner im Zusammenhang mit ihrem Umfeld und ihrer Zukunft.

Wir nehmen eine Haltung ein, wir bewahren und verlieren unsere Haltung. Wir stellen uns der Welt gegenüber und wir zeigen uns durch unsere Haltung (Rödel et al. 2022, S. 8). Wie aber gelingt es uns, Haltung professionsbezogen zu entwickeln? Wie kann die Entwicklung der professionsbezogenen Haltung im inklusiven Kontext unterstützt werden? Welche Rahmenbedingungen sind notwendig? Was kann eine Hochschule oder Universität leisten? Diese Fragen sind

nicht neu, werden jedoch in den vergangenen Jahren seit der Ratifizierung der UN-Behindertenrechtskonvention und besonders im Kontext neuer Konzepte inklusiver Lehrkräftebildung dezidiert verfolgt (Kuhl et al. 2013; EPIK; Schenz 2012; zusammenfassend Kahlau 2023; Kap. 7).
Wir können eine Haltung entwickeln, die sich aus dem Einsatz von phänomenologischer Zugangsweisen und dem Mitvollzug im Rahmen von Aus- und Fortbildungen für Pädagog*innen ergibt; sie „kann (und soll) zu einer erhöhten Achtsamkeit auf sich und die Adressaten pädagogischen Handelns führen“ (Brinkmann 2017, S. 9). Seminare und Übungen, die Hochschulen zur Ausbildung der professionellen Haltung anbieten können, sollten bereits in der ersten Ausbildungsphase einsetzen. Insgesamt ist zwar die Datenlage zu der Thematik national wie international begrenzt, dennoch können Hochschulseminare für Studierende mit Themen der inklusiven Pädagogik und/oder sonderpädagogischen Inhalten zu Veränderungen der Haltung führen. Es gibt laut Bettina Lindmeier und Marian Laubner Hinweise, „dass die Kombination aus Wissensvermittlung und seminarintegrierter Praxiserfahrung der reinen Wissensvermittlung hinsichtlich einer Differenzierung der pädagogischen Haltung überlegen ist“ (Lindmeier & Laubner 2015, S. 310). Pädagogische Praxiserfahrungen in Seminaren zu initiieren, sie auszuwerten und bezüglich der eingetragenen Haltungen zu reflektieren (Kap. 7), sind wesentliche Motive unserer Arbeit mit Wahrnehmungsvignetten. Das spiegelt die pointierte Aussage einer Studentin wider:

> „Nicht voreingenommen sein; meine Annahmen entsprechen nicht der Wahrheit des Kindes.“ (aus der dritten Reflexionsphase einer Studentin, Kap. 7.9)

Es liegt in der Verantwortung jeder einzelnen Person, eine Haltung auszubilden; denn im Zeitalter des Wertepluralismus gibt es kein klar definiertes Moralkonzept und keinen allgemeingültigen Moralkodex, der die kulturelle Mitte der Gesellschaft bestimmen könnte. Ethik als Basis der Haltung sich anzueignen, ist daher die Aufgabe eine bzw. eines jeden Einzelnen. Sie beinhaltet, sich an inklusiven Werten zu orientieren und die eigene Haltung als Antwort auf die drängenden Fragen des Lebens und der Zeit zu gestalten. Es ist aktuell keine Überraschung, dass Ethik als Lebensform eine Renaissance erlebt (Mührel 2019, S. 42), mit der sich eine Sehnsucht nach Orientierung ausdrückt. Das genügt aber noch nicht für eine professionelle Haltung; sie entsteht durch Übung (Kap. 6.6) und Wissen (ebd., S. 47f.). Haltung ist weder plan- noch machbar, sie ist auch im beruflichen Kontext nicht objektiv bestimmbar oder empirisch messbar und obliegt keiner subjektiven Autonomie (ebd., S. 49). Haltung kann durch Reflexion von Handlungen entstehen; somit ist die Reflexion dem Handeln nachgeordnet. Reflexion über Handlungen führt zu (inklusionssensibler und barrierebewusster) Haltung: „Ethos oder pädagogische Haltung zeigen sich also in einer praktischen, persönli-

chen Entscheidung und der daraus resultierenden (handelnden) Stellungnahme, die sich situativ auf Erfahrung beruft und einem vorprädikativen Urteil folgt." (Rödel et al. 2022, S. 10) Benötigt werden also Situationen, in denen sich Studierende ihres pädagogischen Handelns bewusst werden können. Hochschule und Universität sind wichtige Orte, um eine professionelle Haltung anzulegen (Kap. 6, 7 und 8) und Praxen des Urteilens, der Distanzierung und der Reflexion zu üben, die sich sukzessive zu einer Haltung verdichten können (Rödel et al. 2022, S. 11). Letztlich geht es um den „Empfang und die Aufnahme des Anderen" (Mührel 2019, S. 138) als Grundlage für eine professionelle Haltung im Kontext von Arbeit im sozialen und im pädagogischen Kontext.
Die Herausforderung besteht im „Theoretisierungsproblem": „Ethos zeigt sich in der Praxis und ist nur als Praxis erfahrbar" (Brinkmann & Rödel 2021, S. 50). Wir brauchen also die praktischen Anlässe, um theoretische Einordnungen zu schaffen. Die in der Praxis auftretenden situativen Entscheidungen, die von einer entsprechenden Haltung getragen sind, könnten von einem regelmäßigen reflektierenden Austausch zu unterschiedlichen haltungsstrukturierenden Themen unterstützt werden. In den pädagogischen Alltag können beispielsweise Teamgespräche anhand der Wahrnehmungsvignetten-Reflexionsspirale integriert werden (Kap. 7), weil „Ethos nicht durch Einsicht oder Wille umgesetzt werden" (ebd., S. 51) kann, sondern aus habitualisierten Erfahrungen besteht, die sich in der Praxis manifestieren (ebd.). Daher muss das Ethos „durch Übung, Wiederholung und Erfahrung" (ebd.) in der Praxis und für die Praxis erarbeitet und ausgerichtet werden.
Ein authentischer, von Selbstreflexion und ganzheitlichem Verstehen getragener (pädagogischer) Umgang mit anderen Menschen wird nicht durch Appelle gefördert, sondern durch Entwicklung eines integrationsstarken Selbst und entsprechender Selbstkompetenzen (Kuhl et al. 2014, S. 99). Für die professionelle Entwicklung einer pädagogischen Haltung, bedarf es der Vermittlung von Wissensinhalten sowie der Methoden, um auf das jeweilige psychische Teilsystem zugreifen und dieses situationsabhängig für professionelles Handeln aktivieren zu können (ebd., S. 103). In Aus- und Fortbildung werden dafür spezielle Bausteine und Optionen mit den Schwerpunkten des Erlebens, Wissens, Reflektierens und Übertragens angeboten (ebd.). Diese Schwerpunkte ähneln den Stufen der Reflexionsspirale der Wahrnehmungsvignetten (Kapitel 7).

Journaling

„Die Verantwortung für das Werden des Kindes ist in einem gewissen Sinne eine Verantwortung gegen die Welt" (Arendt 1958, S. 267).
Was sagt uns diese Formulierung von Hannah Arendt in Bezug auf professionelles Handeln im Kontext der Inklusion aus?

6.5 Professionalisierung der pädagogischen Haltung

Neue Professionalitätskonzepte greifen die notwendigen Reformen und Forderungen auf, eine experimentelle, forschende Haltung und einen analytischen, reflexiven Blick auf die Komplexität pädagogischen Handelns zu entwickeln bzw. zu schärfen, um in unbekannten Bereichen – wie z. B. der Inklusion – flexibel zu sein und die Dynamiken der Veränderungen im Bildungssystem angemessen beurteilen zu können (Solzbacher 2019, S. 45).

> *Journaling*
>
> Was bringt mich im beruflichen Kontext voran? Wie reflektiere ich mein Handeln? Habe ich dazu spezifische Übungen? Was trägt mich?
> Welche Formen des Austauschs und der Qualifizierung würde ich mir wünschen?
> (Bitte gerne auch an uns via Mail senden. Wir denken durchaus über einen Online-Kurs nach.)

Grundsätzlich muss der Begriff der Professionalisierung genauer beleuchtet werden. Joana Kahlau unternimmt diesbezüglich eine aktuelle Einordnung (Kahlau 2023, S. 16ff.) und arbeitet heraus, dass es einen individuellen und einen kollektiven Prozess der Professionalisierung gibt (ebd., S. 16). Diese beiden Verläufe greifen ineinander und sind in berufsbiographischer Hinsicht Teil eines Prozesses, in dem Professionalität entsteht, die idealerweise ein Berufsleben lang reflektiert wird. „Das Pädagogische" bildet *die* Grundlage für pädagogische Professionalität. Die pädagogische Praxis muss in ihren Sinnzusammenhängen reflektiert und interpretiert werden. Aber in der Rückführung auf die Kernfragen des Pädagogischen ist es nicht immer selbstverständlich, dass Theorie und Praxis, Reflexion und Handlung, Intention und Wirkung pädagogischer Handlungsvollzüge zusammenhängen (Schenz 2012, S. 92).

Professionalisierung als lebenslangen Prozess zu verstehen, ist besonders relevant für pädagogische Berufe und beginnt lange vor der eigentlichen Hochschul- oder Universitätsausbildung. Der Prozess schließt frühe Erfahrungen sowie Fähigkeiten und Einstellungen ein und dauert idealerweise über die gesamte Berufslaufbahn (Schwer et al. 2014, S. 51). Seit Jahrzehnten werden viele Zugänge zu Professionalisierung explizit über Reflexionsmodelle publiziert (zur Historie explizit Kahlau 2023), die durchaus differieren, da sie heterogenen Gruppen von Auszubildenden, Studierenden und Referendar*innen entsprechen und daher verschiedene Aus- und Weiterbildungsformen anbieten müssen (u. a. Kahlau 2023, S. 278f.). Die fachwissenschaftliche Literatur weist struktur-, kompetenz-, kulturtheoretische und berufsbiographische Ansätze sowie einen Persönlichkeitsansatz auf (ebd., S. 17ff.). Zusammenfassend wird in diesem theoretischen Kontext der Professionalisierungsanspruch der Hochschulbildung für pädagogische Fachkräfte „als das Wahrnehmen und Bearbeiten von Entwicklungsaufgaben und strukturtheoretisch als Herausbildung eines wissenschaftlich-reflexiven Habitus verstanden und durch strukturtheoretische und habitustheoretische Grundlagen gerahmt“ (ebd., S. 41). Dafür sind Reflexion und Reflexivität wichtige Formate der Auseinandersetzung.

Allerdings ist es in Anbetracht bisheriger Forschungsergebnisse erschütternd, dass die Studienzeit als wenig einflussreiche Phase für eine Haltungsentwicklung gesehen wird, gleichzeitig jedoch die Zeit ist, in der Irritationen durch Erfahrungen möglich sind (Kahlau 2023, S. 52). Aus diesem Grunde sind das Was, Wo und Wie studentischer Ausbildung zu bedenken (ebd., S. 272ff.). Im Kontext der Professionalisierung an einer Hochschule geht es um das *Fachliche*, das *Dazwischen* – als Transitionsprozess für die Professionalisierung unterschiedlicher Bereiche (fachlich, persönlich, als Übergang vom Schüler*innenhabitus über den Studierendenhabitus zum Lehrkräftehabitus) – und um die *Reflexion*, die von Studierenden in dieser Übergangsphase durchaus als etwas Produktives erlebt wird (ebd., S. 275).

Da letztendlich eine Übereinstimmung zwischen Praktiker*innen und Fachwissenschaftler*innen besteht, „dass es um ethisch begründete Dimensionen pädagogischen Handelns geht“ (Schratz 2021, S. 299), hat sich eine Gruppe von Forscher*innen und Wissenschaftler*innen aufgemacht, ein Manual zu entwickeln. Im Jahr 2022 ist aus der Forscher*innenkooperation der Humboldt Universität zu Berlin, der Universität Innsbruck, der Universität für Musik und darstellende Kunst Wien und der Universität Wien ein Manual zur Übung einer professionellen Haltung für den hochschuldidaktischen Kontext veröffentlicht worden, in dem die Herausbildung professionellen Handelns unter dem Aspekt einer ebensolchen Haltung als eine der „komplexesten und schwierigsten Aufgaben“ (Rödel et al. 2022, S. 5) der Ausbildung dargestellt wird. Eine der ausgewiesenen Grundlagen dieses Manuals ist das EPIK Domänen-Konzept (Entwicklung von Professionalität im internationalen Kontext). Darin wird ein Professionalisierungsmodell der Lehrer*innenbildung abgebildet, das fünf zentrale Merkmale (Domänen) professionellen Handelns im Kontext von Schule und Unterricht in den Mittelpunkt stellt: Professionsbewusstsein, Reflexions- und Diskursfähigkeit, Differenzfähigkeit, Kooperation und Kollegialität, Personal Mastery (Kraft individueller Könnerschaft) und die zusammenfassende „Sechste“ Disziplin, als integrative Disziplin, die jene fünf Domänen zu einer ganzheitlichen Theorie und Praxis zusammenfügt. Jede Domäne gliedert sich wiederum in eine Vielzahl eng miteinander verflochtener, nicht klar voneinander abgrenzbarer Fähigkeiten, Fertigkeiten und Haltungen. Die letzte Domäne durchdringt und fokussiert alle fünf vorher benannten in ihren jeweiligen Bereichen: „So erhält etwa die Domäne Differenzfähigkeit jeweils eine andere Prägung, ob sie im Unterrichtsfach Mathematik zum Tragen kommt, in frühpädagogischen Settings eingesetzt oder in einer Beratungssituation wirksam wird.“ (EPIK, o. J.)

Journaling

Durchdenken Sie für sich die fünf zentralen Merkmale professionellen Handelns:

- Professionsbewusstsein
- Reflexions- und Diskursfähigkeit
- Differenzfähigkeit
- Kooperation und Kollegialität
- Kraft individueller Könnerschaft

In welchen Bereichen werden diese für Sie persönlich deutlich? Finden Sie dafür Alltagsbeispiele.

Hinter jeder Haltung steht ein Menschenbild, das als Kompass für ein lebendiges pädagogisches Verhalten genutzt wird, auch wenn persönliche Haltungen biographisch verankert und nicht leicht veränderbar sind, da sie oft im Unbewussten bleiben. Über Reflexions- und Analysestrategien kann „Haltung thematisiert und für die persönlich-professionelle Entwicklung genutzt werden“ (Schratz 2021, S. 315). Selbstwirksamkeit ist ein Treibstoff für die Entwicklung der persönlichen, aber letztlich auch der professionellen pädagogischen Haltung. Hilfreich kann außerdem das Leitbild einer Einrichtung sein, das Haltungen widerspiegelt. Allerdings wird dies erst wirksam, wenn es von möglichst Vielen gelebt wird (ebd.). Eine wichtige, aus den vorangehenden Ausführungen zu ziehende Erkenntnis ist: Aus Krisen und disruptiven Ereignissen wie der Corona-Pandemie können neue Haltungen entstehen, die Entwicklungen wie durch das vermehrte Üben der Achtsamkeit oder die Digitalität voranbringen (ebd.). In diesem Sinne zieht eine Studierende ihr Fazit aus dem pädagogischen Praktikum:

> „Fazit: Eine Entdeckung der Langsamkeit
>
> Schon sind drei Wochen vorbei und sie sind für uns im Fluge vergangen. Trotzdem gebe ich dem Bericht über dieses Praktikum den Titel ‚Eine Entdeckung der Langsamkeit‘, denn die einzelnen Tage mit Klara und die Arbeit der Wahrnehmungsvignetten haben meine Wahrnehmung verfeinert und mein Handeln entschleunigt. Die Selbstverständlichkeit, mit der ich zuvor gearbeitet und gehandelt habe, wurde mir vor Augen geführt und bewusst gemacht.“ (Reflexion im Praktikumsbericht einer Studierenden)

Die sich auf etwas beziehende Haltung entsteht also durch Reflexion als ein Akt des Sich-Zurückbeziehens auf etwas. Haltungen tragen Momente des Bezugs zu etwas oder einem Anderen in sich.

> „Ich beziehe mich, das heißt, ich richte mich, richte mich auf etwas aus, orientiere mich auf etwas hin, – in dieser Bewegung ist aber Ausrichtung und Richtung, Tendenz, Handlung und Ausführung nur möglich, wenn ich mir dabei mehr oder minder als involvierter Teil zumindest dieses Geschehens bewußt bin. Das heißt, der Akt des Sich-Beziehens reflektiert mich schon und den Bezug auch selbst in seiner Umsetzung.“ (Kurbacher 2006, o. S.)

Haltung entwickelt sich, sie ist nicht an sich, sie richtet sich aus; wir sind unsere Haltung. Sie entsteht durch Prozesse des Beziehens auf sich und Andere: „Es ist ein Bezug auf unser je konkretes, prinzipiell veränderliches und doch eben ‚So (und gerade nicht anders)-Sein'." (Kurbacher 2006, o. S.) Sie kann gerade durch einen „multiperspektivischen Grundbegriff menschlicher (Selbst-)Reflexion und des Verstehens fruchtbar gemacht werden" (Kurbacher & Wüschner 2016, S. 14). Der Haltungsbegriff ist nicht leicht zugänglich und birgt Unbehagen und Risiken; die Beschäftigung damit gleicht „oft einer Gratwanderung" (ebd., S. 14f.). Es ergibt sich eine kritische Haltung aus einer ebensolchen (Selbst-)Reflexion und sie verdient erst dadurch den Namen *Haltung* im eigentlichen Wortsinn. „In diesem Verständnis ist sie dann auch ein Anzeichen von Verantwortung und ein Reflex auf Andere, Anderes, Fremdes und Welt – kurz: ein Zeichen von Responsivität" (ebd., S.15).
Für unsere Haltungsentwicklung und zur Ausbildung einer pädagogischen Professionalität brauchen wird letztlich „wiederholte[s] Üben" (Roick 2016, S. 25). Als elementar und wirksam erleben wir die „Übungen des Wahrnehmens, Beobachtens und Denkens" (Kap. 3.4), die im folgenden Abschnitt um die „Übungen zur Entwicklung eines pädagogischen Ethos" (Kap. 6.6) ergänzt werden und für den gezielten Umgang mit spezifisch anzuwendender Reflexion konstitutiv sein können.

6.6 Übungen zur Entwicklung eines pädagogischen Ethos

Ein pädagogisches Ethos auszubilden, liegt in der Verantwortung eines jeden Menschen selbst. Die Auseinandersetzung mit der Thematik gibt Anregungen, sich der eigenen Haltung und Handlungsweisen in bestimmten, insbesondere überraschenden, ungewöhnlichen oder herausfordernden pädagogischen Situationen bewusst zu werden (wie im Manual ELBE von Rödel et al. 2022 empfohlen). Die Selbstbesinnung kann die Notwendigkeit des Bewältigens alltäglicher und besonderer Lagen aufzeigen und das Bedürfnis nach einer Selbstbefähigung erwecken. Um daraus Schlüsse für die Ausbildung einer professionellen pädagogischen Haltung ziehen zu können, bedarf es – neben einer Fremdreflexion oder eines Coachings – der Entscheidung für die Professionalisierung durch Selbstentwicklung. Diese beruht auf Fähigkeiten, über die der Anlage nach jede*r verfügt, die aber durch aktivierendes Üben selbst- und sozialwirksam gesteigert werden. Dazu zählen die eigene Haltung beeinflussende, stützende und verändernde Umgangsweisen, die im geschulten Denken, Fühlen und Wollen ihren Ausgang haben.
Wie ich über einen Menschen denke, welche Gefühle er in mir auslöst und zu welchen Handlungen er mich veranlasst, wird von einer mehr oder weniger bewussten Selbstführung getragen und drückt sich in der Kultivierung des sozialen Umgangs aus. Achtsamkeit und Wertschätzung sind für Sprache und Handlungen

Orientierung gebende Ideale, deren Umsetzung in pädagogischen und lebensweltlichen Kontexten durch professionelle Ausbildungen bzw. Coachings angestrebt wird. Sie arbeiten mit Methoden und Techniken, die auf Übungen zur Selbsterziehung gründen und auf die Wirksamkeit im Sozialen ausgerichtet sind. Als beispielhaft seien die in Schulen angewandten Achtsamkeitsübungen erwähnt, die Kinder und Jugendliche in ihren Lern- und Entwicklungsprozessen unterstützen und das soziale Klima förderlich verändern (u. a. Kaltwasser 2008). Auch einige Pädagoginnen und Pädagogen entscheiden sich für eine Schulung der Achtsamkeit; nur genüge diese nicht, so führt Ha Vinh Tho, der ehemalige Minister für Glück von Bhutan und Berater für das vietnamesische Bildungswesen in einem Interview aus, denn es müssen außerdem „ethische Dimensionen" (Wiehl 2018, S. 163ff.) der Haltungsorientierung beachtet werden.
Für die ethische Ausrichtung der Pädagogik plädiert das Team um Annedore Prengel, das 2017 die zehn Leitlinien der „Reckahner Reflexionen" veröffentlichte (Deutsches Institut für Menschenrechte 2017). Demnach gehören zum ethisch professionellen Handeln Wertschätzen, Zuhören, Rückmelden bzw. Fördern des Lernens und Verhaltens, Stärken der Zugehörigkeit, Achten auf Interessen, Bedürfnisse und Nöte, Selbstachten und Anerkennen der Anderen; hingegen nicht zulässig sind diskriminierendes, respektloses und entmutigendes Behandeln sowie Ignorieren von Verletzungen der Kinder und Jugendlichen untereinander (ebd., S. 4). Hinter diesen Verhaltensweisen und Eigenschaften verbergen sich von Achtung und Sympathie bis hinzu von Abneigung und Antipathie getragene Neigungen, die im Reagieren bewusst eingesetzt oder vermieden werden können. Diesbezüglich schließt eine Ausbildung des pädagogischen Ethos die Entwicklung von Fähigkeiten ein, die Menschenwürde bei allen Gelegenheiten zu achten. Fähigkeiten dienen im Allgemeinen der Ermöglichung und Pflege von „Lebensqualität" (Nussbaum 2019, S. 26f.) und im Besonderen, nämlich auf Denken, Fühlen und Wollen bezogen, der Selbst- und Haltungsentwicklung in sozialen und spezifisch in pädagogischen Tätigkeitsbereichen.
Die Professionalisierung der pädagogischen Haltung erfordert, dass Handelnde und Verantwortliche eine Situation angemessen einschätzen, die eigene Haltungsorientierung reflektieren und dementsprechend das eigene Denken, die Gefühlsreaktionen und Handlungsweisen neu ausrichten können (Scharmer 2022, S. 100ff.). Treten im Privaten oder im Beruflichen sich wiederholende oder überraschende Vorkommnisse auf, die uns angehen oder persönlich betreffen, dann reagieren wir in irgendeiner Weise gefühlsmäßig, gedanklich, verbal und handelnd oder durch Rückzug. Aufsteigende Emotionen und Gedanken können dabei situativ, spontan, empathisch oder distanziert bis negativ sein. Von den Erstreaktionen, die meist gedanken- und handlungsleitend sind, hängen die weiteren Einlassungen ab. Diese Abhängigkeit aufzulösen, kann durch Selbstreflexion angeregt und durch Übungen des Denkens, Fühlens und Wollens erreicht werden.

In der Auseinandersetzung mit den phänomenologisch-reflexiven Methoden sowie den notwendigen Fähigkeiten für ein pädagogisches Ethos zeigen sich Bezüge zu einer Übungsreihe von Rudolf Steiner (2022), die ähnlich wie jene zum „Wahrnehmen, Beobachten und Denken“ (Kap. 3.4) mit der Denkschulung beginnt, aber sehr viel mehr auf die Wirkung der eigenen Denk- und Verhaltensweisen in der Selbst-, Fremd- und Welterfahrung ausgerichtet ist und damit für eine ethische Haltungsentwicklung geeignet erscheint. Diese Übungen, die Steiner ursprünglich als sog. „Nebenübungen“ zur Vorbereitung für eine meditative Geistesschulung entwickelte, entsprechen nach heutigem Verständnis den Ansätzen der Achtsamkeitsschulung (u. a. Kaltwasser 2016), wie sie vielfach zur persönlichen Stärkung Erwachsenen, Kindern und Jugendlichen empfohlen sind (Schmelzer 2016, S. 657ff.). Sie werden durch Weiterentwicklung der Seelenkräfte Denken, Fühlen und Wollen vollzogen und dienen der Ausbildung der „Eigenschaften Gedankenkontrolle, Willensinitiative, Gleichmut, Positivität, Unbefangenheit und seelisches Gleichgewicht“ (Steiner 2022, S. 9). Ihr Ziel ist es, äußere und innere „Hindernisse“ zu überwinden, die das Verhältnis der Seele zu sich selbst, zu ihrem Umfeld, zu Menschen und Ereignissen betreffen (ebd., S. 15f.). Es werden für das *Journaling* in Anlehnung an Steiner sechs Achtsamkeitsübungen, ergänzt um eine Rückschau- und Vorschau-Übung, mittels von uns erarbeiteten Beispielen als Anregung für eine eigene Übungspraxis zum Zweck einer Haltungsentwicklung empfohlen. In der persönlichen Schulung bewährt sich neben dem regelmäßigen mentalen Üben das Sammeln von Übungserfahrungen im schriftlichen *Journaling.*

(1) Gedankenkontrolle – zur Entwicklung des Denkens
Durch die erste Übung wird das sich konzentrierende Denken geschult; es bildet die Voraussetzung für alle weiteren Übungen, damit die Gedanken nicht „irrlichtelieren“ oder auf Abwege driften, sondern streng bei einem Gegenstand bleiben, um „sachgemäß durch innere Kraft“ denken zu lernen (ebd., S. 19f.). Steiner empfiehlt für die Gedankenkontrolle, sich einen Begriff vorzunehmen; ebenso eignet sich eine konkrete Vorstellung eines wenig bedeutenden Gegenstands wie einer Büroklammer oder eines Brillenetuis. Je nach Neigung wähle man sich einen Gegenstand oder Begriff aus, konzentriere sich täglich für wenige Minuten darauf und reihe „an ihn durch eigenste innere Initiative alles, was sachgemäß mit ihm verbunden werden kann“ (ebd., S. 28).

Journaling (1): Konzentration im Denken und Vorstellen üben

a) Konzentration auf einen Begriff: Nehmen Sie sich beispielsweise den Begriff *Teilhabe* vor; achten Sie auf die Zusammensetzung des Worts aus *Teil-* und *-habe.* Die erste Wortsilbe *Teil-* kann Teil oder Anteil bedeuten und steckt in den Worten teilen, beteiligen, Anteil oder anteilig. Die zweite Silbe *-habe* hingegen ist eine Abkürzung von haben und verwandt mit Hab und Gut oder Guthaben. Wenn wir an etwas teilhaben, haben wir einen Anteil, sind beteiligt und dabei. – Es geht darum, das Begriffsfeld so auszuweiten, dass die Beziehung zum ursprünglichen Begriff *Teilhabe* nicht verloren geht. Beim Abschweifen kommt es darauf an, den Bogen zu den Anfangsgedanken wieder zurückzuschlagen.

b) Konzentration auf einen Gegenstand: Nehmen Sie sich eine nicht zu komplexe Vorstellung eines Gegenstandes vor, beispielsweise das *Brillenetui* oder das *Schlüsselmäppchen*. Legen Sie es vor sich auf den Tisch und versuchen Sie, möglichst viele Details wahrzunehmen und sich einzuprägen. Schließen Sie dann die Augen und folgen Sie in der Vorstellung erneut ihren Beobachtungen, indem Sie sich Detail für Detail innerlich vor Augen führen und schließlich das ganze *Brillenetui* oder *Schlüsselmäppchen* vor sich sehen. Bei einer Ablenkung z. B. durch die zuvor mitgesehene Umgebung, die Herkunft des Gegenstands oder eine auftauchende, damit verbundene Erinnerung lassen Sie diese aufleuchten und kehren Sie bewusst zum Gegenstand zurück.

Wirkung für die Haltungsentwicklung: Sich bewusst beobachtend auf etwas einlassen können

Während drei bis fünf Minuten täglichen Übens kann der Gedankengang gut gehalten werden. Aus Berichten von übungserfahrenen Menschen geht hervor, dass sich diese Übung positiv auf die Konzentrationsfähigkeit in Alltag und Beruf auswirkt und dass die Konzentration merklich nachlässt, sobald nicht mehr geübt wird (Heertsch 2007, S. 28). Durch Gedanken und Vorstellungen, die sich verselbstständigen, ins Ausgedachte und Fiktive abdriften oder einfach früher Gedachtes wiederholen, entsteht die Gefahr des unreflektierten und vorurteilsbelasteten Reagierens. Ein Denken, das „bei den Dingen“ verweilt bzw. sich konsequent auf die Sache, das Ereignis oder die Lage eines Menschen einlässt und das Geschehen mit- und nachvollzieht, kann eine Stütze für die Haltungsentwicklung sein.

(2) Initiative des Handelns – zur Entwicklung des Willens

Wille ist nicht zu verwechseln mit Wunsch, denn Wille kommt nur in den tatsächlich ausgeführten Handlungen und Aktivitäten zum Ausdruck. Emotionales und Kognitives kann willentlich bestimmt werden; im Volitionalen findet der Wille seinen reinen Ausdruck, wenn Vorsätze auch tatsächlich in eine Tat münden. In familiären und beruflichen Alltagshandlungen überlagern sich Notwendigkeiten mit Fremd- und Selbstbestimmung; viele Tätigkeiten rühren nicht im eigenen initiativen Willen. Fällt beispielsweise das frühe Aufstehen für die Schule oder den Beruf weg, fehlt u. U. die Motivation, bestimmte Verrichtungen regelmäßig fortzusetzen, und das sog. Loslassen tritt ein. Was aus Sicht des Wohlbefindens angenehm erscheint, ist für die Willensstärkung ungünstig. Das zeigt sich, wenn

eine vorgegebene Tagesstruktur wegfällt und diese selbst zu geben sich als Schwierigkeit erweist.
Die folgenden Beispiele machen auf etwas Willenstypisches aufmerksam: Wille findet in der Zukunft statt. Es eignen sich für die Schulung des Willens alle Tätigkeiten, die aus freiem Antrieb und ohne Anlass von außen umgesetzt werden. Auch die Konzentrationsübung zur Gedankenkontrolle ist bereits eine Willensübung. Da sich der Wille am deutlichsten an wiederholten und selbstbestimmten Handlungen zeigt, nehme man sich vor, täglich initiativ eine unbedeutende Tat zu vollbringen.

Journaling (2): Initiative und Willensaktivität üben

a) Lächeln: Achten Sie darauf, wie Ihnen morgens andere Menschen begegnen, mit welchem Gesichtsausdruck, welcher Körpersprache und welchen Äußerungen sie sich zeigen und wie diese auf Sie wirken. – Nehmen Sie sich dann für die Folgetage vor, alle Menschen, die Sie an einem Tag erstmals treffen, mit einem freundlichen, lächelnden Gesichtsausdruck anzuschauen. Wiederholen Sie es von Tag zu Tag und beobachten Sie dabei, wie die Anderen reagieren und ob sich bei Wiederbegegnungen etwas verändert, und warten Sie ab, was vielleicht jemand bemerkt und äußert. – Es kommt keinesfalls darauf an, dass Sie daraus einen Nutzen ziehen; wenngleich Sie nur mit einem Lächeln die Atmosphäre zu beeinflussen und gestalten versuchen (Kap. 6.1), spüren das die Anderen.
b) Unbedeutende Tat: Überlegen Sie, welchen Gegenstand Sie täglich sicher in unmittelbarer Reichweite haben, der Sie zu keiner Handlung verpflichtet. Es kann der Ehering, ein Spiegel oder ein Vorhang am Fenster sein. Nehmen Sie sich vor, möglichst täglich zur selben Uhrzeit diesen Gegenstand zu bewegen, den Ring zu drehen, in den Spiegel zu schauen oder den Vorhang zu und wieder aufzuziehen. Sollte der gewählte Übungsgegenstand nicht in Reichweite sein, nehmen Sie einen Ersatzgegenstand. Entscheidend ist nur, dass Sie die einmal begonnene unbedeutende Tat regelmäßig fortführen, ohne dass eine anderweitige Notwendigkeit damit verbunden wird.

Wirkung für die Haltungsentwicklung: Geistesgegenwärtiges und sachgemäßes Handeln

Diese Übung zur Willensstärkung kann parallel zur Gedankenkontrolle durchgeführt werden (Steiner 2022, S. 37ff.), um das durch Konzentration gewonnene sachgemäße Denken nicht zu vernachlässigen. Die „Initiative des Handelns" (ebd., S. 41) als innere Stärke aufzubauen, kann nur ansatzweise, oftmals überhaupt nicht durch fremdbestimmte, also durch äußere Notwendigkeiten veranlasste oder von anderen gegebene Auf- und Vorgaben auszuführende Tätigkeiten gelingen; gerade Alltags- oder Berufspflichten können uns völlig absorbieren und sobald sie enden, geht die Initiativkraft verloren (ebd.). Daher solle man sich als Willensübung die „unbedeutenden, aber aus eigener Initiative entsprungenen Handlungen“ (ebd.) vornehmen und täglich „eine Handlung […] ganz aus ureigener Initiative“ (ebd., S. 42) vollziehen.

(3) Gelassenheit – zur Entwicklung des Fühlens
Bei der dritten Übung geht es um das bewusste Zurückhalten der Gefühlsschwankungen und unreflektierten Gefühle (ebd., S. 53ff.). Berührende, betroffen machende oder schockierende Ereignisse können so intensive Gefühlsreaktionen auslösen, dass wir in der Situation in den eigenen Emotionen gefangen sind. Zustände des emotionalen Mitgerissen-Werdens und des Schwankens zwischen „himmelhoch-jauzend, zu Tode betrübt“ (ebd., S. 55) gehören zwar zu den sog. natürlichen Reaktionen, sind aber gleichzeitig Ausdruck für die Abhängigkeit vom eigenen Befinden. Die Entwicklung des Fühlens durch „Gelassenheit heißt, Herr sein gegenüber der höchsten Lust und im tiefsten Schmerz. Ja, man wird für die Freuden und Leiden in der Welt erst dann richtig empfänglich, wenn man sich nicht mehr verliert im Schmerz und in der Lust, wenn man nicht mehr egoistisch darin aufgeht“ (ebd., S. 58). Folgende Beispiele zeigen Möglichkeiten auf, in Gelassenheit auf ungeplante Situationen und überraschende oder erschreckende Ereignisse zu reagieren; diese gilt es im täglichen Leben aufzusuchen.

Journaling (3): Gelassenheit üben

a) Gelassenheit in der Schule: Nehmen wir an, wir würden eine Oberstufenklasse betreten, um zügig mit dem Unterricht zu beginnen. Ein reges Plaudern tönt uns entgegen, einige Schüler*innen sitzen am Platz, andere lehnen an den Heizkörpern oder sind in Grüppchen hinten im Klassenraum versammelt. Es scheint so viel Gesprächsbedarf zu geben, dass nur wenige die Grußworte entgegnen und auf die freundliche Aufforderung der Lehrkraft hin sich auf ihre Plätze an den Tischen begeben. „Was tun?“, fragt sich die Lehrkraft und überlegt eine Weile. Nachdem sie sich mit ihren Materialien für den Unterricht eingerichtet hat, versucht sie es erneut. – Dieses Mal konzentriert sie sich auf ihr Anliegen, mit den Schüler*innen ein bestimmtes Thema zu vertiefen. Sie nimmt sich vor, ganz präsent und zugewandt für alles auf sie Zukommende zu sein. Nach wenigen an die Klasse gerichteten Worten wenden sich alle Schüler*innen dem Unterricht zu. – Gelassenheit heißt hier, *den Anderen* Raum und Zeit zu geben.
b) Gelassenheit beim Zugfahren: Züge sollten planmäßig nach einem Fahrplan abfahren und ankommen. Dass es oft zu Verspätungen kommt, gehört – als wir gerade dieses Buch fertigstellen – zum Alltag. Stellen Sie sich vor, Sie erreichen den Bahnhof, lesen die Ankündigung „Zug fällt wegen Reparatur am Zug aus“, haben es eilig, wählen eine alternative Reiseverbindung, die anstatt

direkt zum Zielbahnhof zu führen, mit zwei zusätzlichen Umstiegen geplant ist. Beim ersten Umsteigebahnhof kommt der Anschlusszug zu spät, beim zweiten verpassen sie ihn. Was tun? – Egal, welche eigenen Handlungen oder Reaktionen folgen, die Sachlage bleibt. Also kann es nur darum gehen, sich auf die Situation einzustellen und die *geschenkte* Zeit erfüllend zu nutzen. – Gelassenheit bedeutet auch, *sich selbst* Raum und Zeit zu geben.

Wirkung für die Haltungsentwicklung: Gelassenheit und empathische Hinwendung

Es können nur Beispiele für Momente der verpassten oder gelungenen Gelassenheit gegeben werden, die in der Vergangenheit liegen. Es kommt im Rückblick nicht darauf an zu beurteilen, ob richtig oder falsch gehandelt wurde, sondern sich zu vergegenwärtigen, dass eine gelassen getragene Situation in vertiefter Weise empfänglich machen kann für freudige oder schmerzhafte Gefühle, ohne sich darin zu verlieren, ohne egoistisch darin aufzugehen. „Die größten Künstler", so merkt Steiner an, „haben gerade durch diese Gelassenheit am meisten erreicht, weil sie sich dadurch die Seele aufgeschlossen haben für subtile und innere wichtige Dinge." (Steiner 2022, S. 58)

(4) Unbefangenheit – zur Entwicklung der Positivität im Denken und Fühlen
Unbefangenheit – das Ziel der vierten Übung (ebd., S. 69ff.) – scheint bei manchen Menschen eine wohltuende Gabe zu sein; sie lassen sich wissgierig auf vieles ein, begegnen anderen ohne Vorbehalte, sind offen für Neues und interessiert. Andere hingegen neigen dazu, auf ihre Gewohnheiten störende Ereignisse, auf fremde Menschen und unbekannte Situationen mit Vorbehalt, Kritik oder Distanz zu reagieren. Um unbefangen, also möglichst vorurteilslos den Anderen zu begegnen, auch wenn sie beim ersten Eindruck noch so anders und fremd wirken, bedarf es des bewussten Vorsatzes, wann immer es möglich ist, in Menschen, ihren Handlungen und in Widerfahrnissen, also „in allen Dingen und Vorgängen die positive Seite suchen und finden" (ebd., S. 74), Gutes oder Schönes sehen zu lernen. Übungsbeispiele wie die folgenden gibt es reichlich im täglichen Leben.

Journaling (4): Unbefangenheit und Positivität üben

a) Wasserfarbenfleck: Wir stellen uns eine fünfte Klasse vor, die mit flüssigen Wasserfarben malt. Auf allen Tischen befinden sich Malbretter, weißes Aquarellpapier, Pinsel, Wassergläser, Schwämme und mehrere Farbtöpfchen. Während die meisten Kinder sich dem Malen hingeben, steht ein Kind auf, geht zum Waschbecken, um etwas abzuspülen, läuft auf dem Rückweg zu seinem Platz an anderen Tischen vorbei und streift mit dem Ärmel ein Farbtöpfchen, das auf den Boden fällt und eine großen blaue Lache bildet. – Wie reagieren? Durch Ausdruck von Ärger, Schimpfen, Ermahnen zum Saubermachen?

Durch Mithilfe beim Farbe-Aufwischen? Oder mit einem humorvollen, das Unglück leichtnehmenden Kommentar – ohne jeden Beigeschmack von Missmut: „Da hast du eine große blaue Form gemalt. Komm, wir wischen sie wieder auf."

b) Blütenstaub: Wir kommen nach Hause und der Blütenstaub blühender Bäume bedeckt die Treppe und den Vorplatz. Da es etwas geregnet hat, klebt der Blütenstaub am Boden, verteilt sich in feinen kreisförmigen Staubanhäufungen, die vom Wind nicht weggeweht werden können. Allein die Vorstellung, in den Blütenstaub hineintreten zu müssen, um in die Wohnung zu gehen, kann unterschiedliche Reaktionen von Gleichgültigkeit bis Ärger auslösen. Vermutlich würde die Blütenstaubmasse in der Wohnung für unangenehme Verschmutzungen sorgen. – Was sehen und denken wir also? Wie ärgerlich, dass der Blütenstaub sich so vor der Haustüre angesammelt hat! Er muss gleich beseitigt werden. Oder: Wie schön sieht doch eine mit Blütenstaub bestreute Treppe aus! Das erinnert mich an die Kunstwerke aus Blütenstaub von Wolfgang Laib.

Wirkung für die Haltungsentwicklung: Empathische Offenheit für das Positive, Gute und Schöne

Es gibt für zukünftige Vorurteilslosigkeit durch Offenheit keine vorausschauend zu planenden Haltungsweisen, aber immer wieder neu die Möglichkeit, sich unbefangen genauso auf unglückliche wie auf freudige und bestärkende Widerfahrnisse einzulassen. Die Einstimmung durch die beschriebenen Beispiele dient als Vorübung, um auf die vielen alltäglichen Momente und Begegnungen mit Menschen aufmerksam zu werden. Wenn der Blick zuerst auf das Missliche fällt, bedarf es eines bewussten Vorsatzes, das Ungute und Störende zwar als solches zu erkennen, aber gleichzeitig seinen positiven Wert ausfindig zu machen.

(5) Unvoreingenommenheit in Denken und Willen

Das alltägliche Bewusstsein ist von Realitätserfahrungen geprägt und unterscheidet sie von Glaubensinhalten, Fiktivem, Fantastereien und Virtuellem. Die Schulung der Unvoreingenommenheit setzt voraus, dass wir – anstelle einer spontanen Reaktion und Aussage wie „Das habe ich noch nie gehört, das glaube ich nicht" (ebd., S. 85) – uns immer „ein Hintertürchen offen lassen" (ebd., S. 89), denn es könnte ja doch stimmen, was Andere sagen. Wir nehmen uns bei jeder Gelegenheit vor, „von jeglichen Dingen und Wesen" (ebd., S. 85) etwas Neues zu erfahren, egal um welche merkwürdigen Erscheinungen, Ereignisse oder Aussagen es sich handelt. Wir nehmen sie auf und halten uns offen, auch anderes als das Gewohnte zu denken, um uns nicht „den Weg zu neuen Erfahrungen zu verstellen", sondern frei zu sein für Zukünftiges und Mögliches (ebd., S. 89). Als erstes Beispiel greifen wir eine Anregung Steiners auf (2022, S. 92).

Journaling (5): Unvoreingenommenheit üben

a) Schiefer Kirchturm: Wir treffen eine gute Bekannte, die uns erzählt, dass seit kurzem der Kirchturm unserer Stadt schief stünde und bereits um 45 Grad geneigt sei. Vermutlich werden wir etwas verwundert reagieren und der Aussage keinen Glauben schenken. Wir können uns aber auch an den Turm von Pisa erinnern, der bis heute weit hin sichtbar schief steht und genau deshalb berühmt ist. – Nun geht es darum, sich nicht auf den Zweifel oder die Verneinung zu konzentrieren, sondern sich die Möglichkeit offen zu halten, dass der Turm nun um 45 Grad geneigt sei. Dafür versetzen wir uns mental an den Ort der Kirche und sehen, wie der Turm sich neigt. Wir verlieren uns dabei aber nicht im Fiktiven oder Fantastischen, sondern lassen Denkmöglichkeiten zu, um die Welt immer wieder mit neuen Augen sehen zu können.

b) Streit mit Kind: Wir versetzen uns in eine vierte Klasse. Die Kinder spielen in der Pause gerne die Geschichten aus dem Unterricht nach. An einem Tag befinden sie sich an ihrer Ritterburg, zu der eine kleine Brücke über einen sumpfigen Graben führt. Die einen verteidigen die Burg, die anderen versuchen sie zu stürmen. Unter Gelächter fallen einige Schülerinnen und Schüler in den Graben und klettern wieder heraus, um weiterzuspielen und wieder hineinzufallen. Das geht so lange, bis die Schulglocke den Unterricht einläutet und die meisten Kinder nasse Kleider und schmutzige Schuhe haben. – Wie reagieren wir als Lehrkraft auf die herausfordernde Lage? Wie lösen wir sie? Mit Ärger oder mit Humor? Gelingt es uns, am nächsten Tag befreit von den alten Eindrücken den Kindern wieder zu begegnen und daran zu glauben, dass sie eine positive Entwicklung nehmen werden? Darin würde sich Unvoreingenommenheit ausdrücken.

Wirkung für die Haltungsentwicklung: Vorurteilssensibles und unvoreingenommenes Einlassen; Glaube an Entwicklungsmöglichkeiten und Gelingen

Die beiden Beispiele zeigen, dass es einfacher ist, an einem überraschenden und zunächst nicht glaubwürdigen Bericht die eigene Voreingenommenheit zu prüfen, dass es aber – mehr als bei den anderen Übungen – schwerfällt, sich im Vorhinein eine pädagogische Situation vorzustellen, die eine*n in die Lage versetzt, vorurteilssensibel und unvoreingenommen in menschlichen Angelegenheiten zu sein. Unvoreingenommenheit in Denken und Willen auszubilden, geht in gewisser Weise mit einem Sinneswandel einher, indem wir uns von prägenden und normativen Vorstellungen befreien. Wir lassen uns auf die Risiken des wirklichen Lebens ein, halten die Urteile zurück und richten die Haltung neu oder anders aus.

(6) Inneres Gleichgewicht zur Entwicklung des harmonischen Zusammenstimmens
Die Übung zur Gewinnung des inneren Gleichgewichts (ebd., S. 99ff.) beinhaltet, in der Seele die erworbenen „Eigenschaften“ der fünf vorangegangenen Übungen

„zum harmonischen Zusammenstimmen zu bringen“ (ebd., S. 92). Steiner empfiehlt, die Übungen „rhythmisch zu repetieren“ (ebd., S. 103), denn es bilde sich das Gleichgewicht „durch die fünf anderen Eigenschaften nach und nach ganz von selbst heraus. Auf diese sechs Eigenschaften muss der Mensch bedacht sein. Er muss sein Leben in die Hand nehmen und langsam fortschreiten im Sinne des Wortes: Jeder Tropfen höhlt den Stein“ (ebd., S. 101). Es bedarf der Ausdauer, um in ein seelisch-geistiges Gleichgewicht, auch als „Life Balance“ umschrieben, einzuschwingen und eine deutliche Entspannung im Selbst-Welt-Verhältnis zu erleben.

Journaling (6): Inneres Gleichgewicht üben

a) Tagesanforderungen bestehen: Viele Menschen fühlen sich im Alltag überfordert und gestresst, weil sie von Aufgaben und Pflichten überrollt werden. Sich aus dem Strudel der Beschäftigungen zu lösen, kann gelingen, wenn die erste Übung der Gedankenkontrolle und die zweite der Willensinitiative regelmäßig, mindestens eine Woche lang zu einem selbst festgesetzten Zeitpunkt oder auch an einem bestimmten Ort durchgeführt werden. Dann kommt eine andere Übung hinzu und so fort. Die dritte, vierte und fünfte Übung können fortlaufend in das Tagesgeschehen integriert werden, indem einfach auf Gelegenheiten geachtet wird, in denen Gelassenheit (3), Positivität (4) oder Unvoreingenommenheit (5) als innere Ausrichtung im Umgang mit einem Menschen oder einer Situation förderlich sein können. Das innere Gleichgewicht prüft sich in der alltäglichen gelebten Haltung.
b) Innere Ruhe und Frieden schließen: Es gibt immer wieder nachklingende und emotional aufrührende Erlebnisse, die die Haltung erschüttern und die Haltungsentwicklung bremsen können. Nehmen Sie an, eine Schülerin oder ein Schüler hat Sie in unerwarteter Weise und Ihrem Eindruck nach ohne Anlass getreten. Trotz klärender Gespräche fragen Sie sich noch einige Zeit lang, wie es dazu kam. Anstatt immer weiter über die Angelegenheit zu grübeln, wollen Sie damit abschließen. Sie richten Ihr Denken auf die Sache und erinnern noch einmal den Ablauf ganz genau, wägen die Gründe ab, bedenken die Wirkungen und Folgen und ziehen für sich eine positive Bilanz mit den Fragen: Was hat es mir gebracht, was habe ich daran gelernt und was nehme ich als positiven Impuls für die Zukunft mit? Es geht darum, Frieden mit den eigenen Erinnerungen zu schließen und in innerer Ruhe etwas Positives daraus zu ziehen.

Wirkung für die Haltungsentwicklung: Ausgeglichenheit und Selbstregulation

Ausgeglichenheit und Selbstregulation entstehen als Haltungen auf indirekte Weise, indem die Gedankenkontrolle begleitend oder abwechselnd mit einer der anderen Übungen kultiviert wird. Die Gedankenkontrolle bewirkt, dass sich das Denken ausrichten und ganz bei der Sache bleiben kann. Im Denken wird der Weg zur Selbsterziehung gebahnt; durch die Übungen für „Willensinitiative, Gleichmut, Positivität, Unbefangenheit und seelisches Gleichgewicht" (ebd., S. 9) werden Wollen und Fühlen entwickelt. Die Übung des inneren Gleichgewichts kann ein Weg sein, sich staunend dem Weltgeschehen zuzuwenden (Kap. 4) und von eigenen Befindlichkeiten, Vorurteilen und Absichten loszulassen. Durch Staunen öffnen sich Perspektiven für das Interesse an Anderem und Neuem; es leitet das Verstehen als ein Denken vom Andern her und das „*Leben* in der Liebe zum Handeln und *Lebenlassen* im Verständnisse des fremden Wollens" als die „Grundmaxime des freien Menschen" (Steiner 1918/2021, S. 166) ein.

(7) Abendliche Rückschau- und morgendliche Vorschau-Übung
Die Übung der abendlichen Rückschau (Steiner 2009) kann der Gedächtnis- und Willensstärkung förderlich sein, weil das Tagesgeschehen verarbeitet und die gewonnenen Einsichten für Zukünftiges neu ausgerichtet werden. Die neuen Perspektiven und Möglichkeiten zeigen sich in der morgendlichen Übung der Vorschau (Scharmer 2022, S. 122), die für unsere Zwecke den Anregungen von Steiner beigefügt wird. Wir schlagen vor, die ursprünglich für eine spirituelle Selbstentwicklung gedachte Rückschau-Übung für die Haltungsentwicklung hinsichtlich sozialer und pädagogischer Aufgaben zu nutzen. Wenn Ethos als eine von Gewohnheiten geprägte Disposition (Agostini 2020, S. 51f.) gelebt und zur Grundlage des Handelns wird, besteht das Risiko der einseitigen Beeinflussung und Fremdbestimmung. Sich in die Lagen anderer Menschen hineinversetzen und dem entsprechend handeln zu können, ist eine Frage der bewussten Haltung. Damit wir für unsere Haltung nicht aus Gewohnheiten, sondern aus Intuitionen schöpfen können, sind Bewusstmachung und Verarbeitung jener Erlebnisse notwendig, in die persönliche Einstellungen, Eigenschaften und Fähigkeiten eingeflossen sind. Insofern konzentrieren wir uns auf *einen* Aspekt der Rückschau-Übung erweitert um die morgendliche Vorschau-Übung in Anlehnung an Scharmer (2022, S. 122).

Journaling (7): Abends eine Rückschau, morgens eine Vorschau machen

a) Rückschau am Abend: Lassen Sie abends nicht zu spät den Tagesablauf wie im Film vor Ihrem inneren Auge rückwärts ablaufen, vom Zeitpunkt am Abend bis zum Aufstehen. Halten Sie kurz inne, wenn etwas Besonderes auffällt. Fragen Sie sich, was an diesem Tag wesentlich war, was Ihnen gelungen ist und was Sie gerne verbessern möchten. Nehmen Sie sich eine Sache vor, die Sie am nächsten Tag anders, neu oder weiter bearbeiten möchten; nehmen Sie sich ggf. auch eine Frage oder Aufgabe vor, für die Sie noch keine Lösung haben; halten Sie sich bewusst offen, wie Sie damit am nächsten Tag umgehen werden.
b) Vorblick am Morgen: Vergegenwärtigen Sie sich bald nach dem Aufwachen an einem Ort der Stille die Aufgabe oder Frage vom Abend zuvor. Richten Sie Ihre Aufmerksamkeit auf das Hier und Jetzt; achten Sie darauf, was sich

seit dem Vortag verändert hat, welche Gefühle und Gedanken aufsteigen. Bemerken Sie die Einfälle und Intuitionen für Lösungen und Perspektiven; lassen Sie diese Impulse in ihr Vorhaben einfließen, auch wenn noch nicht gleich am ersten Tag alles erreicht werden kann. In der nächsten abendlichen Rückschau überprüfen Sie das Erreichte.

Wirkung für die Haltungsentwicklung: Nachsorge durch Reflexion und Ermutigung durch Einfälle für Lösungen

Haltung und Haltungsentwicklung ergeben sich aus den Übungen; sie sind eine Vorbereitung der Haltungsorientierung, die durch die Reflexionen am konkreten Einzelfall überprüft und im Dialog mit Anderen neu gestaltet wird (Kap. 7).
Die Übungen der Wahrnehmungs- und Beobachtungsschulung in Kapitel 3.4 haben insbesondere eine Bedeutung für den Zugang zu sinnlichen Phänomenen in der äußeren Welt und sind zur Erweiterung des naturwissenschaftlichen Erkennens im geisteswissenschaftlichen Bereich gedacht. Die in diesem Abschnitt vorgestellten seelisch-geistigen Übungen zur Entfaltung von Fähigkeiten und zur Ausbildung von Eigenschaften sehen wir gleichsam als Übungen der Haltungsentwicklung, weil sie über die Selbstentwicklung hinaus im Sozialen und Pädagogischen wirksam sind. Das veranlasst uns, diese Übungen zu empfehlen und mit Beispielen für unser Themengebiet zu aktualisieren. Über das alltägliche soziale Geschehen hinausblickend und angesichts der von globalen Katastrophen heimgesuchten Lage gibt Peter Sloterdijk zu bedenken, dass durch ein „Leben in Übungen" ein Wandel möglich werde (Sloterdijk 2009, 704ff.). Wir schließen uns diesem Gedanken an, denn nichts anderes verlangt die Haltungsentwicklung in den von uns thematisierten Feldern. Das von Hans Jonas entlehnte Motto „Handle so, daß die Wirkungen deines Handelns verträglich sind mit der Permanenz echten menschlichen Lebens auf der Erde" (ebd., S. 708) möchten wir für das Haltungsthema verändern: Erneure fortwährend deine Haltungen und deine Handlungsweisen durch Üben für die pädagogischen Belange – ein Weg der Selbstentwicklung und Professionalisierung.

Tab. 1: Motive des Übens, der pädagogischen Haltung und der Methode der Wahrnehmungsvignetten

Übungen und Journaling	Bedeutung für die Haltungsentwicklung	Methode der Wahrnehmungsvignetten
(1) Konzentration im Denken und Vorstellen üben	Sich bewusst und beobachtend auf etwas einlassen können	offenes Wahrnehmen und fokussierendes Beobachten
(2) Initiative und Willensaktivität üben	Geistesgegenwärtiges und sachgemäßes Handeln	Staunen und Aufmerksamkeit für die besonderen Momente
(3) Gelassenheit üben	Gelassenheit und empathische Hinwendung	Gegebenes und Gegebenheit als Sosein aufnehmen
(4) Unbefangenheit und Positivität üben	Empathische Offenheit für das Positive, Gute und Schöne	Aufmerksamkeiten und Besonderheiten anerkennen
(5) Unvoreingenommenheit üben	Vorurteilssensibles und unvoreingenommenes Einlassen; Glaube an Entwicklungsmöglichkeiten und Gelingen	Zurückhalten der Meinungen, Ansichten, Vorkenntnisse, (Vor-)Urteile; pädagogische Diagnostik (Kap. 8)
(6) Inneres Gleichgewicht üben	Ausgeglichenheit und Selbstregulation	a) Phänomene als solche beschreiben (Kap. 5) b) Haltungsoptionen denken (Kap. 6)
(7) Abends eine Rückschau, morgens eine Vorschau machen	Nachsorge durch Reflexion und Ermutigung durch Einfälle für Lösungen	a) den phänomenologischen Arbeitsprozess reflektieren b) Reflexion als eigenständige Arbeitsphase einleiten (Kap. 7) c) Gesichtspunkte für die Diagnostik formulieren (Kap. 8)

Tabelle zusammengestellt von Barth & Wiehl

7 Wahrnehmungsvignetten als Reflexionsmedium

Reflexion durchzieht fortwährend das Alltagsbewusstsein. Wir werden auf sie aufmerksam, sobald wir uns abwägend, fragend, kritisch oder urteilend einer Begebenheit, einer Aufgabe oder einem Gedanken zuwenden. Dabei können wir beobachten, dass wir äußere Anlässe, Gefühle oder Gedanken bewusst aufgreifen, um sie kognitiv zu verarbeiten. Reflexion als gedanklicher Prozess hat im Erkenntnisvorgang eine ähnliche Aufgabe wie ein hinten am Fahrrad angebrachtes Katzenauge, an dem sich das Scheinwerferlicht eines Autos reflektiert. Nur bleibt die physikalische *Reflektion* bei der Widerspiegelung des Lichts stehen, während die philosophische und angewandte *Reflexion* darüber hinaus zu Erkenntnissen führt. *Reflektion* meint im Physikalisch-Materiellen das Zurückwerfen von Lichtstrahlen und Wellen (Regenbogen & Meyer 2020, S. 558) und findet in räumlicher Distanz statt. *Reflexion* im psychologischen Sinne bedeutet „die Zurücklenkung der Aufmerksamkeit von den Gegenständen der Außenwelt auf das seelische Erleben, auf die Bewußtseinstätigkeit, das erkennende und denkende Subjekt“ (ebd.). Die *philosophische Reflexion* untersucht die Wahrnehmungs-, Vorstellungs- und Denkvorgänge in zeitlicher Distanz. Die Reflexion der angewandten Wissenschaften, beispielsweise der Pädagogik, *kann* in räumlicher Gegenwart sein, *wird* aber immer im zeitlichen Abstand, also nach einem Vorkommnis, vollzogen.
Für Merleau-Ponty steht die „reine Reflexion“ außerhalb der Wahrnehmung, denn im Moment der Reflexion wird aus dem wahrnehmenden Subjekt ein „denkendes Subjekt, das eine radikale Freiheit gegenüber diesen Dingen und diesem Leib besitzt“ (Merleau-Ponty 2021, S. 43). „Was gegeben ist, ist ein Weg, eine Erfahrung, die sich selbst aufhellt, sich berichtigt und den Dialog mit sich selbst und den anderen sucht“ (ebd., S. 42). Es geht um die „Offenheit für *etwas.* Was uns rettet, ist die Möglichkeit einer neuen Entwicklung und unser Vermögen, etwas wahr zu machen, selbst wenn es falsch ist, indem wir unsere Irrtümer erneut durchdenken und sie wieder in das Reich des Wahren stellen“ (ebd., S. 43). Die philosophisch-phänomenologischen Grundlagen sind wegweisend für die Reflexionsarbeit, die wir für den Umgang mit Wahrnehmungsvignetten entwickeln.
Wir verlassen zunächst diese Reflexionszugänge und nutzen Reflexion als eine Handlungs- und Vollzugsdimension für Haltung (Christof et al. 2020, S. 55) und als Schlüssel zur Professionalisierung (Kahlau 2023, S. 51). Pädagogisch arbeitende Fachkräfte und Lehramtsstudierende sollten während ihres Studiums mit entsprechenden Praxis-Theorie-Modellen unterstützt werden, um eine reflexive

Haltung auszubilden und zu schulen. Abgesehen davon ist ein Umgang mit Reflexion wichtig, um grundlegend die Bereitschaft zu erarbeiten, sich mit Themen auseinanderzusetzen, die irritieren und herausfordern (ebd., S. 279). Allerdings ist Reflexion als Methode durchaus begrenzt und kann auch auf Widerstand und eine Verweigerungshaltung stoßen (Reintjes & Kunze 2022, darin insbesondere Häcker 2022, S. 95).
Reflexionsmodelle, die zur Reflexivität beitragen und sie weiterentwickeln helfen, leisten einen wichtigen Beitrag. Sie können sehr unterschiedlich sein. Beispielweise tragen Zugänge zu Reflexion über das berufliche Feld oder über die eigene Person dazu bei, eine gedankliche Flexibilität zu erlangen und aufrechtzuerhalten. Am Thema Inklusion wird die Notwendigkeit deutlich, sich im Verlaufe des Berufslebens eine Offenheit zu erhalten und Neues zu lernen. Es ist wichtig zu reflektieren, „mit welchem Wissen und welchen Erfahrungen der eigene innere Kompass zum Thema Inklusion und zum Thema Begabung befüllt ist und welche inneren Reaktionen dies konkret bei der einzelnen Lehrkraft (bei mir) zur Folge haben könnte." (Solzbacher 2019, S. 44f.)

> *Journaling*
> Was verstehe ich unter Reflexion? Was verstehe ich unter Analyse?
> In welchen Teilen meines Lebens beziehe ich diese Formate ein und wie?
> Und ist mir der Begriff der Reflexivität geläufig?

Die folgenden Abschnitte geben Einblick in den aktuellen erziehungswissenschaftlichen Diskurs zur Reflexion, stellen ausgewählte Konzepte vor und vertiefen exemplarisch die Prozesse der *Reflexionsspirale* als reflektierenden Umgang mit Wahrnehmungsvignetten, wie sie in der Lehrkräfteausbildung von uns angewendet werden.

7.1 Reflexion im erziehungswissenschaftlichen Diskurs

Der erziehungswissenschaftliche Diskurs zur Reflexion greift die in der Philosophie aufgezeigten Bewusstseinsprozesse für die Erforschung der Handlungsfelder im Sozialen und Pädagogischen auf. Als anwendungsorientierte Methode führt die Reflexion „vom reinen Nachdenken durch die Aspekte der Selbst- und Rückbezüglichkeit, des problemlösenden Charakters, der Entwicklung von alternativen Handlungsmustern durch ‚reframing', Perspektivwechsel und (theoretisch-)kontextuelle Einbindung" (Kahlau 2023, S. 54) zum Erkenntnisgewinn und kann daher „als ein aktiver Prozess" (ebd.) verstanden werden.
Einen Überblick über rund 200 Veröffentlichungen aus mehr als 20 Jahren zur Thematik der Reflexion enthält die Dissertation von Cathrine Beauchamp. Anhand von unterschiedlichen Perspektiven und drei verschiedenen analytischen

Zugängen versucht sie die Erforschung des Themas Reflexion darstellbar zu machen. Ihre Hauptreferenzen zur Reflexion sind John Dewey und Donald Schön, die für alle weiteren Veröffentlichungen zur Reflexion maßgeblich sind und je unterschiedliche Zugänge[2] vertreten (Beauchamp 2006, S. 34). Nur in 55 Texten findet Beauchamp Definitionen für Reflexion. Genau darin liegt das größte Problem (ebd., S. 62). Wenn über Reflexion (und auch Reflexivität) gesprochen oder geschrieben wird, ist nicht klar, welcher Zugang oder welches Verfahren genau gemeint ist; was Reflexion bedeutet, wird also in den meisten Fällen vorausgesetzt. Das Hauptmerkmal von Reflexion ist, dass sie als Prozess verläuft, der zur Begründung und Einordnung dient (ebd., S. 64). Cathrine Beauchamps Analyse der Literatur ergibt in der Zusammenschau ein Bild einander bedingender Themen: Der Reflexion liegen unterschiedliche Annahmen und Erkenntnistheorien zugrunde; innerhalb der unterschiedlichen Prozesse und Kontexte gibt es sowohl kognitive als auch affektive Komponenten und Abläufe; Reflexion erfolgt nicht auf der Grundlage von Rationalität allein; der Wert der Reflexion besteht im Prozess und im Kontext der Situation und jeweils im Bezug zu sich während, nach oder vor der Handlung, was wiederum Einfluss auf die Reflexion selbst hat (ebd., S. 146). Es bestehen dynamische Zusammenhänge zwischen den Prozessen, Begründungen, Kontexten und Handlungen; diese wirken durch und auf die Reflexion (ebd., S. 152). Reflexion ist also eine kognitive, prozessual-aktive Auseinandersetzung mit dem Ziel, Geschehnisse oder Erfahrungen zu verstehen und gewonnene Erkenntnisse für das Handeln nutzbar zu machen. Neben allem intellektuellen Wissen gibt es im Reflexionsgeschehen affektive Aspekte; diese emotionalen Anteile müssen in eine wie auch immer geartete Schulung der professionellen Reflexion einbezogen werden (ebd., S. 124f.).

Anfang des Jahrtausends untersuchten Fred A. J. Korthagen und Kolleg*en* Publikationen zum Thema Reflexion in der Lehrkräftebildung und konstatierten die Schwierigkeit, Reflexion konsensfähig und fassbar zu definieren. Aus kognitivpsychologischer Perspektive ist eine Definition fassbarer; demnach wird Reflexion als mentaler Prozess definiert, der Erfahrungen, Probleme, bestehendes Wissen oder Einsichten einem Prozess der Strukturierung und Restrukturierung unterzieht (Korthagen et al. 2002, S. 63). Die wenigen Evaluationsstudien über Reflexion in der Lehrkräftebildung ergeben, dass der Prozess der Reflexion tatsäch-

2 John Dewey hat einen eher pragmatischen Blick auf Reflexion. Für ihn gilt sie als ein Prozess des Nachdenkens über die Lösung eines Problems (Beauchamp 2006, S. 35) oder „als reines Denkkonzept" (Aeppli & Löscher 2016, S. 80). Donald Schön unterscheidet zwischen Handeln und Denken. Auf ihn geht die Unterscheidung von Reflektieren im Handeln (in-action) und das Reflektieren über das Handeln (on-action) zurück (Beauchamp 2006, S. 36), einem „Konzept des Knowing-in-Action und der Reflection-in-Action unter Berücksichtigung professioneller Werte" (Aeppli & Löscher 2016, S. 80). Übrigens wird auch Paulo Freires kritisches „Hinterfragen des sozialen, kulturellen und politischen Kontexts von Lernen" beim historischen Herleiten des Reflexionsbegriffes erwähnt (ebd.).

lich die Kluft zwischen Theorie und Praxis verringern kann (ebd., S. 98), wenn methodisch sorgsam gearbeitet wird. Diese Erkenntnis kann für die Professionalisierung eine zentrale Rolle spielen; die Reflexionsspirale für den Umgang mit Wahrnehmungsvignetten verstehen wir als einen methodischen Zugangsweg, sich dieser Kluft zu widmen (Kap. 7.8).
Für die Ausbildung pädagogischen Fachpersonals an einer Hochschule oder Universität lässt sich zusammenfassend feststellen, dass Reflexion durch Nachdenken über Wissensbestände und Praxisbezüge bzw. situatives Handeln stattfindet und einen prozessualen Charakter hat. Als internaler Vorgang trägt sie entscheidend zur Weiterentwicklung und Professionalisierung von pädagogischem Fachpersonal bei. External spielt sie für die Organisations- und Handlungsentwicklung (beispielsweise im Unterricht) eine Rolle (von Aufschnaiter et al. 2019, S. 145f.).

7.2 Reflexionsfähigkeit versus Reflexionskompetenz/Reflexivität

Reflexivität als Kompetenz setzt sich aus einer *reflexionsbezogenen Disposition* und *latenten Wesenszügen*, *reflexionsbezogenen Denkmodellen* (wie der Reflexionsspirale in Kap. 7.8) sowie dem *sichtbaren Verhalten* und *reflexionsbezogener Performanz* zusammen (von Aufschnaiter et al. 2019, S. 152 in Anlehnung an das Modell von Sigrid Blömeke, Jan-Eric Gustafsson und Richard J. Shavelson 2015, S. 7). In den Veröffentlichungen zum Thema Reflexion leuchten drei professionstheoretische Ansätze der Reflexion auf: So vermittelt Reflexion zwischen dem *kompetenztheoretischen Professionsansatz,* der erfahrungsbasiert ist und theoretisch formales Wissen als Grundlage hat, und dem *strukturtheoretischen Professionsansatz*, der wissenschaftliche Wissensbestände, rekonstruktives Fallverstehen und Antinomien des Lehrerkräftehandelns beinhaltet (Kuckuck 2022, S. 24; von Aufschnaiter et al. 2019, S. 145). Ergänzt werden diese beiden Ansätze durch den EPIK-Domänenansatz, der Theoriewissen und Praxissituationen sowie Organisations- und Professionslogik einschließt (Kuckuck 2022, S. 24), und durch den *biographischen Ansatz* (von Aufschnaiter et al. 2019, S. 145). Im wissenschaftlichen Diskurs wird Reflexion als höchstes Gut beim Erlangen von Professionalität bestimmt (Kuckuck 2022, S. 24). Reflexive Denkprozesse dienen der Vermittlung, um verschiedene Handlungsoptionen in einer Situation bedenken und vermeiden zu können, damit kein vorschnelles Handeln geschieht; sie „unterstützen den Aufbau von Erfahrungswissen“ (ebd., S. 31).

> „Damit Reflexion gelingen kann, ist eine innere Bereitschaft notwendig sowie Neugier, sich auf die Aufgabe einzulassen und damit verbunden auf Spurensuche nach den eigenen Stärken, Schwächen und Beliefs zu gehen. Es sollte ein Bedürfnis vorhanden sein, mehr als nur eine Seite eines Sachverhalts zu berücksichtigen und sich mit alternativen Ansichten auseinanderzusetzen.“ (Wyss & Mahler 2021, S. 21f.)

In den pädagogischen Anwendungs- und Forschungsbereichen wird die Reflexion von „Begrifflichkeiten wie Reflexionsfähigkeit, Reflexionsvermögen, Reflexionsbewusstsein und Reflexivität" als innere Tätigkeit abgegrenzt (Kahlau 2023, S. 54). Reflexionsfähigkeit oder Reflexionsvermögen enthält die Bereitschaft zur Reflexion. Reflexionsbewusstsein wird als „allgemeine und explizierbare Bedeutungsbeimessung von Reflexion verstanden" (ebd.). Reflexivität kann grundlagen- und gegenstandstheoretisch als Haltung bzw. als Habitus verortet werden; im Vergleich dazu ist Reflexion eine aktive Handlung (ebd.). Subjektivität und Reflexivität sind als Fähigkeit und Bereitschaft zur Reflexion nicht voneinander zu trennen; sie benötigen jedoch eine kritische Zugangsfähigkeit (Albers & Blanck 2022, S. 295). Gerade in der (ersten) Phase der Ausbildung an einer Hochschule oder Universität besteht die Gefahr, dass sich Studierende mit ihrer Reflexivität an die Erwartungshaltung der Dozierenden anpassen (ebd.) und nicht ihre kritische Reflexivität ausbilden. Dies ist ein wichtiger Aspekt für Übungen zur Reflexion in Seminaren.

> *Journaling*
> Welches Wissen über Reflexion wird wie vermittelt?
> Denken Sie einmal darüber nach, in welchen Kontexten Sie reflektieren (sollen)?
> Fühlen sie sich in diesen Situationen frei, auch kritische Themen anzusprechen?
> Gibt es ev. (hochschulische) Machtstrukturen?

Unterschieden werden können die Reflexivität in der Konzentration auf Denken und Handeln nach drei, mehr oder weniger bewussten Zugangsweisen: (1) Reflexivität ist (wenn nicht bewusst oder nur wenig bewusst) ein *unterstützendes und begleitendes Regulativ*; sie wird oft wenig kritisch eingesetzt, da sie sich immer auf vorgegebene, teilweise enggeführte Aussagen in der Lehrkräftebildung bezieht und damit manchmal auf die Stabilisierung von Stereotypen und Vorurteilen angelegt ist. (2) Reflexivität kann auf *Entfaltung von Subjektivität* hin angelegt sein, bei der das Was und das Wie im Denken und Tun kritisch reflektiert werden; dafür müssen sich Studierende mit nicht bewussten und nicht intendierten Reproduktionen auseinandersetzen. (3) Reflexivität ist auch ein *Merkmal von Mündigkeit, Autonomie und Selbstbestimmung* (Albers & Blanck 2022, S. 297). Jede Zugangsweise ist „prinzipiell befragbar und begründungspflichtig" (ebd.), und Studierende können auf unterschiedlichen Stufen reflektieren – auch unter Zuhilfenahme von analytischem Denken: „Wer kritische Reflexivität aufbaut, ist sich der Grenzen jeweiligen Wissens – auch reflexiven Wissens – bewusst." (ebd., S. 298) Letztlich ist es nicht möglich, eine kritische Reflexivität ohne etwas Persönliches und Subjektives einzubringen und ausbilden zu lernen. Dies muss in einer kritisch-reflexiven (Aus-/Weiter-)Bildung immer mit bedacht werden. Es kommt darauf an, *wie* mit Wissen und Inhalten in den Reflexionsprozessen umgegangen wird.

7.3 Einschub: Von der Analyse zur Synthese

Reflexion spielt seit den 1980er Jahren in der Lehrkräftebildung eine wichtige Rolle und genießt eine positive Zuschreibung. Studien belegen, dass Reflexion in Aus- und Fortbildung die Kompetenzbildung fördert und dennoch hält das Konzept nicht, was es intendiert (Wyss & Mahler 2021, S. 17). Daraus ergibt sich die Frage nach den Gelingensbedingungen von Reflexivität in einem Aus- und Weiterbildungskonzept. In einigen Fällen – wie in den genannten Publikationen offensichtlich wird – unterscheiden Dozierende an Hochschulen nicht zwischen Analyse und Reflexion und definieren beide Begriffe relativ übereinstimmend oder synonym (ebd., S. 19). Daher entscheiden wir uns für die folgende Arbeitsdefinition: „Reflexion ist ein Prozess des strukturierten Analysierens" (von Aufschnaiter et al. 2019, S. 148) für eine sich anschließende weitere Reflexion, in der die zuvor gewonnenen Einsichten zu Erkenntnissen zusammengeführt werden. Dafür sind Fähigkeiten und Kenntnisse mit einem situationsspezifischen Denken und Verhalten in Verbindung zu bringen, damit sich beide Beziehungsseiten jeweils (weiter-)entwickeln können (ebd.). Diese Vorgehensweise entspricht in unserem Modell der zweiten und der dritten Reflexionsstufe (Kap. 7.8).

Für ein der Analyse zugeschriebenes, zugleich lösungsorientiertes Denken sind Unterscheidungen der Ansätze zur Konzeptualisierung des Reflexionsprozesses notwendig, die die ganze Bandbreite der oben genannten Ziele und Charakteristika zeigen. Und dennoch ist Reflexion kaum von der Problemlösung (extern, „reagieren" auf eine Problemsituation) oder der Analyse zu unterscheiden; diese können im Reflexionsprozess aufgehen oder in den Ablauf bewusst integriert werden (ebd., S. 147).

Im philosophischen Zusammenhang bedeutet Analyse „die Zerlegung, Zergliederung einer Einheit in eine Vielheit, eines Ganzen in seine Teile, einer Mischung in ihre Elemente, eines Begriffs in seine Merkmale, eines Vorgangs oder Geschehens in die einzelnen Akte" (Regenbogen & Meyer 2020, S. 34f.). Die logische Analyse nimmt Rücksicht auf die „logischen Beziehungen, die zwischen den Teilen und dem Ganzen bestehen", die kausale Analyse auf den „ursächlichen Zusammenhang der Teile miteinander und mit dem Ganzen" (ebd., S. 35). Die psychologische Analyse zerlegt einen Bewusstseinsinhalt in seine Elemente und ganz im Gegensatz dazu arbeitet die phänomenologische Analyse die Bedeutung von Bewusstseinsinhalten heraus (ebd.).

Das Gegenteil von Analyse ist die Synthese, die das Zerlegte und die Einzelaspekte wieder zusammenführt. Während also das analytische Denken – auch Verstand genannt – die Einzelheiten erforscht, werden im synthetischen Denken – auch als Vernunft bezeichnet – neue Perspektiven, andere Erkenntnisse und Einsichten gewonnen. Dieser Zusammenhang soll hier genannt werden, um zu verdeutlichen, dass wir in unserer Reflexionsspirale zwar den ersten Reflexionsschritt in der phänomenologischen Tradition – also im Wahrnehmen und Vergegenwärtigen des Gegebenen – sehen, den zweiten Reflexionsschritt aber im analytischen Kontext ansiedeln und in der dritten Reflexionsphase die analytisch erarbeiteten Aspekte für eine Haltungsentwicklung und für Handlungsoptionen fruchtbar machen. Die Analyse bezieht sich in diesem Reflexionsprozess vor allem auf theoretisches Wissen aus der Anthropologie, Entwicklungspsychologie, Pädagogik und Soziologie. Aus unterschiedlichen Perspektiven wird in den Wahrnehmungsvignetten Beschriebenes beleuchtet und durch Fachbezüge werden neue Betrachtungsebenen generiert. Dieser Schritt benötigt deutlich mehr zeitlichen Aufwand für eine Wissensanreicherung als die rein theoretische Rezeption. Reflexion fordert uns dazu auf, einerseits die eigenen inneren Prozesse wahrzunehmen, wertzuschätzen und entsprechend zu aktualisieren (Witzer 2018, o. S.), andererseits einen analytischen Blick auf Wahrgenommenes zu lenken und Bezüge zu schaffen, um daraus Erkenntnisse zu ziehen. Für die Zielstellung der Aus- oder Weiterbildungssituation weisen wir damit der Reflexion eine analytische (von Aufschnaiter et al. 2019, S. 148) und eine synthetische Funktion zu; denn durch sie wird „Wissen explizit bewusst gemacht" (Aeppli & Lötscher 2016, S. 85) und in eigene Schlüsse und Erkenntnisse überführt. Analyse ist auf eine Systematik und einen Wissensabgleich mit spezifischen Zielstellungen ausgerichtet und dem forschenden Blick geschuldet. Das synthetisierende Denken hingegen schafft erst die Perspektiven für die Ausbildung einer professionellen Haltung, die wiederum das pädagogische Handeln neu zu justieren und zu orientieren veranlasst. Reflexion beschäftigt sich also mit den eigenen Erfahrungen und Haltungen in Bildungs- und Wissensbildungsprozessen; sie nimmt diese wahr und lenkt den Blick auf das Handeln (Heinzel 2022, S. 30). Durch analytisches und synthetisches Reflektieren wird ein tieferes Verständnis des inklusiven pädagogischen Handelns angelegt.

7.4 Zwischenfazit und Ausgangsposition für unser Handeln

Die Schwierigkeit, eine Definition von Reflexion zu geben (Aeppli & Lötscher 2016, S. 81), liegt in den unterschiedlichen normativen Rahmenbedingungen begründet. Gerade weil der Begriff der Reflexion nicht eindeutig definierbar erscheint, teilweise mit der Analyse gleichgesetzt wird und wir ihn für die reflexive Arbeit mit Wahrnehmungsvignetten bestimmen müssen, ergeben sich für unseren Kontext erweiterte, den Reflexionsprozess wesentlich genauer beleuchtende Aspekte. Wir verstehen Reflexion als einen mentalen Prozess, um Veränderungen und Entwicklungen im pädagogisch professionellen Handeln einzuleiten. Im Rahmen der Ausbildung an der Hochschule nutzen wir sie als eine Methode, um sich individuell, emotional und intellektuell mit den eigenen Erfahrungen und dem bisherigen Wissen auseinanderzusetzen und in diesen Prozess Fachwissen als

Brücke zwischen Praxis und Theorie einbinden zu lernen. Die sich daraus entwickelnde Kompetenz nennen wir *Reflexivität*. Neben persönlichen Erfahrungen, Einstellungen, Emotionen, Bedürfnissen und Wünschen ist das individuelle und fachspezifische Wissen von entscheidender Bedeutung; es dient der Erarbeitung einer moralisch-ethischen Basis als zentrales Element professioneller Handlungskompetenz.

In drei Reflexionsphasen mit Wahrnehmungsvignetten (Kap. 7.8) initiieren wir den Prozess der Selbstentwicklung und Professionalisierung; bedeutsam ist,

- sich des eigenen Fühlens und Denkens bewusst zu werden und das Spezifische der jeweiligen Situation zu erfassen;
- unterschiedliche Perspektiven einnehmen zu lernen, neue Schlüsse auf der Basis von Theoriewissen zu ziehen, damit mögliche Alternativen zuzulassen und weiterzuentwickeln; kriteriengeleitetes Reflektieren;
- sich reflektierend zu beobachten, ggf. sich vom eigenen Tun distanzieren zu lernen und Erkenntnisse durch neue Erfahrungs- und Denkspuren zu gewinnen.

7.5 Konsequenzen für die Ausbildung oder das Studium angehender Pädagog*innen

In der Ausbildung pädagogischer Fachkräfte und im Studium von Lehrkräften obliegt es, eine Haltung zu entwickeln, die sich aus dem Einsatz von phänomenologischen Zugangsweisen und dem Mitvollzug im Rahmen von Fort- und Ausbildung herleitet; sie „kann (und soll) zu einer erhöhten Achtsamkeit auf sich und die Adressaten pädagogischen Handelns führen" (Brinkmann 2017, S. 9). Eine moderne Erwachsenenbildung unter inklusiven Aspekten muss neue Zielsetzungen, Prinzipien und Methoden anwenden, die es angehenden pädagogischen Fachkräften ermöglicht, Denkweisen in Bezug auf inklusive Bildung und heterogene Lerngruppen im geschützten Rahmen der Ausbildung zu rekonstruieren, selbstreflexiv eigene Einstellungen, Wissensbereiche, Fähigkeiten und den Umgang mit Stereotypen kritisch zu hinterfragen (Gloystein 2020, S. 55) sowie von der Expertise einer Gruppe zu profitieren. Dementsprechend bedarf es eines erweiterten Ausbildungsangebotes, um bei angehenden pädagogischen Fachkräften die Herausbildung von professionellen Haltungen und die selbständige Verarbeitung von Konzepten in Handlungswissen anzubahnen bzw. zu unterstützen. Mit Blick auf die Praxis erweist sich diese Forderung als überaus sinnvoll und nötig, denn Veränderungsprozesse in Richtung Inklusion finden bislang nur unzureichend statt.

Inklusive Ausbildungsformen für pädagogisches Fachpersonal benötigen Konzepte, Inhalte und Methoden, damit die Fachkräfte „sich auf Vielfalt einlassen können, die nicht in normativ gesetzte Normalitätsvorstellungen passt"; sie erfordern „gerade im Blick auf Lernen eine paradigmatische Umkehrung – nicht Abweichungen im

Lernverhalten haben sich in die Normalitätsvorstellungen einzupassen, sondern die Normalitätsvorstellungen müssen sich so weiten, dass die gegebene Wirklichkeit darin Äußerungs- und Gestaltungsraum findet“ (Peterlini 2018b, o. S.).

Der Reflexion wird beim Aufbau pädagogischer Professionalität und professionell-pädagogischen Handelns ein großer Stellenwert zugesprochen (Häcker 2019, S. 84). Sie ergibt sich von alleine nur bedingt oder ungenügend aus Lebens- und Berufserfahrungen und muss daher für die professionelle Anwendung erlernt werden. Begründet wird die Bedeutung von Reflexion bzw. Reflexivität mit der Pflicht, pädagogisches Handeln bewusst zu machen. Nach wie vor besteht das ungelöste Theorie-Praxis- bzw. Wissen-Können-Problem, das mittels Reflexion bearbeitet werden könnte. Letztlich ist die Anforderungsstruktur des alltäglichen Handelns von Lehrpersonen deutlich gewachsen. Die „zunehmend in den Blick geratenen Risiken und Nebenwirkungen pädagogischen Handelns“ (ebd., S. 85) machen eine hohe Reflexivität der Lehrpersonen und des pädagogischen Fachpersonals notwendig, um den hohen Erwartungen an eine Professionalisierung auch nur annähernd zu entsprechen. Durch Reflexivität wird professionelles Können aufgebaut, aufrechterhalten und weiterentwickelt (ebd., S. 84). Allerdings muss „der Anspruch, die Reflexionskompetenz angehender Lehrkräfte umfassend zu fördern, dennoch als ambitioniert betrachtet werden“ (ebd.). Hohe Qualität und hohe Erwartungen an Reflexionsfähigkeit von Studierenden beruhen – das zeigt sich in der Praxis deutlich – auf dem Denkfehler, dass Reflexivität an sich zu steigern oder zu vertiefen sei (ebd., S. 83). Insbesondere im Kontext von Hochschule muss es uns zu denken geben, dass Studierende – nach ihrer Meinung – die von Dozierenden *erwarteten* Aussagen im Reflexionsprozess einbringen.

Reflexion ist ein mittlerweile vielfältig erforschtes Kernelement der Professionalität von Lehrpersonen (Kuckuck 2022, S. 197). Für eine reflexive Lehrkräftebildung innerhalb eines wissenschaftlichen Studiums gelten folgende Bausteine: systematische Begleitung der Studierenden, diskursiver Austausch, zeit- und handlungsentlastender Rahmen, rekonstruktive Arbeit am fremden Fall, Datenerhebungs- und Datenauswertungsmethoden, Theoriebezug, selbstbestimmte Auswahl praxisbezogener Situationen sowie Metareflexionen (ebd., S. 214). Ziel von Ausbildungsprogrammen sollte es sein, Lehrkräfte zu befähigen, ihre „eigene Praxis zu analysieren, zu diskutieren, zu evaluieren und zu verändern, indem sie einen analytischen Ansatz gegenüber dem Unterrichten übernehmen“ (Korthagen et al. 2002, S. 57). Außerdem gilt es, den sozialen und politischen Kontext, in dem sie handeln, zu bedenken und moralische und ethische Gesichtspunkte in die Praxis einzubeziehen (ebd.).

Wissen allein kann nicht zum Handeln führen, auch wenn noch so hohe Erwartungen an „reflektierte Praktiker*innen“ bezogen auf ihre gesellschaftliche Rechenschaftspflicht bestehen. Diese speist sich aus den gesamtgesellschaftlichen Entwicklungen und dem Anspruch, auf der Basis wissenschaftlicher Erkenntnisse

Handlungen zu generieren (Häcker 2019, S. 87). Häcker zeigt dafür die Modalitäten der Reflexion auf:

- Reflektieren basiert auf der Herstellung von Bezügen und der Anwendung von Denkfiguren und stellt somit ein normatives Konzept dar.
- Reflektieren muss man streng genommen nicht lernen; es ist ein Aspekt unserer conditio humana.
- Reflektieren hat einen lebenspraktisch-expansiven Sinn und verfügt über kritisch-transformatorisches Potenzial.
- Reflektieren stellt eine Handlung dar, die – wie andere Handlungen auch – auf ihre Zweckmäßigkeit beurteilt werden kann.
- Reflektieren ist kein positiver Wert an sich; es birgt Risiken und Nebenwirkungen, deshalb müssen reflexionsfreie Zonen enttabuisiert werden.
- Eine reflexive Professionalisierung benötigt eine Verankerung in den Strukturen der Organisation. (Häcker 2019, S. 88ff.)

In der Zusammenschau scheint Reflexion die „einzig tragfähige Lösung" (Kahlau 2023, S. 61) zu bieten, um zwischen Theorie und Praxis zu vermitteln, ohne sich deren „jeweiligen Denk- und Handlungslogiken zu entziehen" (ebd.). „Reflexion als Tun und Reflexivität als Haltung" (ebd.) bedingen sich somit gegenseitig. Insbesondere aufgrund des Theorie-Praxis-Gaps verlangt eine universitäre oder hochschulische Ausbildung (wenn sie kein duales oder berufsbegleitendes Studium ist), praktische Erlebnisse und vielfältige Erfahrungen auf einer wissenschaftstheoretischen Ebene zu untersuchen und zu reflektieren. Studierende brauchen Räume und Zeiten, um sich bezüglich ihrer Reflexionsfähigkeit individuell und in Teamstrukturen zu üben, um später im Rahmen der täglichen Arbeit darauf zurückgreifen zu können; dabei können sie die erworbenen reflexiven Fähigkeiten als Erkenntnisgewinn und als Entlastung empfinden. Eine moderne Lehrkräftebildung muss an den Irritationen ansetzen und die reflektierte Fachlichkeit als eine „professionalisierungsförderliche Tendenz von Praxis" in den Vordergrund stellen (Kahlau 2023, S. 279). Wertschätzung der Haltungen sowie sichere Räume für das Aussprechen, die Analyse und die Reflexion pädagogischer Erfahrungen sind in der Professionalisierungsphase notwendig. Bedenkenswert dabei sind auch die Machtstrukturen der Ausbildungskontexte. Sie spielen möglicherweise eine wesentliche Rolle bei der Gestaltung reflexionsbasierter Ausbildungskonzepte an Hochschulen und Universitäten.

7.6 Einschub: Arbeitsmodell eines biographie-theoretischen Ansatzes

Der Erkenntnisgewinn wird nie objektiv, „sondern immer nur subjektiv und intersubjektiv" erlebt, wenn er „in der Verständigung mit anderen [...], die sich im Laufe der Berufsjahre auch verändern", stattfindet (Schenz 2012, S. 62). Aus dieser Sichtweise – ähnlich der in Kapitel 6 beschriebenen Entwicklung einer professionellen pädagogischen Haltung – sind routiniertes Handeln und Reflexionsfähigkeit professionelle Kernmerkmale. Christina Hansen (ehemals Schenz) macht mit dem von ihr entwickelten „Profigrafiemodell" – einem berufslebenslangen Reflexionsprozess – explizit deutlich, dass Reflexivität im Rahmen pädagogischer Professionalisierung erarbeitet werden muss (ebd., S. 65). Wenn pädagogische Fachkräfte oder Lehrkräfte im Kontext ihrer pädagogischen Praxis pädagogische Professionalität entwickeln sollen, hängt viel davon ab, „wie sie diese Praxis verstehen und interpretieren, wie sie darin agieren" (ebd., S. 66). Denn das professionelle pädagogische Handeln „wird aus den Stimmungs- und Interpretationsbildern der pädagogischen Situation rekonstruiert und neu interpretiert" (ebd.). Im „Profigrafiemodell" stellt Hansen „die reflexive Verfügbarkeit über das eigene berufliche Tun" (ebd.) in den Vordergrund.

Fachwissen und Urteilskraft – in unserem Reflexionsmodell die Grundlagen der zweiten Reflexionsstufe (Kap. 7.8) – sowie Deutung und Erkennen der Erfahrungen – in unserem Modell Aufgaben der dritten Reflexionsstufe – werden auch von Christina Hansen für die Professionalisierung propagiert. Ihre Maßgabe, dass „[p]ädagogisches Handeln […] neben Wissen und Kompetenzen von Lehrkräften vor allem pädagogisch-gebildeter Menschen [bedarf], die in der Lage sind, ihr Handeln zu reflektieren, ihr Wissen zu perspektivieren und kritisch zu hinterfragen und zu verändern" (ebd., S. 91), verdeutlicht: Eine professionelle Reflexionsfähigkeit stellt hohe Anforderungen an Lehrpersonen, wenn sie über die Wirkung ihrer Tätigkeiten in Schul- bzw. Unterrichtssituationen reflektieren wollen oder sollen. Sie benötigen Distanzierungsfähigkeit und Strategien der Selbstbeobachtung im Unterricht (ebd., S. 215) oder eine Gruppe für dialogische und analytische Zugänge, um tiefere Schichten im Reflexionsprozess zu erreichen.

7.7 Reflexionsebenen mit Wahrnehmungsvignetten

Die Reflexionsphase mit Wahrnehmungsvignetten umfasst im Wesentlichen drei Erkenntnisqualitäten, die wir bei anderen Forschenden mit ähnlichen Schwerpunkten und Abfolgen finden (Wyss & Mahler 2021; Übersicht in Aeppli & Lötscher 2016):

1. das Bewusstmachen und Erschließen des Wahrnehmungsvignetteninhalts bzw. der Aussage; die Reflexion der Sichtweise oder Rolle der genannten Personen, indem der Blick auf die Situation gelenkt wird;
2. das Herstellen von Zusammenhängen und Bezügen zu anthropologischen, entwicklungspsychologischen und anderen Kenntnissen; eine Analyse der in Wahrnehmungsvignetten verwendeten Begrifflichkeiten, um Person(en), ihre Äußerungen und ihr Handeln zu verstehen;

3. haltungs- und handlungssensibles Reflektieren inklusive der Wertschätzung eines beobachteten Moments mit einem Menschen, Verstehen des Besonderen eines Menschen und Erkennen bzw. Gewinnen neuer Erkenntnisse auch zur Entwicklung einer diagnostischen Kompetenz, Lernen durch Erfahrung, indem neue Ideen für die Ausbildung einer professionellen pädagogischen Haltung neue Handlungsideen entstehen; die dritte Reflexionsphase führt die in der zweiten Phase erarbeiteten Gesichtspunkte zusammen und dient damit der pädagogischen Professionalisierung.

Die Motivation zur Selbstreflexion und Selbstentwicklung erfolgt also in der dritten und letzten Phase: Die bisherige Haltung und die gewohnte(n) Handlungsweise(n) werden ins Bewusstsein gehoben, hinsichtlich ihrer Auswirkungen und Folgen angeschaut und – wie in einem mentalen Spiegel – unter Einbeziehung der Absichten, des Anliegens, der Motive reflektiert (Wiehl & Barth 2021, S. 200). Reflexion ist in dieser Phase eine Selbstbespiegelung, die aber nicht nur ein Abbild des Erlebten, sondern – wie für die Rückschau-Übung beschrieben (Kap. 6.6) – das Wesentliche und die Veränderung ins Bewusstsein heben soll. Daher fragen wir uns: Warum wurde so oder so gehandelt? Warum wurde dieses Handeln zunächst so und danach ggf. anders gedeutet? Durch diese selbstreflexiven Deutungen werden eigene Deutungsmuster ergründet und biografisch-habitustheoretisch verortet. Wir erkennen im Idealfall, welche Muster und welche Gewohnheiten unser Handeln prägen. Manchmal gibt es dabei ein sog. „Surplus", das heißt, etwas Wesentliches und bis dahin Unbewusstes wird sichtbar oder es bleiben Reste bestehen, die noch nicht eingeordnet werden können. Die Ausgangssituation in der phänomenologischen Forschung ist, dass sie auf den Erfahrungen der ersten Person aufbaut, man könnte sagen, die Subjektivität in den ganzen Arbeitsprozess einschließt; das gilt sowohl für die Forschenden als auch für die Beforschten. Es hat zur Folge, dass „subjektive Erfahrungen des Forschenden einer gesonderten Reflexion unterzogen werden" (Brinkmann 2015a, S. 38) sollten, also wie in der philosophischen Phänomenologie auch die Wahrnehmungs- und Erkenntnisprozesse selbst zu untersuchen sind.

Wahrnehmungsvignetten beschreiben Erfahrungen, die persönlich bedeutsam sind und berührende Ereignisse wiedergeben. Sie entstehen durch Staunen, Affiziertwerden und Betroffenheit (Kap. 4) in der (heil-)pädagogischen oder sozialen Arbeit mit Kindern, Jugendlichen und Erwachsenen. In den Reflexionsprozessen werden diese Erfahrungen verarbeitet, indem Bezug auf die professionelle, inklusionssensible Haltungsentwicklung genommen wird (Kap. 6). Durch die gezielte Analyse dieser Vorgänge und indem wir sie mit dem erlernten Wissen, den Fragestellungen zu Entwicklungspotenzialen und Entwicklungsstörungen verknüpfen (Kap. 8), erhalten wir Denkanstöße für inklusionssensibles Handeln im Unterricht und in Projekten.

Die Studierenden durchlaufen in der seminaristischen Arbeit in den drei Phasen der Reflexion verschiedene Erkenntnisqualitäten:

- Erschließen oder Bewusstmachen des Wahrnehmungsvignetteninhalts bzw. der Aussage
- Herstellen von Zusammenhängen und Bezügen zur Anthropologie und Entwicklungspsychologie
- Begriffsbildung für eine pädagogische Professionalität
- Erkennen der Angemessenheit räumlicher Strukturen und didaktischen Handelns
- ggf. Abgleichen mit dem Index für Inklusion und pädagogischen Fachkenntnissen (Wiehl & Barth 2021)

In vielen Konzepten tauchen Reflexionszyklen auf und dabei werden insbesondere die folgenden Prozesselemente in bestimmte Phasen (zwischen drei und sieben) eingebettet: Beschreibung der Erfahrung, (spontane) Interpretation, Analyse, Schlussfolgerungen und Anwendung (Aeppli & Lötscher 2016, S. 83). Es handelt sich dabei nicht nur um Reflexionsphasen, sondern es wird explizit von „Denkaktivitäten“ (ebd., S. 85) gesprochen. Insofern kommen wir wieder darauf zurück zu betonen, dass Reflexion „eine Kernkompetenz des Professionalisierungsprozesses darstellt, die es im Rahmen der Lehrer*innenbildung zu fördern gilt“ (Wyss & Mahler 2021, S. 23). Daher brauchen insbesondere Studierende Gelegenheit zur Übung von Reflexion. Die Aufgaben müssen „wohl dosiert, abwechslungsreich und relevant für die Studierenden sein und sich jeweils auf einige wenige, zentrale Aspekte (theoriebezogen) fokussieren“ (ebd., S. 24). Wünschenswert wäre, dass am Ende einer Aufgabenbearbeitung „eine für die Praxis nutzbare Erkenntnis“ (ebd.) steht. Diese kann in der Praxis ausprobiert werden und erneut reflektiert werden. So entstehen mit und durch Reflexionen zirkuläre Prozesse zur stetigen Weiterentwicklung der berufsbezogenen Kompetenzen (ebd.).

Die Arbeit mit Textvignetten zur Schilderung von Situationen im Schulalltag ist mittlerweile ein wichtiges Zugangsmittel, um Praxissituationen in den Reflexionsdiskurs an Hochschulen zu stellen. Franziska Wehner und Nadine Weber untersuchen die Reflexionskompetenz von Lehramtsstudierenden anhand von sog. „Fallvignetten“ und stellen in ihrer Prästudie von 2018 fest, dass sich Textvignetten durchaus für das Herausbilden einer Reflexionskompetenz eignen. Zu beachten seien die Ebenen, auf denen sie reflektiert werden (Wehner & Weber 2018, S. 273). Katharina Kuckuck (2022, S. 77ff.) erfasst den aktuellen Forschungsstand zu Reflexionsforschung im Lehramtsstudium und untersucht verschiedene Forschungszugänge anhand von Textvignetten; sie schlussfolgert, „dass Textfallvignetten zur Erfassung von schriftlich fixierten Reflexionen geeignet sein können“ (ebd., S. 81), aber diese Herangehensweise an forschendes Lernen gebunden sei. Uns ist allerdings noch keine Aussage darüber bekannt, wie nachhaltig diese Zugangsweisen insgesamt für Studierende sind (ebd., S. 216). Unsere Methodologie basiert auf der phänomenologisch-reflexiven Arbeit mit Wahrnehmungsvignetten, weil sie vielfältige pädagogische Phänomene zutage fördern und fast voraussetzungslos in den fortlaufenden Studienbetrieb zu integrieren sind und sich eignen, diese Arbeit mit den Studierenden weiterzuentwickeln. Unser zukünftiges Interesse wird darauf gerichtet sein, die Nachhaltigkeit dieser Arbeitsweise zu befragen.

7.8 Reflexionsspirale mit den Wahrnehmungsvignetten

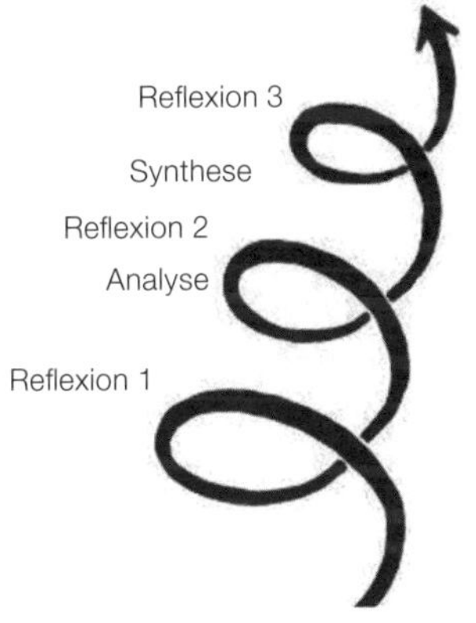

Abb. 1: Reflexionsspirale (Grafik von Barth)

Die Reflexionsspirale, die wir mit Studierenden entwickelt haben, umfasst drei Phasen:

(I) Zunächst die spontane Reflexion, die dem Verstehen und Einordnen der (pädagogischen) Momente als persönliche Erkenntnisqualität dient. Sie wird – wie die Ergebnisse aller Phasen – schriftlich festgehalten und dann in einem Dialogprozess bearbeitet.

(II) Im Anschluss folgt eine fokussierte und kriteriengeleitete Reflexion im Sinne einer Analyse und auf der Grundlage von wissenschaftlichen Erkenntnissen und Theorien. Ausgewählte Fachtexte geben verschiedene Blickrichtungen für das Verstehen der in einer Wahrnehmungsvignette beschriebenen

Situation oder sie rücken einen bislang unbekannten Aspekt zum Verstehen des Kindes in den Mittelpunkt. Eine Bezugnahme zum Index für Inklusion (Booth & Ainscow 2019), der die Diskurslinie „Inklusion" fokussiert, steigert das Bewusstsein für aktuelle Grundanforderungen und deren Widersprüche. In dieser Phase werden zunächst ausgewählte Fachtexte gelesen; basierend darauf verfassen die Studierenden erneut Reflexionstexte. Diese werden wiederum in der Gruppe oder im Team vorgelesen und besprochen. Der Erkenntnisgewinn erfolgt anhand der Lektüre von Fachtexten und macht das analytische und kriteriengeleitete Ausloten von Verhaltens- und Handlungsweisen deutlich. Im Anschluss daran reflektieren die Studierenden ihre Lernerfahrungen der vorangegangenen Arbeits- und Schreibprozesse. Aus Interesse am Verstehen der Zusammenhänge entsteht eine mehrperspektivische Sicht auf Haltungen und Handlungen.

(III) Die dritte Phase der Reflexion, in der die Gesichtspunkte und Erkenntnisse aus der zweiten Phase zusammengeführt und noch einmal mit der Wahrnehmungsvignette abgeglichen werden, leitet Veränderungen und neue Sichtweisen ein. Sie dient im eigentlichen Sinne der Ausbildung einer professionellen pädagogischen Haltung; sie gibt insbesondere Denkanstöße für inklusives Handeln. Wir nehmen aufgrund unserer bisherigen Erfahrungen mit den beschriebenen Methoden an, dass regelmäßiges Üben und Anwenden phänomenologischer Wahrnehmung und Beobachtung die Studierenden – als angehende Pädagog*innen in verschiedenen Berufsfeldern – in der Ausbildung reflexiver Kompetenzen unterstützen können, die zur Heranbildung einer professionellen Haltung und eines (pädagogischen) Handlungspotenzials verhelfen.

Die beiden Sätze aus der Reflexionsarbeit einer Studierenden bringen es auf den Punkt:

> „Meine Wahrnehmung hat sich durch den Prozess verändert … Mir wurde bewusst, dass jedes Kind anders lernt, angesprochen und angeregt werden muss."

Diese drei Phasen der Reflexionsspirale werden hauptsächlich im Masterstudiengang angewandt (Kap. 8), nachdem mit den Bachelor-Studierenden das Wahrnehmen, Beobachten, Erinnern und Beschreiben affizierender Ereignisse geübt wurde. In die Schreibphasen fließen bereits – einem natürlichen Bedürfnis folgend – persönliche und reflektierende Anteile ein, die teils dem Einfühlungsvermögen, teils den bereits erworbenen Fachinhalten geschuldet sind und die in den Reflexionsphasen einen neuen Stellenwert erhalten, wie die folgenden Beispiele zeigen.

7.9 Beispiele aus Reflexionsprozessen

(1) Einfache Reflexion

Wahrnehmungsvignette

Schnecken auf der Mauer

Es hat heute geregnet. Auf dem Weg zu Joes Betreuung laufen wir an einer Hecke vorbei. Durch den Regen sind viele Schnecken rausgekommen, die dort an der Hecke auf einer kleinen Mauer zu sehen sind. Ich mache Ariana, die sofort begeistert ist, darauf aufmerksam. Wir sehen große, aber auch viele kleine „Babyschnecken". Für Ariana sind all diese kleinen Schnecken die Kinder und die großen Schnecken die Eltern. Sie nimmt also all die kleinen Schnecken, die sie finden kann, hoch und setzt sie mit den Worten „Komm, jetzt bist du wieder bei Mama" zu der großen Schnecke. (WV 7.1)

In ihrer Reflexion schreibt eine Studentin:

> „Aus einer Beobachtung entwickelt sich eine Art ‚Rollenspiel', da Ariana die kleinen Schnecken als ‚Babyschnecken' und die großen als ‚Elternschnecken' assoziiert. Durch die Wahrnehmung innerhalb ihrer Familie oder bei anderen Menschen nimmt sie vermutlich das Beziehungsverhältnis auf. Dieses inszeniert und widerspiegelt sie bei ihrer Tätigkeit, die Schnecken umzusetzen. Das Größenverhältnis spielt hierbei die entscheidende Rolle. Diese ‚Spielvorlage' geht von der Studentin aus, da sie Ariana darauf aufmerksam macht, dass viele Schnecken auf der Mauer zu sehen sind. Beim Beobachtungs- und Spielprozess wird deutlich, dass sie ein Gefühl der Verbindung und Beziehung untereinander entwickelt. Der Lernprozess wird durch Arianas Fürsorge, dass die ‚Babyschnecken' zur ‚Mamaschnecke' versetzt werden, deutlich. Selbsterklärend und behutsam setzt sie die kleinen Schnecken zu den großen Schnecken. Ebenso zeigt sich dadurch, dass sie ein Gespür für das Familienverhältnis und die Zusammengehörigkeit entwickelt hat. Eine Art der Verantwortung für die Schnecken entwickelt sie durch ihr Handeln. Durch ihre Reaktionen und Aussagen schätze ich ihr entwicklungsgemäßes Alter auf ca. vier bis sechs Jahre."

Im Seminargespräch wird die Reflexion als gelungen bewertet, weil sie einfühlsam die Spielsituation und das Handeln des Kindes deutet.

(2) Gruppenarbeit mit folgenden Aufgaben zu fünf beispielhaften Wahrnehmungsvignetten

Journaling in der Gruppe

1. Markieren Sie die Aussagen zum Spiel oder Spielen.
2. Benennen und charakterisieren Sie die Spielart und das Spielverhalten (z. B. Rollen-, Symbol-Regelspiel, primäres und freies Spiel).
3. Erschließen Sie aus dem Inhalt und der Art des Spiels die Spielvorlage oder Spielanregung.
4. Beschreiben Sie die mit dem Spiel verbundenen Lernprozesse.
5. Schätzen Sie das entwicklungsgemäße Alter des Kindes ein.

1. Wahrnehmungsvignette
Rakete

„Wollen wir heute was basteln?“, frage ich den Prinzen. „Ja! Eine Rakete!“ Wir suchen im gelben Sack nach Stücken, die wir verbauen können. Ich finde eine leere Packung Pringles. „Das ist doch super! Wir können sie anmalen und eine Spitze bauen, und Düsen und Feuer, das hinten rauskommt. Was meinst du?“ Der Prinz guckt mich ganz verwirrt an. „Nein“, sagt er, „wir bauen eine richtige Rakete, mit der wir dann auch fliegen können.“ Ich bin verblüfft. „Mit der ganzen Elektronik kenn ich mich aber nicht so gut aus. Du?“ „Nein…“, sagt er, „dann bauen wir keine Rakete.“ (WV 7.2)

2. Wahrnehmungsvignette
Kindergarten

Camila steht auf dem Teppich und spielt „Kindergarten“. „Mama, du sitzt hier, Tanja du sitzt da drüben“. Sie beginnt mit dem Reigen, den sie im Kindergarten gerade in der Mittagsrunde machen. Die meisten Sprüche kann sie komplett auswendig, wenn sie den Text vergisst, lässt sie die Zeile einfach weg. Abschließen muss die Mittagsrunde immer mit dem „Goldtröpfchen,“ dem Öl, das immer ein Kind verteilen darf. Sie steht also auf und verteilt an uns zwei ein „Goldtröpfchen“ und beendet den Mittagskreis. (WV 7.3)

3. Wahrnehmungsvignette
Puppenmama

Als Puppenmama hat Anna eine große Aufgabe. Das Füttern in Mundrichtung und die Kombination verschiedener Kleidungsstücke benötigen noch ein wenig Übung. Aber das Zu-Bett-Gehen funktioniert schon hervorragend. Anna streckt ihren Kopf in den Puppenwagen. Der Sicherheitsgurt des Kinderwagens, der den Puppenkörper umwickelt, wird mit Schütteln, festem Ziehen und Schwung gelöst. In beiden Händen hebt sie den Puppenkörper hoch. Ruckartig und schnell wird dieser in Richtung linker Backe und Schulter geklemmt. Mit vorsichtigen, langsamen Streichelbewegungen, begleitet von einem „Ai, Ai, Ai, Ai… Ai“ wird die Puppe behutsam in den Schlaf gebracht, um anschließend auf der Couch mit einer Decke umhüllt zu werden. (WV 7.4)

4. Wahrnehmungsvignette
Kindergarten Grünland

Es ist acht Uhr im Kindergarten. Ich begleite die Grünland-Gruppe und entdecke drei Kinder zusammen an einem runden Tisch sitzend. Ich höre ein lautstarkes „Hallo“. Amina hat mich also sofort gesehen. Ohne zu zögern holt sie ein Puzzle aus dem Schrank, in dem sich andere Spiele befinden, und stellt einen Stuhl neben sich. Mit der flachen Hand haut sie auf den Sitz und nickt mir zu. Ich weiß nun, was zu tun ist. (WV 7.5)

5. Wahrnehmungsvignette
Schnecken auf der Mauer

Es hat heute geregnet. Auf dem Weg zu Joes Betreuung laufen wir an einer Hecke vorbei. Durch den Regen sind viele Schnecken rausgekommen, die dort an der Hecke auf einer kleinen Mauer zu sehen sind. Ich mache Ariana, die sofort begeistert ist, darauf aufmerksam. Wir sehen große aber auch viele kleine „Babyschnecken". Für Ariana sind all diese kleinen Schnecken die Kinder und die großen Schnecken die Eltern. Sie nimmt also all die kleinen Schnecken, die sie finden kann hoch und setzt sie mit den Worten „Komm, jetzt bist du wieder bei Mama" zu der großen Schnecke. (WV 7.6)

(3) Reflexionen über einen Praktikumsbericht

Wir drucken im Folgenden Auszüge aus dem Bericht eines mehrwöchigen Praktikums ab, das zwei Studierende im Rahmen der Betreuung einer jungen Frau mit Assistenzbedarf absolviert haben. Der Bericht enthält neben der Einleitung und Auswertung zahlreiche Wahrnehmungsvignetten mit dazugehörigen Reflexionen, die entsprechend markiert sind, und trägt den Titel: „Eine Entdeckung der Langsamkeit. Dreiwöchiges Praktikum im Bachelorstudium der Waldorfpädagogik"

> „Ein spontanes Abenteuer beginnt. Einleitung
>
> In der ersten Woche mit Klara und ihrer Assistenz Conni lernen wir uns näher kennen und entwickeln langsam eine Routine, die gut zu uns und unseren Bedürfnissen passt. Wir treffen uns bis auf wenige Ausnahmen um 9 Uhr und nach dem Ankommen wird erst getanzt oder ein bisschen Morgengymnastik gemacht. Hierfür sucht Klara zwei bis drei Lieder aus, ab und zu dürfen auch wir unsere Liederwünsche äußern. Nachdem wir uns wach geschüttelt und getanzt haben, bereiten wir unsere Arbeit vor.
>
> In der ersten Woche filzen wir Filzkugeln und Zauberbälle, die zu einem Mobile aufgefädelt werden. Die zweite Woche widmen wir der Nähmaschine und nähen für die Hochschule Vorhänge um und dürfen beim Aufhängen dieser im Saal mithelfen. In der dritten und letzten Woche wird wieder gefilzt und wir stellen Wärmflaschenhüllen und Taschen her.
>
> Um 13:00 Uhr ist Julias und meine Arbeit mit Klara zu Ende, aber wir setzen uns noch für eine halbe bis ganze Stunde zusammen, schreiben unsere Wahrnehmungsvignetten, tauschen uns über unsere Erfahrungen und Erkenntnisse aus und planen den Ablauf des nächsten Tages. Meistens arbeitet Conni noch eine halbe Stunde mit Klara weiter, bis sie um 13:30 Uhr abgeholt wird."

Die folgenden Wahrnehmungsvignetten gehören mit zu den ersten, die Studierende geschrieben haben. Sie hatten keinerlei theoretische Einführung; sie sollten diese als Medium für den Praktikumsbericht nutzen. Wichtig ist zu bemerken, dass diese Wahrnehmungsvignetten eigene Gefühlsregungen und Gedanken der schreibenden Studierenden beinhalten. Im späteren Verlauf der Arbeit haben wir darauf geachtet, dass diese möglichst nicht in den Wahrnehmungsvignetten zu Wort kommen, sondern in den Reflexionen. Für den hier dargestellten reflexiven

Verlauf sind die Gefühlsäußerungen jedoch wichtig, daher haben wir uns entschieden, sie im originalen Wortlaut abzudrucken.

Praktikumsbericht

Montag, 11.01.2021

„Jetzt pass' mal auf, Sarah!" forderst du, nachdem du leicht aufgeregt, aber glücklich mit Conni in den Handarbeitsraum gekommen bist, wir vier uns begrüßt und heiter etwas durcheinandergeredet haben. Aufgeweckt antworte ich lachend, „Jetzt pass' du mal auf!", als deine Hand in deine Tasche greift, um mir noch etwas Verborgenes zu zeigen, und wir müssen beide lachen.

Wir sitzen zu viert an zwei zusammen geschobenen Tischen. Auf den Tischen liegen ganz viel Wolle, heiße Seifenlauge und Handtücher. Jetzt werden Zauberbälle gefilzt. Du suchst dir für deinen ersten die Farbe blau aus, deine Lieblingsfarbe, wie du mir ankündigst. Behutsam, aber noch mit etwas zu viel Druck fängst du an, den Ball in deiner Hand zu rollen. Ich zeige dir, dass du etwas weniger Druck ausüben sollst. Etwas, was ich dir immer wieder zeigen muss, aber bald entsteht bei dir ein schöner runder Ball. Ich bin überrascht, wie viel Durchhaltevermögen du bei der gleichbleibenden Bewegung des Filzens zeigst. [...] (WV 7.7)

Donnerstag, 14.01.2021

Wir spazieren zu Campus I, um Papiere für dein FSJ abzuholen. Conni sagt dir, dass sie für dein FSJ sind und deswegen möchtest du sie unbedingt nehmen und tragen. „Meins", sagst du bestimmt. Als aber Conni dir erklären möchte, dass sie nicht deine sind, sondern bei jemand anderem abgegeben werden sollen, wirst du bockig. „Meins", wiederholst du mit einem störrigen Ton und wendest dich ab mit den Papieren in der Hand, „Klara steht drauf". Unruhig und aufgeregt guckst du rum, stampfst etwas mit den Füßen und kommandierst uns, dass wir jetzt gehen sollen. Ich bin etwas überrascht und ich weiß nicht so genau, wie ich dein Verhalten einordnen soll. Conni bleibt stehen. „So, das muss ich jetzt mal kurz klären." „Stehen bleiben", sagst du abrupt und forsch zu uns und hältst die Hand hoch. Conni erklärt dir nochmal, wie das mit den Papieren ist, und du scheinst es etwas mehr zu verstehen. Launisch läufst du mit uns zurück zu Campus II. (WV 7.8)

Freitag, 15.01.2021

Heute müssen wir einen spontanen kurzen Spaziergang machen, während Herr Müller die Elektrizität wiederherstellt, sodass wir heißes Wasser kochen können. In der Nacht war es sehr kalt und die Pfützen sind zugefroren. Ich schlittere über eine und fordere dich auf mitzumachen. Lachend rutschen wir hin und her und genießen die große Freude, die eine kleine Pfütze hervorrufen kann! Auf einmal klatschst du mich an der Schulter ab. „Du bist!", und du rennst weg. Ich ergreife deinen Impuls und renne dir hinterher. Abwechselnd klatschen wir uns ab und rennen voneinander weg. Hier bedarf es wenig bis keinerlei verbale Kommunikation, um die andere Person zu verstehen und einige Minuten in das Fangenspielens einzutreten. Mein Herz leuchtet und platzt vor Freude über die Selbstverständlichkeit der Situation. [...] (WV 7.9)

Freitag, 15.01.2021

Nach dem Frühstück schreiben wir gemeinsam. Ich schreibe dir die Anleitung zum Filzen vor, und Buchstabe für Buchstabe schreibst du sie ab. Erst guckst du und überlegst, sprichst den Buchstaben aus und schreibst ihn auf. Dann wiederholst du diesen Vorgang. Es dauert sehr lange für dich, einen Satz aufzuschreiben und dabei konzentriert zu bleiben, du wirkst sehr angestrengt. Als ich dich zum Schluss frage, wie das Schreiben für dich ist, antwortest du: „Ja, leicht." Da muss ich schmunzeln. (WV 7.10)

Mittwoch, 20.01.2021

Heute beim Schreiben habe ich versucht, dir zu helfen, dass du dir zwei Buchstaben auf einmal merkst, sodass du nicht bei jedem Buchstaben auf das Vorgeschriebene von mir gucken musst. Ein paar Mal hat es funktioniert, aber dann wurdest du auf einmal unsicher und hast dich öfters verschrieben. Ich habe dich wieder Buchstabe für Buchstabe abschreiben lassen. „Gut kann ich das", sagst du, „bist stolz auf mich?" Ich musste innerlich mit meiner Ungeduld kämpfen und war frustriert, dass es nicht geklappt hat. Übung macht den Meister, morgen probieren wir es nochmal. (WV 7.11)

Donnerstag, 21.01.2021

„Klara, was ist heute für ein Tag?", frage ich, bevor wir mit dem Aufschreiben anfangen. „Januar!", rufst du begeistert mit weit geöffneten Augen. „Nein, Januar ist der Monat." Du überlegst angestrengt und kommst zu dem Entschluss: „Montag." „Nein, nicht einfach raten, Klara." Etwas niedergeschlagen schaust du auf dein leeres Blatt und dann aus dem Fenster. Einige Momente vergehen und ich warte. „Mittwoch," sagst du dann hoffnungsvoll. „Gestern war Mittwoch und nach Mittwoch kommt …?". Du schaust mich mit einem leeren Gesichtsausdruck an. „Montag, Dienstag, …" Du fängst an, mit mir mitzusprechen, „Mittwoch?" Nach einer kurzen Pause sagst du entschlossen: „Donnerstag", und strahlst mich an. […] (WV 7.12)

Freitag, 22.01.2021

Mir fällt beim Fertigstellen deines Mobiles ein Strang Haare hinter dem Ohr hervor. „Oh, Haar im G'sicht," beobachtest du, streckst die Hand aus und fragst mit deinem Blick, ob du mir die Haare wieder zurecht legen kannst. Ich nicke und du streichst sie behutsam wieder hinter mein Ohr. „Freundin?", fragst du und guckst mich hoffnungsvoll an. „Ja, Freundin," versichere ich dir, du strahlst und legst für einen kurzen Moment einen Arm um meine Schulter. Wir haben aus einem dünnen Ast einen Kreis geflochten und ich helfe dir beim Aufhängen deiner Filzkugeln. Du nimmst vorsichtig Nadel und Faden, fädelst die Nadel konzentriert ein und stichst sie mit Hilfe durch deine Filzkugeln. Dann schneidest du den Faden ab, ich mache dir einen Knoten und wir hängen sie gemeinsam an dem Ast auf. Ich muss dich mit deiner Aufmerksamkeit und Konzentration wiederholt zurückholen. „Aufgeregt, so aufgeregt!", rufst du immer wieder. Sehr stolz hältst du dein Mobile für das Foto hoch. „Meins, hab' ich macht", erklärst du uns öfters. (WV 7.13)

Montag, 25.01.2021

Heute beim Filzen der Wärmflaschenhülle wiederholst du die ganze Zeit deine Wörter oder kurzen Sätze. „Meins“, sagst du bestimmt. „Schön geworden, oder?“, fragst du uns und „Fussel drauf“ beschwerst du dich immer wieder aufs Neue. Ich finde das sehr anstrengend und schlage vor, zehn Minuten in Stille zu filzen. Fünf Minuten kriegen wir wenigstens leise hin. (WV 7.14)

Dienstag, 26.01.2021

Ich erkläre dir, dass ich dir jetzt eine Wahrnehmungsvignette vorlesen möchte. Eine Geschichte über dich und mich. So richtig verstehst du das nicht, habe ich das Gefühl, aber ich hole meinen Laptop und überlege, welche ich dir vorlesen will. Ich entscheide mich für die von gestern in der Hoffnung, dass du dich besser daran erinnern kannst. Du bist auf einmal ganz aufgeregt und lachst nervös, es scheint, als würdest du doch wissen, dass jetzt etwas anderes passieren wird als sonst. Dein Handy bimmelt und du bist schlagartig abgelenkt. Julia bittet dich, dein Handy auf leise zu stellen. Wir sammeln uns kurz wieder, ich lese die Wahrnehmungsvignette langsam vor und du konzentrierst dich und wirst still, ab und zu lachst du kurz und leise. Als ich fertig bin, warte ich auf eine Reaktion. Du lächelst mich an. „Wie ist das für dich, wenn du das hörst?“, frage ich vorsichtig nach. „Gut,“ sagst du leise. „Hm“, ich überlege, „verstehst du, dass ich über dich gelesen habe? Eine Geschichte über dich?“ Du guckst etwas unsicher. „Ja“, und du lachst. „Soll ich noch eine andere vorlesen oder reicht das?“ Ich schaue dich an. „Reicht das“, antwortest du. Wir bereiten uns für die zweite Filzeinheit des Tages vor und du scheinst alles wieder vergessen zu haben. […] (WV 7.15)

Freitag, 29.01.2021

Die Musik ist ganz laut, so wie du es magst. Diesmal hören wir ausnahmsweise keine Lieder deiner Wahl, sondern ABBA. Von diesen Liedern weiß ich die meisten Texte auswendig und ich kann mich immer über sie freuen, ich fühle mich frei und sie geben mir Kraft. Im Tanz mit dir habe ich bis jetzt immer die größte Verbindung empfunden. Ohne dass eine von uns etwas sagt, finden wir in einen gemeinsamen Rhythmus und tanzen verschiedene Moves miteinander. Wir singen lauthals mit, ich den Text und du irgendwas, egal! Vier Schritte auf mich zu und dann vier Schritte zurück, im Takt der Musik. Ich zeig dir was Neues, du machst es mir nach und umgekehrt. Wir lachen, es macht Spaß und bedarf keiner Anstrengung. Hieraus schöpfe ich meine Energie.
„Klara, kannst du bitte den Boden fegen?“ Julia gibt dir eine Aufgabe und den Besen. Lasch und unmotiviert fegst du ein paar Mal über den Boden, „Fertig?“ „Nein, Klara, der ganze Raum muss gefegt werden.“ „Gut so?“, fragst du nach wenigen Zügen. „Ach komm’, Klara, streng’ dich ein bisschen an. Wir durften hier im Raum arbeiten und eine schöne Zeit verbringen und jetzt dürfen wir ihn auch pflegen, das gehört genauso dazu“, erwidere ich. Du streichst ein paar Mal mehr den Boden, aber ich glaube nicht, dass du verstehst, dass du alle Ecken des Raumes fegen sollst. „Hier Klara, nimm mal die Schaufel und den Handfeger, dann kannst du die Haufen, die ich dir zusammenkehre, auffegen.“ Wenn ich dir genau ansage, wo die Haufen sind, kriegst du es

auch hin, die wegzumachen. Es ist alles zusammengepackt und wir machen uns auf nach unten. Deine Mama ist bereits da, um dich abzuholen. Auch wenn es oft so wirkte, als könntest du zeitliche Angaben nicht begreifen, scheinst du jetzt zu verstehen, dass unsere gemeinsame Zeit ein Ende hat. Impulsiv umarmst du erst Julia und dann mich. „Danke", sagst du von dir aus und ohne einen Anstoß von außen. Sehr gerne, vielen Dank für dein freudiges Mitmachen, liebe Klara. (WV 7.16)

Die dazu gehörigen *Reflexionen* der Studentin dokumentieren ihre unmittelbare Sicht auf die Ereignisse:

„Zunächst habe ich mich für Präsens und die Ansprache mit Du entschieden (11.01.2021) und habe mich sehr wohl dabei gefühlt. Ich spüre eine innere Zuneigung und Freude, wenn ich in dieser Form schreibe. Ich schreibe liebevoll, als würde ich Klara in dem Moment persönlich ansprechen oder mit dem Gefühl, als würde sie es irgendwann selbst durchlesen.
An einem anderen Tag (12.01.2021) wähle ich wieder Präsens mit der Ansprache in der dritten Person, weil ich merke, dass ich an diesem Tag etwas inneren Abstand brauche, um meine Wahrnehmungen ehrlich aufzuschreiben, da sie nicht nur positiv sind. Ich habe das Gefühl, dass ich sonst mit der Ansprache Du nicht ehrlich schreiben könnte, aus Angst, sie auf irgendeine Weise zu verletzen. Allerdings merke ich für mich am nächsten Tag, dass ich mit Distanz arbeite und bin erstaunt über die Wirkkraft der Wahrnehmungsvignette. Hat sich durch mein Aufschreiben der Wahrnehmungsvignette meine Haltung mehr in den Gefühlen verhärtet und wird es weiterhin anstrengend sein für mich, mit Klara zu arbeiten? Verstärken sich meine negativen Gedanken durch das Aufschreiben dieser? Zunächst hatte ich also Schwierigkeiten damit und eine Hemmung, auch nicht zufriedenstellende Situationen zu beschreiben. Nach und nach mit mehr Übung und einer größeren Vertrautheit mit dem Schreiben der Wahrnehmungsvignetten merke ich, wie ich die vielleicht auch negativen Situationen am besten und ohne Vorwurf durch die Wahrnehmungsvignette darstellen kann. Ich beobachte, schreibe in Ich-Botschaften, wie ich es empfunden habe. So spüre ich eine Entlastung (auch in meiner Haltung Klara gegenüber), da ich die Momente, die mich anstrengen, zu Papier bringen darf und sie nicht mehr mit mir herumtragen muss. Es tut mir gut, dieses Medium zu haben, um meine Enttäuschungen, Ungeduld und Unverständnis aufzuschreiben und loszulassen. Ich kann diese Gefühle dadurch genau beobachten und durch das Aufschreiben verarbeiten und in Betracht ziehen, ob sie angemessen sind.
Mittlerweile schreibe ich die Wahrnehmungsvignetten nur noch in der Du-Form. Mir gefällt das gut und ich merke, wie schön ich es finde, so frei und ausführlich kleine Situationen zu beschreiben. Durch die Anrede per Du bin ich vorsichtiger und vor allem überlegter in meiner Wortwahl. Ich mag es sehr, mir die richtigen Wörter zu überlegen, um die Situation so treffend wie möglich darzustellen. Ich fühle mich viel mehr wie eine Autorin, die kreativ, aber trotzdem wahrheitsgetreu schreiben darf, an Stelle einer Studentin, die einen formal richtigen Praktikumsbericht fertigstellen muss. Dadurch, dass ich keinen gewöhnlichen Praktikumsbericht schreiben muss, konzentriere ich mich viel freier auf das genaue Darstellen der (pädagogischen) Situationen, wie ich sie wahrgenommen habe und spüre weniger Druck, das pädagogisch *richtige* Handeln zu schildern

und zu gucken, dass ich mich in das beste Licht rücke. Ich schreibe viel ehrlicher und weniger aufgesetzt. Auch der Hintergedanke der Benotung, den ich sonst habe, ist nicht vorhanden, obwohl ich weiß, dass auch diese Arbeit bewertet wird. Ich finde diese Erkenntnis erfrischend und befreiend.
Der Fokus beim Schreiben einer Wahrnehmungsvignette liegt für mich viel mehr auf dem *Wie* als auf dem *Was*; wie mache ich etwas, wie fühle ich mich dabei, wie ist es für uns statt: Was ist passiert, was mache ich und was machen wir? Mehrere Ebenen werden dadurch dargestellt und beleuchtet und vertieftes und entschleunigtes Beobachten durch das Aufschreiben der Wahrnehmungsvignette ermöglicht. Mir fällt auf, dass ich mir die Situationen viel detailreicher merken kann und das Schreiben ohne große Blockierung vonstattengeht."

Aus dem *Austausch* und der *Reflexion* der Autorin mit ihrer Kommilitonin Julia erfahren wir:

„Julia und ich haben uns täglich hingesetzt, um den Tag und allgemein das Praktikum zu reflektieren und uns auch für den kommenden Tag vorzubereiten. Wir lasen uns gegenseitig unsere Wahrnehmungsvignetten vor und kamen sehr schnell in einen Austausch. Ich fand den Umgang miteinander sehr angenehm und in der Kommunikation nahmen wir Rücksicht aufeinander und gleichzeitig habe ich mich gehört gefühlt.
Ich gewann durch diesen Austausch weitere Perspektiven der gemeinsam erlebten Situationen, neue Ideen und Impulse und für Situationen, die mir schwerfielen; es war mir möglich, durch ihre Augen ein neues Verständnis und einen anderen Umgang damit zu erlangen. Es war aber auch eine Entlastung und Beruhigung, bestimmte Erfahrungen, meine Gedanken, Sorgen und Beobachtungen mitteilen zu können und zu merken, dass wir Ähnliches wahrgenommen haben.
Wir waren uns einig, dass wir uns eine etwas bessere Vorbereitung gewünscht hätten in Bezug auf die Struktur und den Rahmen des Praktikums. Natürlich verstehe ich, dass es in diesen Zeiten sehr schwer ist, zu planen, aber vier Tage vor Praktikumsbeginn Bescheid zu bekommen, dass es stattfinden kann, fand ich etwas knapp.
Ich hätte gerne im Vorhinein gewusst, wie viel Führung durch Conni stattfinden würde und was meine Rolle ist auch in Bezug auf Zurechtweisen und Maßregeln. Nichtsdestotrotz sind uns die drei Wochen im Nachhinein gelungen und es hatte auch seine Qualitäten, diese Fragen erst während des Praktikums zu beantworten. So haben Julia und ich nach und nach rausgefunden, welche Routine zu Klara und zu uns passt, auch wenn wir uns zunächst etwas unsicher waren, wie sehr wir diese bestimmen durften bzw. was Klara dafür braucht. Im Austausch mit Conni bekamen wir die Resonanz, dass sie es gut findet, wie wir es machen und dass sie schon etwas gesagt hätte, wenn unser Handeln nicht gepasst hätte. Dieses Wissen im Vorhinein zu haben, hätte mir etwas mehr Sicherheit gegeben, allerdings ist man hinterher immer schlauer…!"

Schließlich findet die Autorin in ihrem Fazit den Titel und das Motto „Eine Entdeckung der Langsamkeit":

„Schon sind drei Wochen vorbei und sie sind für uns im Fluge vergangen. Trotzdem gebe ich dem Bericht über dieses Praktikum den Titel ‚Eine Entdeckung der Langsamkeit', denn die einzelnen Tage mit Klara und die Arbeit mit den Wahrnehmungsvignetten haben meine Wahrnehmung verfeinert und mein Handeln entschleunigt. Die Selbstver-

ständlichkeit, mit der ich zuvor gearbeitet und gehandelt habe, wurde mir mal wieder vor Augen geführt und bewusst gemacht.
Es tut gut, die Wolle in ihrer Sanftheit wahrzunehmen, das heiße Wasser und die glitschige Seife an meinen Händen. Wie geht es nochmal, eine schöne runde Kugel herzustellen? Ich nehme wahr, dass ich zunächst wenig Druck ausüben muss, sonst wird sie zu einer Scheibe. Zu viel Wasser und die Wolle verliert ihre Form, mit genug Seife kann ich diese aber wieder retten. Und, nach einer Weile, kann ich ganz fest aufdrücken und meine Kugel sogar auf der mit Noppen versehenen Gummimatte rollen.
So genau wurden mir all diese Qualitäten erst durch die Arbeit mit Klara bewusst. Zuvor war ich ungeduldig und konnte es kaum erwarten, bis die erste Kugel fertiggestellt war und ich hatte immer im Hinterkopf, dass ich noch einige mehr brauchte. Das warme Wasser lief mir die Hände und Arme runter und ich konnte mich über das kitzlige Gefühl nicht erfreuen. Schon wieder ist das Wasser kalt geworden, ich muss meine Arbeit unterbrechen und den Wasserkocher aufsetzen.
Aber dabei ist das doch eine schöne Pause vom Filzen! Und auch Pausen gehören zum Alltag dazu."

Verschiedene Ebenen und Qualitäten der Reflexion werden in den abschließenden Passagen des Praktikumsberichts deutlich:

- Reflexion sprachlicher Wirksamkeit (Ich/Du)
- Resonanzen werden spürbar (Nervosität, verstehst Du mich?)
- Perspektivwechsel im Zuhören (es sind zwei Studentinnen)
- Vertieftes Durchdringen („lange Gespräche")
- Denkanstöße und Impulse: „Schwierigkeiten lösen sich", „Entlastung", „Entdeckung der Langsamkeit"

Die reflektierenden Textpassagen zeigen die Arbeitsweisen der Studentin, ihre ambivalente Beziehung zu der Person mit Assistenzbedarf sowie ihren Kenntnisstand zu deren Möglichkeiten, sich in der Praxis einzubringen und Aufgaben zu lösen. Die einzelnen Situationen werden wie durch eine Lupe betrachtet und es wird den eigenen Gefühlen nachgespürt. Das „*Wie* ist wichtig, nicht das *was*" ist eine auffällige Besonderheit in diesem Bericht. Die Wahrnehmungsvignetten sind geprägt von Beziehung zwischen der schreibenden und der anderen Person. Gefühle wie „angestrengt", „genervt" etc. werden benannt sowie Nähe und Verbundenheit beschrieben. Vorbereitung und Bezüge fehlen in diesem Bericht. Das wird deutlich, sobald die Wahrnehmungsvignetten in einem spezifischen Kontext und mit fachlichen Kriterien gelesen werden (siehe weiter unten zum Kontext Ableismus). Die Studentin besaß keinerlei Wissen zu Behinderung, Dekonstruktion von Behinderung oder gar Ableismus. Sie verbrachte zum ersten Mal ihre Zeit mit einer jungen Frau mit einer sog. Behinderung. Sie wünschte sich im Nachhinein mehr Anleitung und Beratung und hätte gerne kritische Anmerkungen zu ihren Umgangsweisen mit der jungen Frau angenommen. Daher bleibt die in den folgenden Reflexionstexten genannte Kritik in Bezug auf das Thema Ableismus einzig und allein eine

Kritik an der Praktikumseinführung und -begleitung; sie betrifft nicht das Handeln oder die Art des Berichts der Studentin. Dies wird betont, weil wir einen Raum des Vertrauens für das Gespräch über den Praktikumsbericht hatten, um mit den Wahrnehmungsvignetten einer Mitstudentin zu arbeiten. Alle Studierenden, die in dieser Seminareinheit teilgenommen haben, empfanden es so und drückten es in der Nachbesprechung aus.
Auf einer wissenschaftlichen Tagung erhielten wir folgende *Fremdreflexion* einer Forscherin:

> „Klara ist, wie ich vermute, eine Jugendliche mit kognitiven Entwicklungsbesonderheiten. Aus den Texten der Studierenden entnehme ich, dass sie sehr zugewandt ist und sich freut, mit Klara arbeiten zu können (sie verwendet das Wort ‚dürfen' am Beginn). Eine Frage, die mich beschäftigt ist, welchen Zugang/Begriff die Studierende zu ‚Behinderung' als Phänomen hat. Wenn ich den Kontext richtig lese, handelt es sich bei Klara um eine Jugendliche, dennoch liest sich der Text der Studierenden manchmal so, wie wenn sie mit einem jüngeren Kind arbeitet. Was mir auffällt, ist die genaue Beschreibung der Reaktionen des Kindes (?), wie die Studierende sie wahrnimmt (schaut hoffnungsvoll, leerer Gesichtsausdruck, etwas niedergeschlagen…), und die Freude, die beim Lesen zu spüren ist, wenn etwas aus Sicht der Studierenden gut gelungen ist (vor allem auf der Beziehungsebene). Eine spannende Frage, die ich stellen würde, wäre, ob diese Freude so groß ist, weil es sich bei Klara um einen Menschen mit ‚Behinderung' handelt. Was wäre, wenn die Studierende mit einer gleichaltrigen Jugendlichen mit altersentsprechender kognitiver Entwicklung arbeiten würde?"

Differenziert und anders allerdings lauten die *Reflexionen* unserer Studierenden an der Hochschule:

Bachelor-Studentin 1:

> „Eine Praktikantin beschreibt ihr Praktikum anhand von Wahrnehmungsvignetten. Die Wahrnehmungsvignetten spiegeln die Gefühle der Praktikantin in unterschiedlichen Situationen wider. Die Wahrnehmungsvignetten geben dem Leser Einblick in die Gefühlswelt der Praktikantin, aber auch in die von Klara (betreutes Mädchen). Es wird ersichtlich, wie es Klara in einzelnen Situationen geht, was ihr schwerfällt oder woran sie Freude hat. Es ist möglich in die Gefühlswelt der Praktikantin einzutauchen. Sie zeigt auf, was ihr Probleme bereitet, wann sie verärgert ist, aber auch ihre glücklichen Momente. Durch die Wahrnehmungsvignetten wird nicht nur das positive Erleben, sondern verwenden auch die negativen Seiten ersichtlich. Sie bieten eine Echtheit. Dem Leser bieten die Wahrnehmungsvignetten eine Verbundenheit und eine Nähe zur Praktikantin."

Bachelor-Studentin 2:

> „Die Wahrnehmungsvignetten scheinen kleine Momente groß wirken zu lassen. Im Durchlesen der einzelnen Situationen habe ich an ähnliche Situationen denken müssen, die ich erlebt habe. Besonders fand ich, dass jede Wahrnehmungsvignette Gefühle auslöst, als wäre ich in der Situation dabei gewesen. Teilweise sind sehr persönliche Augenblicke dabei, dies löst ein leichtes Ertappen aus, als hätte ich zu viel (gesehen) gelesen. Ich finde es sehr erstaunlich, dass wir aus den kleinen, scheinbar ungeplanten Situationen

am meisten ziehen können. Thematisch scheinen Selbst-Zugehörigkeiten und Abgrenzungen und ‚wie mache ich etwas?' für Klara wichtig zu sein. Sie fragt oft nach Rückmeldungen, wie sie etwas gemacht hat. Abgeschlossen wird mit einer Situation, in der Klara ohne Anstoß von außen zu merken scheint, dass ein Abschied ansteht."

Bachelor-Studentin 3:

„Als ich den mir vorgelegten Praktikumsbericht einer Studentin las, freute ich mich, da ich mich sehr in die Situationen und Gefühle ihrerseits hineinversetzen konnte. Durch die doch sehr genaue Beschreibung und gleichzeitige Umschreibung der zwei Hauptpersonen und der Situationen, die innerhalb des Praktikums aufkamen, hatte ich beinahe das Gefühl, ich hätte selbst am Praktikum teilgenommen. Dennoch stellte ich mir kleinere Fragen, die ich durch das Lesen des Berichtes nicht beantwortet bekam. Wer war Conni? Welche Position hatte sie, welche Rolle spielte sie genau in diesem Praktikum? Sie wurde als Assistenz betitelt, welche Art von Assistenz sie Klara nun gibt, ist nicht zu verstehen. Interessant empfand ich die benutzte wörtliche Rede, die viel Charakter verleiht. Man kann sich Klara in ihrem Sein gut vorstellen, durch die gemachten Beschreibungen. Das äußerliche Erscheinen tritt eher in den Hintergrund. Ein insgesamt schöner Bericht, der sich spannend liest."

Bachelor-Studentin 4:

„In den Wahrnehmungsvignetten drückt die Verfasserin ihre eigenen Gefühle aus und schildert die Gefühlsäußerungen von Klara. Der Ausdruck der eigenen Gefühle ermöglicht ihr, sich insbesondere von den unangenehmen Gefühlen zu distanzieren und ihre eigenen Bedürfnisse bewusst zu werden. Das Vergegenwärtigen der Gefühle gegenüber Klara macht es möglich, sich in sie hineinzuversetzen und ihr empathisch zu begegnen. Es entstehen immer wieder Begegnungsmomente, in denen sich die Verfasserin und Klara aufeinander einlassen können. Besonders in der Tanzszene wird deutlich, dass die Rollen der ‚Betreuten' und ‚Betreuerin' sich auflösen. Die Frauen inspirieren sich gegenseitig und es macht beiden Spaß, miteinander Zeit zu verbringen."

7.10 Einschub: Phänomenologie im Bezug zu Inklusion und Exklusion – Ableismus

Wenn Phänomenologie die Lehre von den Wesenserscheinungen der Dinge, die Lehre des Sichtbaren (altgrch. *phainomenon* für Sichtbares, Erscheinung) ist, so spricht daraus die Fokussierung auf das unmittelbare Geschehen. Dabei sind das Einlassen und die offene Haltung dem Sich-Zeigenden gegenüber die wesentlichen Anliegen phänomenologischer Arbeit:

„Einiges von dieser geistigen Offenheit von damals wünschte man sich für die heutige Zeit, einiges von dieser ‚Neugierde für das Erstaunliche einer unfertigen Welt, die auf unsere erfinderischen Antworten wartet', so der Phänomenologe Bernhard Waldenfels mit Blick auf das Werk Maurice Merleau-Pontys, einiges vom Enthusiasmus, sich auf die Welt und die Dinge einzulassen, ohne im Vorhinein zu wissen, was sie uns zu sehen und zu denken geben werden." (Nettling 2009, o. S.)

Die von uns verfolgte Methode reiht die Wahrnehmungsvignetten in den Kanon beschreibender phänomenologischer Texte wie der Vignetten ein, die sich der Offenheit im miterfahrenden Erleben verbürgen, um – wie an den Beispielen aus dem Praktikum mit Klara nachvollziehbar ist – das Anderssein in seiner Gegebenheit zu zeigen und reflektieren zu können.

> „Vignetten, als Protokolle miterfahrener Erfahrung, können eine Möglichkeit sein, Phänomene von Inklusion und Exklusion wahrzunehmen und in ihrer Vieldeutigkeit auf didaktische, pädagogische und normative Konsequenzen hin zu reflektieren. Gerade weil jede/r anders *anders* ist, ist das Hinschauen und Hinhören, wie sich dieses Anderssein mit dem Instrument der Vignette je zeigt, eine Möglichkeit, pädagogisches Handeln in Bezug auf eine inklusive Schule nicht zielgerichtet, sondern ergebnisoffen zu reflektieren." (Peterlini 2018b, o. S.)

Die Wahrnehmungsvignetten des Praktikumsberichts wurden im Weiteren von Studierenden anhand unterschiedlicher Fachtexte und Begriffserläuterungen reflektiert. Sie lasen Texte über Ableismus. *Ableismus* ist ein Fachbegriff für die Beurteilung von Körper und Geist nach dem Können oder Nicht-Können, dem Vermögen oder Unvermögen eines Menschen, also nach einem biologistischen und essentialistischen Bewertungsmaßstab, der anhand einer erwünschten körperlichen oder geistigen Norm Menschen be-, auf- und abwertet (Maskos 2015, S. 4). Behinderten Menschen wird durch eine *ableistische* Beurteilung der volle Subjektstatus abgesprochen. Die Arbeit mit Fachtexten bringt in der Reflexion der Wahrnehmungsvignetten u. a. solche unbedachten Stereotypen und Ausgrenzungen ans Licht und soll zu einer abwägenden Überprüfung der eigenen Einstellungen führen – wie an folgenden Beispielen nachvollziehbar wird.
Nach dem Lesen der Fachtexte über Ableismus veränderten sich in den *Reflexionen* die Einschätzungen und Beurteilungen des Umgangs mit Klara:

Bachelor-Studentin 5:

> „Mein Eindruck von den Wahrnehmungsvignetten ist ein sehr bildhafter. Warm und persönlich werden die Beobachtungen der Autorin geschildert. Dabei liegt eine besondere Spannung in der Erzählperspektive, den Menschen im ‚Du' anzusprechen bzw. zu beschreiben. Also ‚du tust, sagst, scheinst zu fühlen' etc. ‚Klara', das mit ‚Du' angesprochene Mädchen, wirkt durch die Beschreibungen jung und lebendig. Auch geht deutlich hervor, dass die Autorin große Ambitionen für ihre Arbeit mit Klara hat. Sie gibt sich viel Mühe und wirkt einfühlsam und wertschätzend. Dennoch ist sie auch ehrlich und schildert Momente, in welchen ihr die Arbeit weniger leichtfällt. Die starken Deutungen finde ich persönlich manchmal schwierig. Wie in der Wahrnehmungsvignette vom 26.01., wo gesagt wird: ‚Du scheinst alles vergessen zu haben'. Woran wird dieser Eindruck festgemacht? Könnte da nicht stehen, auf mich wirkt es so, als hättest du vergessen, weil…? Das empfände ich persönlich als etwas freilassender und klarer. Ich empfinde es an dieser Stelle allerdings nicht als Ableismus. Für mich scheint es einfach die sehr bestimmte Schreibweise der Autorin zu verdeutlichen. Anders empfand ich die Stelle in der ersten Wahrnehmungsvignette, wo

die Autorin über das Durchhaltevermögen von Klara staunt. Warum staunt sie? Weil Klara ein Mensch mit einer Behinderung ist? Oder weil Klara auf sie als Mensch generell etwas ungeduldig wirkt? Diese Frage stellt sich mir hier. Insgesamt ist es sehr eindrucksvoll und berührend diese Wahrnehmungsvignetten zu lesen. Bis auf die eine genannte Stelle habe ich auch nicht das Gefühl, dass die Gedanken ableistisch sind. Die Autorin bleibt sachlich bei ihren Gefühlen, wenn sie sich freut oder frustriert ist, und mir scheint, sie würde sich an dieser Stelle mit jedwedem Menschen so fühlen, einfach aus der Situation heraus."

Bachelor-Studentin 6 – aus den Reflexionsphasen:

„1. Reflexion: Erinnerungen tauchen auf an mein eigenes Praktikum mit Klara: Freude, Musik, Tanz, Makrame, etwas zutrauen! Ich vergleiche automatisch, wie wir uns damals verhalten haben. Von authentisch, ehrlich, zugewandt, etwas bestimmend, erreichend, keine Beschönigung (‚Nein Klara, der ganze Raum muss gefegt werden'). Wie will ich, dass mit mir gesprochen wird? Sie ist FSJ-lerin?

2. Reflexion: Wenn ich die Wahrnehmungsvignetten mit der Brille des Ableismus lese, stelle ich fest, dass es Situationen gibt, in denen die Verfasserin Klara nicht als gleichgestellte Person behandelt, welche über Würde verfügt. Klara wird auf ihr ‚Können' bzw. ‚Nicht-Können' reduziert (‚Ich bin überrascht, wieviel Durchhaltevermögen sie hat', ‚forsch und unmotiviert'). Es ist ganz klar festgelegt, welche Person von welcher lernt, wer zu gehorchen hat und wem etwas beigebracht werden muss. Gleichzeitig gibt es Momente in denen sich die Verfasserin und Klara ebenbürtig begegnen, wie beispielsweise beim Fangen spielen und beim Tanzen. Sie gehen beide aufeinander ein, die Rollenzuschreibung ist flexibel. Mal ist Klara diejenige, welche der Verfasserin Schritte zeigt und mal ist es umgekehrt."

7.11 Reflexion in der Ausbildung: Ausblick

Nach dem Studium des Fachtextes zum Ableismus klingt die Stimme einer Studentin differenzierter:

„Während des Lesens fiel mein Fokus sehr stark darauf, wo in welcher Situation man den Ableismus erkennen kann. Spannenderweise veränderte sich meine Haltung gegenüber den Wahrnehmungsvignetten in der Hinsicht, dass ich auf mehrere mögliche Defizite blicke. Durch bestimmte Formulierungen wie ‚bockig' bekommt man sprachlich das Gefühl, dass nicht ganz auf Augenhöhe geschrieben wurde. Gewisse Abwertungen im Rahmen des Ableismus sind zu erkennen, da betont wird, wie lange Klara für gewisse Aufgaben braucht und sie anscheinend angestrengt wirkt. Als Klara die Anstrengung verneint schmunzelt die Praktikantin, was einen gewissen Blick von oben aufweist, nach dem Motto: ‚… ich weiß es besser'. Aber auch die Aufwertung findet statt, als beschrieben wird, wie überrascht man war, als Klara mehr Geduld hatte als gedacht. Bei einer anderen Person hätte man das nicht so hervorgehoben. Auch, dass sie gewisse Dinge nicht versteht, wird im Text sehr wertend beschrieben."

Die Nutzung phänomenologischer Methoden in der qualitativen Sozialforschung wurde in Kapitel 3 bereits beschrieben. Deutlich werden sollte, dass wir in der

Ausbildung verschiedene Zugangsebenen durch die Reflexion von Wahrnehmungsvignetten entfalten. Es ist ein Unterschied, ob Studierende eigene oder fremde Wahrnehmungsvignetten lesen und spontan reflektieren, was sich zeigt. Abgesehen davon äußert die Studentin in diesem Bericht über ihr Praktikum sehr viel über ihre eigenen Gefühle. Ein Spezifikum dieser frühen Arbeit mit Wahrnehmungsvignetten ist, dass die Studentin ehrlich über ihre Gefühle spricht und nachdenkt, was dies mit ihr macht.

Eine neue Dimension öffnet sich, wenn wir ein gewisses Thema mit einem wissenschaftlichen Text in die Reflexion geben und somit den Blick in eine bestimmte Richtung schärfen. Bereichernd und aufschlussreich ist, welche Facetten die Studierenden einbringen, denn es geht nie um ein *Richtig* oder *Falsch*. Geschehenes und Erlebtes gehört der Vergangenheit an. Die Reflexionsarbeit mit Wahrnehmungsvignetten richtet sich immer auf die Zukunft.

Über die oben beschriebenen Wahrnehmungsvignetten aus dem Praktikumsbericht und die erneuten Reflexionen nach dem Lesen der Texte zum Thema Ableismus entwickelte sich ein berührendes Gespräch. Studierende berichten, dass ihr Blick geschärft wurde, nachdem sie den Text gelesen hatten. Sie nahmen Anstoß an der Grundhaltung der Studentin, weil sie ableistisches Denken in den Wahrnehmungsvignetten entdeckten, das sie zuvor so nicht gesehen hatten. Sie bekundeten, dass die Studentin im Praktikumsbericht Dinge schildere, „die eigentlich nicht okay sind". Eine befand, dass der „Blick auf Klara wie auf ein Kind" sie ärgere. Eine andere Studentin sagte: „Sie ist FSJlerin! Auch ich habe ein Praktikum mit ihr gemacht und war in der Position einer Lehrenden. Da habe ich festgestellt und mich besonnen, dass sie ja eine FSJlerin ist und einer positiven Bewertung bedarf".

Eine weitere Studentin konstatierte, dass sie in der ersten Reflexion die Wahrnehmungsvignetten „voll schön" fände, sie seien „sehr liebenswürdig geschrieben". Jedoch in der zweiten Reflexion nach dem Lesen des Ableismus-Textes änderte sich ihr Blick: „Mir fallen Dinge auf: Warum ist die Studentin ‚genervt'? Woher kommt dieses ‚jetzt sind wir mal alle leise'? Wie könnte sie es machen, dass es eben nicht von oben herabkommt? Besser erklären, Angebote machen. Mir fallen die Rollenzuschreibungen auf: Wer hat was zu sagen? Klara wirkt wie eine zu ‚betreuende', aber nicht wie eine zu assistierende Person."

„Ich habe mich schwergetan, den Ableismus Gedanken anzuwenden, weil ich nicht genau weiß, welche Unterstützung Klara braucht", schreibt eine weitere Studentin, allerdings stoßen auch ihr Aussagen wie ‚streng dich an', ‚verstehst Du nicht', ‚so richtig verstehst Du das nicht' auf. Sie fragt sich jedoch, ob das „übergriffig" sei, und bemerkt, dass sie eigentlich nicht wisse, was Klara braucht. Sie empfinde eine Wertung in einigen Formulierungen der Wahrnehmungsvignetten. „Ableismus sollte man wirklich sein lassen, was aber machen wir mit den Anforderungen, die wir, die andere haben?", denn „beim Umgang mit Menschen ist es

immer wichtig, deren Bedürfnisse zu kennen, und es bedarf der Zeit und Geduld, Bedürfnisse kennen zu lernen". – Auch solche Gedanken äußern Studierende. „Selten ist zu lesen, dass sie auf Augenhöhe sind: Welche Vorannahmen sind da? Verhindern negative Vorannahmen den Austausch? Es gibt keine Erklärungen?"
Eine weitere Studentin schreibt, dass sie bei der ersten Reflexion „Wärme und Herzlichkeit" empfunden hätte und erst bei der zweiten Reflexion nach dem Ableismus-Text die Gesamtproblematik für sie sichtbar geworden sei: „Wir meinen es gut, behandeln allerdings Erwachsene nicht als Erwachsene".
Welch ein Ergebnis! Was haben diese jungen Menschen in dem 90-minütigen Seminar über ihre professionelle Haltung durch diese angeleitete Reflexionsarbeit erlernt, um eine neue Haltung entstehen zu lassen! Was dabei jedoch auffiel und im Gespräch zum Tragen kam: Sie empfanden tiefe Dankbarkeit für den Text der Kommilitonin und bemerkten, wie wichtig ihnen Wertschätzung und Vertrauen sind. Sie erkannten sich selbst wieder und nahmen die Kommilitonin als Lernende und sich in den schriftlichen Reflexionen als persönlich Offenbarende in Schutz. Sie wünschten sich ein Nachgespräch mit ihr in einem vertrauensvollen Rahmen, in dem Selbst- und Fremdoffenbarungen des Status quo der Selbstentwicklung beleuchtet und wertschätzend besprochen werden. Das trägt zu einer professionellen Haltungsentwicklung bei. Für die Reflexivität – die Möglichkeit also, etwas auf etwas zu beziehen, ist Bedingung, dass begleitend Wahrnehmen, Fühlen, Denken und Wollen geschult werden. Nur durch diese Fähigkeiten und den Rückbezug auf etwas können wir unser Wissen wirksam werden lassen. „Diese Art potentiell reflexiver Bezugnahme kann nun als Haltung gefaßt werden" (Kurbacher 2006, o. S.). Haltung weist auf ein Phänomen hin und ist eng verflochten mit der Beurteilung (ebd.). Haltung verstehen wir als eine sich auf etwas beziehende Bewegung, und Reflexion als einen das Zukünftige und Werdende vorbereitenden gedanklichen Prozess (ebd.). Und zur professionellen Haltung gehört am Ende auch, sich als „kritische Freund*innen" zu äußern und Rückmeldungen geben zu wollen.

8 Vorübungen diagnostischer Kompetenz mit Wahrnehmungsvignetten

Journaling
Was verstehe ich unter Diagnostik?
Was bedeutet sie in meinem beruflichen Kontext? Wie geht es mir damit?
Wo wirke ich diagnostizierend?
Was wünsche ich mir an Kompetenzen oder auch Unterstützung?

Persönliche Überlegungen zu diesen Fragen mögen in das Themenfeld der Diagnostik und ihrer Anwendungsbereiche einstimmen. Die Diagnostik unterliegt einem Paradigmenwechsel von defizitären und statusorientierten Bewertungsverfahren hin zu einer die Ausgangslagen und Bedürfnisse der Menschen *verstehenden Diagnostik*. In vielen Bereichen existieren vielfach bewährte diagnostische Testverfahren, die zwar Begründungen für Förder- und Unterstützungsprogramme liefern, aber den individuellen und besonderen Entwicklungs- und Lernwegen von Kindern, Jugendlichen und Erwachsenen nicht gerecht werden. Diese aktuelle Lage in den Blick nehmend und kritisch erörternd (Kap. 8.1 und 8.2), zeigen wir von uns entwickelte phänomenologisch-reflexive Ansätze auf, im Vorfeld diagnostischer, Förder- oder Lernpläne betreffender oder durch kollegiale Beratung getroffener Entscheidungen, *Kinder, Jugendliche und Erwachsene unvoreingenommen zu beobachten und einschätzen zu lernen* (Kap. 8.3 und 8.4). An Beispielen aus der Arbeit mit Wahrnehmungsvignetten, die Studierende geschrieben haben, möchten wir anregen, selbst die Prozesse der in Kapitel 7 eingeführten Reflexionsspirale (Kap. 7.8) zu erproben und zu reflektieren (Kap. 8.6). Mit der Anwendung dieser Reflexionsmethode (Kap. 7) schließen wir den Kreis angefangen bei der phänomenologischen Wahrnehmung (Kap. 2, 3 und 4) über das Schreiben der Wahrnehmungsvignetten (Kap. 5) hin zu einer haltungssensiblen und handlungsreflektierten Professionalisierung (Kap. 8) durch diagnostische Kompetenz.

8.1 Diagnostische Kompetenzen im Wandel

Im Kontext inklusionsorientierter Lehrkräftebildung setzen wir auf die Teilhabe aller Kinder und Jugendlicher in Kindergarten und Schule unabhängig von ihren unterschiedlichen Ausgangsbedingungen. Um dies in einem optimalen Ausmaß zu ermöglichen, ist die Ausbildung eines professionellen Umgangs mit Diversität erforderlich. Diversitätsdimensionen weisen auf die Variabilität und Offenheit von Kernbegriffen wie Alter, Geschlecht, Behinderung hin (Salzbrunn 2014, S. 119). Dabei wirken diese unterschiedlichen Dimensionen nicht isoliert. Für pädagogische Fachkräfte ist es daher notwendig, eine Kompetenz im Umgang mit Diversitätsdimensionen auszubilden (Gloystein & Barth 2020).

Der Anspruch, Kinder, Jugendliche und Erwachsene in ihrem Sein und Handeln und in ihrem Beziehungsgeflecht zu sich und anderen wahrzunehmen, zu erkennen und zu verstehen, vor allem auch Barrieren zu identifizieren, um darauf aufbauend partizipativ pädagogische (Gruppen-)Angebote zu entwickeln (Barth & Gloystein 2018a, 2018b, 2020; Largo 2017), beschreibt das Ziel einer inklusionssensiblen Ausbildung. Diversitätskompetenz hat die Intention, die Teilhabe aller Kinder, Jugendlicher und Erwachsener, unabhängig von deren jeweiligen unterschiedlichen Ausgangsbedingungen, in einem optimalen Ausmaß zu ermöglichen. Für (pädagogische) Fachkräfte geht es damit zunächst um die Bereitschaft und die Fähigkeit, mit der Vielfalt von Menschen umzugehen, das Potenzial ihrer Unterschiedlichkeiten zu erkennen und daraus resultierende Möglichkeiten zum Wohle der Einzelnen und der Gesamtheit zu nutzen (Gloystein & Barth 2020, S. 116f.). Durch Sensibilität und Wissen über Diversität in allen Facetten und auf vielen Ebenen kann die Kompetenz entstehen, soziale Vielfalt konstruktiv zu nutzen, Diskriminierungen zu verhindern und Chancengerechtigkeit zu erhöhen. Dieses Fundament haben wir (Barth & Gloystein 2018a, 2018b, 2019, 2020, 2021; Gloystein & Barth 2020; Barth 2020) in den vergangenen Jahren im Kontext der Erweiterung adaptiver Lehrkompetenz als „fachübergreifende Voraussetzung für eine subjektorientierte Betrachtungs- und Handlungsweise der Lehrperson beim Unterrichten" (Beck et al. 2008, S. 39; Brühwiler 2014, S. 75) erarbeitet.

Adaptive Lehrkompetenz versucht im Zusammenspiel der vier Kompetenzen – diagnostische, didaktische, inhaltliche Sach- oder Planungskompetenz und Klassenführungskompetenz (oft auch Handlungskompetenz) (Beck et al. 2008; Brühwiler 2014) – auf die individuellen Voraussetzungen der Schüler*innen einzugehen (Beck et al. 2008, S. 10). Lehr- und Lernforschung fokussiert die Individualisierung von Lernprozessen, strebt nach einer ganzheitlich personalen Entwicklung von Kindern und Jugendlichen und legt eine offene, vorurteilsbewusste Haltung sowie Anerkennung und Wertschätzung zugrunde und erkennt Heterogenität und Partizipation an (Barth & Gloystein 2019, S. 97). Dieses modellierende Handeln von Lehrpersonen ist eine „Anpassungsleistung an variable Bedingungen" (Brühwiler 2014, S. 76) und mündet in die Fähigkeit von Lehrkräften, Unterricht nach den Bedürfnissen der Lernenden zu gestalten (ebd., S. 60).

Die Ausbildung einer diagnostischen Kompetenz als Teil adaptiver Kompetenz ist im heutigen Professionalisierungsgeschehen von (pädagogischem) Fachpersonal unerlässlich. Das Thema Diagnostik steht – insbesondere in der Ausbildung von Lehrkräften – im Umbruch. In den Jahren nach der Ratifizierung der UN-

Behindertenrechtskonvention entwickelte sich in den sechzehn Bundesländern Deutschlands eine sehr unterschiedliche Interpretation dessen, wie inklusive Pädagogik zu verstehen und vor allem umzusetzen sei. Die deutliche Trennung zwischen sonderpädagogischer und allgemeiner Pädagogik, die teilweise in einen inklusiven Zugang überführt werden konnte, blieb an vielen Orten bestehen. Dies wirkt sich massiv auf das Thema der Diagnostik aus, denn Lehrkräfte werden an allen Schulen mehr und mehr mit diagnostischen Fragestellungen konfrontiert. Das inzwischen verankerte Recht auf Inklusion und Partizipation rückt Diagnostik als elementares (Unterrichts-)Prinzip in ein neues Licht und verlangt einen grundlegend anderen Umgang mit Verschiedenartigkeit und Vielfalt (Gloystein & Moser 2019, S. 65). Es wird jedoch weiterhin zwischen pädagogischer und sonderpädagogischer Diagnostik unterschieden, wobei die sonderpädagogische Diagnostik sowohl im Berufsfeld als auch in der Ausbildung im alten Machtgefüge einer Feststellungs- und Leistungsdiagnostik verharrt und somit eine Form der Diagnostik gefördert wird, die durch Etikettierung und Defizitorientierung geprägt ist (Feyerer 2013, S. 195). Sie besteht aus *Status- und Eigenschaftsdiagnostik* (Behinderung als individuelles, stabiles Persönlichkeitsmerkmal), *Defizit- und Defektorientierung* (Behinderung als eine negative Abweichung von der Norm), *Förder- und Fürsorgeorientierung* (Menschen mit Behinderung in passiver Rolle, Menschen mit Förderauftrag in aktiver Rolle) (ebd., S. 190) sowie dem Einsatz starrer und zeitökonomischer Methoden zur *Feststellung von Leistungs- und Verhaltensproblemen*. Angewandt werden in den Verfahren meist Normwerte, die sich wiederum an statistischen Mittelwerten orientieren. Eine solche Strategie der Homogenisierung hat zugleich eine entlastende Wirkung für Lehrkräfte sowie für das Regelschul- und berufliche Ausbildungssystem (Severing & Weiß 2014, S. 5). Diagnostik bleibt somit in der alten Tradition einer Notwendigkeit der Kategorisierung, um an die nötigen Ressourcen zu kommen (Etikettierungs-Ressourcen-Dilemma). Es ist jedoch eindeutig die Frage pädagogischer Praxis, welche Bedeutung eine sonderpädagogische Diagnostik und Förderung im Kontext inklusiver Schule haben könnte (Lütje-Klose & Neumann 2022, S. 56).

Der Wandel hin zu einer an Inklusion orientierten Sichtweise im Bereich von Diagnostik ist noch nicht vollzogen; Diagnostik steckt in alten Denk- und Handlungsmodellen. Die Trennung zwischen sonderpädagogischer (psychologischer) und pädagogischer Diagnostik geht einher mit einer Trennung von Entwicklungs- und Fachperspektive. Pädagogik ist jedoch ohne Erkenntnisse über die Kinder und Jugendlichen selbst sowie über ihr Umfeld undenkbar. Insbesondere inklusive pädagogische Diagnostik benötigt entwicklungs- und lernrelevante Erkenntnisse im Sinne einer umfassenden Kind-Umfeld-Analyse (Prengel 2016, S. 58). Diagnostik wird nur sinnvoll, wenn sie alle pädagogisch Tätigen im multiprofessionellen Team betrifft. Dafür müssen Studierende einen Bezug zu diagnostischen Verfahren erhalten und sich eine professionelle Haltung erarbeiten. Ihre persön-

liche Perspektive ist aber nur eine der vielfältigen Möglichkeiten. Viele Blickrichtungen auf das Kind sind notwendig und nur eine darauf bezogene professionelle Haltung ermöglicht eine adäquate Intervention und ein darauf abgestimmtes Handeln zu realisieren (Kap. 6 und 7). Im Professionalisierungsrahmen gilt es angemessene Kompetenzen zu erlernen, um das Spannungsfeld diagnostische Verfahren im Sinne der Kinder und Jugendlichen zu meistern.
Im Kontext von pädagogischer Diagnostik geht es nicht um Zuweisungen zu Störungsbildern, sondern:

> „Pädagogische Diagnostik sollte sich […] aufgrund der zugrundeliegenden Haltung und Zielsetzung von (medizinischen) Klassifikationssystemen abgrenzen. Sie schließt diese Aspekte jedoch nicht einfach aus. Sowohl die Benennung einer Kategorie als Erleichterung der Kommunikation als auch die Testung und damit die Einbeziehung empirisch valider Daten in die Diagnostik kann sinnvoll sein, wenn diese Ergebnisse in den Zusammenhang einer verstehenden Rekonstruktion der Entwicklungsgeschichte eingebettet werden, und nicht umgekehrt die Definitionsmacht über jene gewinnen.“ (Baumann et al. 2021, S. 23)

Im pädagogischen Denken und Handeln hat die pädagogische Diagnostik eine Katalysatorfunktion, da pädagogische Gelingensprozesse von der Kooperation aller Verantwortlichen im multiprofessionellen Team abhängen (Schenz 2012, S. 218f.). Die Aufgabe einer pädagogischen Diagnostik ist es, ein breites und dynamisches Begabungsverständnis zu entwickeln, das sich aus dem Beobachten der Lebens-, Lern-, und Entwicklungsbedürfnisse der bzw. des Einzelnen speist. Eine inklusive Begabungsförderung geht von der Begabung eines jeden Kindes und Jugendlichen aus (Solzbacher 2019, S. 40f.).
Diagnostik zählt also zu den Kernaufgaben der Lehrkräfte und Akteur*innen an Schulen (Lütje-Klose & Neumann 2022, S. 52). Für die im Allgemeinen notwendige pädagogische Diagnostik benötigen alle Akteurinnen und Akteure Wissen über Lernausgangslagen und Lernvoraussetzungen, Entwicklungs- und Lernstände, Lernpotenziale, Motivationen, Lernhindernisse oder Lernfortschritte, Lerntypen, das Lernumfeld, Gruppenprozesse, Verhaltensweisen, fachliche oder überfachliche Lernergebnisse und mögliche Leistungen sowie Intelligenzbereiche nach dem Prinzip der multiplen Intelligenzen (Paradies et al. 2007, S. 25-37; von Saldern 2009, S. 52f.). Ziel ist es, die individuellen Lernausgangslagen und die Bedürfnisse von Kindern und Jugendlichen zu ermitteln, um passende pädagogische Lernangebote anzubieten. Neben Lernausgangslagen und dem Wissen um entwicklungs-, lern- oder bildungstheoretische Einordnung spielen auch Beziehungen und Lernumgebungen eine entscheidende Rolle. Verstehende Diagnostik soll lernbegleitend, entwicklungsunterstützend und kompetenzorientiert sein. Die Auswahl an diagnostischen Verfahren und Strategien wie auch die Zuordnung von Maßnahmen zu diagnostischen Ergebnissen sind für alle Fachbereiche der Lehrkräftebildung zu bedenken. Dieses Verständnis muss in die Hochschul-

bildung einfließen, denn sog. „Förderplanung" geht weit über die diagnostischen Techniken hinaus (Schenz 2012, S. 218f.).

Pädagogische Fachkräfte in Schulen, Kitas, Heimen und anderen betreuenden Institutionen haben die Aufgabe, Kinder und Jugendliche auf eine ungewisse Zukunft vorzubereiten (zukunftsorientierte Schule), damit sie einen Platz in der Gesellschaft finden können. Unabhängig von Intelligenzgrad oder sozialer Ausgangslage, unabhängig von Begabungen und Stärken hat jeder Mensch ein Anrecht auf Partizipation an der Gesellschaft (inklusive Schule). Der Anspruch pädagogischen Handelns besteht darin, dass Kinder und Jugendliche ein sinnstiftendes Leben in einer Gesellschaft führen (sinnstiftende Schule), sich werteorientiert einbringen lernen und im Bedarfsfall Vereinbarungen mitverantwortlich verändern (demokratische Schule). „In diesem Sinne muss jedes Kind und jeder Jugendliche mit seinen Stärken und Begabungen (an)erkannt werden (erfolgreiche Schule) und der Umgang mit dieser Vielfalt erlernt werden." (Schenz 2012, S. 115) Durch diagnostische Kompetenz werden Kinder und Jugendliche in ihrem Menschsein, in ihrem (Unterrichts-) Handeln und in ihrem Beziehungsgeflecht zu sich und anderen wahrgenommen, erkannt und verstanden, um darauf aufbauend Barrieren zu identifizieren sowie partizipativ pädagogische Angebote zu entwickeln (Barth & Gloystein 2018a, 2018b, 2020).

Aus Studien wissen wir, dass eine „formelle, auf einer systematischen Informationsbeschaffung und -verarbeitung und dem gezielten Einsatz diagnostischer Methoden beruhende Diagnostik" (Südkamp & Praetorius 2017, S. 254) dazu führt, dass darauf basierend die Verantwortlichen „konsequenzenreiche und langfristig bedeutsame Entscheidungen" (ebd.) treffen. Eine Vermittlung diagnostischer Kompetenzen für pädagogisches Fachpersonal muss daher mit Blick auf mögliche und u. U. weitreichende Auswirkungen und deren Bedeutung für das professionelle Handeln im institutionellen Rahmen (z. B. Unterricht) gelehrt werden. Diagnostischer Kompetenz liegt ein dynamisches, sich stetig entwickelndes Forschungsgebiet zugrunde, in dem bisher nur einige Bereiche untersucht und erst Umrisse zukünftiger Entwicklungen erkennbar wurden. Es besteht somit die Aufgabe, neue Entwicklungsrichtungen und Perspektiven diagnostischen Handelns aufzuzeigen und Vorschläge zu deren Ausarbeitung zu formulieren.

Professionelle Haltung wird besonders wirkmächtig, wenn eine an Inklusion orientierte Diagnostik mit einem „lernseitigen Blick" (VignA) und voraussetzungslosen, selbsterziehenden Übungen der Achtsamkeit (Kap. 3.4.) verbunden wird. Für die klare Ausrichtung vor allem des Handelns ist zu beachten, dass Menschen aufgrund spezieller Kriterien eine bestimmte Diagnose erfüllen bzw. dieser entsprechen können. Sie *sind* aber nicht diese Diagnose. Testergebnisse entstehen durch kontrollierte Datenerhebungen über Eigenschaften, Verhalten und Auffälligkeiten. Ein Kind ist niemals ein *Fall*, sondern ein individuelles Wesen, ein Mensch. Fälle ergeben sich höchstens durch darauf ausgerichtete Beobachtungen und entsprechende Hilfeversuche (Baumann et al. 2021, S. 32). Alle Diagnosen bergen die Gefahr, Konstrukte zu sein, die den Kindern, Jugendlichen oder Erwachsenen in ihrer menschlichen Komplexität, Lebenssituation und -geschichte nicht entsprechen (ebd., S. 22). Unsere Gesellschaft benötigt ein Umdenken im Umgang mit Diagnosen. Wir müssen uns daran gewöhnen, dass es neue Sichtweisen auf das Anwenden und Erstellen von Diagnosen gibt bzw. geben soll. Tatsächlich wurden auch Diagnosen gelöscht, da sie der Menschenwürde nicht entsprechen (ebd., S. 19). Immer mehr Selbstvertreter*innen erzählen aus ihrem eigenen, durch bestimmte Diagnosen belasteten Leben, legen die ganze Bandbreite exkludierender Maßnahmen offen und fordern menschenwürdige Umgangsformen mit ihrer besonderen Lage (Barth 2022).

8.2 Verstehende Diagnostik versus Kategorisierung

Jeder Mensch will in seinem Tempo und auf seine Weise lernen, wie Remo Largo in seiner Zürcher Longitudinalstudie mit sich gesund entwickelnden Kindern erforscht (Largo 2010) und in seinem umfassenden Gesamtwerk als Summe seiner lebenslangen Erkenntnisse herausgebracht hat (Largo 2017). Die professionstheoretische Aufgabe ist es, jenseits von vielleicht bereits grundlegend bestehenden ICD 10 Diagnosen, genau zu erfassen, was wahrnehmbar ist oder ggf. auch (mit-) zuerfahren ist. Der Begriff der Diagnostik wird in unserem Kontext im Sinne der Wortbedeutung diá-gignôskein – etwas durch und durch zu erkennen (Zimpel 2017, S. 41) – verwendet. Diagnostik muss sich an den menschlichen Entwicklungsabläufen und -möglichkeiten orientieren. Sie verfolgt nicht das Ziel, möglichst treffsicher vorhandene sog. *Störungen* von sog. *normalen Verhaltensweisen* abzugrenzen und als solche möglichst präzise zu definieren, sondern sie legt ein Modell zugrunde, das den Menschen in seinen Bezügen zwischen Biographie, Realitätserleben und den „Spielregeln" seiner Umwelt betrachtet und jedes Verhalten und jede Eigenschaft in diesen Kontext einzubetten versucht (Baumann et al. 2021, S. 40). Denn hinter jedem Verhalten und jeder Auffälligkeit liegt ein Sinn; nur besteht die Frage, „in welchem Kontext es Sinn gemacht hat, dieses Verhalten oder dieses Merkmal zu realisieren bzw. zu erhalten, und inwieweit das Individuum aktiv an einem Kontext festhält bzw. diesen manipuliert, damit er zu den entwickelten Schemata passt." (ebd., S. 45)

Ein Denken in „unscharfen und abwertenden" (Felkendorf & Luder 2014, S. 53f.) Kategorien wie Behinderung, Armut und Migration wird zunehmend negativ konnotiert. Die Kategorien wirken meist durch Bewertungen und negative Zuschreibungen wie Einschränkungen, Schwächen oder Unfähigkeiten stigmatisierend und diskriminierend (Gloystein & Frohn 2020, S. 63). Übergeordnet für die Thematik der Diagnostik gilt es, Behinderung als machtvolle Konstruktion deutlich zu machen sowie den radikalen Umbau der Routinen, der Strukturen, des Habitus gesellschaftlicher Institutionen zu fordern, vorzubereiten und durchzuführen (Hazibar & Mecheril 2013, o. S.). Dies kann gelingen, wenn Studierende bereits während ihres Studiums Wahrnehmungsprozesse üben und reflektieren lernen. Sie verknüpfen ihre Beobachtungen mit (neu) erlerntem Wissen und formulieren Fragestellungen beispielsweise zur kindlichen Entwicklung oder zu sog. Entwicklungsstörungen. (Heil-)Pädagog*innen haben eine machtvolle Position im Kategorisierungsverhalten. Das Aufmerksam-Werden auf diese Positionierung sensibilisiert Studierende, sich mit eigenen (Vor-)Urteilen zu beschäftigen, sich selbst und die eingeprägten Haltungen nachhaltig zu hinterfragen (Kap. 7.9). Dadurch kann bewusst werden, dass Menschen, „die unter den Bedingungen von (Feststellungs-)Diagnosen leben und aufwachsen, zumeist in ihren Entwicklungsmöglichkeiten unterschätzt werden. Nicht selten werden Kompetenzen nicht oder unzureichend erkannt bzw. anerkannt. Das führt bei den Betreffenden nicht nur zu Irritation, sondern zu Stress, der wiederum die Entwicklung […] negativ beeinflusst“ (Ziemen 2013, S. 23).

> *Journaling zum Ziel einer Diagnose*
> In welchem Kontext oder welchem Rahmen findet sie statt?
> Wozu brauchen wir diese Diagnose?
> Was genau suchen wir?

Diagnosen werden in unterschiedlichen Zusammenhängen und aus unterschiedlichen Gründen gestellt. Dafür ist zu unterscheiden, *wer* diagnostiziert *wen* und *wozu*, denn manche Professionen haben einen Versorgungsauftrag im Hinblick auf Gesundheit und Krankheit. Sonderpädagogik hingegen hat einen Erziehungs- und Bildungsauftrag (Link 2022, S. 176): Geht es dabei um die Person oder darum, wie sie Aufgaben löst? Bezieht sich die Frage auf das jeweilige Fach? Oder betrifft Diagnostik überfachliche Kompetenzen oder Schlüsselqualifikationen? Geht es um das einzelne Kind, die*der einzelne*n Jugendliche*n oder die Klasse? Wird der Ist-Stand beschrieben oder das Potenzial? Was genau ist die Bezugsnorm für das diagnostische Urteil (Hesse & Latzko 2017, S. 29f.)? Und vor allem: Wird die Diagnostik am persönlichen Alltagserleben oder nach wissenschaftlichen präzisierenden (Mess-) Methoden und Aussagen vorgenommen? Welche Systematik steckt dahinter? (ebd., S. 62f.) Es macht einen großen Unterschied, ob ein Kind oder ein*e Jugendliche*r bestimmte Aufgaben nicht bewältigen kann, weil sie oder er nicht aufmerksam oder weil das eigene Selbstwerterleben negativ ist. Dies genau zu verstehen, ist für die pädagogische Förderplanung folgenreich: „Deshalb ist Förderdiagnostik – und nicht klinische Diagnostik – so relevant für einen datenbasierten Entscheidungs- und Förderprozess.“ (Link 2022, S. 176)

Diagnostik ist somit als offenes Instrumentarium zu verstehen mit dem Ziel, die individuellen (Lern-) Ausgangslagen und die Bedürfnisse von Menschen zu ermitteln und um passende pädagogische (Lern-)Angebote zu machen. Auch Lernumgebungen oder Beziehungen spielen dabei eine wichtige Rolle, wenn die verstehende Diagnostik lernbegleitend, entwicklungsunterstützend und kompetenzorientiert sein soll. Einerseits benötigt das pädagogische Fachpersonal ein Verständnis von Verhaltensweisen, um Kinder und Jugendliche entsprechend zu fördern, andererseits bergen die eingeprägten „diagnostische[n] Kategorien das Risiko der Stigmatisierung" (Boger & Textor 2016, S. 96). Daher muss im Vorfeld eine entlastende Problembeschreibung vorgenommen werden: Welche Notwendigkeit einer Diagnose besteht für das Kind oder den Jugendlichen? Welcher Nutzen wird von einer Förderplanung erwartet? (ebd.) In einem partizipativ-inklusiven Verständnis ist eine dialogisch-systemisch verstandene Diagnostik (Boban & Hinz 2016, S. 64) erfolgversprechend.

Folgende Regeln gelten für den inklusiven Einsatz diagnostischer Kategorien:

1. Diagnostische Erkenntnisse sind als vorläufige und revidierbare Arbeitshypothesen zu nutzen.
2. Diagnostische Erkenntnisse sind immer nur begrenzt und betreffen ausgewählte Aspekte einer Person.
3. Allgemeines Regelwissen und individuelles Verstehen muss immer kombiniert werden.
4. Vorsicht vor einer „Bedrohung durch Stereotype": Sie werden durch nicht etikettierende, offene diagnostische Modelle vermindert.
5. Diagnostische Perspektiven müssen auf die jeweilige Person in ihrem ökosystemischen Umfeld ausgerichtet und erweitert werden und die Interventionsmöglichkeiten sollten möglichst auf die Umgebung fokussiert bleiben (Prengel 2017, S. 23).

Normen sowie Seh- und Hörgewohnheiten leiten unsere Wahrnehmungen und Beobachtungen (Kap. 3.2). Sie basieren auf Wertmaßstäben, die sich nicht aus einer kritischen Forschung und aus eigenen Erkenntnissen, sondern aus einer gesellschaftlichen Mehrheit ergeben und im Zuge dessen als selbstverständlich gelten.

> „Diagnostische ‚Eindeutigkeit' und die Verwendung von diagnostischen Fachbegriffen sind Voraussetzung für weitere Erkenntnisse, fachlichen Austausch, Förderplanung und Förderung. Haltung ist gerade hier bedeutsam: Wir benötigen unser Selbst, das unser Empathievermögen hervorbringt, um diejenigen Situationen zu erkennen, in denen Eindeutigkeit und präzise Begriffsverwendung – z. B. in Kooperation mit Kollegen – umgesetzt werden sollten und in welchen Situationen wir vorsichtiger und einfühlsamer unsere Begriffe und Beschreibungen verwenden sollten – etwa im Kontakt mit Kindern oder deren Eltern, um Verletzung und Entmutigung zu vermeiden." (Solzbacher & Schwer 2015, S. 153)

Im Sinne eines dynamischen Verständnisses von Diagnostik benötigten wir einen zirkulären phänomenologischen und mehrdimensionalen Diagnostikprozess (Römer 2018, S. 235). Der entsprechende Kompetenzrahmen umschließt für Lehrkräfte folgendes Basiskönnen: Beobachten, Dokumentieren, Hypothesen erstellen, Überprüfungsmaterial kennen und anwenden (rein technisch), tiefergehendes Verstehen und Wertschätzen einer Person, qualitatives Erfassen ganzheitlicher Zusammenhänge, eine Reflexionsfähigkeit sowie Zulassen und Begreifen anderer Lebenswelten (ebd., S. 223).
Im Sinne einer auf inklusive Werte ausgerichteten Diagnostik bedarf es einer politisch initiierten Abkehr von der traditionellen Feststellungsdiagnostik und den entsprechenden diagnostischen Verfahren, die keinerlei Förderrelevanz haben (Barth & Gloystein 2019, S. 99). Die Ausstattung von Einrichtungen darf nicht von der Etikettierung einzelner und der damit verbundenen Ressourcenzuweisung abhängig sein. Ein davon unabhängiges Verfahren fördert die Verantwortlichkeit aller im multiprofessionellen Team und würde eine andere Professionalisierungsnotwendigkeit gewinnen. An Inklusion orientierte Diagnostik ist als *Serviceleistung* für alle Kinder zu denken und somit ein Instrument zur Suche nach passenden pädagogischen Angeboten und Inszenierungen. Damit verbunden sind Adaptionsleistungen des Umfeldes an jedes einzelne Kind (Gebauer & Simon 2012, o. S.), die mit einer kritischen Überprüfung von Institutionen und Konzeptionen auf ihre „Inklusionsfähigkeit" hin verbunden ist (Simon & Simon 2014, o. S.). Es kann im eigentlichen Sinne der Wortbedeutung „weder eine inklusive Diagnostik geben, noch kann Diagnostik inklusiv sein, vielmehr kann Diagnostik durch eine theoretisch reflektierte und verantwortungsbewusste Transformation in die Praxis Inklusion ermöglichen oder behindern" (Prosetzky 2018, S. 88). Diagnostik darf nur dazu dienen zu verstehen, indem Fragen gestellt werden. Darin liegt die Aufgabe, das Verständnis von Diagnostik unter dem Paradigmenwechsel Inklusion zu transformieren.

8.3 Wahrnehmungsvignetten als Ergänzung zur „Kinderkonferenz"

Bislang gibt es im waldorf(heil)pädagogischen Kontext als pädagogisch diagnostischen Zugang die phänomenologische Beschreibung eines Kindes (Jugendlichen oder Erwachsenen) – gepflegt als „Kinderkonferenz" oder „Kinderbetrachtung" (Selg 2007; Gäch 2008, 2013; Göschel 2008, 2013; Seydel 2015; Schöffmann & Schulz 2016; Ruhrmann & Henke 2017; Wiechert 2017; Kap. 5.5). Im inklusionspädagogischen Kontext benötigen wir ergänzende Gesichtspunkte (Barth 2019; Prengel 2003).

Journaling
Haben Sie mit dem Vorgehen der „Kinderbeobachtung" oder „Kinderkonferenz" Erfahrung? Wenn ja, welche?
Beschreiben Sie – wenn Ihnen vertraut – exemplarisch einen Ablauf der „Kinderbetrachtung" oder „Kinderkonferenz"*(Wiehl 2019; Barth 2020).
Wie gelangen Sie zu Einsichten? Welche Entscheidungen werden oder wurden gefällt?

* Anm.: Dieses Format wird ähnlich wie die kollegiale Beratung in waldorf(heil)pädagogischen Einrichtungen angewendet.

Phänomenologisches Beobachten und vorurteilsloses Einschätzen menschlicher Entwicklungsbedingungen und -bedürfnisse gehören zur Basis der Ausbildung in anthroposophischer Heil- und Waldorfpädagogik. Im Zusammenhang mit der Themenstellung Partizipation und der Hinführung zu einer professionellen Diversitätskompetenz entsteht ein (neuer) Anspruch, anhand gewonnener kurzer Szenen-Protokolle die Realität beispielhaft mitzuerfahren, zu entschlüsseln und zu kontextualisieren. Dies sind gegenwarts- wie zukunftsrelevante Impulse im Inklusionsdiskurs.
Das Arbeiten mit Wahrnehmungsvignetten kann Ausgangspunkt und Grundlage für die sog. „Kinderkonferenzen" sein. Wahrnehmungsvignetten sind eine Zugangsmöglichkeit oder auch Vorübung und Hinführung zu diesem Format innerhalb der Ausbildung an der Hochschule. Eine an Inklusion orientierte Diagnostik, die mittels Wahrnehmungsvignetten dem Gegebenen einen Ausdruck verleiht und das „Miterfahren" in die Sprache bringt, um unterschiedliche Sichtweisen und Perspektiven zu verdeutlichen, und Lesarten aus Wissenszugängen zu verknüpfen, sensibilisiert für Entwicklungs- und Lernphänomene, Beziehungen und das Lern- oder Lebensumfeld. Wahrnehmungsvignetten sind offen, komplex, prozesshaft; sie zeigen *einen* Moment, der das Verstehen anzuregen hilft. „Welche Konstellationen im Klassenraum und welche professionellen Haltungen und Kompetenzen beeinflussen in welcher Art und Weise den Prozess der Diagnostik sonderpädagogischer Förderbedarfe?" – eine kaum empirisch überprüfte Frage (Lütje-Klose & Neumann 2022, S. 56), die durch die Methode der Reflexionsspirale transparent und sichtbar wird.
Das Arbeiten mit Wahrnehmungsvignetten ist eine individuelle, jeder und jedem zugängliche Methode, die für eine persönliche sowie professionell ausgerichtete Lernentwicklung der Studierenden auf den Ebenen der Selbstreflexion, der Diagnostik, der professionellen Haltung und der pädagogischen Handlungsweisen einen wichtigen Baustein in der Hochschulausbildung darstellt. Die Ausbildung und Gestaltung einer professionell inklusionssensiblen Haltung mit entsprechenden Handlungsoptionen bedarf eines die Fähigkeiten entwickelnden Ansatzes. Es geht nicht nur gesamtgesellschaftlich, sondern auch individualbiographisch um

das Erlangen von Fähigkeiten für die Gestaltung von Lebensqualität (Nussbaum 2019). Wahrnehmungsübungen auszuprobieren und diese Prozesse einzeln und auch in der Gruppe zu reflektieren, dient zunächst der persönlichen Entwicklung, die sich im Sinne der Professionalisierung im pädagogischen und sozialen Umfeld positiv auswirken kann. Die phänomenologischen und reflexiven Arbeitsweisen mit Wahrnehmungsvignetten können als „kreative Übungen in das wissenschaftliche" (Wiehl 2021b, S. 231ff.) sowie das theoretische Studium der Heil- und inklusiven Pädagogik integriert werden.
Die Art der unvoreingenommenen Wahrnehmung und nicht kategorisierenden Haltung Anderen gegenüber stellt eine Voraussetzung für professionelles (pädagogisches) Handeln mit Menschen dar, die unterschiedliche Bedürfnisse haben. Wenn wir uns zunächst auf einen derart nicht kategorisierenden Zugang einlassen, sind die beschriebenen pädagogisch-phänomenologischen Zugänge von großem Wert. Wir setzen damit nicht nur an den Erfahrungen der Lernenden an (Agostini et al. 2017, S. 324f.), sondern wir üben, diese Erfahrung mitzuerfahren und uns anzuverwandeln (Rosa & Endres 2016, S. 15). Diese Methode leitet Entschleunigungsprozesse ein und lässt feine Resonanzen zwischen den Beobachtenden und den Beobachteten entstehen. Hartmut Rosa bestimmt „Resonanz" als eine „durch Af←fizierung und E→motion, intrinsisches Interesse und Selbstwirksamkeitserwartung gebildete Form der Weltbeziehung, in der sich Subjekt und Welt gegenseitig berühren und zugleich transformieren" (Rosa 2018, S. 298). Resonanz sei ein Beziehungsmodus, der dem emotionalen Inhalt gegenüber neutral bleibt; jede der beiden Seiten könne mit „eigener Stimme" sprechen und sei in ihrem So-Sein unverfügbar (ebd.). Einmal mehr sagen uns die Hinweise, dass wir Zeit und Räume benötigen, um immer wieder neu verschiedene Bezüge und Perspektiven aufzudecken. Kein Test oder Fragebogen führt letztendlich zum Verstehen eines Menschen; kein geregelter oder vorbestimmter Fahrplan für (notwendige) Handlungsoptionen wird allen oder besonderen Situationen gerecht. Die Wahrnehmungsvignetten befreien uns davon, weil sie unser Interesse auf die „Sachen selbst" lenken (Kap. 2). Jeder Mensch will und muss immer wieder neu und personal bezogen verstanden werden (Kap. 3.1).

8.4 Phänomenologie in der Diagnostik

Im Zusammenhang mit der Themenstellung Partizipation und der Hinführung zu einer professionellen Diversitätskompetenz entsteht ein (neuer) Anspruch, anhand gewonnener kurzer Szenen-Protokolle die Realität beispielhaft mitzuerfahren, zu entschlüsseln und zu kontextualisieren. Das verweist auf gegenwarts- wie zukunftsrelevante Impulse einer Perspektive im Inklusionsdiskurs. Eine phänomenologische Orientierung im Erleben des Prozesses sowie eine kritische Distanz gegenüber scheinbar die Sachlage objektivierenden Zuschreibungen (z. B. Diagnosen, Deutungen) sind auch aus der humanistischen Psychotherapie bekannt. Fokussiert wird das unmittelbare Geschehen „in diesem Moment hier zwischen uns“ (Eberwein 2015, o. S). Phänomenologie als Methode in diesem Zusammenhang anzuwenden bedeutet, dass Vorannahmen, Konzepte und Assoziationen zunächst so weit wie möglich außen vorgelassen werden, damit das jeweilige Gegenüber zunächst als Fremde*r oder als Andere*r wahrgenommen werden kann (ebd.).

Die phänomenologische Hermeneutik geht davon aus, dass der Mensch als Subjekt nur im Dialog mit einem anderen Subjekt – auf der Grundlage eines wohlwollenden „Verstehen-Wollens“, das über verschiedene Phasen und Ebenen zu einem besseren Verständnis Anderer führt – verstanden werden kann (ebd.). Verstehen impliziert die geteilte Erfahrung. In Bezug auf Diagnostik ist die Erkenntnis entscheidend, dass ein Mensch „jemand als Person und etwas als Eigenschaft oder Zustand“ (Stinkes 2019, S. 534) ist. Durch den Prozess der Anerkennung des Andersseins geschieht eine neue Sichtweise, die bedeutet: „Anna geht nicht in dem auf, als was ich sie erkenne und anerkenne: als krank, behindert, Mädchen, Migrantin etc. Anna bedeutet aus sich heraus, sie ist jemand mit einem Namen, einem Gesicht, das mich nicht nur anspricht, sondern auch auffordert: Ich bin gemeint.“ (ebd., S. 535)

Wenn wir uns also gegen sonderpädagogische Gutachten in der Schule aussprechen könnten (sofern die Ressourcen eben nicht davon abhängen würden!) und uns bemühen dürften, phänomenologische Wahrnehmungen mit Wissen zu verknüpfen, wäre ein großer Schritt in Richtung eines inklusionssensiblen Feldes getan. Um das nötige Wissen zu erlangen und Handlungsoptionen zu erüben, halten wir die phänomenologischen Zugänge für entscheidend und bedienen uns daher der Sensibilisierung durch Wahrnehmungsvignetten. Auf diesem Weg benötigen wir im Davor, im Währenddessen und für das Danach ein Einlassen auf Übungsprozesse (Kap. 3.4): Aufmerken, aufmerksam sein und sich überraschen lassen von dem, was geschieht und (neu-)gierig sein auf das Entstehende, den Dialog und die Reflexion (Kap. 7). Diese zukunftweisenden Ansätze führen zu Menschenwürde und Diversitätskompetenz.

Wenn wir die Diagnosehoheit in Frage stellen, erkennen wir im sog. „Dekategorisierungsdiskurs“ der Behindertenpädagogik die Möglichkeit der Befremdung (Stinkes 2021, S. 23) an. Im Vordergrund stehen dann die Begegnung mit dem Menschen und die Anerkennung seiner menschlichen Würde jenseits von einer diagnostischen Einordnung oder Klassifizierung. „Die Vorrangstellung der Begegnung vor einer Zuschreibung würdigt, dass der Andere nicht per se ein ‚Fall von …‘ oder ein ‚diagnostisches oder pädagogisches, therapeutisches Thema‘ ist“ (ebd.). Diagnosestellung kann erfolgen, die Frage ist jedoch, welcher Stellenwert außerdem den subjektiven Erfahrungen der Betroffenen (ebd.) vor oder nach der

Diagnostik zugestanden wird. Viel hängt von der Anerkennung der Würde jedes einzelnen Menschen ab. *Würde* hat drei Dimensionen: Wie ich von anderen behandelt werde, wie ich andere behandele und wie ich zu mir stehe (Bieri 2020, S. 12f.). *Anerkennung* umfasst die Beachtung und ermutigende Wertschätzung eines Menschen (Regenbogen & Meyer 2020, S. 41). *Anerkennen* meint die respektierende Haltung (ebd.). Wir benötigen eine professionelle Haltung, die sich der Anerkennung der Menschenwürde verpflichtet (Kap. 6).

8.5 Wahrnehmungsvignetten als Medium verstehender Diagnostik

Das Einüben von „Reflexion als Tun und Reflexivität als Haltung" erscheint für die Diagnostik (Kahlau 2023, S. 61) eine Notwendigkeit zu sein. Eine professionelle Haltung der Offenheit muss insbesondere in inklusiv-professionstheoretischer Hinsicht auf die kindliche Entwicklung ohne habitus- oder beliefsspezifische Vorannahmen (Kap. 6) ein Thema der pädagogischen Diagnostik und Einschätzung werden.

> „Die Theorie professionellen Handelns lehrt uns, dass wir mehrere Perspektiven abwechselnd einnehmen sollten, wenn wir Kinder verstehen wollen. Wir sollten so gut wie wir nur können, Wissen aus wissenschaftlich konstruierten Wissenssystemen aufbauen und abrufen, wenn wir ein Kind oder einen Jugendlichen nicht verstehen." (Prengel 2003, S. 36)

Im Wahrnehmen als eine pädagogische Übung nehmen wir Abstand von zu schnellen Deutungen. Das Üben erfordert genaues Wahrnehmen, Einfühlen, Miterfahren und aufmerksames Beobachten (Kap. 3.4). Wenn ein Kind mit ADHS diagnostiziert wird, ist es schwierig, es außerhalb dieses Verhaltensmodells wahrzunehmen, denn der ganze Prozess wird dieser Diagnosehoheit unterworfen. In gewissen Teilen kann sie hilfreich sein, um gute Maßnahmen für das Kind zu finden. Aber dieses Vorgehen blendet aus, was ein Kind sonst noch alles ist oder sein kann und sein möchte. Das Kind wird möglicherweise verkannt und es wird vielleicht manches nicht getan, was dem Kind helfen könnte, dieser Diagnose zu entkommen (Peterlini 2020, S. 9). „Zuschreibungen sind immer Eingrenzungen, Begrenzungen oder Ausgrenzungen. Sie klassifizieren, ordnen ein und ordnen zu." (Baur 2018, S. 9) Zu hinterfragen ist, ob man einem Menschen gegenüber wirklich objektiv sein kann, wenn man glaubt ihn durch Kausalitäten erklären zu können, und ob Tests überhaupt Fähigkeiten oder Anlagen erfassen können. Ist es nicht menschenwürdiger, besondere und eigenwillige Verhaltensweisen zu sehen und zu beschreiben im Sinne einer „Wissenschaft des menschlichen Lebens (Science de la vie humaine)" (Merleau-Ponty 2021, S. 48)?

Eine an Inklusion orientierte Diagnostik erfordert also vorurteilsbewusste Wahrnehmung und Interpretation. Eine Wahrnehmungsvignette wird über einen Moment geschrieben, der affiziert, anspricht, auffällt, den Blick lenkt und in Bann zieht, mich staunen lässt oder irritiert. Die daraus entstehende Textvignette gilt als in Sprache verdichtete Momentaufnahme, ähnlich einem Bild oder einer festgehaltenen Szene (Kap. 5). Mit Worten wird versucht, ein „Miterfahren" zu ermöglichen, den Moment möglichst bildhaft und anschaulich zu beschreiben. Die Wahrnehmungsvignette verlangt die Fähigkeit des aufmerksamen Wahrnehmens und detailgenauen Erinnerns; sie vermittelt Atmosphäre, Stimmungen, Nähe und Empathie. Die Sensibilität für Zwischentöne und Resonanzen kann durch praktisch künstlerische Übungen oder durch die sechs elementaren Übungen zur „praktischen Ausbildung des Denkens" nach Rudolf Steiner vorbereitet werden (Wiehl & Barth 2021, S. 208; Kap. 3.4).

Mit den Wahrnehmungsvignetten haben wir eine Methode gewonnen, die im Vorfeld der „Kinderkonferenzen" – also dem möglichst wertfreien Beschreiben – ansetzt, das vielen jungen Menschen in erster Instanz schwerfällt. So dürfen sich die Studierenden über Wahrnehmungsvignetten den Beschreibungen liebevoll nähern. Denn Wahrnehmungsvignetten spiegeln Erfahrungen, die persönlich bedeutsame und als solche auch berührende Ereignisse wiedergeben und dafür die treffenden Worte enthalten; ungewöhnliche Formulierungen zeigen Erstaunen oder auch Betroffenheit. Diesen Qualitäten ist die Bezeichnung *Wahrnehmungsvignette* geschuldet. Wie durch eine Lupe nehmen wir Momente in den Blick und beschreiben sie in einem kurzen prägnanten Text. Der Mitvollzug der Erfahrung der*des Anderen und das Schreiben erfordern Miterleben und schlussendlich einen treffenden sprachlichen Ausdruck für den wahrgenommenen Augenblick. Das individuelle, wertfreie und nicht-kategorisierende, diversitätsbewusste Wahrnehmen soll Ausdruck im beschreibenden Text finden. Reflexionen, die Wissen einbeziehen, führen zu einer feststellbaren Haltungs- und Einstellungsänderung und einer Vertiefung von Personenzentrierung. Diese Arbeit braucht Zeit und „Entschleunigung" (Rosa 2018; Kap. 7.9).

Wahrnehmungsvignetten dienen in unseren Studiengängen vorrangig der Qualifizierung der Studierenden; sie können auch in Reflexions- und Intervisionsmaßnahmen anderer institutioneller Einrichtungen angewendet werden. Das *In-den-Blick-Nehmen* und das *Miterfahren* der Erfahrungen Anderer gelten uns als besondere Fähigkeiten für eine grundsätzliche (heil-)pädagogische Weiterentwicklung. Entscheidend für diese Herangehensweise ist, dass resonante Beziehungsqualitäten entstehen und Pädagog*innen sich darin üben, Lernen und Entwicklung aus der Perspektive der Anderen zu sehen (Rosa & Endres 2018, S. 8; Kap. 3.1), um sich durch diesen Prozess anregen zu lassen, ihr eigenes Handeln entsprechend auszugestalten.

Verstehende Diagnostik sucht nach dem hinter einem Verhalten Liegendem – indem im Moment des Geschehens für die Person ein Sinn besteht; sie verstärkt die Einsicht, dass gezeigtes Verhalten eine Bewältigungsstrategie ist. Mit diesem Perspektivwechsel öffnen sich Spielräume für neue Erfahrungen und Dialoge. Dieser Zugang zur Diagnostik ist interdisziplinär, um alle bestehenden Theorien übergreifend zu verstehen. Er zeigt einen Weg auf (Baumann et al. 2021, S. 165), den es zu erproben lohnt. Wir verbürgen uns an dieser Stelle der Aufforderung, dass Lehrveranstaltungen in der (Heil-)Pädagogik neben der Vermittlung fachlicher Inhalte den Studierenden Kompetenzen zur Selbstreflexion, Wissen um Beziehungsgestaltung und Flexibilität gegenüber eingefahrenen Lebensentwürfen mitgeben (Römer 2018, S. 7). Mit dieser Perspektive blicken wir auf die Möglichkeiten diagnostischer Verfahren.

> „Zunächst wird Diagnostik als ein zyklischer phänomenologischer Prozess angesehen, der an dem Erleben und Vermögen einer Person angebunden ist. Diese Diagnostik benötigt Zeit und differenzierte Zugänge. Sie ist ressourcenorientiert und zukunftsgewandt. Sie unterstützt und ermöglicht aktive Teilhabe und Selbstwirksamkeit aus der Sicht des Klienten. Sie generiert keine überge- und verordnete Förderung oder Interventionen, sondern definiert gemeinsam mit dem Klienten Schritte der Entwicklung i. S. eines individuellen Verstehens und Handelns. (ebd., S. 8)

Diagnostik soll nicht als ein von den Lebensverhältnissen abgesonderter Prozess stattfinden, sondern „innerhalb der Beziehungsgestaltung in der gemeinsamen Arbeit an einem formulierten Ziel." (ebd.)

8.6 Übungen zur pädagogischen Diagnostik

Im Wahrnehmen und Beobachten sehe ich immer nur bestimmte Ausschnitte eines Ganzen; dessen muss ich mir bewusst sein (Graumann 2002, S. 27). Wir brauchen daher in der Pädagogik Übungen zur Entwicklung von Toleranzfähigkeit zur Übernahme wechselseitiger Perspektiven und zur Kommunikation darüber, um insbesondere Empathie auszubilden. Am nachhaltigsten wirkt sich aus, wenn Toleranz aus Kommunikation und Integration verschiedener Perspektiven entwickelt wird (ebd., S. 28).

> *Journaling*
>
> Lassen Sie sich in Ihrer beruflichen Tätigkeit von besonderen Momenten ansprechen (über eine gewisse Zeit von zwei bis drei Wochen). Nehmen Sie diese Momente näher in den Blick und versprachlichen Sie diese in Wahrnehmungsvignetten.
>
> In diesem kreativen Prozess klingen Wahrnehmungen leibgebundener Äußerungen, Handlungen und Verhaltensweisen nach, die verdichtet in den Textvignetten zum Ausdruck kommen.
>
> Reflektieren Sie Ihre Wahrnehmungsvignetten in Bezug auf eine zuvor gestellte Diagnose oder Annahme. Was passt in das Bild? Was passt gar nicht in das Bild? Was folgt daraus?

8.6.1 „Rhythmus" – Wahrnehmungsvignette und Reflexion

Die Studierenden sind am Beginn ihres zweiten Masterjahres mit inklusivem Schwerpunkt und haben eine ausführliche Einführung in die Arbeit mit Wahrnehmungsvignetten erhalten. In einem Seminar beschäftigen wir uns mit Reflexionen im Kontext von Diagnostik, um eine kritische Vorarbeit für die sog. „Kinderkonferenzen" zu leisten. Die Studierenden werden aufgefordert, zunächst spontan eine erste, ganz persönliche Reflexion zu der präsentierten Wahrnehmungsvignette zu schreiben: Was zeigt sich in dieser Wahrnehmungsvignette? Welche Gefühle, Gedanken, Erinnerungen werden ausgelöst? Welche negativen oder positiven Momente kommen zum Ausdruck? Die Studierenden haben Zeit, ihre Gedanken zu Papier zu bringen.

Rhythmus

Chris, der Erzieher steht vorne, er gibt einen Rhythmus vor, die Kinder sollen mitmachen. Chris klatscht rhythmisch, dann fügt er Stampfer mit den Füßen in die entstehende Pause zwischen den Klatschern und dann folgt ein Reiben der Hände. Karl steht nah bei Chris und verzieht schmerzhaft das Gesicht, als Chris die reibenden Hände rhythmisch hinzufügt. Der Rhythmus geht weiter. Beim nächsten Händereiben dreht sich Karl weg vom Geschehen, er versucht in den Rhythmus zu finden, klatscht, stampft, ein wenig verzögert, dreht sich weg und verzieht das Gesicht. Bei der nächsten Runde führt er die Hände nach dem Stampfen an die Ohren, hält sie sich zu, während die anderen die Hände reiben. Er findet in den Rhythmus: klatschen, stampfen, Hände über die Ohren, klatschen, stampfen, sein Gesicht entspannt sich, er lächelt und wippt leicht mit dem ganzen Körper. (WV 8.1)

Hier folgen einige ausgewählte spontane Reflexionen der Studierenden:

„Ich empfinde spontan großes Mitgefühl mit Karl, der das reibende Geräusch der Hände anscheinend unangenehm bis schrecklich findet. Ich frage mich: Wieso empfindet er gerade dieses Geräusch als unangenehm? Viele andere Geräusche fallen mir ein, die potenziell unangenehm sind und ich merke, dass es mir persönlich mit dem speziellen Geräusch der reibenden Hände ganz anders geht, ich finde es unauffällig bis angenehm weich. Aber für ein so starkes Unbehagen kann ich viel Verständnis aufbringen, ich erkenne mich darin teilweise selbst wieder und weiß, dass man starke Abneigungen oft gar nicht erklären kann. Für den Menschen, der das erlebt, ist es einfach real und ernst zu nehmen, es ist zwar unerklärlich, ich aber bedarf ‚in der eigenen Welt' auch gar keiner Erklärungen oder Worte. Ich frage mich, ob Chris, der Erzieher das Unbehagen bemerkt hat. Wenn ja, hat es ihn irritiert? Verunsichert? Abgelenkt? Hätte er unterbrechen können, probieren, auf Karl einzugehen? Oder ist es auch gut, dass Karl da seinen eigenen Umgang mit finden konnte?"

„Es ist offensichtlich, dass Karl etwas gegen den Vorgang des Reibens der Hände hat. Statt dieses damit verbundene Unwohlsein in Worten auszudrücken, hat der Betroffene für sich eigenständig einen Weg gefunden, damit umzugehen. Während die anderen aus der Gruppe die Hände aneinander reiben, dreht Karl sich bewusst weg und hält sich die Ohren zu. Nach einer Weile entspannt sich Karl und lächelt sogar. Das Unwohlsein ist offensichtlich gewichen und er hat für sich eine Alternative gefunden, damit umzugehen, ohne sich von der Gruppe abzusondern oder einen Nachteil zu bekommen."

„Ich habe empfunden, dass jemand mitgenommen (motiviert) wurde. Ich habe bemerkt, dieses Kind resigniert nicht, es versucht mitzumachen, sich einzubinden. Es zeigt Bereitschaft. Ich habe sein Erfolgserlebnis nachempfunden. Ein Kind, das die Nähe des Erziehers sucht! Es sucht Kontakt und entzieht sich nicht der Situation. Aktive Bereitschaft, Wille. Das Kind möchte aktiv Teil der Gruppe sein. Es besteht ein Vertrauensverhältnis zwischen Erzieher und Kind."

„Ich fühle mich von Karl sehr beeindruckt. Die meisten Menschen würden sich aus einer solchen Situation wahrscheinlich ganz zurückziehen, sich möglicherweise nur die Ohren zuhalten, ohne weiter den Rhythmus mitzuklatschen. Er aber findet eine Lösung, die ihm die Teilhabe ermöglicht."

„Ein Kind verhält sich innerhalb des Klassenkontextes außerhalb des geforderten Verhaltensspektrums. Anhand seines Gesichtsausdrucks könnte man das Verhalten interpretieren. Das Kind verzieht das Gesicht – vielleicht mag es die Übung nicht? Im weiteren Verlauf, nachdem sich das Kind mehrfach erfolglos von der Situation abwendet, legt es die Hände auf die Ohren und findet so eine Lösung, um wieder an der Übung teilnehmen zu können. Es wird klar, es offenbart sich jetzt erst dem Zuhörer, Zuschauer, Leser (sorry for not gendering), dass das Kind das Geräusch des Reibens der Hände wohl als unangenehm empfunden hatte. Fühlt sich Karl unwohl? Sind die Geräusche zu laut? Erfolgserlebnis: Das Kind tut sich erst schwer, findet aber seinen eigenen Rhythmus."

„Schön, dass ein Kind diese Fähigkeit des auf sich Zurückziehens so nutzen kann."

Die Studierenden wählen sehr unterschiedliche Zugänge zu dieser Wahrnehmungsvignette. Ihre jeweilige Perspektive und ihr Vorwissen entscheiden über diese erste spontane Reflexion. Sie sehen, dass dieses Kind eigenständig einen Lösungsansatz für die Situation findet. Sie öffnen sich dem Geschehen und nehmen miterfahrend die Position des Schülers ein. Sie kennen nur diesen einen Moment aus dem Leben des Kindes. Später erfahren sie vielleicht, was der Anstoß für diese Wahrnehmungsvignette war; das kann erneut zu Staunen und Irritiertsein führen.

Für die zweite Reflexionsphase erhalten die Studierenden verschiedene Fachtexte:

- Gloystein, Dietlind (2014): Über den Zusammenhang von Hör- und Sprachverarbeitung, Kommunikation, Lernen und Verhalten. In: Barth, Ulrike & Maschke, Thomas (Hrsg.): Inklusion. Vielfalt gestalten. Ein Praxisbuch. Stuttgart: Freies Geistesleben, S. 244-259.

In diesem Beitrag geht es darum, was ein Kind tatsächlich hört, wodurch möglicherweise seine auditive Wahrnehmung beeinträchtigt ist, wie es mit seiner Umwelt kommuniziert und weshalb es möglicherweise in seiner Schule als verhaltensauffällig gilt.

- Roszak, Stefan (2014): Räume hören – oder: Vom Lärmklima zum Lernklima. Ein künstlerisches Projekt zum Thema „Raumklang" in einer Berliner Grundschule. In: Zeitschrift für ästhetische Bildung, Jg. 6 (1). Online: zaeb.net/wordpress/wp-content/uploads/2020/12/76-307-1-PB.pdf (Abruf: 30.5.2023).

Dieser Text beschreibt die gesundheitsschädliche Akustik von Schulen als ein chronisch übersehenes, vielfach überhörtes und ignoriertes Problem.

- Gruber, Martina (o. J.): Das Johansen-Hörtraining in der Praxis. Dies ist ein wissenschaftlicher Bericht einer österreichischen Logopädin zur Arbeit mit einem spezifischen Hörtraining. Online: www.jias.at/wp-content/uploads/2017/10/Johansen_Praxiserfahrungen-MartinaGruber.pdf (Abruf: 30.5.2023).

Die Ausführungen beziehen sich auf Erfahrungsbeispiele mit dem Johansen-Hörtraining aus einer Praxis für Logopädie und Neurophysiologische Entwicklungsförderung.

Folgende kriteriengeleitete Reflexionen erarbeiten die Studierenden, nachdem sie einen der Texte gelesen haben:

> „Beim Lesen des Textes ist mir noch einmal die Bedeutung von Hörproblemen für die gesamte kindliche Entwicklung bewusst geworden. Möglicherweise liegt auch bei Karl eine Problematik in diesem Bereich vor, die abgeklärt werden sollte. Ich war zuvor eher von einer Verarbeitungsproblematik (wie bei ASS) ausgegangen. Beim zweiten Betrachten erscheint mir dies vielleicht nicht der Fall zu sein und mein Urteil war zu voreilig. (Zusammenhang von Hör- und Sprachverarbeitung, Kommunikation, Lernen und Verhalten)"

> „Aus der Sicht des Autors von: ‚Vom Lärmklima zum Lernklima' könnte Chris Klang-Übungen mit seiner Gruppe machen. Diese Übungen könnten den Kindern helfen, denen es unerträglich ist, Klänge oder Geräusche zu überwinden. – Nach dem Lesen des Textes stelle ich mir die Frage, ob es Karl zu laut und in dem Raum so unruhig war, dass er sich nicht konzentrieren konnte. Der Text sagt aus, dass schon eine feine Behinderung in der akustischen Wahrnehmung zu einem hohen Maß an Misserfolgen in der Schulkarriere führen kann. Es war ihm zu laut und vielleicht hat er generell Schwierigkeiten mit dem Takt, so dass die Lautstärke ihn nur noch mehr ablenkte. Seine Lösung war dann: Ohren zuhalten. Vielleicht war das Klatschen auch zu leise, so dass er den Rhythmus nicht genau hören konnte."

> „Nach meiner Lektüre des Beitrags ‚Über den Zusammenhang von Hör- und Sprachverarbeitung, Kommunikation, Lernen und Verhalten': Um ehrlich zu sein, hat sich bei mir nicht viel verändert. Da ich mir bereits bewusst war, wie viele verschiedene Ursachen die Reaktion des Schülers haben kann, habe ich mir nicht das ‚Recht' rausgenommen, eine übereilte Diagnose zu stellen … Ich habe nicht in Richtung Akustik/Hören gedacht; eher, dass das Kind durch Geräusche an etwas (Traumatisches) erinnert wird."

> „Beim Lesen des Textes über das Johansen-Hörtraining habe ich mich sehr schnell über mich selbst geärgert, da mir bewusst wurde, dass ich anhand einer kurzen Frequenz viel zu schnell Schlüsse gezogen habe. In gewisser Weise, um das Verhalten von Karl für mich ein-

ordnen zu können. Dass bei der Wahrnehmung von Geräuschen viel mehr dahintersteckt, war mir eigentlich auch schon vorher klar. Interessant fand ich trotzdem, dass der Text mich bei den Diagnosen doch wieder etwas entlastete, indem er angibt, dass gerade Menschen mit Störungen aus dem autistischen Spektrum oft ein sehr empfindliches Ohr haben."

„Räume hören – oder: vom Lärmklima zum Lernklima. Der Text zeigt auf, wie man durch gemeinsame Klangprojekte Lärm als Lernprozess gebrauchen kann. Gerade in alten Backsteinbauten gibt es noch hohe Decken und lange Flure, die besonders hallen und dadurch lauter wirken und es auch sind. Durch verschiedene Projekte hat man den Kindern vermittelt, dass jeder Raum anders klingt und man hat Requisiten geschaffen, um den Hall etwas abzuschwächen. Grundlegend zeigt mir der Text auf, dass man auf eine besondere und geschützte Klangakustik im Klassenraum achten und Einfluss haben kann, durch simple Veränderung der Gestaltung."

Verschiedene Ansätze richten die erneute Reflexion auf ein bestimmtes Thema. So könnten der Raum und die Struktur des Unterrichts die Situation beeinflussen oder es ist die Empfindlichkeit des Kindes ausschlaggebend *für sein nicht angepasstes Verhalten*. Wir wissen es nicht; aber die Auseinandersetzung mit den unterschiedlichen Gründen der Situation – die hier nur eine Auswahl darstellen – eröffnet Perspektiven, die ggf. noch nicht bekannt sind oder auch in den beschriebenen Zusammenhängen oft nicht zum Tragen kommen. Wichtig ist in diesem Moment die Einsicht: Ich weiß nicht alles, ich sehe nur einen Moment und ich brauche die verschiedenen Perspektiven (in diesem Falle) der Kommiliton*innen.
Interessant sind die Aussagen der Studierenden aus der letzten, dritten Reflexionsphase. Sie schreiben auf, was sie an Erkenntnissen aus den beiden vorangehenden Reflexionsphasen gewonnenen haben und formulieren ihre Erkenntnisse in Bezug auf das eigene Urteilen, Handeln sowie die sich zeigenden Perspektiven und Chancen zur Transformation:

„Vielleicht hat Karl tatsächlich ‚nur' eine Hörbeeinträchtigung, die als Verhaltensproblem umgedeutet wurde. Um eine solche Fehldiagnose auszuschließen, ist es sinnvoll, zunächst einen Hörtest zu machen. Hör- und Sehtests sind eine gute Grundlage für weitere diagnostische Überlegungen."

„Nicht immer ist es so, wie es scheint. Oftmals können Wahrnehmungen täuschen. Wahrnehmungen beruhen auf Vorerfahrungen. Ein Austausch unter Kolleg*innen ist demnach immer hilfreich."

„Weniger Etikettierung zu Beginn ist hilfreich. Den Blick zu weiten, halte ich für sehr wichtig. Nicht versuchen, sofort persönliche Erfahrungen in die Anamnese einfließen zu lassen, das kann den Blick trüben."

„Für mein Professionalisierungsverhalten würde ich auf das Lernklima aufpassen, um die passenden Übungen herzustellen. Dies würde meinen Lernenden Raum und Ressourcen geben, damit sie die störende Atmosphäre überwinden und dabei ihren Lernprozess bequem verfolgen können."

> „Ertappt fühle ich mich: Ich will immer gleich helfen, aber Karl hat eigene Copingstrategien. Kriegt der Erzieher mit, was mit Karl ist? Damit er beim nächsten Mal wirklich darauf eingehen kann! Und das genau hab ich nicht bedacht, darüber ärgere ich mich!"

Bei Kindern oder Jugendlichen in organisationalen Strukturen gibt es viele *überraschende* Reaktionsweisen. Ist es die Akustik im Raum, ist es eine Problematik der auditiven Wahrnehmungsfähigkeit, ist es die Struktur des Unterrichts? Am Beispiel der Verhaltensweisen von Karl erkannten die Studierenden, wie vielfältig sie auf einen Schüler blicken können, der in diesem Moment für sich gute Strategien der Teilnahme findet, in anderen jedoch durch ein nicht angepasstes Verhalten auffällt. Es ist einfach, das Verhalten eines Kindes als „herausforderndes Verhalten" einzustufen (Elvén 2017; Fröhlich-Gildhoff et al. 2020). Es hilft jedoch, viele kleine Wahrnehmungsmomente einzufangen und nebeneinander zu legen und in der Gruppe zu reflektieren, um Kinder, Jugendliche oder Erwachsene zu verstehen und in bestimmten Situationen für Abhilfe zu sorgen oder grundsätzliche Lösungen zu finden. Es gibt für jedes Verhalten gute Gründe und in pädagogischen Kontexten ist es die Aufgabe des professionellen Teams, dafür Sorge zu tragen, die Strukturen und das Umfeld zu beleuchten, um Wege des guten Miteinanders zu finden.

8.6.2 Wahrnehmungsvignetten zum eigenen Reflektieren

Es folgen zwei Wahrnehmungsvignetten, mit denen Sie arbeiten und üben können. Sie können sich überlegen, welche Texte Sie als zusätzliche Matrix für Reflexionen in einer Gruppe einbringen würden. Oftmals ist eine Aussage der Studierenden zündend für das, was an Ideen und Fachthemen beigesteuert werden könnte. Interessant ist es, im Dialog über die Texte neue Facetten aufzudecken und einzubeziehen.
Die folgenden beiden Wahrnehmungsvignetten sind entstanden, als eine Studentin ihr Praktikum in einer Klasse machte, von der sie wusste, dass sie diese Klasse nach den Sommerferien als Klassenlehrerin übernehmen würde. Sie wollte also die Kinder wahrnehmend und beobachtend kennenlernen.

Die Fliege

Du sitzt neben mir und die Klassenlehrerin erklärt etwas über das Bruchrechnen. Eine Fliege fliegt vor dir herum, während wir alle gemeinsam rechnen. Du holst ganz vorsichtig und geschickt dein Brillenetui heraus. Langsam öffnest du es, deine Augen folgen dabei die ganze Zeit der Fliege und du versuchst sie mit dem Etui zu fangen. Da schnappst du sie. Du neigst deinen Kopf besonnen zum Etui und öffnest es behutsam. Die Fliege sitzt auf deinem Brillentuch, das du achtsam mit deinen Fingern festhältst, ruhig herausholst und auf den Tisch legst. Das kleine Tier sitzt immer noch darauf. Ganz vertieft schaust du die Fliege an und beobachtest sie eine Weile, bis sie wegfliegt. (WV 8.2)

Diktat

Alle Kinder bekommen ein leeres Blatt. Die Klassenlehrerin diktiert Wörter mit „ie" und schreibt sie gleichzeitig auf die Rückseite der Tafel mit. Als Paul hört, dass etwas geschrieben werden soll, guckt er bedrückt nach vorne. Immer, wenn wir etwas schreiben wollen, wirkt seine Haltung auf einmal gestresst. Die Lehrerin sagt ein Wort vor. Paul schaut, wartet, aber schreibt nicht. Er lehnt sich unbemerkt nach hinten und guckt zu seinem Nachbarn rüber. Dabei achtet er darauf, dass niemand ihn bemerkt. Aber er sieht noch nichts, denn Björn verdeckt unbewusst mit seinem Arm sein Blatt. Paul rutscht wieder nach vorne und ist blass. Die Lehrerin spricht nun das zweite Wort vor und schreibt es auf. Wieder neigt sich Paul langsam nach hinten und versucht das Wort auf dem Blatt seines Nachbarn zu erblicken. Und da wird auch schon das dritte Wort gesprochen. Paul blickt verzweifelt, aber vorsichtig nach links und rechts. Plötzlich bewegt Björn seinen Arm, weil er sein Blatt nach vorne schiebt, um weiterschreiben zu können. Paul bemerkt das sofort. Langsam dreht er seinen Kopf zu Björn, seine Schultern fallen herunter und er beginnt zu schreiben. (WV 8.3)

Journaling

Lassen Sie sich auf die Reflexionsphasen ein. Suchen Sie ggf. in Fachtexten nach Ideen für die zweite, analytische und kriteriengeleitete Reflexionsphase. Welche Perspektive nehmen Sie dabei ein, was würden Sie gerne im Team diskutieren?

8.6.3 „Balance" – Wahrnehmungsvignette und Reflexion

Im folgenden Text stellen wir ein weiteres Beispiel aus dem zweiten Masterjahr mit inklusivem Studienschwerpunkt zum mehrphasigen Reflexionsprozess der Wahrnehmungsvignetten vor. Durch die Wahrnehmungsvignette und die folgenden Reflexionsphasen zeigt sich besonders deutlich, welche Vorannahmen und Vorerfahrungen die Studierenden haben und was sich durch das Lesen von Fachtexten in der zweiten Reflexionsphase ändert und wie sie am Ende selbst auf diesen Prozess schauen.

Balance

Aaron – zu (?) groß für den Schulstuhl auf dem er sitzt. Er hat die Kapuze seines Pullovers über den Kopf gezogen, die Hände sind fast von den Ärmeln verdeckt. Er balanciert auf den hinteren beiden Beinen des Stuhls, er findet ein Gleichgewicht, der Stuhl schwingt leicht fein nach vorne, fein nach hinten, blitzschnell gleicht Aaron mit den Fingern am Tisch aus: Der gesamte Körper ist aufrecht, in höchster Anspannung, schräg ausgerichtet zur Lehrkraft, er blickt zu ihr und zum Tisch, den er zum feinen Ausgleich braucht. Der Stuhl bleibt auf den hinteren beiden Spitzen in der Luft, die Füße hat er auf das Holz zwischen den Stuhlbeinen gestellt. Feine Ausgleichbewegungen halten Aaron aufrecht, er schaut zur Lehrkraft, gleicht leicht mit den Fingern aus. Ruhig kommt die zweite Lehrkraft von hinten, fasst Aaron sanft am Rücken und schiebt ihn samt seinem Stuhl nach vorne, damit der Stuhl auf den Stuhlbeinen ruhig zu stehen kommt. Aarons Oberköper klappt ganz langsam nach vorne auf den Tisch, er legt den rechten Arm angewinkelt auf den Tisch, den Kopf legt er darauf, der ganze große Körper erschlafft und bleibt ruhig liegen. Und Aaron schließt die Augen. (WV 8.4)

Aus den Rückmeldungen der Studierenden-Gruppen wird die Variationsbreite der individuellen, spontanen Reflexionen deutlich; die Lesarten gehen in unterschiedliche Richtungen. Wir lesen uns im Seminar die Deutungen vor und kommen darüber ins Gespräch. Das erfordert Mut und Vertrauen, sich zu öffnen, Selbstaussagen über Perspektiven mitzuteilen, die einen manchmal auch enttarnen können. Sichtbar für alle wird: Es hat mit mir zu tun, wie ich die Situation lese, deute, interpretiere.
Aus der ersten Reflexionsphase:

„Zunächst löst es in mir negative Gefühle aus … Aaron scheint sich nicht für den Unterricht zu interessieren. Er ist abwesend und versteckt sich hinter seiner Kleidung. Mit seinen ‚Turnübungen' stört er den Unterricht. Womöglich steckt er noch andere SuS an … Ich habe den ersten Impuls, dieses Verhalten zu unterbinden. Durch die Intervention der Lehrerin entsteht in mir ein anderes Bild. Ich komme ins Staunen. Vielleicht war sein Verhalten ein verzweifelter Versuch sich wach zu halten?! Eben weil er dem Unterricht folgen wollte? Er war angespannt und die Berührung hat ihm geholfen, wieder im Moment anzukommen. Nun entsteht Sympathie für Aaron und ich frage mich, was ihn wohl um den Schlaf gebracht hat … Ich sollte versuchen, mit ihm zu reden. Es steckt wohl ganz was anderes dahinter, als Desinteresse … Den Unterricht ‚stören' wollte er jedenfalls nicht. Ich habe schon fast ein schlechtes Gewissen …"

„Eine gewisse Gleichgültigkeit seitens des Schülers, wahrscheinlich ist ihm langweilig, wodurch er sich mit dem Schaukeln des Stuhles amüsiert, als er dann zurechtgewiesen wird, legt er sich hin zum Ausruhen. Aaron ist sich wahrscheinlich nicht bewusst, dass sein Tun gefährlich sein könnte, falls er das Gleichgewicht verliert. In meiner eigenen Schulzeit gab es eine Lehrerin, welche einen Schüler hatte, der nach so einem Unfall ins Krankenhaus musste, daher wies sie die Schüler darauf hin, niemals mit dem Stuhl zu wackeln."

„Ich kenne diese Situation gut aus der eigenen Schulzeit und aus den Praktika. Ich war sowohl Schaukelnder als auch sanft Beruhigender. Wenn ich aber diese Wahrnehmungsvignette lese, kommen zunächst die Gefühle von Unruhe und Gestörtsein in mir hoch. Dann komme ich zum Schluss und ich erkenne die Traurigkeit der Situation. Die zweite Lehrkraft meinte es gut – für ihn und die anderen in der Klasse, doch seine Aufmerksamkeit, die durch die körperliche Anspannung ersichtlich unterstützt wird, verschwindet sogleich mit ihr und es wirkt so, als hätte die zweite Lehrkraft bewusst oder unbewusst seinen Standby Knopf gedrückt."

„Es zeigt sich in dieser Wahrnehmungsvignette ein Szenario mit einem unruhigen Jungen, welcher sich in einer Situation befindet, bei der er sich verletzen könnte."

„Aaron balanciert auf dem Stuhl. Er ist möglicherweise gelangweilt und hat etwas zu tun gefunden. Vielleicht braucht er aber dringend Bewegung nach der Unterrichtsphase. Er ist auf alle Fälle unkonzentriert. Wenn die zweite Lehrkraft ihn am Rücken anfasst, beruhigt er sich. Vielleicht geht es dem Kind auch nicht so gut und es bleibt deswegen danach ruhig liegen und schließt dann die Augen."

„Schön ist die Spannung und Aktivität Aarons während des ‚Kippelns' im starken Kontrast zur resignierten Passivität am Ende der Wahrnehmungsvignette beschrieben. Am Verhalten Aarons gegenüber der ‚sanften Verhaltenskorrektur' durch das sanfte Anfassen und Schieben, lässt sich erkennen, dass es sich hierbei wohl um ein wiederholtes Verhalten handelt. Frei interpretiert könnten Aarons körperliche Übungen und Tätigkeiten, deren positive Korrelation zur geistigen Tätigkeit von Stadien belegt ist, ein Aufbäumen hin zur aktiven Beteiligung und Mitgestaltung am/des Lebens sein. Sein Verhalten findet hier keinen Raum."

„Ich werde direkt an meine eigene Schulzeit erinnert und es löst in mir ganz gemischte Gefühle aus. Ich erinnere mich an den Spaß, den wir beim Kippeln hatten, aber auch die vielen Male, an denen sich jemand weh tat oder es Ärger von den Lehrer*innen gab. Oft hätte ich mir gewünscht, dass auch mein*e Lehrer*innen, statt zu schreien und zu schimpfen, so die Situation auffangen und so für Ruhe und Geborgenheit sorgen."

Für die zweite Reflexionsphase erhalten die Studierenden verschiedene Fachtexte. Jede*r liest einen Textauszug und schreibt erneut eine Reflexion. Die kriteriengeleiteten Reflexionen spiegeln Änderungen der Lesarten. Beispielsweise können für die zweite Reflexion der Wahrnehmungsvignette „Balance" (WV 8.4) studiert werden:

- Auer, Wolfgang-M. (2021): Das Bewegte Klassenzimmer. In: Barth, Ulrike & Maschke, Thomas (Hrsg.): Dimensionen pädagogischer Räume: Erleben – Begegnen – Lernen. Salzburg: Residenz, S. 164-174.
- Largo, Remo H. (2020): Motorische Kompetenz. In: ders.: Kinderjahre. Die Individualität des Kindes als erzieherische Herausforderung. 2. Auflage. München: Piper, S. 280-291.
- Rittelmeyer, Christian (2021): Architektur und Bildung – mit einem besonderen Blick auf Schulbauten. In: Barth Ulrike & Maschke, Thomas (Hrsg.): Dimensionen pädagogischer Räume: Erleben – Begegnen – Lernen. Salzburg: Residenz, S. 12-24.
- Sütterlin, Katharina & Knodt, Gottfried (2014): Raum für Mehr. In: Barth, Ulrike & Maschke, Thomas (Hrsg.): Inklusion. Vielfalt gestalten. Ein Praxisbuch. Stuttgart: Freies Geistesleben, S. 642-651.

Folgende Reflexionen haben die Studierenden nach dem Lesen der Fachtexte geschrieben:

„Ich reagiere ganz ruhig und gelassen auf das Kippeln von Aaron. Seine aktive Gleichgewichtsübung hilft ihm, sich auf den Unterricht zu konzentrieren. Auch, dass er sich so kuschelig eingepackt hat, zeigt mir, dass seine multimodale Sinneserfahrung ihm dabei hilft, dem Unterricht zu folgen. Ich merke, dass sein Verhalten das Unterrichtsgeschehen nicht störte, und entscheide mich, nicht zu intervenieren. Sinnliche Aktivität hängt mit der kognitiven Leistung zusammen. Ich sollte mehr Unterrichtsformen anbieten, die Aarons Sinnestätigkeit stimulieren … (heterogene Lerngruppen). Das Eingreifen der Lehrerin empfinde ich (fast schon) als übergriffig."

„Der Text (motorische Kompetenzen) hat meine Sicht auf die Wahrnehmungsvignette und das Szenario tatsächlich sehr verändert. Es ist wichtig zu verstehen bzw. nachzuvollziehen, wie groß das Bedürfnis bei Kindern nach Bewegung ist, wie wichtig es ist und dass es völlig normal und gesund ist. Aus dieser Perspektive heraus ist es nachvollziehbar und gut, irgendwo einen Weg für sich zu suchen, diesen Drang nach Bewegung zu regulieren und trotzdem aufmerksam zu sein. Aus diesem Grund hätte man als Lehrkraft vielleicht besser auf die Situation eingehen können, indem man realisiert, dass hier Bewegung benötigt wird, und den Kindern eine Möglichkeit bietet, den Drang zu befriedigen. Es ist selbstverständlich, dass durchs Kippeln schlimme Unfälle entstehen können, und auch das Unterbinden ist nachvollziehbar. Ich finde auch weiterhin die Art und Weise gut, es mit Ruhe zu machen und nicht durch Schreien oder Auslösen der Aufmerksamkeit aller zu reagieren. Es sollte nur in solchen Situationen uns allen in Erinnerung kommen, dass es Kinder sind, die einfach ihre Energie ausleben müssen und einfach noch viel zu entdecken und zu lernen haben und dass man das ‚Lernziel' des Unterrichts vielleicht schneller erreicht, wenn alle die Möglichkeit haben, sich genug zu bewegen."

„Fragen nach dem Text zum bewegten Klassenzimmer: Wie kann man den Jungen eine passende Lernumgebung ermöglichen? Was braucht er tatsächlich, um sich einerseits konzentrieren zu können und andererseits sicher beziehungsweise in Sicherheit zu sein?

- Möglicherweise ist das Balancieren für ihn notwendig, um sich zu konzentrieren.
- dem Kind Möglichkeiten geben, seinen Bewegungsdrang auszuleben.
- Stühle, die so gebaut sind, dass sie immer wieder nach vorne zum Stehen kommen, so dass man nicht nach hinten umfallen kann. → In Sicherheit balancieren können"

„Die Wichtigkeit der Heterogenität in der gesamten Schule schätzen lernen – hier ist das Ziel, jedes Bedürfnis individuell zu unterstützen und eine Lernchance zu bieten; dabei setzt die Schulgemeinschaft die Impulse für die Veränderung z. B. durch Beobachten der verschiedenen Lernverhalten:

- Bedürfnis der verschiedenen Bewegungsanlässe
- Der Schüler benötigt Bewegungsanlässe, damit er sich konzentrieren kann und z. B. Einzel- und Gruppenarbeit (kein Frontalunterricht) möglich & Rückzugsraum
- andere Sitzmöglichkeit, die ihm gefällt
- wenn Stuhl: passende Größe"

> „Rittelmeyer schreibt in seinem Text: ‚Forschungen machen zunehmend deutlich, dass die menschliche Denk- und Vorstellungstätigkeit in erheblichem Ausmaß durch unsere Art der Bewegung im Raum […], unsere Gesten und Gebärden, unsere Haltungen beim Nachdenken […] bestimmt werden' (2021, S. 16 f.). Vielleicht ist Kippeln einfach Aarons beste Haltung zum Nachdenken?"

> „Mit der Gestaltung von schulischen Lernräumen mit Schüler*innen (Artikel von Sütterlin und Knodt) ist ein recht neuer Gesichtspunkt ins Blickfeld gerückt. Ich habe in meiner ersten Reflexion es sehr wenig aus ‚baulicher' Sichtweise betrachtet bzw. die Gründe, warum Schüler*innen etwas tun, standen bei mir nicht im Vordergrund. Mein Fokus wurde hier nochmal vollkommen erweitert. Ich habe in meiner ersten Reflexion weniger durchleuchtet, was die Hintergründe des Verhaltens sein könnten. Durch die Vorschläge, bauliche Veränderungen vornehmen zu können, könnte dem Schüler ggf. geholfen werden, das Kippeln nicht nur abzustellen und ihn in seinem Bewegungsdrang nicht mehr einzuschränken bzw. einschränken zu wollen. Ich könnte gemeinsam mit dem Klassenlehrer beantragen, an einer Lösung zu arbeiten. Ich würde auch den Schüler nochmal konkret befragen, warum er das tut, bzw. ich würde versuchen, mit seinem Vertrauen das Problem zu ergründen. Ob sich dann daraus Ansätze für eine bauliche Veränderung ergeben, sehen wir dann. Aber einen Versuch wäre es in jedem Fall wert."

Die Perspektive auf den Moment hat sich bei vielen Studierenden verändert. Fühlten sich einige zunächst an ihre eigene Kindheit erinnert, als schaukelnde Schülerin oder als Schüler, der den Lehrer erlebte, der aufschrie, so gab es andere, die sich aus der Position der Lehrkraft durch das Schaukeln gestört fühlten und die Beruhigung der zweiten Lehrkraft als angenehm empfanden. Es gab auch solche, die diese zweite Lehrkraft als „übergriffig" empfanden. Diese Perspektiven ins Gespräch zu bringen, die verschiedenen Sichtweisen für einen Moment ins Licht zu rücken, weckt ein Verständnis für die Schüler*innen, für die Lehrkräfte, für die alltäglichen Situationen. Darüber hinaus erkennen die Studierenden die Entwicklungsnotwendigkeiten der Kinder und sammeln Erfahrungen bezüglich ihrer Handlungsmöglichkeiten in der Rolle als Lehrkraft. In der letzten, dritten Reflexionsphase schreiben die Studierenden ihre Erkenntnisse aus den vorangehenden Reflexionen auf und halten fest, wie sich ihre Sichtweisen verändert haben.

> „Meine Wahrnehmung hat sich durch den Prozess verändert… Mir wurde bewusst, dass jedes Kind anders lernt, angesprochen und angeregt werden muss. Die Welt ist nur selten so, wie sie auf den ersten Blick erscheint. Ich wurde wieder daran erinnert, dass ich nicht vorschnell urteilen darf und ich möglichst alle Dimensionen mit einbeziehen sollte."

> „Durch Einbeziehen der Fachliteratur haben sich die Deutungsmöglichkeiten der Situation vermehrt, wenn ich mir über gewisse Entwicklungsbedingungen bewusst werde, besonders über die Verknüpfung von Bewegung und Aufmerksamkeit, kann ich feiner betrachten, was in Wahrheit vorliegt und dementsprechend weise handeln."

> „Ich bin gestartet mit der Meinung, dass die Lehrkraft einen unruhigen Schüler auf gute Art und Weise entspannt und aus einer ‚gefährlichen' Situation gebracht hat. Im Lauf

des Vormittags, habe ich mich damit auseinandergesetzt, dass es Gründe gibt, warum der Junge kippelt, dass es ein innerer Drang ist, völlig normal und gesund und nicht böswillig. Das hat mir Verständnis gebracht und die Überlegung, wie man als zukünftige Lehrerin seine Schüler*innen in solchen Situationen auffangen und den Bewegungsdrang stillen kann, so dass alle etwas davon haben."

Journaling

Rufen Sie sich eine vergleichbare Situation mit jener in der Wahrnehmungsvignette „Balance" (WB 8.4) ins Gedächtnis und beobachten Sie:

Wie kann ich bei mir und in meinem Fokus bleiben?

- Gedankenruhe üben, mich nicht ablenken zu lassen

Wie kann ich gut die Bedürfnisse aller Kinder wahrnehmen und darauf entsprechend reagieren (Denken Sie z.B. an unterschiedliche Lerntypen, die Raumsituationen etc.)?

- Gelassenheit und Positivität üben

Kann ich meine Grenzen gut formulieren? Bleibe ich bei mir und unterstelle Kindern keine böswilligen Absichten?

Beobachten Sie die Veränderung Ihres Verhaltens, wenn Sie über die Bedeutung der Bewegung und/oder die unterschiedlichen Bedürfnisse von Kindern lesen. Wie ermitteln Sie die jeweiligen Bedürfnisse? Wie schaffen Sie Rückzugsorte für Schüler*innen?

Eine Studentin äußert im *Journaling*:

„Beim Reflektieren von diesen wahrgenommenen und beobachteten Momenten ist es wichtig, alternative Haltungen zu berücksichtigen. Nur weil sich etwas mir ‚so' zeigt, heißt es nicht, dass es ‚so' ist. Durch Selbstreflexion stellt man sich allein in den Vordergrund und beobachtet das eigene Verhalten, als wäre es von jemand anderen, so kann man sich selbst besser erkennen und erstöbern, wer man selbst ist, wie man denkt."

An diesem flüchtigen Beispiel werden die unterschiedlichen Zugangs- und Sichtweisen auf alltägliche Situationen deutlich. Es zeigt sich, wie ein*e Schüler*in mit einem störenden Verhalten identifiziert wird. Dabei wird oft vergessen, dass in vielen Fällen unsere Einschätzung unüberlegt ist, aus unseren Gewohnheiten stammt und möglicherweise dem Habitus entspricht (Kap. 6.1). Aus diesem Grund sei wieder an die äußeren Notwendigkeiten innerhalb der kindlichen Entwicklungsabläufe erinnert und auf räumliche Anordnung und Ausstattung geblickt, bevor Menschen kategorisiert werden. Das kann – wie bei einer Studentin – ein Aha-Erlebnis auslösen:

„Ich wusste nicht, dass es einen Grund fürs Kippeln gibt!"

8.7 Potenzial der Wahrnehmungsvignetten in Bezug auf pädagogische Diagnostik. Ausblick

Die Reflexionsphasen (Kap. 7; 8.6) in der Arbeit mit Wahrnehmungsvignetten verdeutlichen einen vorurteilssensibleren Umgang mit anderen Menschen. Die Studierenden stellen neue Bezüge her und nehmen andere Einordnungen vor. Sie diskutieren ihre Sichtweisen im geschützten Rahmen, manche hören nur zu und äußern sich nicht. Dennoch macht sich durch dieses Üben ein Staunen breit, wie vielfältig Situationen interpretierbar sind, dass sie durch unsere Erfahrungen und durch unser Vorwissen geprägt und – wie am Beispiel Aarons zu sehen – auch durch unseren Schüler*innenhabitus beeinflusst sind. In der Ausbildung und Professionalisierung sollte für das Bewusstwerden und die Entwicklung der Haltungs- und Handlungsweisen Zeit eingeräumt werden (Kap. 6 und 7). Eine Haltung bildet sich an dem, was wir sehen, hören, lesen, wahrnehmen, beobachten und reflektieren.

Das Potenzial der Wahrnehmungsvignetten in Bezug auf pädagogische Diagnostik liegt darin, affizierende Momente hervorzuheben und sie aus verschiedenen Perspektiven genauer anzuschauen. Auch wir sind immer wieder erstaunt, welchen Zugang Studierende zu einer Situation haben oder wählen. Indem wir uns austauschen, indem wir Fachlichkeit durch wissenschaftliche Texte mit den Situationen verknüpfen, weiten sich die Interpretationsmöglichkeiten; die Studierenden gehen kritischer mit sich und anderen ins Feld und erkennen die Chancen der Arbeit im multiprofessionellen Team. Es erschließen sich Zusammenhänge, die für Kinder oder auch Erwachsene in organisationalen Zusammenhängen oft nicht bedacht werden, wie z. B. Bewegungsmöglichkeiten, Akustik im Raum und ähnliches. Wie viele Kinder in sonderpädagogische Kategorien *hineindiagnostiziert* werden, ohne im Vorfeld die Voraussetzungen zu prüfen, macht beispielsweise Dietlind Gloystein (2014) in ihrem Beitrag „*Über den Zusammenhang von Hör- und Sprachverarbeitung, Kommunikation, Lernen und Verhalten*" deutlich. Es ist unsere Aufgabe, als professionell pädagogisch Tätige immer wieder unsere Interpretationen des Verhaltens von Kindern und unser Handeln zu hinterfragen.

Der Weg der Reflexionsspirale mit Wahrnehmungsvignetten erscheint uns in der Professionalisierungsspirale ein wichtiger Baustein zur Erarbeitung einer professionellen Haltung zu sein. Spannend wird es für uns, ehemaligen Studierende in einigen Jahren zu befragen, wie und ob sich durch diese Reflexionsarbeit ihre Haltung nachhaltig verändern konnte, ob sie die Sensibilität für verschiedene Blickwinkel auf pädagogische Situationen beibehalten konnten und im Alltag weiterhin damit umgehen.

9 Wahrnehmungsvignetten für eine innovative pädagogische Professionalität. Ausblick

Immer mehr Stimmen und internationale Publikationen widmen sich den Folgen des Anthropozäns (Crutzen 2011), den Kriegsgründen und -zuständen, der Flüchtlings- und Klimakrise und warnen vor der Tatsache, dass wir bezüglich der globalen Lage kurz vor einem „Point of no return" stehen. Dass sich die Pädagogik als elementare und lebenslang bildende Disziplin dieser Situation nicht verschließen kann, ist offensichtlich und eine Chance zugleich. Es müssen sich die Kinder und Jugendlichen der nachfolgenden Generationen, letztlich alle Menschen, an den globalen Zukunftsaufgaben beteiligen und basale und lebenswirksame Fähigkeiten für „Frieden, kulturelle Diversität und Nachhaltigkeit als Aufgaben globaler Bildung" (Wulf 2020, S. 204) erwerben.

Da am Anfang eines jeden Bildungsweges von jenem Vermögen ausgegangen werden muss, das dem einzelnen Menschen in seiner persönlichen und sozialen Lage zur Verfügung steht, bilden das Wahrnehmen und das Beobachten des individuellen Potenzials und der Bedürfnisse Anderer elementare Voraussetzungen, um personale und soziale Bildungsprozesse zu initiieren, seien sie im pädagogischen oder einem anderen Kontext. Gemeinsames Üben und die individuelle Selbstschulung begleiten dieses professionelle Ausbilden.

Als ursprünglich menschlich und zivilisatorisch notwendig, um sich aktiv an der individuellen und sozialen Lebensgestaltung zu beteiligen, gelten die Fähigkeiten Aufrichten, Gehen, Sprechen, Handeln und Denken. Ihnen voraus gehend und bereits in der vorgeburtlichen Entwicklung angelegt, verfügt jeder Mensch über Wahrnehmungen, die ihn mit den Vorgängen im Mutterleib und der Lebensweise der Mutter, später mit seiner Innen- und Mitwelt verbinden. Nicht alle Menschen haben gleichermaßen entwickelte Anlagen und Fähigkeiten. Obwohl wir mittlerweile in multikulturellen Bezügen leben, gilt oftmals der Kanon idealtypischer Fähigkeiten weiterhin als Maßstab für Einschätzungen und Bewertungen. Dieser kann zwar als eine Orientierung dienen, muss aber nicht ausschließlich die Grundlage für pädagogisches Handeln sein. Die Wahrnehmungsvignetten fordern auf, idealtypische Muster, Kategorisierungen aller Art, Urteilsbildungen und Prognosen zurückzustellen und genauer auf die individuelle und besondere Lage eines Menschen zu blicken. Wahrnehmen speist sich aus dem Unmittelbaren, nicht aus dem vorher Erkannten oder Gewussten. Wahrnehmen unterscheidet sich nicht nur von Beobachten als einer fokussierenden, blicklenkenden Aufmerksamkeit (Kap. 3), sondern auch von jeder Art des Reflektierens, Beurteilens und Denkens. Wahrnehmen ist vorgängig, ein Welt- und Selbstzugang. Es öffnet uns für das Ungewisse, Geheimnisse, Wagnisse und das Risiko und fordert uns heraus, im weiteren Prozess darüber nachzudenken, was sich zeigt:

> „Wer jedoch vom Denken nur eine Versicherung und Beruhigung erwartet, fordert dem Denken die Selbstvernichtung ab." (Heidegger 2002, S. 266)

Mit Weitblick auf das globale Geschehen entwickelte Claus Otto Scharmer (2020, 2022) den Kernprozess der Theorie U als eine absteigende und eine aufsteigende Bewegung. Das Absteigen bedeutet, die alten „Denkgewohnheiten und früheren Erfahrungen" loszulassen und mit neuen Augen auf die „Konstellationen" von Dingen und Personen zu blicken und hinzuspüren, die Aufmerksamkeit von den Gegenständen auf uns als die Beobachtenden und damit auf den „Quellprozess" umzuwenden, um das „tiefere Gelände [zu] kartieren" (Scharmer 2022, S. 38). Im Loslassen des Alten treten wir in die Sphäre des Zukünftigen ein, Visionen dürfen kommen, etwas Neues wird entworfen und verwirklicht (ebd., S. 38ff.).
Der aus Martinique stammende Dichter und Philosoph Éduard Glissant (1928-2011) nennt die dafür notwendige, neue Fähigkeit das „archipelische Denken" (2013, S. 34), das sich vom „Systemdenken" bzw. vom „kontinentalen Denken" – also von einem Denken in ideologischen und vorgeprägten Perspektiven – unterscheidet: Es ist eine „neue Art des Denkens, ein intuitiveres, auffälligeres, bedrohteres, das dafür aber eingestimmt ist auf die Chaos-Welt und ihre Unvorhersehbarkeit […], es verweist aber auch auf eine Vision des Poetischen und Imaginären auf der Welt" (ebd.). Damit benennt er die Kernelemente für eine Transformation des Vorhandenen in eine *Sphäre des Zukünftigen* – zugleich ein uns motivierender Gedanke, die vorliegenden Arbeitsergebnisse stetig weiter zu entwickeln.
Bei unserer Auseinandersetzung mit den phänomenologischen Grundelementen und Prozessen versuchten wir die Vorgänge des Entstehens von Wahrnehmungsvignetten so genau wie möglich auszuleuchten. Wir stellten fest, dass übendes und bewusstes Einlassen auf Atmosphäre, Staunen, offenes Wahrnehmen und aufmerksames Beobachten genau dieses von Claus Otto Scharmer benannte Loslassen bewirkt; denn es geschieht eine Befreiung von alten Vorstellungen, Urteilen und sonstigen Einschätzungen; dabei zeigen sich Überraschungen, unerwartete Seiten eines Menschen, neue Möglichkeiten und Perspektiven. Wir entdeckten, dass die Arbeit mit Wahrnehmungsvignetten zuallererst an die ursprüngliche Fähigkeit des Wahrnehmens appelliert – daher auch der Name. Die Schulung der Wahrnehmungsfähigkeit dient nicht nur der Ausbildung eines kritischen, anteilnehmenden und urteilssicheren Denkens, sondern auch eines Denkens, das die lebendigen Zusammenhänge erfasst, visionär und zukunftswirksam – vielleicht sogar „archipelisch" – ist. Genau dieses Denkens bedarf es, um sich im Mikro-

sozialen (wie der Pädagogik und im Alltag) und im Makrosozialen „an den notwendigen sozial-ökologischen Veränderungen aktiv beteiligen zu können“ (Wiehl 2022b, S. 31).

Dieser zweite Vorgang, der in der Theorie U aus dem Presencing, einem „Verbinden mit der Quelle“ (Scharmer 2022, S. 55ff.), hervorgeht, deutet sich beim Schreiben der Wahrnehmungsvignetten an, denn es geht um Produktivität. Wir hatten den Mut, die Studierenden zuerst spontane Eindrücke in verschiedenen Textformen aufschreiben zu lassen, den Schreibprozess zu beobachten und die Schreibhürden abzubauen. Indem wir in Seminaren Übungen anboten, konnten sie sich der eigenen Perspektive auf die zu beobachtende Sache bewusstwerden und sich immer wieder neu auf das Besondere und Gegebene eines Ereignisses, einer Handlung oder Äußerung eines Menschen besinnen. Eine möglichst am Phänomen orientierte Beschreibung in der Zeitform des Präsens sollte erfolgen. Dafür kommt es auf das Sprachgefühl in Wortwahl und Ausdruck an. Es war nicht selbstverständlich, was genau eine Wahrnehmungsvignette ist, sondern es musste immer wieder von Neuem erprobt und geprüft werden. Schließlich gelang es uns durch Befragen der gesammelten Textbeispiele, was eine phänomenologische Beschreibung und was eine Wahrnehmungsvignette ausmacht, zu formulieren. Unsere Definition lautet (Kap. 5.5):

> **Wahrnehmungsvignetten entspringen einer phänomenologischen Methode, die Praxisbeobachtungen, Beschreibungen, Reflexionsschritte und professionell-pädagogische Anwendungen einschließt.**

Das umfasst noch nicht ganz das Prozessuale ihrer Entstehung, denn dazu gehören auch die je individuellen Ausdrucksweisen sowie die humorvollen und zauberhaften Beschreibungen, die sich oftmals wie poetische Kunstwerke lesen lassen. An diesen Qualitäten erlebten wir die kreativen Prozesse und erkannten darin die vier Phasen der Kreativität nach Graham Wallas (1926/2014) wieder. In diesem Sinne ging und geht es uns nicht *nur* um Wahrnehmen und Beobachten oder – wie in der Phänomenologie – um Zeigen und Erscheinen lassen, sondern auch um den schöpferischen Prozess des Schreibens, in dem sich das Gesehene, Gehörte, Ertastete usw. erneut ausspricht. Es ist ein Vorgang der Offenheit und des Risikos, etwas zur Erscheinung zu bringen und damit den Anderen oder etwas Anderes in seinem Sosein zu sehen.

> „Was ein Mensch sieht, hängt sowohl davon ab, worauf er blickt, wie davon, worauf zu sehen ihn seine visuell-begriffliche Erfahrung gelehrt hat. Bei mangelnder Übung darin kann es nur […] eine verteufelt wilde Verwirrung geben.“ (Kuhn 2020, S. 125)

Durch Wahrnehmungsvignetten lernen Studierende und Forschende einen sensiblen und wertschätzenden Blick auf die pädagogische Praxis mit Kindern, Jugendlichen und Erwachsenen auszubilden sowie ihre Haltung und Hand-

lungsweisen zu reflektieren und zu verändern. Rückblickend auf die bisherigen Entwicklungen und Studien im Rahmen dieser Publikation zur Arbeit mit Wahrnehmungsvignetten und vorblickend auf die sicher noch nicht vollständig ausgeloteten Potenziale dieses Mediums für die Professionalisierung von Pädagog*innen, Erzieher*innen oder Lehrkräften zeichneten sich spezifische methodische Ansätze ab, die wir in den einzelnen Buchkapiteln dargestellt haben. Sowohl in pädagogischen Ausbildungen, Studiengängen und Qualifikationsphasen wie beispielsweise in der Berufseinführung als auch in der täglichen pädagogischen Praxis und in der wissenschaftlichen Auseinandersetzung kristallisierte sich für die Arbeit mit Wahrnehmungsvignetten eine phänomenologisch-reflexive Praxis in *drei Bereichen* heraus. Sie umfasst das *Einlassen* auf ein pädagogisches Handlungsfeld, das *Verarbeiten* der Eindrücke und besonderen Momente in den Wahrnehmungsvignetten (Kap. 5) sowie *die Reflexion* derselben durch spontanes Vergegenwärtigen der Ersteindrücke, fachbezogenes und kriteriengeleitetes Einschätzen, schließlich durch haltungs- und handlungssensibles Reflektieren des ganzen Prozesses (Kap. 7). Wir haben damit eine Methodologie gefunden, die nicht den Vorgaben für diagnostische Verfahren folgt, sondern Diagnose als ein Unterscheiden und Entscheiden für das Individuelle und Besondere versteht (Kap. 8).
Studierende wie Forschende, die Wahrnehmungsvignetten als ein diagnostisches und professionalisierendes Medium produktiv und reflexiv nutzen, nehmen in vielen Fällen an einem Geschehen zugleich als Beobachtende und als pädagogisch Handelnde teil. Im Wechselverhältnis und im resonanten Zwischenraum konstituieren sich Teilnahme und Beobachtung als „gleichursprünglich“ bezeichnete Fähigkeiten (Seel 2006, S. 131). Teilnahme bedeutet an einem Geschehen oder am pädagogischen Handeln beteiligt zu sein, sich auf ein Gegenüber einzustellen; Beobachtung hingegen ist „Ausrichtung an einem Gegenstand des Erkennens oder Handelns“ (ebd.); sie verlangt eine gewisse Distanz zu anderen Personen und den Ereignissen. Als Teilnehmende sind Pädagog*innen und Forscher*innen in der pädagogischen Arbeit und im Umgang mit Einzelnen oder einer Gruppe aktiv oder wahrnehmend beteiligt; sie handeln vorwiegend den Bedürfnissen und Vorgaben anderer, ebenfalls im Handlungsfeld Anwesender entsprechend oder setzen eigene Intentionen um. Hingegen in der Rolle der Beobachtenden stellen sie sich den Anderen gegenüber, nehmen zumindest vorübergehend eine Haltung als Außenstehende ein und lassen sich von Ereignissen mit und um andere affizieren. Da die mit Wahrnehmungsvignetten Arbeitenden ihre *mehrdimensional einlassende Haltung* nicht aufgeben müssen – diesbezüglich sei insbesondere auf das neue Forschungsfeld der Teilhabe verwiesen (Wansing et al. 2022) –, können sie sich nie vollständig in die Lage empirisch-ethnografisch forschender Wissenschaftler*innen begeben. Vielmehr nutzen sie diese Methodologie im Wechselverhältnis von *Beobachtung* und *Teilnahme* (im Sinne teilnehmender Erfahrung) oder als *beobachtende Teilhabe* (Kap. 2) und damit als *(Mit-)Erfahrung.*

Sie nehmen eine mitfühlende und empathische Perspektive ein, um das Besondere und nicht das Allgemeine oder Idealtypische eines Kindes, Jugendlichen oder Erwachsenen in einer Wahrnehmungsvignette festzuhalten. Ihre subjektiven Beobachtungen und Beschreibungen, in einigen Wahrnehmungsvignetten auch die Form der persönlichen Anrede, entsprechen keinen gängigen Kategorien diagnostischer oder die Lernentwicklung beurteilender Vorgehensweisen (Kap. 8). Vielmehr charakterisieren Beobachtung und Teilnahme/Teilhabe als sinngebende (Mit-)Erfahrung die phänomenologische Praxis.

> „Wir können die Erfahrung […] als einen *unausdrücklichen Sinnbildungsprozeß* bestimmen, *der sich auf eine Sinngebung durch das Bewußtsein nicht zurückführen läßt.*" (Tengelyi 2007, S. 15)

Den für die Pädagogik zentralen Begriff „Erfahrung als das Kennenlernen von Menschen, Dingen und Phänomenen" (Morasch 2014, S. 549) haben wir in den vorangehenden Kapiteln nicht exponiert, aber immer wieder zur Sprache gebracht, weil Erfahrungen durch beide Prozesse, den phänomenologischen und den reflexiven, entstehen. *Erfahrung* gründet – wie Käte Meyer-Drawe betont – im „Lernen vom anderen" als einem intersubjektiven Vollzug" (Meyer-Drawe 1996, S. 375) und wiederum das „Lernen als Erfahrung meint ein ambivalentes Geschehen" (Meyer-Drawe 2003, S. 424). Wie Montaigne bereits 1580 in dem berühmten Essay „Von der Erfahrung" schreibt, öffnet die Erfahrung – anders als das aus Verstand und Vernunft gewonnene Wissen – den Zugang zu „Verschiedenheit und Vielfalt":

> „Keine Begierde ist natürlicher als die Begierde nach Wissen. Wir erproben alle Mittel, die uns zu ihm führen können. Wo die Vernunft uns im Stich läßt, muß die Erfahrung herhalten. […] Freilich ist sie ein schwächeres und minder angesehenes Mittel; aber die Wahrheit ist etwas so Großes, daß wir keine Maßnahme verschmähen dürfen, die uns zu ihr verhilft. Die Vernunft hat so viele Formen, daß wir nicht wissen, an welche wir uns halten sollten. Die Erfahrung hat deren nicht weniger. Der Schluß, den wir aus der Ähnlichkeit der Ereignisse ziehen möchten, ist nicht verläßlich, schon deshalb nicht, weil sie nie völlig gleich sind: so wie sich die Dinge uns zeigen, gibt es keine Eigenschaft von solcher Allgemeingültigkeit wie die Verschiedenheit und Vielfalt." (Montaigne 2009, S. 5)

Auf diese Erfahrungen mit „Verschiedenheit und Vielfalt" kommt es im phänomenologisch-reflexiven Arbeiten an. Gleichwohl zeichnet sich am Horizont eine weitere Forschungsmethode ab, die wir ergänzend zu Interviews für die partizipative Forschung insbesondere im inklusiven Feld, beispielsweise im Projekt „In guter Gesellschaft" (in-guter-gesellschaft.org) und für die Erforschung musikalischer Kommunikation mit nichtsprechenden Menschen, nutzen. Partizipative Forschung ist ein Oberbegriff für Forschungsansätze, die soziale Wirklichkeit partnerschaftlich erforschen und verstehen sowie beeinflussen und verändern (von Unger 2014, S. 1). Wahrnehmungsvignetten als ein in die partizipative Forschung integrierter phänomenologisch-reflexiver Zugang spiegeln Möglichkeiten und Grenzen der Inklusion in einem weiten Verständnis (Booth & Ainscow 2019). Reflexions- und Dialogschleifen, in denen (eigene und fremde) Wahrnehmungsvignetten auf unterschiedlichen Ebenen (inklusions- und partizipationsorientiert, machttheoretisch und ableismuskritisch) reflektiert werden, geben Studierenden (und damit Forschenden) die Möglichkeit einer eigenen und gesellschaftskritischen Standortbestimmung. Im Rahmen der genannten Forschungsprojekte schreiben die forschenden Studierenden im Feld Wahrnehmungsvignetten, die hinsichtlich der Ausgangsfrage in gemischten Forschungsgruppen mit Menschen mit und ohne Behinderungen gemeinsam und auch unter den Studierenden kritisch reflektiert und diskutiert werden. Auf dieser Basis diskutieren wir Fragstellungen zu Inklusion, Partizipation und Dekonstruktion und arbeiten an der Entwicklung einer an Inklusion und Partizipation orientierten (professionellen) Haltung.

> „Indem wir forschen und unsere Ergebnisse aufschreiben, treffen wir immer Entscheidungen darüber, wessen Geschichte erzählt und welche ausgelassen werden soll. Somit konstruieren und rekonstruieren wir Realität. Unsere Wissensproduktion dient dazu, einige Perspektiven und Erfahrungen zu legitimieren und andere wiederum herauszufordern." (Traustadóttir 2001, S. 26)

Die reflexive Arbeit mit den Wahrnehmungsvignetten führt zu erweiterten Erkenntnissen, die eine Ausgangsbasis für die Professionalisierung in inklusiven pädagogischen Handlungsfeldern bilden. Bereits anfänglich zeigt sich, dass durch diesen Zugang eine neue Methode für einen partizipativen Forschungsansatz entstanden ist, den wir derzeit als Lernfeld betrachten und mit verschiedenen Kolleg*innen im nationalen und internationalen Feld diskutieren.

Der Blick auf Gegebenes kann neue Handlungsoptionen für Mikro- und Makroprozesse eröffnen, kann Menschen eine Stimme geben, die keine mehr oder noch keine haben – was sich beispielsweise in der Arbeit mit Wahrnehmungsvignetten mit nichtsprechenden Menschen in der musikalischen Kommunikation (Drechsler 2023) offenbart, was in der Arbeit mit Demenzerkrankten sichtbar wird, was in Wohnprojekten mit Menschen mit sog. Lernbehinderungen offensichtlich ist: Welche Herausforderungen und Lernfelder zeigen sich durch Wahrnehmungsvignetten? Welche Gelingensbedingungen (mit Blick auf Forschungsmethode und Forschungspraxis) können für partizipative Forschungsprozesse benannt werden? Und vor allem: Wie können Erkenntnisse aus partizipativen Forschungsprojekten erfolgreich in die soziale Wirklichkeit übertragen werden, sodass diese beeinflusst und nachhaltig verändert wird?

Die Vielfalt unserer Gesellschaft ist größer, als wir je erfassen können; der Blick auf den einzelnen Moment und die Verbundenheit (Hüter & Spannbauer 2021) sowie das Umgehen mit der Herausforderung, dem Individuellen und Fremden eine Antwort zu geben (Waldenfels 2016; Kap. 2.5) und ihm gerecht zu werden,

könnten die Schlüssel zur Bewältigung vieler herausfordernder Aufgaben sein. Einem Glück ist es zu verdanken, dass unsere Studierenden sich von Anfang an für die Wahrnehmungsvignetten begeisterten, mit uns als Dozierenden und Forschenden den Prozess eroberten und durch viele Beispiele diese Methode konkretisierten. Die Aufforderung, einfach ein Kind wahrzunehmen und das Bemerkte ohne Beurteilungen schriftlich festzuhalten, führte zu diesem Format. Im Arbeitsprozess zeigte sich immer wieder, dass wir die zu übenden Fähigkeiten des Wahrnehmens und Beobachtens, des produktiven Schreibens und Verarbeitens, des den Beobachtungsgegenstand und die Selbstentwicklung betreffenden Reflektierens verfeinern müssen, um sie als Zugangsweisen einer *visionären Pädagogik*, die nicht nur auf Traditionen aufbaut, sondern sich auf Wagnisse und Risiken einlässt, zu nutzen.
Zum Schluss seien aus den Rückmeldungen zu unserer bisherigen Arbeit mit Wahrnehmungsvignetten in Seminaren und Weiterbildungen Momente der Affizierung geschildert: Teilnehmende empfinden diese Arbeit als aufschlussreich und gut strukturiert, eindrucksvoll, bereichernd und ihrem Bedürfnis entsprechend, um persönliche und besondere Momente schriftlich festzuhalten. Die Arbeit eröffnet Blickwinkel, gibt Einblick in persönliche Wahrnehmungsstrukturen und führt zu wertfreieren Herangehensweisen.

> „Danke, für mich war es berührend, den Prozess mitzuerleben und wie langsam Verbindung entsteht von eigentlich bekannten Inhalten zur wissenschaftlichen Form. Es ‚knackt' für mich wie eine Schale, es entstehen Bruchstellen. Da kommt etwas ans Licht",

schreibt eine Seminarteilnehmerin in der Evaluation. Bemerkenswert finden wir die Hürden am Anfang des Prozesses. Insbesondere der Schreibprozess (Kap. 5) braucht Zeit. Sich auf das Schreiben einzulassen, erfordert zusätzlich Mut. Sind diese Hürden genommen, entstehen beeindruckende Momente. Manchmal besteht eine Scheu, die eigenen Wahrnehmungsvignetten vorzulesen, zu teilen. Sie sind persönlich und der Dialog benötigt einen Vertrauensraum (Kap. 7). Gelingt es, die Scheu zu überwinden, öffnet sich im Sinne der Kinder, Jugendlichen und Erwachsenen ein Raum, „um kurze Momente des Alltags bewusst wahrzunehmen, das Kind, mich, die Situation anders zu beleuchten". Ein neuer Blick entsteht, die Praxisnähe bezaubert, Zugänglichkeit wird empfunden; neue Perspektiven auf herausfordernde Situationen leuchten in anderen Farben, ermöglichen die Sicht auf die Bedürfnisse jedes Einzelnen und weiten den Blick. Die Methode wird als interessant und äußerst produktiv empfunden:

> „Eine gute Methode, die im Arbeitsalltag ohne größere Mühe integriert werden kann, um die Wahrnehmung im Alltag zu ‚fokussieren'. Sie eröffnet die Sicht auf das Kind."

Insbesondere wird der *„freiere Zugang zum Kind"*, den diese Methode schafft, empfunden und der entstehende Sensibilisierungsprozess gewürdigt. Wahrnehmungsvignetten benötigen wenig Zeit, sie sind *niederschwellig, unkompliziert* und *alltagstauglich*. Wachheit und Aufmerksamkeit entsteht für die Bedürfnisse aller Menschen. Und hervorgehoben wird immer wieder die der Methode innewohnende wertschätzende Zugangsweise.

> „Ich konnte vollständig in die Materie eintauchen und Kraft schöpfen."

Komplexere Formate sind mittels Wahrnehmungsvignetten einfacher zu gestalten und die Perspektiven des multiprofessionellen Teams zu nutzen.

> „Wahrnehmungsvignetten sind für mich wie eine Achtsamkeitspraxis, die Herangehensweise ist gut, leicht, subjektiv, sind ein Puzzleteil für das große Ganze."
>
> „Diese Art der Dokumentation und Zuwendung ist so fein, leicht und wird mir Freude bereiten. Ein Fokus auf die kleinen, einzigartigen Momente ist sehr bedeutend!"
>
> „Die Reflexionsspirale erstaunt, bereichert, irritiert und inspiriert."
>
> „Mir gefällt die Niederschwelligkeit. Kurz und knapp – aber mit hoher Aussagekraft. Sie ist gut in die Arbeit zu integrieren und umzusetzen."

Wahrnehmungsvignetten bringen ein Gegebenes zum Klingen; sie halten einzelne, affizierende Momente der Entwicklung, der Lernbiographie oder Konstitution eines Menschen fest; sie fokussieren Augenblicke, die ansprechen, auffallen und den Blick lenken, und sie vergrößern diese Momente. Sie sind in Sprache verdichtete Momentaufnahmen ähnlich einem Bild oder einer kurzen Theaterszene. Als ein phänomenologischer Zugang beruhen Wahrnehmungsvignetten auf unvoreingenommener Wahrnehmung und auf empathischen Beobachtungen eines Menschen, seiner Handlungen, Äußerungen und seines Umfelds. Sie verlangen die Fähigkeit des aufmerksamen Wahrnehmens, detailgenauen Erinnerns, der schöpferischen Versprachlichung in einem Vorgang selbstloser Hingabe, Konzentration, Aufmerksamkeit und Achtsamkeit. Sie drücken Erfahrungen aus, die Erstaunen oder Betroffenheit auslösen, die persönlich bedeutsam sind und berührende Ereignisse wiedergeben; sie gelten uns als propädeutisches Herantasten, Einstieg und Vorübung. Wahrnehmungsvignetten sind Bausteine für eine Ethik der Verbundenheit und für eine Transformation des Gewohnten und Tradierten zugunsten einer Vielfalt der „Weltbeziehung" (Glissant 2021). Vielleicht weisen Wahrnehmungsvignetten Wege in eine visionäre pädagogische Zukunft.

Verzeichnisse

Zitierte Wahrnehmungsvignetten und andere beschreibende Texte

Kapitel 3

Kapitel 4

Kapitel 5

Kapitel 7

Kapitel 8

Andere beschreibende Textformate (BT) – mit kapitelweiser Nummerierung

Literatur

Aeppli, Jürg & Lötscher, Hanni (2016): EDAMA – Ein Rahmenmodell für Reflexion. In: Beiträge zur Lehrerinnen- und Lehrerbildung 34 (1), S. 78-97.
Online: URN: urn:nbn:de:0111-pedocs-139210 – DOI:10.25656/01:13921(Abruf: 20.5.2023).

Agostini, Evi (2019a): Leibliche Wahrnehmung zwischen (er-)kenntnisreicher Aisthesis und pädagogischem Ethos am Beispiel der Vignettenforschung. In: Brinkmann, Malte; Türstig, Johannes & Weber-Spanknebel, Martin (Hrsg.): Leib – Leiblichkeit – Embodiment: Pädagogische Perspektiven auf eine Phänomenologie des Leibes. Wiesbaden: Springer, S. 301-322.

Agostini, Evi (2019b): Über die Kunst des Vignettenschreibens. Forschendes Studieren zwischen empirischen und ästhetisch-ethischen Ansprüchen. In: Kunz, Ruth & Peters, Maria (Hrsg.): Der professionalisierte Blick. München: Kopaed, S. 179-189.

Agostini, Evi (2020): Aisthesis – Pathos – Ethos. Zur Heranbildung einer pädagogischen Achtsamkeit und Zuwendung im professionellen Lehrer/-innenhandeln. Erfahrungsorientierte Bildungsforschung. Bd. 6. Innsbruck, Wien, Bozen: StudienVerlag.

Agostini, Evi & Bube, Agnes (2021a): Ethos und Wahrnehmung. Zur Heranbildung einer pädagogischen Achtsamkeit und Zuwendung. In: journal für lehrerInnenbildung, 21 (3), S. 64-73.
Online: doi.org/10.35468/jlb-03-2021-04 (Abruf: 07.12.2022).

Agostini, Evi & Bube, Agnes (2021b): „Und für mich ist es etwas anderes …" – Vielfalt erfahren und vergegenwärtigen mittels Vignettenforschung ‚Nah am Werk'. In: Sonderpädagogische Förderung heute. Bildende Lernerfahrungen 1/2021. Weinheim, Basel: Beltz, S. 34-45.

Agostini, Evi; Eckart, Evelyn; Peterlini, Hans Karl & Schratz, Michael (2017): Responsives Forschungsgeschehen zwischen Phänomenologie und Pädagogik: „Lernseits" von Unterricht am Beispiel phänomenologischer Vignettenforschung. In: Brinkmann, Malte; Buck, Marc Fabian & Rödel, Severin Sales (Hrsg.): Pädagogik – Phänomenologie. Verhältnisbestimmungen und Herausforderungen. Wiesbaden: Springer, S. 323-356.

Agostini, Evi; Peterlini, Hans Karl & Schratz, Michael (2019): Pädagogik der Leiblichkeit? Phänomenologische und praxistheoretische Perspektiven auf leibliche Erfahrungsvollzüge in Schule und Unterricht. In: Brinkmann, Malte; Türstig, Johannes & Weber-Spanknebel, Martin (Hrsg.): Leib – Leiblichkeit – Embodiment: Pädagogische Perspektiven auf eine Phänomenologie des Leibes. Wiesbaden: Springer, S. 197-226.

Agostini, Evi; Schratz, Michael & Risse, Erika (2018): Lernseits denken – erfolgreich unterrichten. Personalisiertes Lehren und Lernen in der Schule. Hamburg: AOL.

Agostini, Evi & Peterlini, Hans Karl (2022): Vignette Research: An Austrian phenomenological approach to empirical research. In: Feldges, Tom (Ed.): Education in Europe. Contemporary Approaches across the Continent. London: Routledge, S. 149-160.

Agostini, Evi; Peterlini, Hans Karl; Donlic, Kampusch; Lehner; Daniela & Sandner, Isabella (2023): Die Vignette als Übung der Wahrnehmung/The vignette as an exercise in perception. Zur Professionalisierung pädagogischen Handelns/On the professionalisation of educational practices. Leverkusen: Budrich. Open Access: shop.budrich.de/produkt/die-vignette-als-uebung-zur-wahrnehmung/.

Albers, Stine & Blanck, Bettina (2022): Kritische Reflexivität als Ausgang für Entfaltung von Subjektivität im Grundschullehramtsstudium. In: Gläser, Eva; Poschmann, Julia; Büker, Petra & Miller, Susanne (Hrsg.): Reflexion und Reflexivität im Kontext Grundschule. Perspektiven für Forschung, Lehrer:innenbildung und Praxis. Bad Heilbrunn: Klinkhardt, S. 295-300.

Alloa, Emmanuel; Breyer, Thiemo & Caminada, Emanuele (2023): Einleitung. Phänomenologie als lebendige Bewegung. In: Alloa, Emmanuel; Breyer, Thiemo & Caminada, Emanuele (Hrsg.): Handbuch Phänomenologie. Tübingen: Mohr Siebeck, S. 1-16.

Arendt, Hannah (1958): Die Krise der Erziehung. In: dies. (2000): Übungen im politischem Denken. Zwischen Vergangenheit und Zukunft. 2. Auflage. München: Piper.

Arendt, Hannah (2016): Vita activa oder vom tätigen Leben. 18. Auflage. München, Berlin, Zürich: Pieper.

Aristoteles (1976): Metaphysik. Übersetzt von Hermann Bonitz. 9. Auflage. Reinbek bei Hamburg: Rowohlt.

Assmann, Aleida (2018): Erinnerungsräume: Formen und Wandlungen des kulturellen Gedächtnisses. München: C.H. Beck.

Assmann, Jan (2007): Das kulturelle Gedächtnis. Schrift, Erinnerung und politische Identität. in frühen Hochkulturen. 6. Auflage. München: Beck.

Auer, Wolfgang-M. & Wiehl, Angelika (Hrsg.) (2021): Bewegtes Klassenzimmer – innovative und inklusive Pädagogik an Waldorfschulen. Weinheim, Basel: Beltz.

Aufschnaiter, Claudia von; Fraij, Amina, & Kost, Daniel (2019): Reflexion und Reflexivität in der Lehrerbildung. Herausforderung Lehrer_innenbildung, 2 (1), S. 144-159.
Online: www.herausforderung-lehrerinnenbildung.de/index.php/hlz/issue/view/228 (Abruf: 25.5.2023).

Ausländer, Rose (1990): Jeder Tropfen ein Tag. Gedichte aus dem Nachlaß. Gesamtregister. Hrsg. von H. Braun. Frankfurt/M.: Fischer.

Bach, Susanne & Weßels, Doris (2022): Das Ende der Hausarbeit. Sprachprogramme wie ChatGPT revolutionieren das Prüfungswesen an den Hochschulen. Lassen sich Täuschungen überhaupt noch aufdecken? In: FAZ, 21.12.2022.
Online: zeitung.faz.net/faz/geisteswissenschaften/2022-12-21/4e68b5281133c19b20a58c0a756d30c8/(Abruf: 22.12.2022).

Barth, Ulrike (2019): Individuelle Lernentwicklung und Diagnostik. In: Wiehl, Angelika (Hrsg.): Studienbuch Waldorf-Schulpädagogik. Bad Heilbrunn: Klinkhardt/utb, S. 193-208.

Barth, Ulrike (2020): Inklusion leben. Ein Arbeits- und Forschungsbuch zu Inklusion an Waldorfschulen. Weinheim, Basel: Beltz.

Barth, Ulrike (2022): Jugendbiografische Wegspuren im inklusiven Kontext. In: Wiehl, Angelika & Steinwachs, Frank (Hrsg.): Studienbuch Waldorf-Jugendpädagogik. Bad Heilbrunn: Julius Klinkhardt, S. 289-301.

Barth, Ulrike & Gloystein, Dietlind (2018a): Adaptiv kompetent – Potentiale gemeinsamer Lehre. In: Langner, Anke (Hrsg.): Inklusion im Dialog: Fachdidaktik – Erziehungswissenschaft – Sonderpädagogik. Bad Heilbrunn: Klinkhardt, S. 247-253.

Barth, Ulrike & Gloystein, Dietlind (2018b): Inhalt und Gewichtung von Lehrkräfte-Kompetenzen als Spannungsfeld inklusiver Schule. In: Feyerer, Ewald; Prammer, Wilfried; Prammer-Semmler, Eva; Kladnik, Christine; Leibetseder, Margit & Wimberger, Richard (Hrsg.): System. Wandel. Entwicklung. Akteurinnen und Akteure inklusiver Prozesse im Spannungsfeld von Institution, Profession und Person. Bad Heilbrunn: Klinkhardt, S. 283-288.

Barth, Ulrike & Gloystein, Dietlind (2019): Adaptive Lehrkompetenzen im Spannungsfeld inklusiver Schule. Schwerpunkt Diagnostische Kompetenz: Erfahrungen, Vorschläge, Visionen. In: Stechow, Elisabeth von; Hackstein, Philipp; Müller, Kirsten; Esefeld, Marie & Klocke, Barbara (Hrsg.): Inklusion im Spannungsfeld von Normalität und Diversität. Band II. Bad Heilbrunn: Klinkhardt, S. 95-102.

Barth, Ulrike & Gloystein, Dietlind (2021): Divers denken – Resonanz erzeugen. Handlungsperspektiven für die Ausbildung von Pädagog*innen. In: Stoltz, Tania & Wiehl, Angelika (Ed.): Education – Spirituality – Creativity. Reflections on Waldorf Education. Wiesbaden: Springer, S. 435-453.

Barth, Ulrike & Wiehl, Angelika (2021): Wahrnehmungsvignetten als Basis einer an Inklusion orientierten pädagogischen Haltung. Ein Beitrag zu einer vorurteilsbewussten Beobachtungsschulung./ Perception vignettes as the basis of an inclusion-oriented educational approach. An article regarding prejudice-conscious observation training. In: Anthroposophic Perspectives in Inclusive Social Development. Zweisprachige Zeitschrift, 2/2021, S. 4-15.

Barth, Ulrike & Wiehl, Angelika (2023a): Innovative und inklusive Elemente im „Bewegten Klassenzimmer“ an Waldorfschulen. In: Boesken, Gesine; Krämer, Astrid; Matthiesen, Tatiana; Panagiotopoulou, Argyro & Springob, Jan (Hrsg.): Zukunft Bildungschancen. Münster: Waxmann, S. 235-243.

Barth, Ulrike & Wiehl, Angelika (2023b): Wahrnehmungsvignetten als Grundlage einer pädagogischen Haltungsentwicklung. In: Hoffmann, Mirjam; Hoffmann, Thomas & Pfahl, Lisa (Hrsg.) (2023): Raum. Macht. Inklusion. Inklusive Räume erforschen. Bad Heilbrunn: Klinkhardt, S. 157-164.

Barth, Ulrike & Wiehl, Angelika (2023c): Wahrnehmungsvignetten als reflexionstaugliches Instrument. In: Greiten, Silvia; Rohnacher, Jan Luca; Geber, Georg; Gruhn, Annika & Köninger, Manuela (Hrsg.): Lehrer:innenbildung für Inklusion – Hochschuldidaktische Konzepte und Perspektiven. Münster: Waxmann (i. Vb.)

Barth, Ulrike & Wiehl, Angelika (2023d): Wahrnehmungsvignetten als Zugang zur „Reflexiven Professionalisierung“ in der Lehrkräftebildung. In: NN (Hrsg.): Reflexion in der Lehrkräftebildung: empirisch – phasenübergreifend – interdisziplinär. Reflexionstagung 2022/Universitätsverlag Potsdam (i. Vb.).

Baumann, Menno; Bolz, Tijs & Albers, Viviane (2021): Verstehende Diagnostik in der Pädagogik. Verstörenden Verhaltensweisen begegnen. Weinheim, Basel: Beltz.

Baur, Siegfried (2018): Vorwort: „The best interest of the child“. In: Schwarz, Johanna F.: Zuschreibung als wirkmächtiges Phänomen der Schule. Innsbruck: StudienVerlag, S. 9-15.

Baur, Siegfried (2020): Wahrnehmen im pädagogischen Handlungsprozess. In: Peterlini, Hans Karl; Cennamo, Irene & Donlic, Jasmin (Hrsg.): Wahrnehmung als pädagogische Übung. Theoretische und praxisorientierte Auslotungen einer phänomenologisch orientierten Bildungsforschung. Innsbruck: StudienVerlag, S. 125-149.

Beauchamp, Catherine (2006): Understanding Reflection in Teaching: A Framework for Analyzing the Literature. A thesis submitted to McGiIl University in partial fulfilment of the requirements of the degree of Doctor of Philosophy.
Online: escholarship.mcgill.ca/concern/theses/w0892g316 (Abruf: 9.4.2023).

Beck, Erwin; Baer, Matthias; Guldimann, Titus; Bischoff, Sonja; Brühwiler, Christian; Müller, Peter; Niedermann, Ruth; Rogalla, Marion & Vogt, Franziska (2008): Adaptive Lehrkompetenz. Münster: Waxmann.

Beck, Gertrud & Scholz, Gerold (2012): Die Schule als Beobachtungsfeld. In: de Boer, Heike & Reh, Sabine (Hrsg.): Beobachtung in der Schule – Beobachten lernen. Wiesbaden: Springer, S. 85-114.

Benjamin, Walter (1977): Das Kunstwerk im Zeitalter der technischen Reproduzierbarkeit. Frankfurt/M.: Suhrkamp.

Bianchi, Paolo (Hrsg.) (2019a): Staunen. Plädoyer für eine existenzielle Erlebensform. Bd. 259. Köln: Kunstforum International.

Bianchi, Paolo (2019b): Türen zum Wunderbaren. 12 Schlüsselmomente. In: Bianchi, Paolo (Hrsg.): Staunen. Plädoyer für eine existenzielle Erlebensform. Bd. 259. Köln: Kunstforum International, S. 47-63.

Bieri, Peter (2020): Eine Art zu leben. Über die Vielfalt menschlicher Würde. 6. Auflage. Frankfurt/M.: Fischer.

Blömeke, Sigrid; Gustafsson, Jan-Eric & Shavelson, Richard J. (2015): Beyond Dichotomies. Competence Viewed as a Continuum. In: Zeitschrift für Psychologie 2015 (223), S. 3-13.
Online: DOI: 10.1027/2151-2604/a000194 (Abruf: 20.5.2023).

Boban, Ines & Hinz, Andreas (2016): Dialogisch-systemische Diagnostik – eine Möglichkeit in inklusiven Kontexten. In: Amrhein, Bettina (Hrsg.): Diagnostik im Kontext inklusiver Bildung. Theorien, Ambivalenzen, Akteure, Konzepte. Bad Heilbrunn: Klinkhardt, S. 64-78.

Boger, Mai-Anh & Textor, Annette (2016): Das Förderungs-Stigmatisierungs-Dilemma oder: der Effekt diagnostischer Kategorien auf die Wahrnehmung durch Lehrkräfte. In: Amrhein, Bettina (Hrsg.): Diagnostik im Kontext inklusiver Bildung. Theorien, Ambivalenzen, Akteure, Konzepte. Bad Heilbrunn: Klinkhardt, S. 79-97.

Böhme, Gernot (2001): Aisthetik. Vorlesungen über Ästhetik als allgemeine Wahrnehmungslehre. München: Fink.

Böhme, Gernot (2013): Architektur und Atmosphäre. München: Fink.

Böhme, Gernot (2017): Atmosphäre. Essays zur neuen Ästhetik. 3. Auflage. Frankfurt/M.: Suhrkamp.

Böhme, Gernot (2019): Leib. Die Natur, die wir selber sind. Berlin: Suhrkamp.
Böhme, Hartmut (2010): Gefühl. In: Wulf, Christoph (Hrsg.): Der Mensch und seine Kultur. Köln: Anaconda, S. 525-547.
Böhme, Hartmut (2011): Einladung zur Transformation. Was ist Transformation? In: Böhme, Hartmut; Lutz, Bergemann; Dönike, Martin; Schirrmeister, Albert; Georg Töpfer; Walter, Marco & Weitbrecht, Julia (Hrsg.): Transformation. Ein Konzept zur Erforschung kulturellen Wandels. München: Fink, S. 7-37.
Bollnow, Otto Friedrich (1970): Die pädagogische Atmosphäre. Untersuchungen über die gefühlsmäßigen zwischenmenschlichen Voraussetzungen der Erziehung. 4. Auflage. Heidelberg: Quelle & Meyer.
Bollnow, Otto Friedrich (1978): Vom Geist des Übens. Eine Rückbesinnung auf elementare didaktische Erfahrung. Freiburg, Basel, Wien: Herder.
Booth, Tony & Ainscow, Mel (2019): Index für Inklusion. Ein Leitfaden für Schulentwicklung. Bad Heilbrunn: Klinkhardt.
Breithaupt, Fritz (2012): Kulturen der Empathie. 3. Auflage. Frankfurt/M.: Suhrkamp.
Breyer, Thiemo (2011): Attentionalität und Intentionalität. Grundzüge einer phänomenologisch-kognitionswissenschaftlicher Theorie der Aufmerksamkeit. München: Fink.
Breyer, Thiemo (2013): Empathie und ihre Grenzen: Diskursive Vielfalt – phänomenale Einheit? In: Breyer, Thiemo (Hrsg.) (2013): Grenzen der Empathie. Philosophische, psychologische und anthropologische Perspektiven. Paderborn: Fink, S. 13-42.
Brežná, Irena (2016): Die undankbare Fremde. 3. Auflage. Köln: Kiepenheuer & Witsch.
Brinkmann, Malte (2009): Üben. Wissen – Können – Wiederholen. Zeitphänomenologische Überlegungen zur pädagogischen Übung. In: Vierteljahresschrift für wissenschaftliche Pädagogik, 2009 (85), Heft 4, S. 413-434.
Brinkmann, Malte (2012): Pädagogische Übung. Praxis und Theorie einer elementaren Lernform. Paderborn: Schöningh.
Brinkmann, Malte; Kubac, Richard & Rödel, Severin Sales (Hrsg.) (2015): Pädagogische Erfahrung. Theoretische und empirische Perspektiven. Wiesbaden: Springer
Brinkmann, Malte (2015a): Phänomenologische Methodologie und Empirie in der Pädagogik. Ein systematischer Entwurf für die Rekonstruktion pädagogischer Erfahrungen. In: Brinkmann, Malte; Kubac, Richard & Rödel, Severin Sales (Hrsg.): Pädagogische Erfahrung. Theoretische und empirische Perspektiven. Wiesbaden: Springer, S. 33-60.
Brinkmann, Malte (2015b): Pädagogische Empirie. Phänomenologische und methodologische Bemerkungen zum Verhältnis von Theorie, Empirie und Praxis. In: Zeitschrift für Pädagogik 2015 (61), Heft 4, S. 527-545.
Online: www.pedocs.de/volltexte/2018/15376/pdf/ZfPaed_2015_4_Brinkmann_Paedagogische_Empirie.pdf (Abruf: 07.12.2022).
Brinkmann, Malte (2017): Phänomenologische Erziehungswissenschaft. Ein systematischer Überblick von ihren Anfängen bis heute. In: Brinkmann, Malte; Buck, Marc Fabian & Rödel, Severin Sales (Hrsg.): Pädagogik – Phänomenologie. Verhältnisbestimmungen und Herausforderungen. Wiesbaden: Springer, S. 17-46.
Brinkmann, Malte (2019): Aufmerken und Zeigen. Theoretische und empirische Untersuchungen zur pädagogischen Interattentionalität. In: Brinkmann, Malte (Hrsg.): Phänomenologische Erziehungswissenschaft von ihren Anfängen bis heute. Eine Anthologie. Wiesbaden: Springer, S. 543-568.
Brinkmann, Malte (2019a): Einleitung. In: Brinkmann, Malte (Hrsg.): Phänomenologische Erziehungswissenschaft von ihren Anfängen bis heute. Eine Anthologie. Wiesbaden: Springer, S. 1-42.
Brinkmann, Malte (Hrsg.) (2019b): Phänomenologische Erziehungswissenschaft von ihren Anfängen bis heute. Eine Anthologie. Wiesbaden: Springer.
Brinkmann, Malte (2020a): Phänomenologische Bildungsforschung.
Online: 10.13140/RG.2.2.22576.58885 (Abruf: 07.12.2022).

Brinkmann, Malte (2020b): Verstehen und Beschreiben. Zur phänomenologischen Deskription in der qualitativen Empirie. In: Symeonides, Vasileios & Schwarz, Johanna F. (Hrsg.): Erfahrungen verstehen – (Nicht-)Verstehen erfahren. Innsbruck: StudienVerlag, S. 29-46.

Brinkmann, Malte (2021): Die Wiederkehr des Übens. Praxis und Theorie eines pädagogischen Grundphänomens. Stuttgart: Kohlhammer.

Brinkmann, Malte (2022): Phänomenologische Bildungsforschung. In: Kergel, David; Heidkamp-Kergel, Birte & August, Sven-Niklas (Hrsg.): Handbuch interdisziplinäre Bildungsforschung. Weinheim, Basel: Beltz, S. 157-183.

Brinkmann, Malte; Kubac, Richard & Rödel, Severin Sales (Hrsg.) (2015): Pädagogische Erfahrung. Theoretische und empirische Perspektiven. Wiesbaden: Springer.

Brinkmann, Malte; Buck, Marc Fabian & Rödel, Severin Sales (Hrsg.) (2017): Pädagogik – Phänomenologie. Verhältnisbestimmungen und Herausforderungen. Wiesbaden: Springer.

Brinkmann, Malte & Rödel, Severin Sales (2021): Ethos im Lehrberuf. Haltung zeigen und Haltung üben. In: journal für lehrerInnenbildung, 21 (3), S. 42-62.
Online: doi.org/10.35468/jlb-03-2021-03 (Abruf: 30.5.2023).

Brodbeck, Karl-Heinz (1999): Entscheidung zur Kreativität. Wege aus dem Labyrinth der Gewohnheiten. (2., um ein Vorwort ergänzte Auflage). Darmstadt: wbg.

Brühwiler, Christian (2014): Adaptive Lehrkompetenz und schulisches Lernen. Münster: Waxmann.

Busch, Katrin; Dährmann, Iris & Kapust, Antje (Hrsg.) (2007): Philosophie der Responsivität. Festschrift für Bernhard Waldenfels. Paderborn: Fink.

Carroll, Lewis (1984): Alice im Wunderland. Übersetzt und mit einem Nachwort von Christian Enzensberger. Frankfurt/M.: Insel.

Cassirer, Ernst (2007): Dingwahrnehmung und Ausdruckswahrnehmung. In: ders.: Aufsätze und kleine Schriften. 1041-1946. Hrsg. von B. Recki. Hamburg: Meiner, S. 391-413.

Christof, Eveline; Obex, Tanja; Pham-Xuan, Robert; Schauer, Gabriele; Schratz, Michael & Symeonidis, Vasileios (2020): Professionsspezifische Haltungen in der Lehrer*innenbildung. Was zeigt sich in der Ausbildung? In: journal für lehrerInnenbildung, 20 (2), S. 52-65.
Online: doi.org/10.35468/jlb-02-2020_04 (Abruf: 20.5.2023).

Csikszentmihalyi, Mihaly (2019): Flow und Kreativität. Wie sie Ihre Grenzen überwinden und das Unmögliche schaffen. 4. Auflage. Stuttgart: Klett-Cotta.

Crutzen, Paul (2011): Die Geologie der Menschheit. In: ders.; Davis, Mike; Mastrandrea, Michael D.; Schneider, Stephan H. & Sloterdijk, Peter: Das Raumschiff Erde hat keinen Notausgang. Berlin: Suhrkamp.

de Boer, Heike & Reh, Sabine (Hrsg.) (2012): Beobachtung in der Schule – Beobachten lernen. Wiesbaden: Springer.

Dietz, Karl-Martin & Kracht, Thomas (2016): Dialogische Führung. Grundlagen – Praxis – Fallbeispiel: dm-drogerie-markt. 4., akt. Auflage. Frankfurt/M.: Campus.

Domes, Michael & Wagner, Leonie (2020): Haltung (Gesinnung).
Online: www.socialnet.de/lexikon/Haltung-Gesinnung (Abruf: 20.11.2022).

Dörrie, Doris (2019): Leben, schreiben, atmen. Eine Einladung zum Schreiben. 12. Auflage. Zürich: Diogenes.

Dreber, Oliver (2021): Wirksame Führung bedeutet Haltung zeigen. Im Einklang aus innerer & äußerer Haltung zur authentischen Führungspersönlichkeit reifen. Eine Einführung. Wiesbaden: Springer.

Drechsler, Christiane (2023): Zum Projekt Musikalische Kommunikation mit Menschen mit komplexen Behinderungen. In: Leben pur (Hrsg.): Kommunizieren und Beziehungen gestalten bei Menschen mit Komplexer Behinderung. Düsseldorf: Verlag selbstbestimmtes Leben (i. Vb.).

Dufourmantelle, Anne (2019): Lob des Risikos. Ein Plädoyer für das Ungewisse. 2. Auflage. Berlin: aufbau.

Dufourmantelle, Anne (2021): Verteidigung des Geheimnisses. Zürich: Diaphanes.

Dupuis, André; Eibeck, Bernhard; Erk, Jacqueline; Herrmann, Mandy; Kilian, Petra; Kreuzer, Max; Pöckelmann, Heike; Radmacher, Birte & Rißmann, Michaela (2017): INKLUSION – Wie hältst du´s mit der Haltung? Haltung als Kern pädagogischer Profession. Frankfurt/M.: GEW Broschüre. Online: bagfa.de/wp-content/uploads/2020/12/Haltung_Inklusion_A5-2017-web.pdf (Abruf: 30.5.2023).

Eberwein, Werner (2015): Online: werner-eberwein.de/was-ist-phaenomenologie/(Abruf: 15.5.2023).

Eckermann, Johann Peter (1981): Gespräche mit Goethe. In den letzten Jahren seines Lebens. Hrsg. von F. Breithaupt. Frankfurt/M.: Insel.

Elvén, Bo Hejskov (2017): Herausforderndes Verhalten vermeiden. 2. durchges. Aufl. Tübingen: dgvt.

Ende, Michael (2015): Jim Knopf und Lukas der Lokomotivführer. Stuttgart: Thienemann.

Engel, Birgit (2019): Erinnerungsbilder – Annäherung an eine leibphänomenologische Systematik der Förderung professionsbezogener Bildungsprozesse. In: Brinkmann, Malte; Türstig, Johannes & Weber-Spanknebel, Martin (Hrsg.): Leib – Leiblichkeit – Embodiment. Pädagogische Perspektiven auf eine Phänomenologie des Leibes. Wiesbaden: Springer, S. 37-56.

Engel, Birgit (2020): Ästhetische Wahrnehmung und Reflexion. Erinnerungsbilder im Modus einer (selbst-)reflexiven Aufmerksamkeit in der kunstpädagogischen Qualifizierung. In: Engel, Birgit; Loemke, Tobias; Böhme, Katja; Agostini, Evi & Bube, Agnes (Hrsg.): Im Wahrnehmen Beziehungs- und Erkenntnisräume öffnen. Ästhetische Wahrnehmung in Kunst, Bildung und Forschung. München: Kopaed, S. 103-119.

Engel, Birgit & Hallmann, Kerstin (2022a): Leib-sinnliche Teilhabe in erinnerten Bildungserfahrungen. Zum Potenzial von Erinnerungsbildern in der kunstpädagogischen Hochschuldidaktik und Professionsforschung. In: ZAeB, 14/1, S. 1-20.
Online: zaeb.net/wordpress/wp-content/uploads/2022/12/Beitrag-Engel-Hallmann_Ausg. Dez_.22.pdf (Abruf: 29.5.2023).

Engel, Birgit & Hallmann, Kerstin (2022b): Zwischen Widerständigkeit und Öffnung für den Lehrer*innenberuf. In: Erziehung & Unterricht, Wien, Heft 3-4, S. 199-208.

EPIK Domänen Konzept (o. J.):
Online: www.uibk.ac.at/ils/forschung/epik/index.html.de (Abruf: 12.3.2023).

Esterbauer, Reinhold (1998): „Ich bin ein Fremdling …“ Zum Begriff des Fremden bei Emmanuel Lévinas. In: Phil. Jahrbuch, 105. Jg., S. 134-147.

Felkendorff, Kai & Luder, Reto (2014): Schulsysteme und Behinderung. In: Luder, Reto; Kunz, André & Cornelia Müller Bösch (Hrsg.): Inklusive Pädagogik und Didaktik. Zürich: Pestalozzianum, S. 22-29.

Feyerer, Ewald (2013): LehrerInnenbildung im Umbruch. In: Feuser, Georg & Maschke, Thomas (Hrsg.): Lehrerbildung auf dem Prüfstand. Gießen: Psychosozial-Verlag, S. 181-212.

Förster, Eckart (2018): Die 25 Jahre der Philosophie. Eine systematische Rekonstruktion. 3., verbesserte Auflage. Frankfurt/M.: Klostermann.

Forster, Edgar (2014): Reflexivität. In: Wulf, Christoph & Zirfas, Jörg (Hrsg.): Handbuch Pädagogische Anthropologie. Wiesbaden: Springer, S. 589-597.

Fröhlich, Gerhard & Rehbein, Boike (Hrsg.) (2014): Bourdieu-Handbuch. Leben – Werk – Wirkung. Stuttgart: Metzler.

Fröhlich-Gildhoff, Klaus; Rönnau-Böse, Maike & Tinius, Claudia (2020): Herausforderndes Verhalten in Kita und Grundschule. 2. Auflage. Stuttgart: Kohlhammer.

Fuchs, Thomas (2013): Der Schein des Anderen. Empathie und Virtualität. In: Breyer, Thiemo (Hrsg.): Grenzen der Empathie. Philosophische, psychologische und anthropologische Perspektiven. Paderborn: Fink. S. 263-282.

Fuchs, Thomas (2017): In Kontakt mit der Wirklichkeit. Wahrnehmung als Interaktion. In: Schlette, Magnus; Fuchs, Thomas & Kirchner, Anna Maria (Hrsg.): Anthropologie der Wahrnehmung. Heidelberg: Universitätsverlag Winter, S. 109-139.

Fuchs, Thomas (2018): Leib, Raum, Person. Entwurf einer phänomenologischen Anthropologie. 2. Auflage. Stuttgart: Klett-Cotta.

Fuchs, Thomas (2020): Verteidigung des Menschen – Grundfragen einer verkörperten Anthropologie. Berlin: Suhrkamp.

Gäch, Angelika (2008): Das polare Prinzip in der Heilpädagogik. In: Grimm, Rüdiger & Kaschubowski, Götz (Hrsg.): Kompendium der anthroposophischen Heilpädagogik. München: Reinhardt, S. 228-241.

Gäch, Angelika (2013): Diagnostische Kompetenz als Basis einer gelingenden Inklusion. In: Barth, Ulrike & Maschke, Thomas (Hrsg.): Inklusion. Vielfalt gestalten. Stuttgart: Freies Geistesleben, S. 231-243.

Gebauer, Michael & Simon, Toni (2012): Inklusiver Sachunterricht konkret: Chancen, Grenzen, Perspektiven. www.widerstreit-sachunterricht.de, Ausgabe Nr. 18.
Online: www.widerstreit-sachunterricht.de/ebeneI/superworte/inklusion/gebauer_simon.pdf (Abruf: 27.01.2023).

Gerl-Falkowitz, Hanna-Barbara (Hrsg.) (2013): Jean-Luc Marion: Studien zum Werk. Dresden: Text und Dialog.

Gess, Nicola (2019): Staunen. Eine Poetik. Göttingen: Wallstein.

Gess, Nicola (2021): Zwischen Wahn und Wundern. Eigenzeiten des Staunens. In: Bergengrün, Maximilian & Janßen, Sandra (Hrsg.): Desynchronisiertes Ich. Zeitschrift für Kulturwissenschaften, 15(1), 2021, S. 37-53.

Gess, Nicola & Schnyder, Mireille (2017): Staunen als Grenzphänomen. Eine Einführung. In: dies., Hugues Marchal, Johannes Bartuchat (Hrsg.): Staunen als Grenzphänomen. München: Fink, S. 7-15.

Ginzburg, Carlo (2005): Vorwort. In: Schriftstücke, Autografen aus sieben Jahrhunderten. Aus der Sammlung von Pedro Corrêa do Lago. Hildesheim: Gerstenberg, S. 7.

Gläser, Eva; Poschmann, Julia; Büker, Petra & Miller, Susanne (Hrsg.) (2022): Reflexion und Reflexivität im Kontext Grundschule. Perspektiven für Forschung, Lehrer:innenbildung und Praxis. Bad Heilbrunn: Klinkhardt.

Glasl, Friedrich (2022): Selbsthilfe in Konflikten. Konzepte, Übungen, praktische Methoden. 9., akt. und erw. Auflage. Stuttgart: Freies Geistesleben.

Glissant, Éduard (2013): Kultur und Identität. Ansätze zu einer Poetik der Vielheit. Aus dem Französischen übersetzt von B. Thill. 2. Auflage. Heidelberg: Wunderhorn.

Glissant, Éduard (2021): Philosophie der Weltbeziehung. Poesie der Weite. Aus dem Französischen übersetzt von B. Thill. Heidelberg: Wunderhorn.

Gloystein, Dietlind (2014): Über den Zusammenhang von Hör- und Sprachverarbeitung, Kommunikation, Lernen und Verhalten. In: Barth, Ulrike & Maschke, Thomas (Hrsg.): Inklusion. Vielfalt gestalten. Ein Praxisbuch. Stuttgart: Freies Geistesleben, S. 244-259.

Gloystein, Dietlind & Barth, Ulrike (2020): Diversitätsdimensionen denken – Ein neues Grundprinzip in der Diagnostik. In: Dietze, Torsten; Gloystein, Dietlind; Moser, Vera; Piezunka, Anne; Röbenack, Laura; Schäfer, Lea; Wachtel, Grit & Walm, Maik (Hrsg.): Inklusion – Partizipation – Menschenrechte: Transformationen in die Teilhabegesellschaft? 10 Jahre UN-Behindertenrechtskonvention – Eine interdisziplinäre Zwischenbilanz. Bad Heilbrunn: Julius Klinkhardt, S. 112-120.

Gloystein, Dietlind & Frohn, Julia (2020): Der Baustein Adaptive diagnostische Kompetenz: ein Selbstversuch und inklusionssensible pädagogische Diagnostik als Impuls für Perspektivwechsel und professionelle Reflexion. In: Brodesser, Ellen; Frohn, Julia; Welskop, Nena; Liebsch, Ann-Catherine; Moser, Vera & Pech, Detlef (Hrsg.): Inklusionsorientierte Lehr-Lern-Bausteine für die Hochschullehre. Ein Konzept zur Professionalisierung zukünftiger Lehrkräfte. Bad Heilbrunn: Klinkhardt, S. 62-74.

Gloystein, Dietlind & Moser, Vera (2019): Ausgangslage. In: Frohn, Julia; Brodesser, Ellen; Moser, Vera & Pech, Detlef (Hrsg.): Inklusives Lehren und Lernen. Bad Heilbrunn: Klinkhardt, S. 65-67.

Gniewosz, Burkhard (2015): Beobachtung. In: Reinders, Heinz; Ditton, Hartmut; Gräsel Cornelia & Gniewosz, Burkhard (Hrsg.): Empirische Bildungsforschung. 2. Auflage. Wiesbaden: Springer, S. 99-107.

Goethe, Johann Wolfgang (1982): Maximen und Reflexionen. In: Goethes Werke. Kunst und Literatur. Bd. XII. Textkritisch durchgesehen und kommentiert von E. Trunz und H.J. Schrimpf. 10. Auflage. München: Beck, S. 365-547.

Goethe, Johann Wolfgang (1989a): Naturwissenschaftliche Schriften 1. Goethes Werke. Textkritisch durchgesehen und kommentiert von D. Kuhn und R. Wankmüller. 10., durchgesehene Auflage. München: Beck.

Goethe, Johann Wolfgang (1989b): Wilhelm Meisters Wanderjahre. Goethes Werke. Romane und Novellen. Bd. III. Textkritisch durchgesehen und kommentiert von E. Trunz. X. Auflage. München: Beck.

Göschel, Jan C. (2008): Methoden heilpädagogischer Diagnostik. In: Grimm, Rüdiger & Kaschubowski, Götz (Hrsg.): Kompendium der anthroposophischen Heilpädagogik. München: Reinhardt, S. 253-268.

Göschel, Jan C. (2014): Die Kinderkonferenz: Ein kollegialer Weg zur Gestaltung von Bild(e)-Kraftfeldern für pädagogisch-therapeutisches Handeln. In: Barth, Ulrike & Maschke, Thomas (Hrsg.): Inklusion. Vielfalt gestalten. Ein Praxisbuch. Stuttgart: Freies Geistesleben, S. 218-230.

Graumann, Carl, F. (1960): Grundlagen einer Phänomenologie und Psychologie der Perspektivität. Berlin: Walter de Gruyter & Co.

Grauman, Carl Friedrich (1966): Grundzüge der Verhaltensbeobachtung. In: Meyer, Ernst (Hrsg.): Fernsehen in der Lehrerbildung. Neue Forschungsansätze in Pädagogik, Didaktik und Psychologie. Reihe: Pädagogik – Didaktik Methodik, Bd. 7. München: Manz, S. 86-107.

Graumann, Carl, F. (2002): Toleranz und Perspektivität. In: Heinzel, Friederike & Prengel, Annedore (Hrsg.): Heterogenität, Integration und Differenzierung in der Primarstufe. Jahrbuch Grundschulforschung, Band 6. Opladen: Leske + Budrich, S. 22-30.

Grésillon, Almuth (2012): Über die allmähliche Verfertigung von Texten beim Schreiben. In: Zanetti, Sandro (Hrsg.): Schreiben als Kulturtechnik. Grundlagentexte. Frankfurt/M.: Suhrkamp.

Gurwitsch, Aron (1974): Das Bewusstseinsfeld. Berlin, New York: de Gruyter.

Häcker, Thomas (2019): Reflexive Professionalisierung. Anmerkungen zu dem ambitionierten Anspruch, die Reflexionskompetenz angehender Lehrkräfte umfassend zu fördern. In: Degeling, Maria; Franken, Nadine; Freund, Stefan; Greiten, Silvia; Neuhaus, Daniela & Schellenbach-Zell, Judith (Hrsg.): Herausforderung Kohärenz: Praxisphasen in der universitären Lehrerbildung. Bildungswissenschaftliche und fachdidaktische Perspektiven. Bad Heilbrunn: Klinkhardt, S. 81-96.

Häcker, Thomas (2022): Reflexive Lehrer*innenbildung. Versuch einer Lokalisierung in pragmatischer Absicht. In: Reintjes, Christian & Kunze, Ingrid (Hrsg.) (2022): Reflexion und Reflexivität in Unterricht, Schule und Lehrer:innenbildung. Bad Heilbrunn: Klinkhardt, S. 94-114.

Han, Byung-Chul (2009): Der Duft der Zeit. Ein philosophischer Essay zur Kunst des Verweilens. Bielefeld: transcript.

Hauschild, Stephanie (2016): Skriptorium. Die mittelalterliche Buchwerkstatt. Darmstadt: wbg.

Hazibar, Kerstin & Mecheril, Paul (2013): Es gibt keine richtige Pädagogik in falschen gesellschaftlichen Verhältnissen. Widerspruch als Grundkategorie einer Behinderungspädagogik. In: Zeitschrift für Inklusion (3).
Online: www.inklusion-online.net/index.php/inklusion-online/article/view/23/23 (Abruf: 15.05.2023).

Hazlewood, Nick (2003): Der Mann, der für einen Knopf verkauft wurde: Die unglaubliche Geschichte des Jemmy Button. Berlin: Rütten & Loening.

Heertsch, Andreas (2007): Geistige Erfahrung im Alltag. Eine Einladung. Stuttgart: Urachhaus.

Hegel, Georg Wilhelm Friedrich (1807/2023): Phänomenologie des Geistes. 16. Auflage. Frankfurt/M.: Suhrkamp.

Heidegger, Martin (1954/2002): Was heisst Denken? Gesamtausgabe. I. Abteilung: Veröffentlichte Schriften 1910-1976. Bd. 8. Frankfurt/M.: Klostermann.

Heidegger, Martin (1992): Grundfragen der Philosophie. Ausgewählte „Probleme" der „Logik". Gesamtausgabe. II. Abteilung: Vorlesungen 1923-1944. Bd. 45. 2. Auflage. Frankfurt/M.: Klostermann.

Heidegger, Martin (2006): Sein und Zeit. 19. Auflage. Tübingen: Niemeyer.

Heinze, Thomas; Parthey, Heinrich; Spur, Günter & Wink, Rüdiger (Hrsg.) (2012): Kreativität in der Forschung: Wissenschaftsforschung Jahrbuch 2012. Berlin: Wissenschaftlicher Verlag Berlin.

Heinzel, Friederike (2022): Reflexion von Unterrichtsinteraktion – Formen, Befunde und Herausforderungen. In: Gläser, Eva; Poschmann, Julia; Büker, Petra & Miller, Susanne (Hrsg.): Reflexion und Reflexivität im Kontext Grundschule. Perspektiven für Forschung, Lehrer:innenbildung und Praxis. Bad Heilbrunn: Klinkhardt, S. 18-36.

Heinzel, Friederike & Prengel, Annedore (2002): Heterogenität, Integration und Differenzierung in der Primarstufe. Jahrbuch Grundschulforschung. Band 6. Opladen: Leske + Budrich.

Heiter, Bernd & Kupke, Christian (Hrsg.) (2009): Andersheit, Fremdheit, Exklusion. Berlin: Parodos.

Helmholtz, Hermann von (1891): Tischrede gehalten bei der Feier des 70. Geburtstages, Berlin. In: ders. (1896): Vorträge und Reden. Band 1. 4. Auflage. Braunschweig: Vieweg, S. 3-21.
Zitiert nach Online-Ausgabe: www.projekt-gutenberg.org/helmholt/erinneru/erinneru.html, o. S. (Abruf: 22.5.2023).

Hennigfeld, Iris (2021): Goethes Anschauen der inneren Natur. In: Nebelung, Andreas & Janßen, Derk (Hrsg.): Sukzession. Vom Schweigen der Natur. Nr. II (7), Freiburg: Derk Janßen, S. 35-44.
Online: sehenundschauen.ch/wp-content/uploads/2022/01/IH_Goethe_S_II_07.21.pdf (Abruf: 19.01.2023).

Henrich, Dieter (2010): Die Sekundenphilosophie. Ein Gespräch mit Dieter Henrich. In: Zeitschrift für Ideengeschichte, IV (3), S. 5-21.

Heßdörfer, Florian (2021): Das Staunen der Pädagogik. Anmerkungen zur Pädagogisierung des Neuen um 1900. In: Gess, Nicola & Schnyder, Mireille (Hrsg.): Das staunende Kind. Kulturelle Imaginationen von Kindheit. München: Fink, S. 209-222.

Hesse, Ingrid & Latzko, Brigitte (2017): Diagnostik für Lehrkräfte. Opladen, Toronto: Budrich.

Hövel, Erik vom & Schüßler, Ingeborg (2005): Die erwachsenenpädagogische Atmosphäre. (Wieder-) Entdeckung einer zentralen didaktischen Kategorie. In: Report 28, S. 59-68.

Holdrege, Craig (2005): Doing Goethean Science. In: Janus Head, 8 (1), S. 27-52.
Online: janushead.org/wp-content/uploads/2020/07/Holdrege.pdf (Abruf: 22.5.2023).

Holdrege, Craig (2014): Goethe and the Evolution of Science. In: Context 31, The Newsletter of The Nature Institute, S. 10-23.
Online: www.natureinstitute.org/article/craig-holdrege/goethe-and-the-evolution-of-science (Abruf: 22.5.2023).

Husserl, Edmund (1999): Erfahrung und Urteil. Untersuchungen zur Genealogie der Logik. Redigiert und hrsg. von L. Landgrebe. 7. Auflage. Hamburg: Meiner.

Husserl, Edmund (2009): Logische Untersuchungen. Mit einer Einführung und einem Namens- und Sachregister von E. Ströker. Text nach Husserliana, III und XIX/1-2. Hamburg: Meiner.

Husserl, Edmund (2016): Die Idee der Phänomenologie. Fünf Vorlesungen. Hrsg. und eingel. von P. Janssen. Text nach Husserliana, Bd. II. Hamburg: Meiner.

Husserl, Edmund (2021): Ideen zur reinen Phänomenologie und phänomenologischen Philosophie. Mit einer Einführung und einem Namen- und Sachregister von E. Ströker. Text nach Husserliana, III/1. Hamburg: Meiner.

Hüter, Gerald & Spannbauer, Christa (2021): Verbundenheit. Warum wir ein neues Weltbild brauchen. 2., aktualisierte Auflage. Bern: hogrefe.

Jaeggi, Rahel (2019): Entfremdung. Zur Aktualität eines sozialphilosophischen Problems. Mit einem neuen Nachwort. 2. Auflage. Berlin: Suhrkamp.

Jantzen, Wolfgang (2005): „Es kommt darauf an, sich zu verändern…“. Zur Methodologie und Praxis rehistorisierender Diagnostik und Intervention. Gießen: Psychosozial Verlag, S. 75-96.

Kafka, Franz (1915): Vor dem Gesetz. In: ders. (1999): Die Erzählungen und andere ausgewählte Prosa. Originalfassung. Hrsg. von R. Hermes. Frankfurt/M.: Fischer, S. 162-163.

Kahlau, Joana (2023): (De-)Professionalisierung durch Schulpraxis. Rekonstruktionen zum Studierendenhabitus und zu studentischen Entwicklungsaufgaben. Bad Heilbrunn: Klinkhardt.

Kaltwasser, Vera (2008): Achtsamkeit in der Schule. Stille-Inseln im Unterricht. Entspannung und Konzentration. Weinheim, Basel: Beltz.

Kaltwasser, Vera (2016): Praxisbuch Achtsamkeit in der Schule. Selbstregulation und Beziehungsfähigkeit als Basis von Bildung. Weinheim, Basel: Beltz.

Kandemir, Aslı & Budd, Richard (2018): Using Vignettes to Explore Reality and Values with Young People. In: Forum Qualitative Sozialforschung/Forum: Qualitative Social Research, 19 (2), Online: dx.doi.org/10.17169/fqs-19.2.2914 (Abruf: 31.5.2023).

Kapsch, Edda (2009): Von der Möglichkeit und der Unmöglichkeit, den anderen zu verstehen – Fremdverstehen im Anschluss an Husserl. In: Heiter, Bernd, & Kupke, Christian (Hrsg.): Andersheit, Fremdheit, Exklusion. Berlin: Parodos, S. 11-33.

Kapsch, Edda (2010): Verstehen des Anderen. Fremdverstehen im Anschluss an Husserl, Gadamer und Derrida. 2. Auflage. Berlin: Parodos.

Kaufman, James C. & Glăveanu, Vlad P. (2019): A Review of Creativity Theories: What Questions Are We Trying to Answer? In: Kaufman, James C. & Sternberg, Robert J. (Hrsg.): The Cambridge Handbook of Creativity. 2nd edition. Cambridge: Cambridge University Press, S. 27-43.

Kaufman, James C. & Sternberg, Robert J. (Hrsg.) (2019): The Cambridge handbook of creativity. 2nd. Edition. Cambridge: University Press.

Kehren, Timo; Krahn, Carolin; Oswald, Goerg & Poetsch, Christoph (Hrsg.) (2019): Staunen. Perspektiven eines Phänomens zwischen Natur und Kultur. Paderborn: Fink.

Knoblauch, Hubert & Vollmer, Theresa (2019): Was ist Ethnographie? In: Baur, Nina & Blasius, Jörg (Hrsg.): Handbuch Methoden der empirischen Sozialforschung. Wiesbaden: Springer, S. 599-617.

Knöbel, Michael (2022): Phänomenologisch-goetheanistische Grundlagen des naturwissenschaftlichen Unterrichtes. In: Wiehl, Angelika & Steinwachs, Frank (Hrsg.): Studienbuch Waldorf-Jugendpädagogik. Bad Heilbrunn: Klinkhardt/utb, S. 105-116.

Korthagen, Fred A. J.; Kessels, Jo; Koster, Bob; Lagerwerf, Bram & Wubbels, Theo (2002): Schulwirklichkeit und Lehrer(aus)bildung. Reflexion der Lehrertätigkeit. Hamburg: EB-Verlag.

Krampen, Günter (2019): Psychologie der Kreativität. Divergentes Denken und Handeln in Forschung und Praxis. Göttingen: Hogrefe.

Kranich, Ernst-Michael (2000): Welche Wissenschaft braucht der Lehrer? In: Rumpf, Horst & Kranich, Ernst-Michael (Hrsg.): Welche Art von Wissen braucht ein Lehrer? Ein Einspruch gegen landläufige Praxis. Stuttgart: Klett-Cotta, S. 41-76.

Krenn, Silvia (2020a): Die Kunst des Anekdotenschreibens. Vom Gespräch zur Anekdote – Über das Verfassen von Anekdoten als Forschungsinstrument. In: Peterlini, Hans Karl; Cennamo, Irene & Donlic, Jasmin (Hrsg.): Wahrnehmung als pädagogische Übung. Theoretische und praxisorientierte Auslotungen einer phänomenologisch orientierten Bildungsforschung. Innsbruck, Wien: StudienVerlag, S. 97-105.

Krenn, Silvia (2020b): Die ‚merkwürdige' Geschichte einer Lernerfahrung. Über die Herausforderung, eine erzählte erinnerte Lernerfahrung in einer Anekdote als Forschungsinstrument zu gestalten. In: Peterlini, Hans Karl; Cennamo, Irene & Donlic, Jasmin (Hrsg.): Wahrnehmung als pädagogische Übung. Theoretische und praxisorientierte Auslotungen einer phänomenologisch orientierten Bildungsforschung. Innsbruck, Wien: StudienVerlag, S. 81-95.

Kuckuck, Katharina (2022): Reflexionen zu inklusiver Unterrichtspraxis. Eine qualitative Studie mit Textfallvignetten im Setting des Forschenden Lernens. Bad Heilbrunn: Klinkhardt.

Kühlewind, Georg (1991): Der sprechende Mensch. Ein Menschenbild aufgrund des Sprachphänomens. Frankfurt/M.: Klostermann.

Kuhl, Jan; Moser, Vera; Schäfer, Lea & Redlich, Hubertus (2013): Zur empirischen Erfassung von Beliefs von Förderschullehrerinnen und -lehrern. In: Empirische Sonderpädagogik (1), S. 3-24.

Kuhl, Julius; Schwer, Christina & Solzbacher, Claudia (2014): Professionelle pädagogische Haltung: Versuch einer Definition des Begriffes und ausgewählte Konsequenzen für Haltung. In: Schwer, Christina & Solzbacher, Claudia (Hrsg.): Professionelle pädagogische Haltung. Historische, theoretische und empirische Zugänge zu einem viel strapazierten Begriff. Bad Heilbrunn: Klinkhardt, S. 107-120.

Kuhl, Julius; Solzbacher, Claudia & Zimmer, Renate (Hrsg.) (2017): WERT: Wissen, Erleben, Reflexion, Transfer. Ein Konzept zur Stärkung der professionellen Haltung von pädagogischen Fach- und Lehrkräften. Hohengehren: Schneider.

Kühn, Rolf (2012): Passivität und Zeugenschaft – oder die Verdächtigung des „Subjekts". Eine radikal-phänomenologische Anfrage an J.-L. Marion. In: Gerl-Falkovitz, Hanna-Barbara (Hrsg.): Marion, Jean-Luc. Studien zum Werk. Dresden: Text & Dialog, S. 177-198.

Kuhn, Thomas S. (2020): Die Struktur wissenschaftlicher Revolutionen. 26. Auflage. Frankfurt/M.: Suhrkamp.

Kullmann, Thomas (2008): Englische Kinder- und Jugendliteratur. Eine Einführung. Berlin: Erich Schmidt.

Kurbacher, Frauke A. (2006): Was ist Haltung? Philosophische Verortung von Gefühlen als kritische Sondierung des Subjektbegriffs. In: Magazin für Theologie und Ästhetik, Jg. 43.
Online: www.theomag.de/43/fk6.htm (Abruf: 14.5.2023).

Kurbacher, Frauke A. & Wüschner, Philipp (Hrsg.) (2016): Was ist Haltung? Begriffsbestimmung, Positionen, Anschlüsse. Würzburg: Königshausen & Neumann.

Laatz, Wilfried (1993): Empirische Methoden. Thun: Deutsch.

Largo, Remo H. (2010): Lernen geht anders: Bildung und Erziehung vom Kind her denken. Hamburg: edition Körber-Stiftung.

Largo, Remo H. (2017): Das passende Leben. Was unsere Individualität ausmacht und wie wir sie leben können. Darmstadt: wbg.

Lévinas, Emmanuel (2003): Die Zeit und der Andere. Hrsg. von L. Wenzler. Hamburg: Meiner.

Lévinas, Emmanuel (2013): Die Spur des Anderen. Untersuchungen zur Phänomenologie und Sozialphilosophie. Freiburg/B.: Alber.

Lindmeier, Bettina & Laubner, Marian (2015): Hochschul-Seminare einer inklusionsorientierten Lehrerbildung – Forschungsergebnisse sowie methodische und methodologische Diskussionen. In: Schnell, Irmtraud (Hrsg.): Herausforderung Inklusion. Theoriebildung und Praxis. Bad Heilbrunn: Klinkhardt, S. 303-312.

Lindmeier, Bettina & Junge, Alice (2017): Die Entwicklung einer pädagogischen Haltung im Kontext inklusionssensibler Lehrerbildung. Zeitschrift für Inklusion.
Online: www.inklusion-online.net/index.php/inklusion-online/article/view/442 (Abruf: 30.5.2023).

Link, Pierre-Carl (2022): „verhaltensgestört – verhaltensauffällig – verhaltensoriginell" – Verhalten als schwieriger, aber notwendiger disziplinärer Begriff. In: Müller, Thomas; Ratz, Christoph; Stein, Roland & Lüke, Carina (Hrsg.): Sonderpädagogik – zwischen Dekategorisierung und Rekategorisierung. Bad Heilbrunn: Klinkhardt, S. 173-184.

Lötscher, Christine (2021): (Un)Sinn lesen, (Un)Sinn machen als Form des Staunens in Lewis Carrolls Alice-Büchern. In: Gess, Nicola & Schnyder, Mireille (Hrsg.): Das staunende Kind. Kulturelle Imaginationen von Kindheit. München: Fink, S. 43-60.

Lotto, Beau (2018): Anders sehen. Die verblüffende Wissenschaft der Wahrnehmung. 5. Auflage. München: Goldmann.

Luckner, Andreas (2001): Martin Heidegger: „Sein und Zeit". Ein einführender Kommentar. Stuttgart: utb.

Luft, Sebastian & Wehrle, Maren (Hrsg.) (2017): Husserl Handbuch. Leben – Werk – Wirkung. Stuttgart: Metzler.

Lütje-Klose, Birgit & Neumann, Phillip (2022): Sonderpädagogische Diagnostik im Spannungsfeld von Kategorisierung, Dekategorisierung und Rekategorisierung. In: Müller, Thomas; Ratz, Christoph; Stein, Roland & Lüke, Carina (Hrsg.): Sonderpädagogik – zwischen Dekategorisierung und Rekategorisierung. Bad Heilbrunn: Klinkhardt, S. 44-61.

Marion, Jean-Luc (2015): Gegeben sei: Entwurf einer Phänomenologie der Gegebenheit. München, Freiburg/B.: Alber.

Marion, Jean-Luc (2018): Das Erscheinen des Unsichtbaren. Fragen zur Phänomenalität der Offenbarung. Freiburg, Basel, Wien: Herder.

Martens, Ekkehard (2003): Vom Staunen oder Die Rückkehr der Neugier. Leipzig: Reclam.

Maskos, Rebecca (2015): Ableism und das Ideal des autonomen Fähig-Seins in der kapitalistischen Gesellschaft. In: Zeitschrift für Inklusion (2).
Online: www.inklusion-online.net/index.php/inklusion-online/article/view/277 (Abruf: 30.5.2023).

Maturana, Humberto R. (2001): Was ist erkennen? Die Welt entsteht im Auge des Betrachters. München: Goldmann.

Matuschek, Stefan (2017): Die Ränder der Erkenntnis und die Intuition des Ganzen. Zur Romantisierung des philosophischen Staunens bei Goethe und Coleridge. In: Gess, Nicola; Schnyder, Mireille; Marchal, Hugues & Bartuschat, Johannes (Hrsg.): Staunen als Grenzphänomen. München: Fink, S. 17-32.

Merleau-Ponty, Maurice (1945/2021): Phénoménologie de la perception. Paris: Gallimard.

Merleau-Ponty, Maurice (1966): Phänomenologie der Wahrnehmung. 6. Auflage. Berlin: Walter de Gruyter.

Merleau-Ponty, Maurice (2021): Das Primat der Wahrnehmung. 7. Auflage. Frankfurt/M.: Suhrkamp.

Mersch, Dieter (2002): Ereignis und Aura: Untersuchungen zu einer Ästhetik des Performativen. Frankfurt/. M.: Suhrkamp.

Meyer, Hilbert (1987/2003): Unterrichtsmethoden II. Praxisband. Berlin. Lizenzausgabe. Darmstadt: wbg.

Meyer-Drawe, Käte (1996): Vom anderen lernen. In: Brinkmann, Malte (Hrsg.) (2019): Phänomenologische Erziehungswissenschaft von ihren Anfängen bis heute. Eine Anthologie. Wiesbaden: Springer, S. 363-378.

Meyer-Drawe, Käte (2003): Lernen als Erfahrung. In: Brinkmann, Malte (Hrsg.) (2019): Phänomenologische Erziehungswissenschaft von ihren Anfängen bis heute. Eine Anthologie. Wiesbaden: Springer, S. 423-434.

Meyer-Drawe, Käte (2011): Staunen – ein sehr philosophisches Gefühl. In: Ethics & Politics, 13 (1), S. 196-205.

Meyer-Drawe, Käte (2012): Diskurse des Lernens. 2., durchges. u. korr. Auflage. München: Fink.

Meyer-Drawe, Käte (2020): Was aber heißt das: etwas wahrnehmen? In: Peterlini, Hans Karl; Cennamo, Irene & Donlic, Jasmin (Hrsg.): Wahrnehmung als pädagogische Übung. Theoretische und praxisorientierte Auslotungen einer phänomenologisch orientierten Bildungsforschung. Innsbruck: StudienVerlag, S. 13-24.

Micus-Loos, Christiane (2012): Anerkennung des Anderen als Herausforderung in Bildungsprozessen. In: Zeitschrift für Pädagogik 58 (3), S. 202-220.

Montaigne, Michelle de (2009): Von der Erfahrung [1580]. Montaignes letzter Essai. Aus dem Französischen von H. Knufmann. Mit einem Nachwort von J. v. Stackelberg. München: Beck.

Morasch, Gudrun (2014): Erfahrung. In: Wulf, Christoph & Zirfas, Jörg (Hrsg.): Handbuch Pädagogische Anthropologie. Wiesbaden: Springer, S. 549-566.

Moser, Vera & Walm, Maik (Hrsg.) (2018): Diagnostik in inklusiven Schulen. Zeitschrift Gemeinsam leben, 10 (2). Weinheim, Basel: Beltz.

Mührel, Eric (2019): Verstehen und Achten. Professionelle Haltung als Grundlegung Sozialer Arbeit. 4. Überarbeitete Auflage. Weinheim, Basel: Beltz.

Müller-Bahlke, Thomas (2012): Die Wunderkammer der Franckeschen Stiftungen. Halle: Verlag der Franckeschen Stiftungen.

Nett, Nadine (2019): Kreativität – was ist das überhaupt? In: Haager, Julia Sophie & Baudson, Tanja Gabriele (Hrsg.) (2019): Kreativität in der Schule – finden, fördern, leben. Wiesbaden: Springer, S. 3-22.

Nettling, Astrid (2009): Maurice Merleau-Ponty oder das philosophische Staunen.
Online: www.deutschlandfunk.de/man-muss-sich-auf-die-welt-und-die-dinge-einlassen-100.html (Abruf: 22.5.2023).

Nickl, Peter (2005): Ordnung der Gefühle: Studien zum Begriff des Habitus. 2. Auflage. Hamburg: Meiner.

Novalis (1999): Werke, Tagebücher, Briefe Friedrichs von Hardenbergs. Bd. 2: Das philosophisch-theoretische Werk. Hrsg. von H. J. Mähl und R. Samuel. Lizenzausgabe Darmstadt: wbg.

Nussbaum, Martha (2019): Fähigkeiten schaffen. Neue Wege zur Verbesserung menschlicher Lebensqualität. Freiburg, München: Karl Alber.

Ostermann, Eberhard (1991): Das Fragment. Geschichte einer ästhetischen Idee. München: Fink.

Paradies, Liane; Linser, Hans-Jürgen & Greving, Johannes (2007): Diagnostizieren, Fordern und Fördern. Berlin: Cornelsen Scriptor.

Peterlini, Hans Karl (2018a): Fenster zum Lernen. In: Baur, Siegfried & Peterlini, Hans Karl (Hrsg.): An der Seite des Lernens. Erfahrungsprotokolle aus dem Unterricht an Südtiroler Schulen – Ein Forschungsbericht. Innsbruck: StudienVerlag, S. 21-29.

Peterlini, Hans Karl (2018b): Die Normalisierung des Anders-Seins Phänomenologische Unterrichtsvignetten und Reflexionen zur gelebten Inklusion im italienischen Schulsystem am Beispiel von Südtiroler Schulen.
Online: inklusion-online.net/index.php/inklusion-online/article/view/406/349 (Abruf: 30.5.2023).

Peterlini, Hans Karl (2020a): Die Übung des Wahrnehmens als pädagogische Aufgabe – Einführung und Vorwort. In: Peterlini, Hans Karl; Cennamo, Irene & Donlic, Jasmin (Hrsg.): Wahrnehmung als pädagogische Übung. Theoretische und praxisorientierte Auslotungen einer phänomenologisch orientierten Bildungsforschung. Innsbruck: StudienVerlag, S. 7-10.

Peterlini, Hans Karl (2020b): Phänomenologie als Forschungshaltung. Einführung in Theorie und Methodikfür das Arbeiten mit Vignetten und Lektüren. In: Donlic, Jasmin & Strasser, Irene (Hrsg.): Gegenstand und Methoden qualitativer Sozialforschung. Einblicke in die Forschungspraxis. Leverkusen: Budrich, S. 121-138.

Pirktina, Lasma (2019): Das Ereignis: Martin Heidegger, Emmanuel Lévinas, Jean-Luc Marion. Freiburg, München: Karl Aller.

Platon (1980): Theaitetos. In: Sämtliche Werke, Bd. 4. Nach der Übersetzung von F. Schleiermacher hrsg. von W. F. Otto, E. Grassi und G. Plambölck. Hamburg: Rowohlt, S. 103-181.

Prengel, Annedore (2003): Kinder akzeptieren, diagnostizieren, etikettieren? Kulturen- und Leistungsvielfalt im Bildungswesen. In: Warzecha, Birgit (Hrsg.): Heterogenität macht Schule. Beiträge aus sonderpädagogischer und interkultureller Perspektive. Münster: Waxmann, S. 27-39.

Prengel, Annedore (2016): Didaktische Diagnostik als Element alltäglicher Lehrerarbeit – „Formatives Assessment“ im inklusiven Unterricht. In: Amrhein, Bettina (Hrsg.): Diagnostik im Kontext inklusiver Bildung. Theorien, Ambivalenzen, Akteure, Konzepte. Bad Heilbrunn: Klinkhardt, S. 49-63.

Prengel, Annedore (2017): Individualisierung in der „Caring Community“ –Zur inklusiven Verbesserung von Lernleistungen. In: Textor, Annette; Grüter, Sandra; Schiermeyer-Reichl, Ines & Streese, Bettina (Hrsg.): Leistung inklusive? Inklusion in der Leistungsgesellschaft. 2. Unterricht, Leistungsbewertung und Schulentwicklung. Bad Heilbrunn: Klinkhardt, S.13-27.

Prosetzky, Ingolf (2018): Hochschuldidaktische Reflexionen zur (Un-)Vereinbarkeit von diagnostik und Inklusion. In: Römer, Susanne (Hrsg.): Diagnostik als Beziehungsgestaltung. Berlin: Frank & Timme, S. 81-124.

Quante, Michael (2022): ‚Die Vernunft unvernünftig aufgefaßt‘. Hegels Kritik der beobachtenden Vernunft. In: Vieweg, Klaus & Welsch, Wolfgang (Hrsg.): Hegels Phänomenologie des Geistes. Ein kooperativer Kommentar zu einem Schlüsselwerk der Moderne. 5. Auflage. Frankfurt/M.: Suhrkamp, S. 325-349.

Rathgeb, Gabriele (2019): Wissen begehren. Eine phänomenologisch orientierte Studie über die Bedeutung von Wissbegierde und Neu(be-)gierde. Innsbruck: StudienVerlag.

Rawson, Martyn (2021): Steiner Waldorf Pedagogy in Schools. A Critical Introduction. London: Routledge.

Regenbogen, Arnim & Meyer, Uwe (Hrsg.) (2020): Wörterbuch der philosophischen Begriffe. Vollständige neue Ausgabe. Hamburg: Meiner.

Reh, Sabine (2012): Beobachten und aufmerksames Wahrnehmen. Aspekte einer Geschichte des Beobachtens. In: de Boer, Heike & Reh, Sabine (Hrsg.): Beobachtung in der Schule – Beobachten lernen. Wiesbaden: Springer, S. 3-26.

Reintjes, Christian & Kunze, Ingrid (Hrsg.) (2022): Reflexion und Reflexivität in Unterricht, Schule und Lehrer:innenbildung. Bad Heilbrunn: Klinkhardt.

Ricoeur, Paul (2006): Wege der Anerkennung. Erkennen, Wiedererkennen, Anerkanntsein. Frankfurt/M.: Suhrkamp.

Rochow-Museum und Akademie für bildungsgeschichtliche und zeitdiagnostische Forschung e. V. an der Universität Potsdam (2017): Reckahner Reflexionen zur Ethik in pädagogischen Beziehungen. Reckahn: Rochow-Edition.
Online: paedagogische-beziehungen.eu/leitlinien (Abruf: 18.5.2023).

Rödel, Severin Sales (2015): Der Andere und die Anderen. Überlegungen zu einer Theorie pädagogischen Antwortgeschehens im Angesicht von Dritten. In: Brinkmann, Malte; Kubac, Richard & Rödel, Severin Sales (Hrsg.): Pädagogische Erfahrung. Theoretische und empirische Perspektiven. Wiesbaden: Springer, S. 199-222.

Rödel, Severin Sales; Schauer, Gabriele; Christof, Eveline; Agostini, Evi; Brinkmann, Malte; Pham Xuan, Robert; Schratz, Michael & Schwarz, Johanna Franziska (2022): Ethos im Lehrberuf (ELBE). Manual zur Übung einer professionellen Haltung. Zum Einsatz im hochschuldidaktischen Kontext. Berlin, Innsbruck, Wien: Eigenverlag.
Online: www.erziehungswissenschaften.hu-berlin.de/de/das-institut-neu/mitarbeiter/1686890/ethos-im-lehrberuf-elbe-1/elbe-manual-zum-download-1 (Abruf: 18.11.2022).

Rohde, Dirk (2022): Naturwissenschaften und Waldorfpädagogik im Jugendalter. In: Wiehl, Angelika & Frank Steinwachs (Hrsg.): Studienbuch Waldorf-Jugendpädagogik. Bad Heilbrunn: Klinkhardt/utb, S. 117-128.

Roick, Matthias (2016): Aristotelismus, Humanismus und die Kritik am habitus. Anmerkungen zu einer Geschichte der Haltung in der frühen Neuzeit. In: Kurbacher, Frauke A. & Wüschner, Philipp (Hrsg.): Was ist Haltung? Begriffsbestimmung, Positionen, Anschlüsse. Würzburg: Königshausen & Neumann, S. 25-39.

Römer, Inga (2023): Hermeneutische Wendung. In: Alloa, Emmanuel; Breyer, Thiemo & Caminada, Emanuele (Hrsg.): Handbuch Phänomenologie. Tübingen: Mohr Siebeck, S. 85-93.

Römer, Susanne (Hrsg.) (2018): Diagnostik als Beziehungsgestaltung. Berlin: Frank & Timme.

Rosa, Hartmut (2018): Resonanz. Eine Soziologie der Weltbeziehung. Berlin: Suhrkamp.

Rosa, Hartmut (2022): Unverfügbarkeit. Aktuelle Auflage. Berlin: Suhrkamp.

Rosa, Hartmut & Endres, Wolfgang (2016): Resonanzpädagogik. Wenn es im Klassenzimmer knistert. 2. Auflage. Weinheim, Basel: Beltz.

Ruhrmann, Ingrid & Henke, Bettina (2017): Die Kinderkonferenz. Übungen und Methoden zur Entwicklungsdiagnostik. Überarbeitete und erw. Auflage. Stuttgart: Freies Geistesleben.

Rumpf, Horst (2000): Über das Staunen und anfängliche Aufmerksamkeiten. In: Rumpf, Horst & Kranich, Ernst-Michael (Hrsg.): Welche Art von Wissen braucht ein Lehrer? Ein Einspruch gegen landläufige Praxis. Stuttgart: Klett-Cotta, S. 13-40.

Rumpf, Horst & Kranich, Ernst-Michael (Hrsg.) (2000): Welche Art von Wissen braucht ein Lehrer? Ein Einspruch gegen landläufige Praxis. Stuttgart: Klett-Cotta.

Rumpf, Horst (2004): Diesseits der Belehrungswut. Pädagogische Aufmerksamkeiten. Weinheim, München: Juventa.

Saldern von, Matthias (2009): Diagnostik und Testverfahren für die Sekundarstufe. In: Kunze, Ingrid & Solzbacher, Claudia (Hrsg.): Individuelle Förderung in der Sekundarstufe I und II. Hohengehren: Schneider, S. 51-56.

Salis Gross, Gerda (2020): Spiel und Phantasie in der Waldorfpädagogik. In: Wiehl, Angelika (Hrsg.): Studienbuch Waldorf-Kindheitspädagogik. Bad Heilbronn: Klinkhardt/utb, S. 82-93.

Salzbrunn, Monika (2014): Vielfalt/Diversität. Bielefeld: transcript.

Schad, Wolfgang (1986): Erziehung ist Kunst. Pädagogik aus Anthroposophie. Frankfurt/M.: Fischer.

Schad, Wolfgang (2007a): Goethes Weltkultur: Gesammelte Schriften I. Stuttgart: Freies Geistesleben.

Schad, Wolfgang (2007b): Was ist Goetheanismus? In: ders.: Goethes Weltkultur: Gesammelte Schriften I. Stuttgart: Freies Geistesleben, S. 343-382.

Schad, Wolfgang (2007c): Zur Erkenntnistheorie der Goetheschen Weltanschauung im Entwurf Goethes. In: Goethes Weltkultur: Gesammelte Schriften I. Stuttgart: Freies Geistesleben, S. 39-60.

Schad, Wolfgang (2016): Das Entwicklungsdenken in der Evolutionsbiologie, Anthroposophie und Biologiedidaktik. In: Schieren, Jost (Hrsg.): Handbuch Waldorfpädagogik und Erziehungswissenschaft. Weinheim, Basel: Beltz, S. 857-889.

Scharmer, C. Otto (2020): Theorie U – Von der Zukunft her führen. Presencing als soziale Technik. Mit einem Vorwort von Peter M. Senge. 5., völlig überarb. u. erw. Auflage. Heidelberg: Carl-Auer.

Scharmer, C. Otto (2022): Essentials der Theorie U. Grundprinzipien und Anwendungen. Mit Theorie U die großen Konflikte unserer Zeit lösen. Heidelberg: Carl-Auer.

Schenz, Christina (2012): LehrerInnenbildung und Grundschule. Pädagogisches Handeln im Spannungsfeld zwischen Gesellschaft und Person. München: Utz.

Schlesier, Renate (1996): Das Staunen ist der Anfang der Anthropologie. In: Böhme, Hartmut & Scherpe, Klaus R. (Hrsg.): Literatur und Kulturwissenschaften. Positionen, Theorien, Modelle. Reinbeck bei Hamburg: Rowohlt, S. 47-59.

Schlette, Magnus; Fuchs, Thomas & Kirchner, Anna Maria (Hrsg.) (2017): Anthropologie der Wahrnehmung. Heidelberg: Universitätsverlag Winter.

Schmelzer, Albert (2016): Der Entwicklungsweg des Lehrers. Auf dem Wege zu einer „Pädagogik der Achtsamkeit". In: Schieren, Jost (Hrsg.): Handbuch Waldorfpädagogik und Erziehungswissenschaft. Weinheim, Basel: Beltz, S. 657-674.

Schmitz, Hermann (1998): Der Leib, der Raum und die Gefühle. Stuttgart: Edition Tertium.

Schmitz, Hermann (2020): Atmosphären. 3. Auflage. Freiburg, München: Karl Alber.

Schneider, Carina (2017): System works. Theorie U – Journaling.
Online: uploads-ssl.webflow.com/5ce50fd11731ca54d3aeec79/5cf23042ba086821242c1ba3_28_sx_TheorieU_Journaling_CarinaSchneider_2017.pdf (Abruf: 04.01.2023).

Schnurr, Stefan (2003): Vignetten in quantitativen und qualitativen Forschungsdesigns. In: Otto, Hans-Uwe; Oelerich, Gertrud & Micheel, Heinz-Günter (Hrsg.): Empirische Forschung. Sozialarbeit – Sozialpädagogik – Soziale Probleme. München: Luchterhand, S. 393-400.

Schöffmann, Erika & Schulz, Dieter (2016): Wege zum Anderen. Facetten heilpädagogischer Diagnostik auf anthroposophischer Grundlage. Frankfurt/M.: Info 3 Verlagsgesellschaft.

Scholz, Gerold (2012): Teilnehmende Beobachtung. In: Heinzel, Friederike (Hrsg.): Methoden der Kindheitsforschung. Ein Überblick über Forschungszugänge zur kindlichen Perspektive. Weinheim, Basel: Beltz, S. 116-133.
Online: www.uni-koblenz-landau.de/de/koblenz/fb1/gpko/alt_backup/alt/person/dateien-west/dateien-west-archiv/teilnehmende-beobachtung.pdf (Abruf: 30.5.2023).

Schratz, Michael (2009): ‚Lernseits' von Unterricht. Alte Muster, neue Lebenswelten – was für Schulen? In: Lernende Schule, 12 (46-47), S. 16-21.

Schratz, Michael (2021): Auf die Haltung kommt es an! Ein wertebasierter Kompass für schulisches Handeln. In: Schratz, Michael; Michels, Inge & Wolters, Angelika (Hrsg.): Menschen machen Schule. Mutig eigene Wege gehen. Hannover: Klett/Kallmeyer, S. 298-315.

Schratz, Michael; Schwarz, Johanna F. & Westfall-Greiter, Tanja (2012): Lernen als bildende Erfahrung. Vignetten in der Praxisforschung. Innsbruck: StudienVerlag.

Schwarz, Johanna F. (2017): Confrontational Partners? On the Ties between Phenomenology and Pedagogy – Exemplifications throught the Methodology of the Innsbruck *Vignette Research*. In: Brinkmann, Malte; Buck, Marc Fabian & Rödel, Severin Sales (Hrsg.): Pädagogik – Phänomenologie. Verhältnisbestimmungen und Herausforderungen. Wiesbaden: Springer, S. 63-78.

Schwarz, Johanna F. (2018): Zuschreibung als wirkmächtiges Phänomen in der Schule. Innsbruck: StudienVerlag.

Schwer, Christina & Solzbacher, Claudia (Hrsg.) (2014): Professionelle pädagogische Haltung. Historische, theoretische und empirische Zugänge zu einem viel strapazierten Begriff. Bad Heilbrunn: Klinkhardt.

Schwer, Christina; Solzbacher, Claudia & Behrensen, Birgit (2014): Annäherung an das Konzept „Professionelle pädagogische Haltung“: Ausgewählte theoretische und empirische Zugänge. In: Schwer, Christina & Solzbacher, Claudia (Hrsg.): Professionelle pädagogische Haltung. Historische, theoretische und empirische Zugänge zu einem viel strapazierten Begriff. Bad Heilbrunn: Klinkhardt, S. 47-78.

Seel, Martin (2006): Paradoxien der Erfüllung. Philosophische Essays. Frankfurt/M.: Fischer.

Selg, Peter (2007): Der therapeutische Blick. Rudolf Steiner sieht Kinder. Dornach: Verlag am Goetheanum.

Severing, Eckard & Weiß, Reinhold (2014): Individuelle Förderung in heterogenen Ausbildungsgruppen – zwischen Erfahrungswissen und wissenschaftlicher Reflexion. In: Severing, Eckard & Weiß, Reinhold (Hrsg.): Individuelle Förderung in heterogenen Gruppen in der Berufsausbildung. Befunde; Konzepte; Forschungsbedarf. Bielefeld: Bertelsmann, S. 5-9.

Seydel, Anna (2015): Ich bin du. Kindererkenntnis in pädagogischer Verantwortung. 4. Auflage. Stuttgart: Pädagogische Forschungsstelle.

Siep, Ludwig; Ikäheimo, Heikki & Quante, Michael (Hrsg.) (2021): Handbuch Anerkennung. Wiesbaden: Springer Nature.

Simon, Jaqueline & Simon, Toni (2014): Inklusive Diagnostik – Wesenszüge und Abgrenzung von traditionellen „Grundkonzepten“ diagnostischer Praxis. Eine Diskussionsgrundlage. In: Zeitschrift für Inklusion, 8 (4).
Online: www.inklusion-online.net/index.php/inklusion-online/article/view/194 (Abruf: 27.01.2023).

Sloterdijk, Peter (2009): Du mußt dein Leben ändern. Über Anthropotechnik. Frankfurt/M.: Suhrkamp.

Solzbacher, Claudia (2019): Begabungsförderung inklusiv gedacht – inklusiv gemacht: Den Potenzialen von (leistungsfähigen) Schülerinnen und Schülern gerecht werden. In: Kiso, Carolin & Lagies, Judith (Hrsg.): Begabungsgerechtigkeit. Perspektiven auf stärkenorientierte Schulgestaltung in Zeiten von Inklusion. Wiesbaden: Springer, S. 29-50.

Solzbacher, Claudia & Schwer, Christina (2015): Zur Bedeutung einer professionellen pädagogischen Haltung für Inklusion in Schule und Unterricht. In: Grimm, Andrea; Solzbacher, Claudia; Berensen, Birgit & Lotze, Miriam (Hrsg.): Individuelle Förderung als Weg zur inklusiven Schule. Lernen anders verstehen. Rehburg-Loccum: Eigenverlag, S. 141-157.

Sonnenberg, Ralf (2023): Was ist Goetheanismus, was ist die Esoterik der Anthroposophie? Neuere Studien zur ‚Philosophie der Freiheit‘ Rudolf Steiners – und das Erwachen aus einer kulturoptimistischen Illusion. In: Die Drei 89 (2), S. 57-68.

Staiti, Andrea (2023): Epochè. In: Alloa, Emmanuel; Breyer, Thiemo & Caminada, Emanuele (Hrsg.): Handbuch Phänomenologie. Tübingen: Mohr Siebeck, S. 228-234.

Staudig, Michael (2020): Zwischen Häresie und Transformation. Einleitende Bemerkungen zu Jean-Luc Marions Phänomenologie der Gegebenheit. In: ders. (Hrsg.): Der Primat der Gegebenheit: Zur Transformation der Phänomenologie nach Jean-Luc Marion. Freiburg, München: Karl Alber, S. 9-28.

Steiner, Rudolf (1892/2012a): Wahrheit und Wissenschaft. Vorspiel einer „Philosophie der Freiheit“. GA 3. 6. Auflage. Dornach: Rudolf Steiner Verlag.

Steiner, Rudolf (1892/2012b): Grundlinien einer Erkenntnistheorie der Goetheschen Weltanschauung mit besonderer Rücksicht auf Schiller. Zugleich eine Zugabe zu Goethes „Naturwissenschaftlichen Schriften“ in Kürschners Deutscher National-Literatur. GA 2. 8., durchges. Auflage. Dornach: Rudolf Steiner Verlag.

Steiner, Rudolf (1918/2021): Die Philosophie der Freiheit. Grundzüge einer modernen Weltanschauung. Seelische Beobachtungsresultate nach naturwissenschaftlicher Methode. 17. Auflage. Dornach: Rudolf Steiner Verlag.

Steiner, Rudolf (1924/2003): Grundlinien einer Erkenntnistheorie der Goetheschen Weltanschauung mit besonderer Berücksichtigung auf Schiller. Zugleich eine Zugabe zu Goethes „Naturwissenschaftlichen Schriften“ in Kürschners Deutscher National-Literatur. 8., durchges. Auflage nach der Ausgabe letzter Hand von 1924. GA 2. Dornach: Rudolf Steiner Verlag.

Steiner, Rudolf (1986): Menschenerkenntnis und Unterrichtsgestaltung, 1921. GA 302. 5. Auflage. Dornach: Rudolf Steiner Verlag.

Steiner, Rudolf (1989): Die Mission der neuen Geistesoffenbarung. Das Christus-Ereignis als Mittelpunktsgeschehen der Erdenevolution. 1911-1912. GA 127. 5. Auflage. Dornach: Rudolf Steiner Verlag.

Steiner, Rudolf (1990): Die Welt der Sinne und die Welt des Geistes. 1911-1912. GA 134. 5. Auflage. Dornach: Rudolf Steiner Verlag.

Steiner, Rudolf (1992): Allgemeine Menschenkunde als Grundlage der Pädagogik. Teil I, 1919. GA 293. 9., neu durchges. u. erg. Auflage. Dornach: Rudolf Steiner Verlag.

Steiner, Rudolf (2004): Entwicklung des Denkens. Stärkung des Willens. Drei Vorträge. Hrsg. von A. Neider. Stuttgart: Freies Geistesleben.

Steiner, Rudolf (2009a): Anthroposophie. Ein Fragment aus dem Jahre 1910. GA 45 5. Auflage. Dornach: Rudolf Steiner Verlag.

Steiner, Rudolf (2009b): Die praktische Ausbildung des Denkens. Drei Vorträge, 1909. Hrsg. von J. – C. Lin. Mit einer vergleichenden Betrachtung von W. Kugler. 4. Auflage. Stuttgart: Freies Geistesleben.

Steiner, Rudolf (2009c): Die Welt der Sinne und die Welt des Geistes, 1911-1912. GA 134. 6. Auflage. Dornach: Rudolf Steiner Verlag.

Steiner, Rudolf (2019): Rückschau. Übungen zur Willensstärkung. Hrsg. von M. M. Sam. 3. Auflage. Basel: Rudolf Steiner Verlag.

Steiner, Rudolf (2022): Die Nebenübungen. Sechs Schritte zur Selbsterziehung. 7. Auflage. Hrsg. von A. Baydur. Basel: Rudolf Steiner Verlag.

Stinkes, Ursula (2019): „was wir sind, sind wir niemals ganz und gar...“. Sichtweisen der Beziehung zum anderen Menschen. In: Brinkmann, Malte (Hrsg.): Phänomenologische Erziehungswissenschaft von ihren Anfängen bis heute. Eine Anthologie Wiesbaden: Springer, S. 525-542.

Stinkes, Ursula (2021): Werkstattbericht: Phänomenologie als Optik. In: Sonderpädagogische Förderung heute, Bildende Lernerfahrungen 66 (1). Weinheim, Basel: Beltz, S. 19-33.

Stoltz, Tania & Wiehl, Angelika (2019a): Rudolf Steiners Erkenntnistheorie als Grundlage der Waldorfpädagogik. In: Wiehl, Angelika (Hrsg.): Studienbuch Waldorf-Schulpädagogik. Bad Heilbrunn: Klinkhardt/utb, S. 103-118.

Stoltz, Tania & Wiehl, Angelika (Hrsg.) (2021a): Education – Spirituality – Creativity. Reflections on Waldorf Education. Wiesbaden: Springer.

Stoltz, Tania & Wiehl, Angelika (2021): Pädagogik, Spiritualität und Kreativität – Reflexionen zur Waldorfpädagogik. Einführung. In: Stoltz, Tania & Wiehl, Angelika (Hrsg.): Education – Spirituality – Creativity. Reflections on Waldorf Education. Wiesbaden: Springer, S. 19-35.

Südkamp, Anna & Praetorius, Anna-Katharina (Hrsg.) (2017): Diagnostische Kompetenz von Lehrkräften. Theoretische und methodische Weiterentwicklungen. Münster: Waxmann.

Symeonides, Vasileios & Schwarz, Johanna F. (Hrsg.) (2020): Erfahrungen verstehen – (Nicht-)Verstehen erfahren. Innsbruck: StudienVerlag

Tengelyi, László (2007): Erfahrung und Ausdruck: Phänomenologie im Umbruch bei Husserl und seinen Nachfolgern. Wiesbaden: Springer.

The Nature Institut. New York. Online: www.natureinstitute.org/about (Abruf: 22.5.2023).

Thielmann, Anja (2020): Von der Wahrnehmung zur Vignette. Wie Vignetten leibliche Wahrnehmungen und intersubjektive Erfahrungen in Sprache ‚übersetzen‘. In: Peterlini, Hans Karl; Cennamo, Irene & Donlic, Jasmin (Hrsg.): Wahrnehmung als pädagogische Übung. Theoretische und praxisorientierte Auslotungen einer phänomenologisch orientierten Bildungsforschung. Innsbruck: StudienVerlag, S. 65-80.

Thierbach, Cornelia & Petschick, Grit (2014): Beobachtung. In: Baur, Nina & Blasius, Jörg (Hrsg.): Handbuch Methoden der empirischen Sozialforschung. Wiesbaden: Springer, S. 855-866.

Thierbach, Cornelia & Petschick, Grit (2022): Beobachtung. In: Baur, Nina & Blasius, Jörg (Hrsg.): Handbuch Methoden der empirischen Sozialforschung. Wiesbaden: Springer, S. 1163-1179.

Traustadóttir, Rannveig (2001): Research with others. Reflections on representation, difference and othering. In: Scandinavian Journal of Disability Research 3 (2), S. 9-28.

Unger von, Hella (2014): Partizipative Forschung. Einführung in die Forschungspraxis. Wiesbaden: Springer.

Vetter, Helmuth (Hrsg.) (2020): Wörterbuch der phänomenologischen Begriffe. Hamburg: Meiner.

Voss, Julia (2009): Darwins Jim Knopf. Frankfurt/M.: S. Fischer.

Waldenfels, Bernhard (2002): Bruchlinien der Erfahrung. Phänomenologie – Psychoanalyse – Phänomenotechnik. Frankfurt/M.: Suhrkamp.

Waldenfels, Bernhard (2007): Antwortregister. Frankfurt/M.: Suhrkamp.

Waldenfels, Bernhard (2018a): Das leibliche Selbst. Vorlesungen zur Phänomenologie des Leibes. 7. Auflage. Frankfurt/M.: Suhrkamp.

Waldenfels, Bernhard (2018b): Grundmotive einer Phänomenologie des Fremden. 6. Auflage. Frankfurt/M.: Suhrkamp.

Waldenfels, Bernhard (2019): Phänomenologie der Aufmerksamkeit. 4. Auflage. Frankfurt/M. Suhrkamp.

Waldenfels, Bernhard (2020): Topographie des Fremden: Studien zur Phänomenologie des Fremden. 8. Auflage. Frankfurt/M.: Suhrkamp.

Wallas, Graham (1926/2014): The Art of Thought. Tunbridge Wells: Solis Press.

Wansing, Gudrun; Schäfers, Markus & Köbsell, Swantje (Hrsg.) (2022): Teilhabeforschung – Konturen eines neuen Forschungsfeldes. Wiesbaden: Springer.

Wehner Franziska & Weber, Nadine (2018): Erfassung der Reflexionskompetenz bei Lehramtsstudierenden anhand von Fallvignetten. In: Miller, Susanne; Holler-Nowitzki, Birgit; Kottmann, Brigitte; Lesemann, Svenja; Letmathe-Henkel, Birte; Meyer, Nikolas; Schroeder, René & Velten, Katrin (Hrsg.): Profession und Disziplin. Grundschulpädagogik im Diskurs. Wiesbaden: Springer, S. 270-275.

Wehrle, Maren (2023): Habitualität. In: Alloa, Emmanuel; Breyer, Thiemo & Caminada, Emanuele (Hrsg.): Handbuch Phänomenologie. Tübingen: Mohr Siebeck, S. 208-213.

Wehrle, Maren & Breyer, Thiemo (2015): Attentionale Horizonte zwischen Phänomenologie und Psychologie. In: Reh, Sabine; Berdelmann, Kathrin & Dinkelacker, Jörg (Hrsg.): Aufmerksamkeit. Geschichte – Theorie – Praxis. Wiesbaden: Springer, S. 371-386.

Weidemann, Bernd (2010): Handbuch Kreativität. Ein guter Einfall ist kein Zufall. Darmstadt: wbg.

Wiechert, Christof (2017): „Du sollst sein Rätsel lösen …“: Gedanken zur Kunst der Kinder- und Schülerbesprechung. 2. Auflage. Dornach: Verlag am Goetheanum.

Wiehl, Angelika (2015): Propädeutik der Unterrichtsmethoden in der Waldorfpädagogik. Frankfurt/M.: Peter Lang.

Wiehl, Angelika (2018): Wir brauchen eine neue Aufmerksamkeitskultur. Angelika Wiehl im Gespräch mit Ha Vinh Tho, März 2018. In: Barth, Ulrike; Clemens, Ariane; Maschke, Thomas & Pannitschka, Sophie (Hrsg.): Impulse für die Zukunft aus Waldorf- und Heilpädagogik. Norderstedt: BoD, S. 163-176.

Wiehl, Angelika (2017): Erzählen – eine grundlegende Methode der Waldorfpädagogik. In: Lehrerrundbrief 106, S. 86-104.

Wiehl, Angelika (2019): Anregungen für Studium und Praxis der Waldorf-Kindheitspädagogik. In: Wiehl, Angelika & Auer, Wolfgang-M. (Hrsg.): Kindheit in der Waldorfpädagogik. Weinheim, Basel: Beltz, S. 169-183.

Wiehl, Angelika (2020): Nachahmung – *die* künstlerische Fähigkeit des Kindes. In: dies. (Hrsg.): Studienbuch Waldorf-Kindheitspädagogik. Bad Heilbrunn: Klinkhardt/utb, S. 70-81.

Wiehl, Angelika (2021a): Bilden – Lernen – Üben als Ich-Tätigkeiten. Eine waldorfpädagogische Perspektive. In: Stoltz, Tania & Wiehl, Angelika (Eds.): Education – Spirituality – Creativity. Reflections on Waldorf Education. Wiesbaden: Springer, S. 295-310.

Wiehl, Angelika (2021b): Die Ausbildung pädagogischer Beobachtung und Reflexion durch die Integration kreativer Übungen in das wissenschaftliche Studium. In: Stoltz, Tania & Wiehl, Angelika (Eds.): Education – Spirituality – Creativity. Reflections on Waldorf Education. Wiesbaden: Springer, S. 221-244.

Wiehl, Angelika (2022a): Dialogfähigkeit und wertschätzende Anerkennung – ein Übungsfeld. In: Wiehl, Angelika & Frank Steinwachs (Hrsg.): Studienbuch Waldorf-Jugendpädagogik. Bad Heilbrunn: Klinkhardt/utb, S. 219-232.

Wiehl, Angelika (2022b): Lebendige Begriffe und ganzheitliches Denken – ein „Fähigkeitenpotenzial". In: Wiehl, Angelika & Steinwachs, Frank (Hrsg.): Studienbuch Waldorf-Jugendpädagogik. Bad Heilbrunn: Klinkhardt/utb, S. 29-42.

Wiehl, Angelika & Barth, Ulrike (2021): Wahrnehmungsvignetten als pädagogisches Reflexionsmedium. Ein Beitrag zur innovativen und inklusiven Pädagogik des Bewegten Klassenzimmers. In: Auer, Wolfgang-M. & Wiehl, Angelika (Hrsg.): Bewegtes Klassenzimmer. Innovative und inklusive Pädagogik an Waldorfschulen. Weinheim, Basel: Beltz, S. 189-212.

Wiesing, Lambert (2002): Einleitung: Philosophie der Wahrnehmung. In: ders. (Hrsg.): Philosophie der Wahrnehmung. Modelle und Reflexionen. Frankfurt/M.: Suhrkamp, S. 9-64.

Wiesing, Lambert (2021): Merleau-Pontys Entdeckung der Wahrnehmung. Nachwort. In: Merleau-Ponty, Maurice: Das Primat der Wahrnehmung. 7. Auflage. Frankfurt/M.: Suhrkamp, S. 85-124.

Witzer, Brigitte (2018): Reflexion statt Analyse. Online: www.witzer.de (Abruf: 1.4.2023).

Wolf, Barbara (2020): Diversität schafft Atmosphären. Machtvolle Momente inklusiver Pädagogik. In: Wolf, Barbara & Julmi, Christian (Hrsg.): Die Macht der Atmosphären. Freiburg, München: Karl Alber, S. 396-417.

Wolf, Barbara & Julmi, Christian (Hrsg.) (2020a): Die Macht der Atmosphären. Freiburg, München: Karl Alber.

Wolf, Barbara & Julmi, Christian (Hrsg.) (2020b): Zu Beginn. In: dies.: Die Macht der Atmosphären. Freiburg, München: Karl Alber, S. 11-17.

Wolzogen, Christoph von (2017). Emmanuel Lévinas – Denken bis zum Äußersten. Freiburg/B.: Alber.

Wulf, Christoph (2020): Bildung als Wissen von Menschen im Anthropozän. Weinheim, Basel: Beltz Juventa.

Wyss, Corinne & Mahler, Sara (2021): Mythos Reflexion. Theoretische und praxisbezogene Erkenntnisse in der Lehrer*innenbildung. In: journal für lehrerInnenbildung, 21 (1), S. 16-25. Online: doi.org/10.35468/jlb-01-2021-01 (Abruf: 20.5.2023).

Zahavi, Dan (2010): Phänomenologie für Einsteiger. Paderborn: Fink.

Zanetti, Sandro (Hrsg.) (2012): Schreiben als Kulturtechnik. Grundlagentexte. Frankfurt/M.: Suhrkamp.

Ziemen, Kerstin (2013): Kompetenz für Inklusion. Inklusive Ansätze in der Praxis umsetzen. Göttingen: Vandenhoeck & Ruprecht.

Zimpel, André F. (2017): Diagnostik. In: Ziemen, Kerstin (Hrsg.): Lexikon Inklusion. Göttingen: Vandenhoeck und Ruprecht, S. 41.

Zumthor, Peter (2006): Atmosphären. Basel, Boston, Berlin: Birkhäuser.

Zumthor, Peter (2022): Atmosphären. Architektonische Umgebungen. Die Dinge um mich herum. Basel, Boston, Berlin: Birkhäuser.

Autorinnen

Ulrike Barth, Prof. Dr. phil., Lehramt Sonderpädagogik und Magisterstudium Sonderpädagogik, Grundschuldidaktik und Psychologie; 20 Jahre Lehrerin an der Freien Waldorfschule Kreuzberg, Berlin; Mitinitiatorin und Prozessbegleitung der inklusiven Umgestaltung dieser Schule; Erwachsenenbildnerin und Dozentin seit 1998; seit 2019 Juniorprofessur für Heilpädagogik und Inklusive Pädagogik am Institut für Waldorfpädagogik, Inklusion und Interkulturalität der Alanus Hochschule Alfter am Standort Mannheim; Mitglied im Netzwerk Vignetten- und Anekdotenforschung der Universität Wien und der Pädagogischen Hochschule Innsbruck.

Kontakt: ulrike.barth@alanus.edu
https://orcid.org/0000-0003-1532-6882

Angelika Wiehl, Dr. phil., Magisterstudium in Germanistik, Romanistik, Kunstgeschichte; Mitbegründerin der Freien Waldorfschule Wolfsburg und 21 Jahre Klassen- und Oberstufenlehrerin; seit 1992 Dozentin für Waldorfpädagogik; Coaching und Mediation für Pädagogen; heute Hochschuldozentin für Erziehungswissenschaft und Waldorfpädagogik am Institut für Waldorfpädagogik, Inklusion und Interkulturalität der Alanus Hochschule Alfter am Standort Mannheim; Forschungsprojekte und Publikationen zur Waldorfpädagogik, Anthropologie, Ästhetik und Methodologie der Wahrnehmungsvignetten; Mitglied im Netzwerk Vignetten- und Anekdotenforschung der Universität Wien und der Pädagogischen Hochschule Innsbruck.

Kontakt: angelika.wiehl@wolfsburg.de; angelika.wiehl@alanus.edu
https://orcid.org/0000-0001-5057-7324